The World's Most Expensive

TECTUM
PUBLISHERS

"Books may well be
the only true magic."
Alice Hoffmann

TECTUM

Tectum Publishers
Godefriduskaai 22
2000 Antwerp
Belgium
info@tectum.be
+ 32 3 226 66 73
www.tectum.be

ISBN: 978-90-79761-15-9
WD: 2009/9021/16
(80)

Editor: Nathalie Grolimund
Texts: Jennifer Davis
Research: Patricia Masso
Prepress & Imaging: Janine Minkner
French translations: Séverine Wanlin
Dutch translations: Michel Mathijs, M & M translations bvba

Produced by fusion publishing GmbH, Berlin
www.fusion-publishing.com

All prices are based on the median prices of February 2009.
Printed in China

The World's Most Expensive

Edited by Nathalie Grolimund

TECTUM
PUBLISHERS

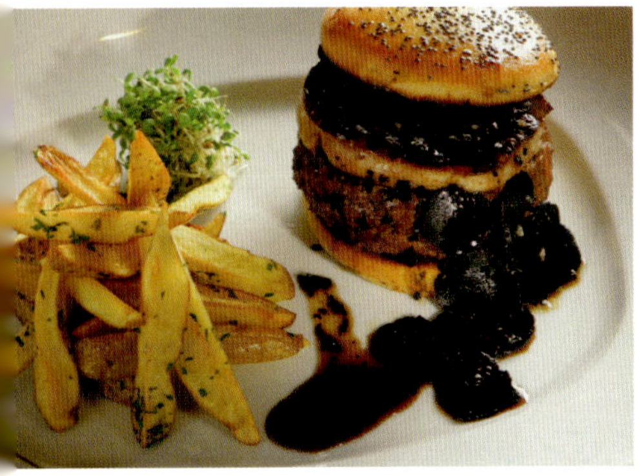
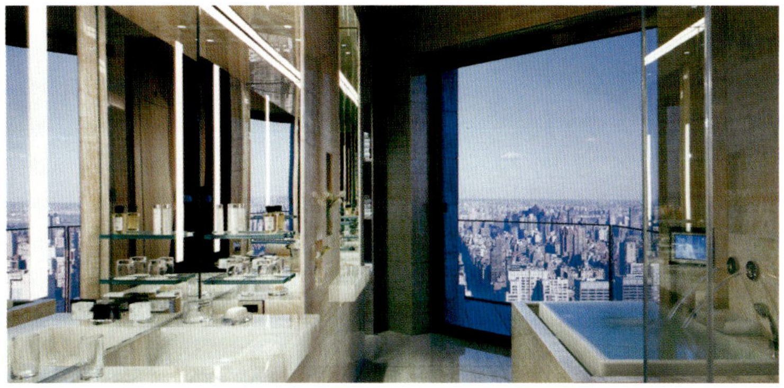
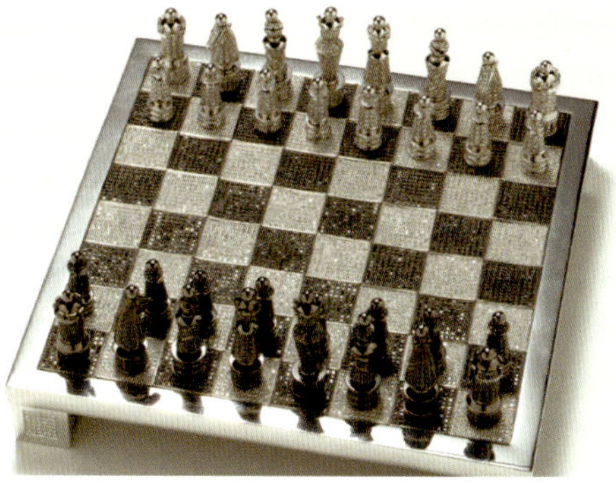
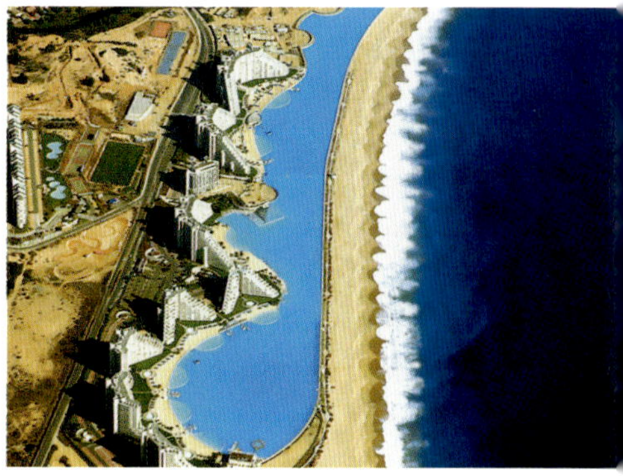

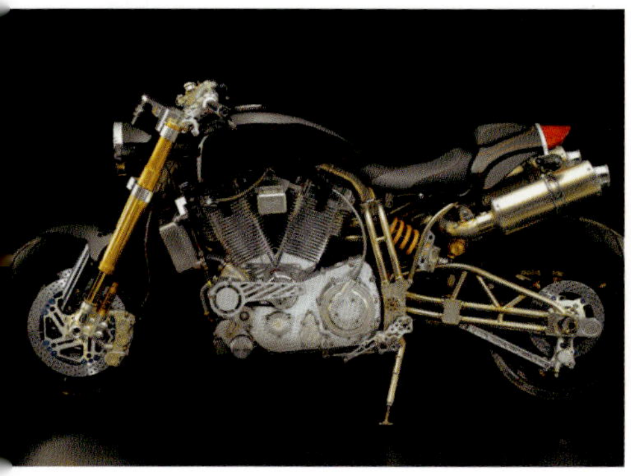
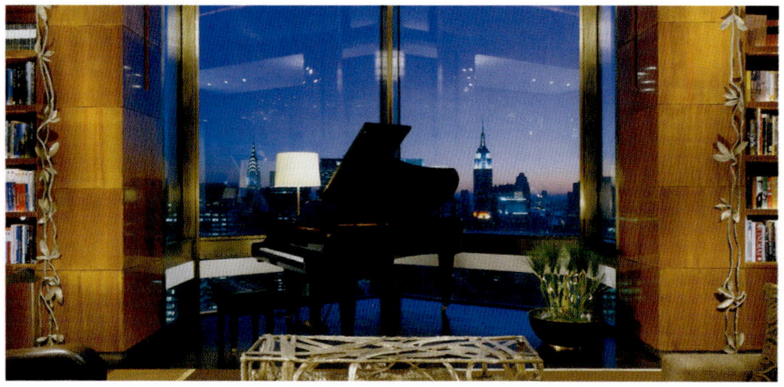
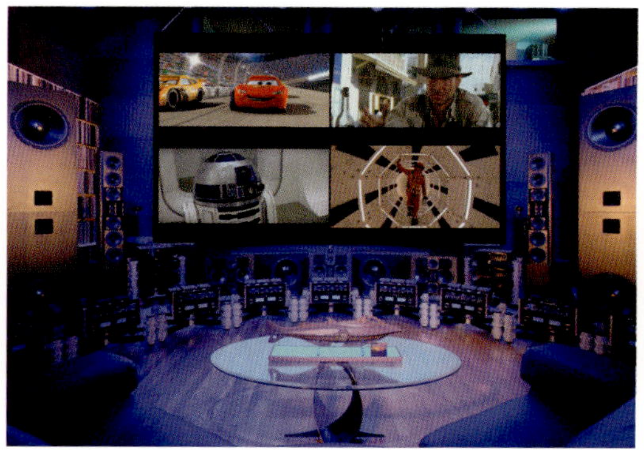
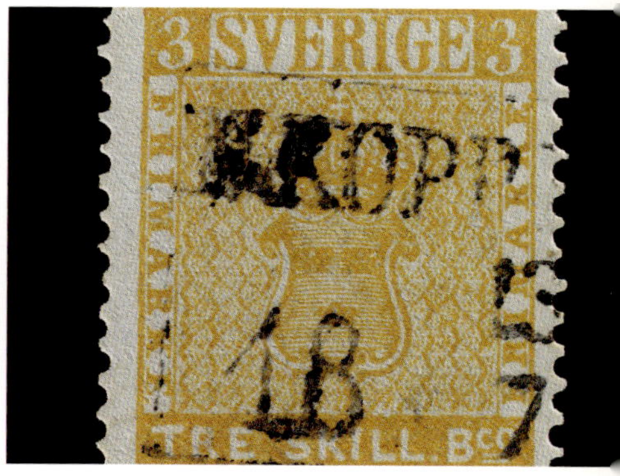
3 SVERIGE 3

INTRODUCTION

The pursuit of perfection requires commitment, dedication, and most of all money. Throughout history people have been traveling to the ends of the earth to find new and exciting treasures. Kings and queens regularly commissioned sailors and explorers to seek out all the great riches the world has to offer and return with them, that they might further the richness of their own kingdom. It is our natural curiosity and desire to enjoy all the ways and means of all that mother nature has to offer; our passion for invention and innovation that leads us to constantly surpass previous achievements. Most will agree, nothing with any sort of true value has ever been created overnight.

Very few individuals can truly understand and appreciate the long hours and sleepless nights surrendered from inception to fruition of ideas and products. In turn all of this effort and work commands a sizable price tag. Cost is always a debatable topic that encompasses several key elements, quality of material, expertise of execution, availability, performance and aesthetics.

Sounds like a lot? Not when you're footing the bill it doesn't. Nothing in this book is expensive just for the sake of being expensive. What may seem like an outrageous amount of money for a hotel suite is compensation for hundreds of man hours spent planning, designing and building each and every detail to create a fundamentally flawless space. It is in short, the price of perfection, and my is it a hefty one.

Jennifer Davis

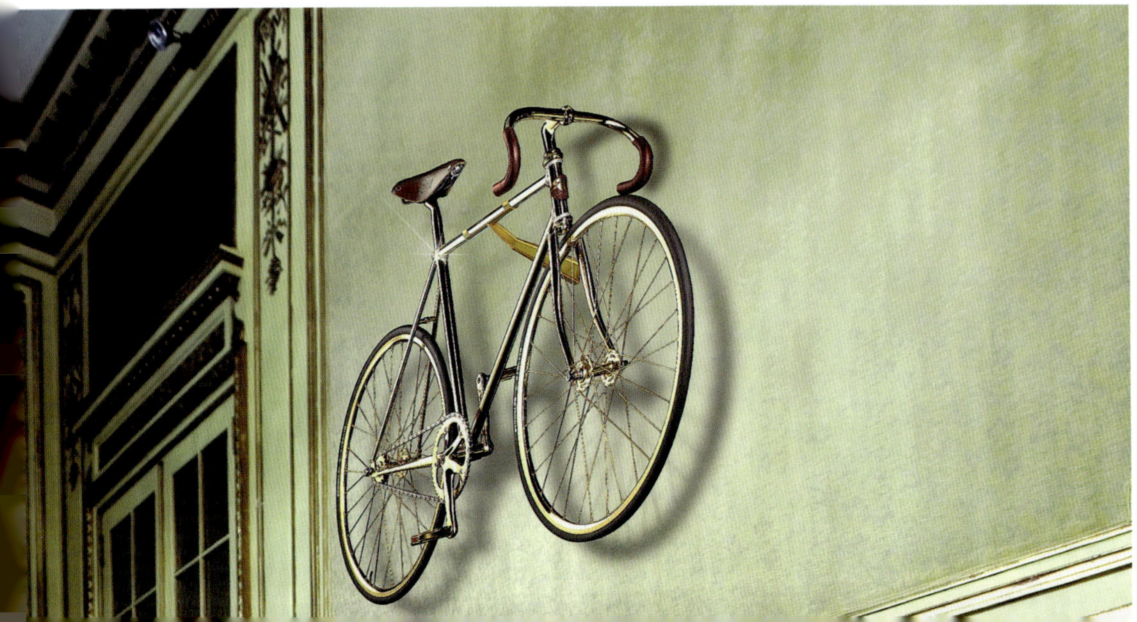

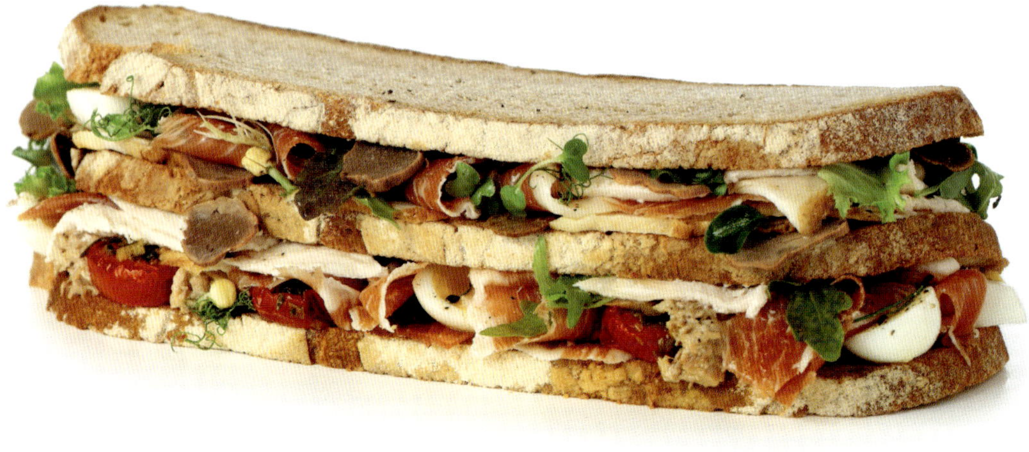

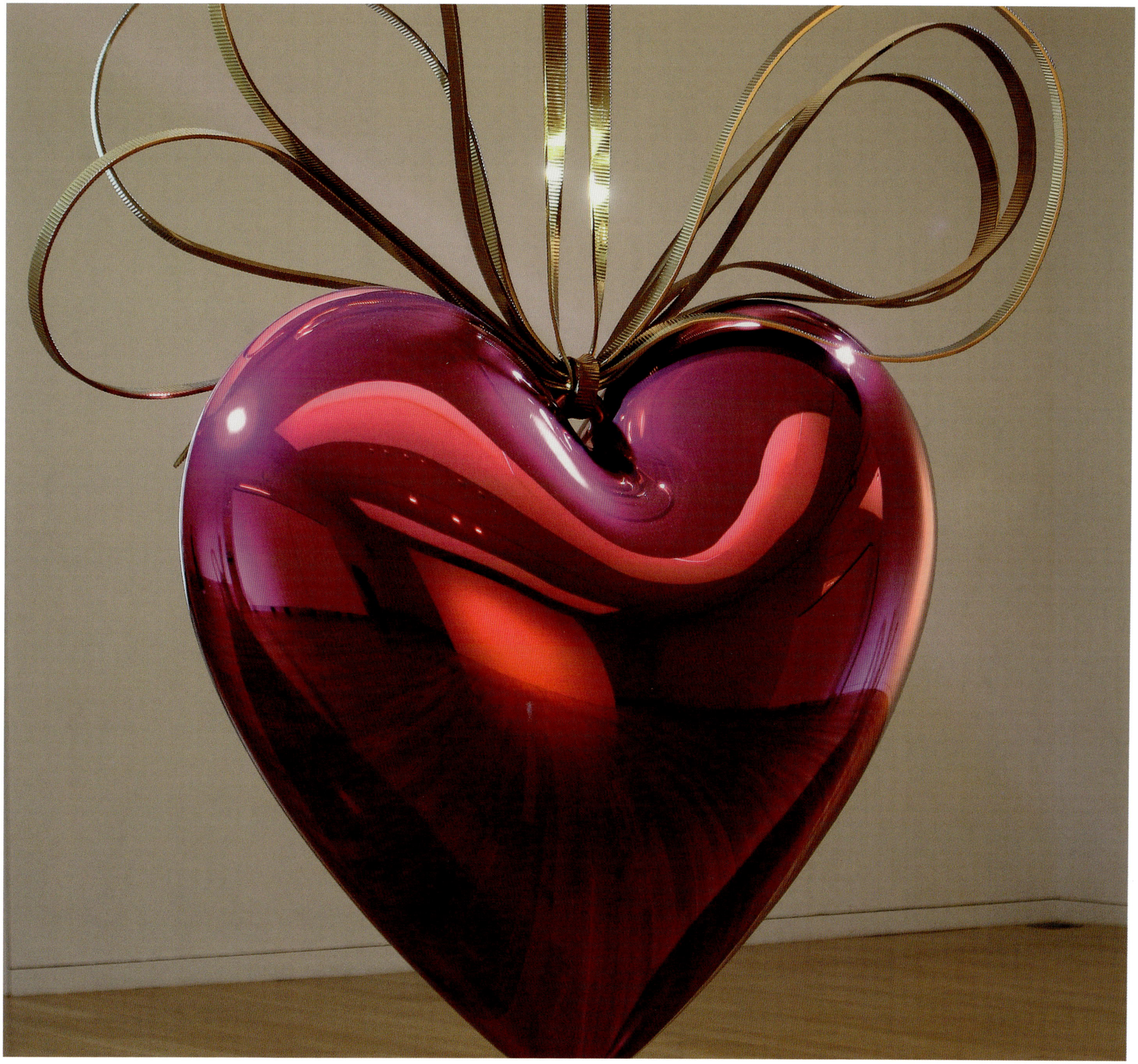

INTRODUCTION

La recherche de la perfection requiert engagement et dévouement ; mais avant tout, elle nécessite des moyens. Tout au long de l'histoire, des hommes se sont rendus au bout du monde pour découvrir des trésors enivrants. Rois et reines ont missionné leurs meilleurs marins et explorateurs pour rapporter les richesses du monde et ainsi accroître la domination de leur royaume.

Tous, poussés par une curiosité naturelle, nous désirons jouir des trésors que nous offre la nature. Notre amour des inventions et de l'innovation nous incite également à perfectionner sans cesse ce qui existe déjà. Et si chacun comprend que le temps est une donnée clé dans l'accomplissement de cette œuvre, peu d'individus appréhendent néanmoins les nuits blanches et les heures interminables nécessaires à la création d'un produit, d'un concept, et à sa fabrication. Or ce sont tous ces efforts et ce temps investis qui font la valeur des objets.

Quoi qu'il en soit, le prix est toujours sujet à discussion. Il s'évalue en fait sur divers facteurs clés : la qualité des matériaux, la finesse de l'exécution, la rareté, les performances et l'esthétisme d'un produit.

Ainsi, le prix des articles présentés dans ce livre peut parfois paraître ahurissant, mais a une raison d'être et peut être expliqué. Le tarif d'une suite dans un palace, par exemple, peut sembler exorbitant, mais se justifie par les centaines d'heures passées à sa conception, sa décoration, et au soin apporté à chaque détail pour en faire un lieu absolument parfait. En réalité, c'est le prix de la perfection ; et il est élevé, indubitablement.

Jennifer Davis

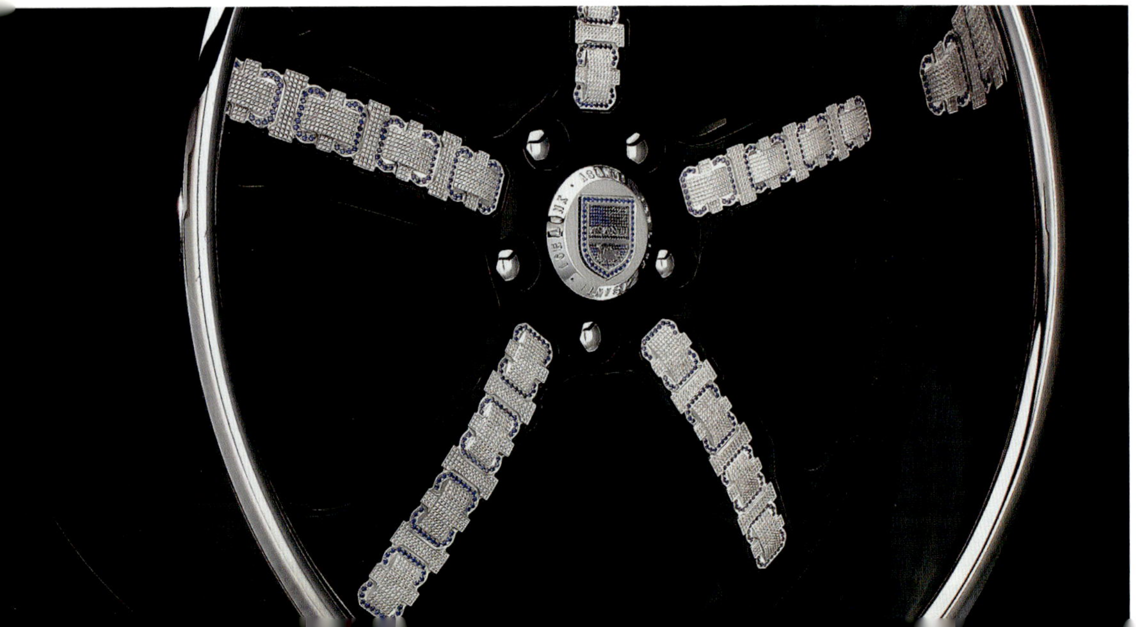

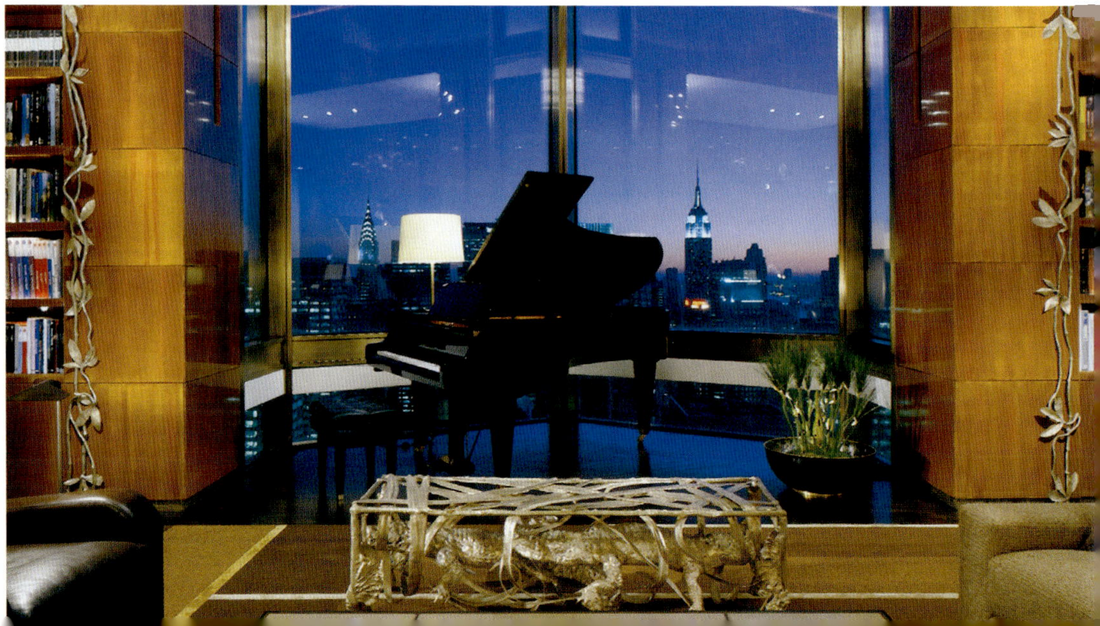

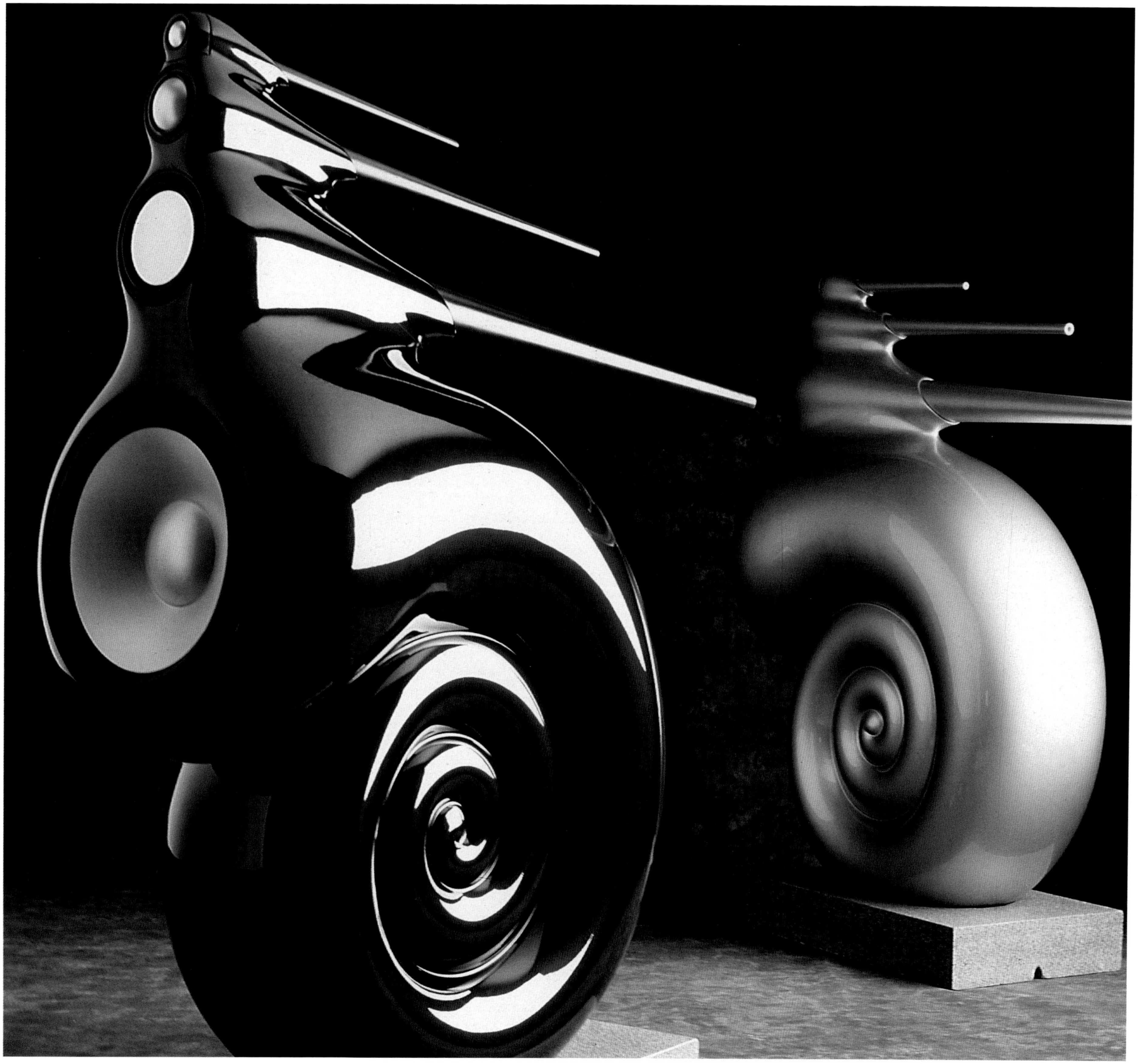

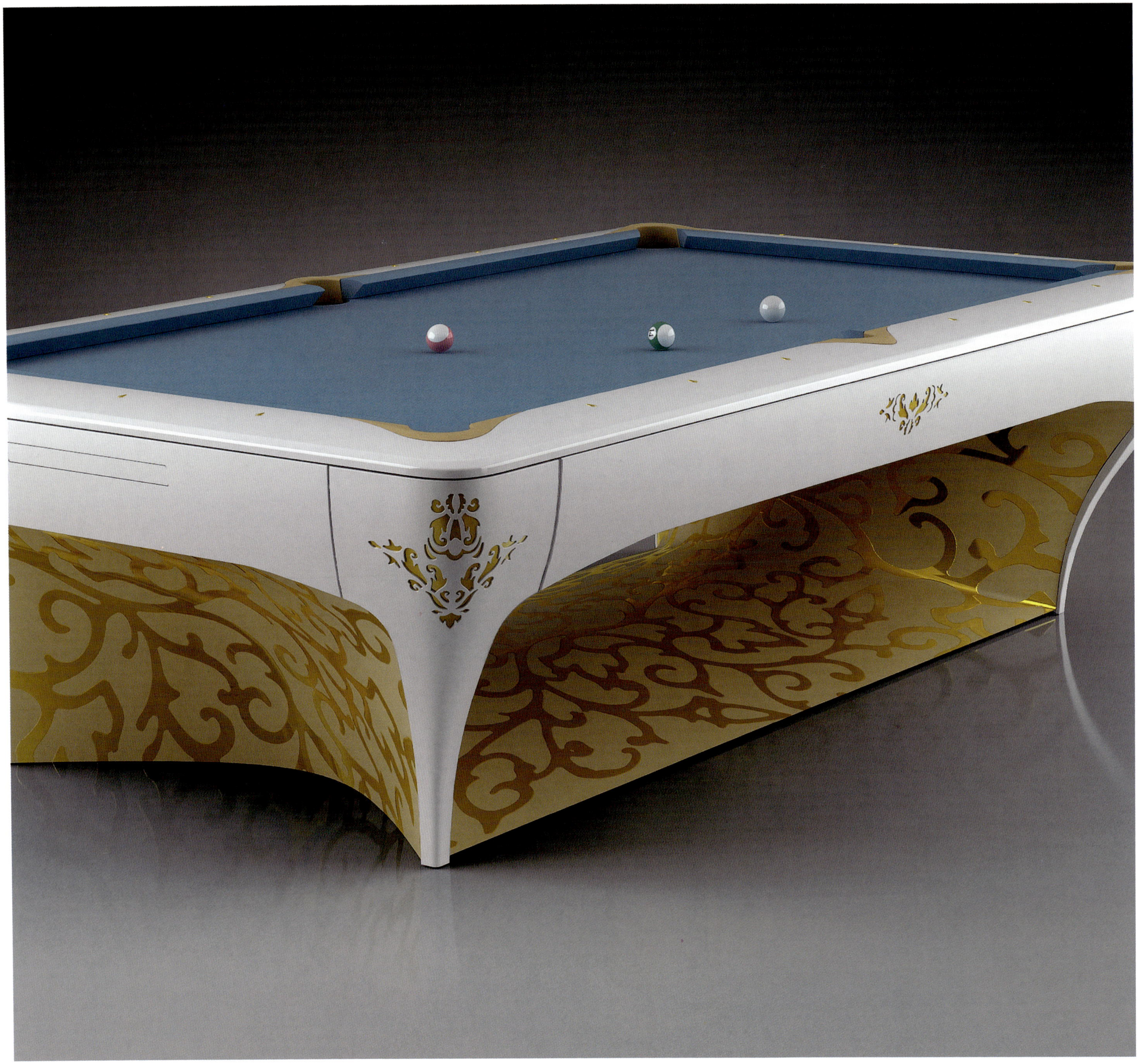

INLEIDING

Het nastreven van perfectie vergt inzet, toewijding en vooral veel geld. Mensen hebben altijd al de hele wereld afgereisd op zoek naar nieuwe, opwindende schatten. Koningen en koninginnen hebben regelmatig zeevaarders en ontdekkingsreizigers uitgestuurd om hen de grootste schatten ter wereld te brengen om zo de rijkdom van hun koninkrijken te vergroten. Onze aangeboren nieuwsgierigheid en onze verlangens drijven ons ertoe om te genieten van alles wat Moeder Aarde te bieden heeft; door onze passie voor uitvindingen en innovatie willen we voortdurend onze eerdere prestaties overtreffen.

De meesten zullen het ermee eens zijn dat niets dat echt waarde heeft, van de ene dag op de andere tot stand kwam. Niet veel mensen kunnen de lange uren en slapeloze nachten van het bedenken tot het uitwerken van ideeën en producten echt begrijpen en appreciëren. Aan al die inspanningen en al dat werk hangt uiteraard een stevig prijskaartje. De kosten zijn altijd vatbaar voor discussie; het gaat dan ook om enkele belangrijke elementen, zoals de kwaliteit van het materiaal, de vakkundigheid, beschikbaarheid, prestaties en esthetiek.

Lijkt dat veel? Niet voor wie de rekening betaalt. Niets uit dit boek is duur op zich. Wat een buitensporig bedrag voor een hotelsuite lijkt, is in feite een vergoeding voor de honderden manuren die aan de planning, het ontwerp en de uitwerking van elk detail opgaan om een in wezen perfecte ruimte te creëren. Kortom, het is de prijs die voor perfectie werd betaald, en die is niet mis.

Jennifer Davis

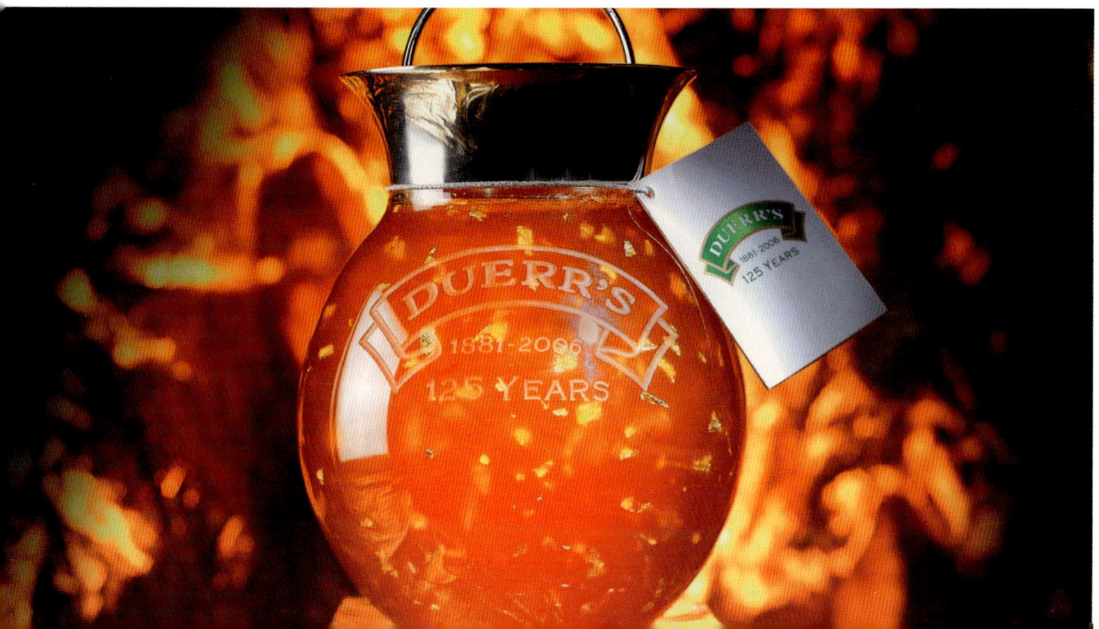

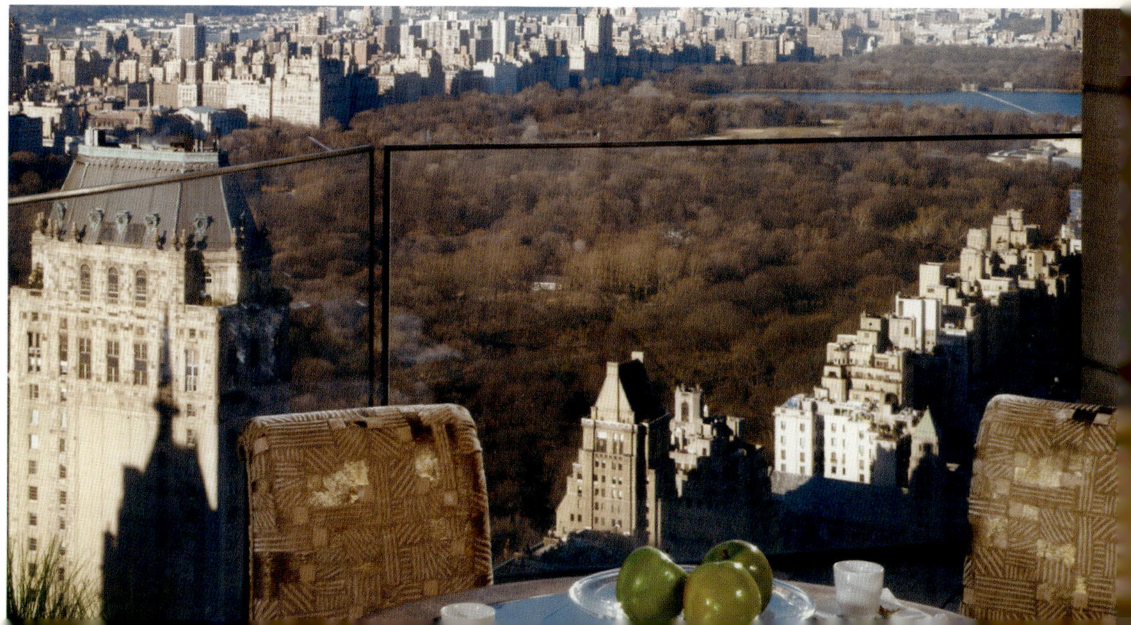

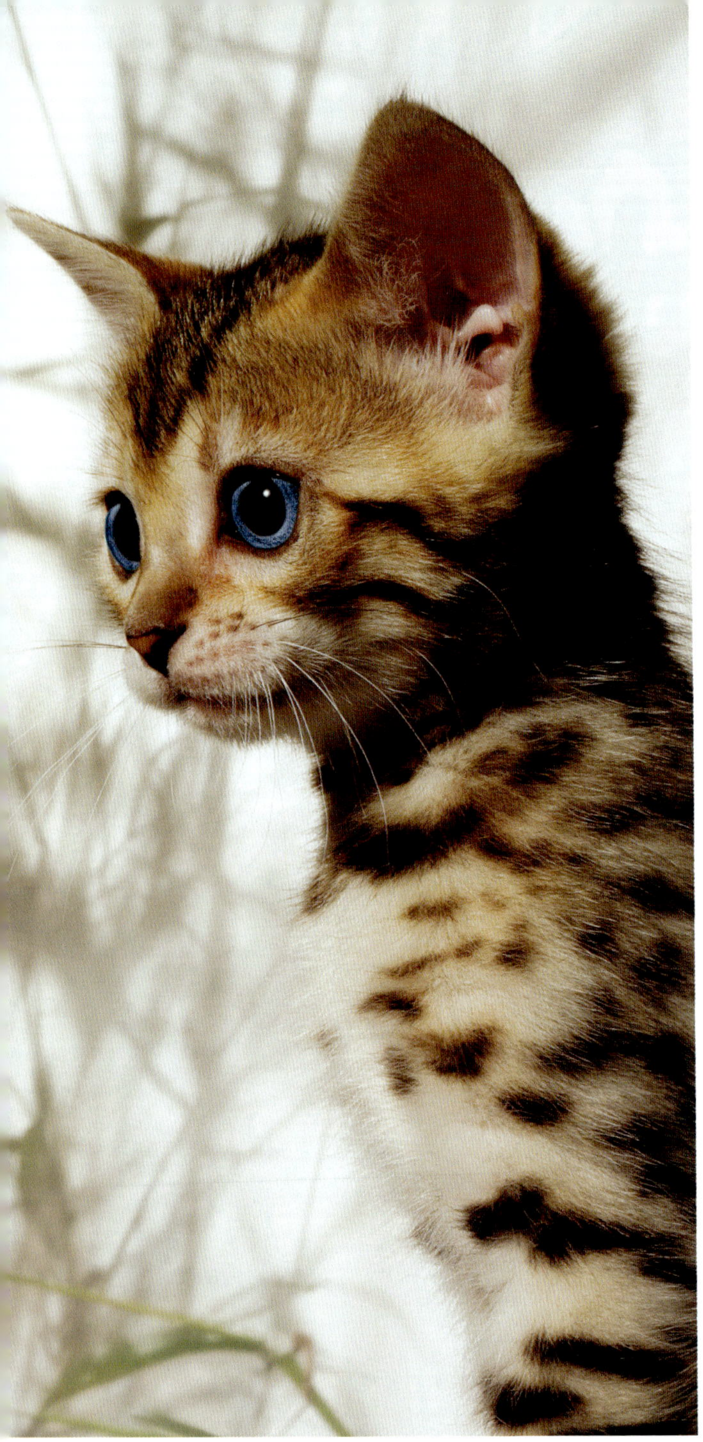
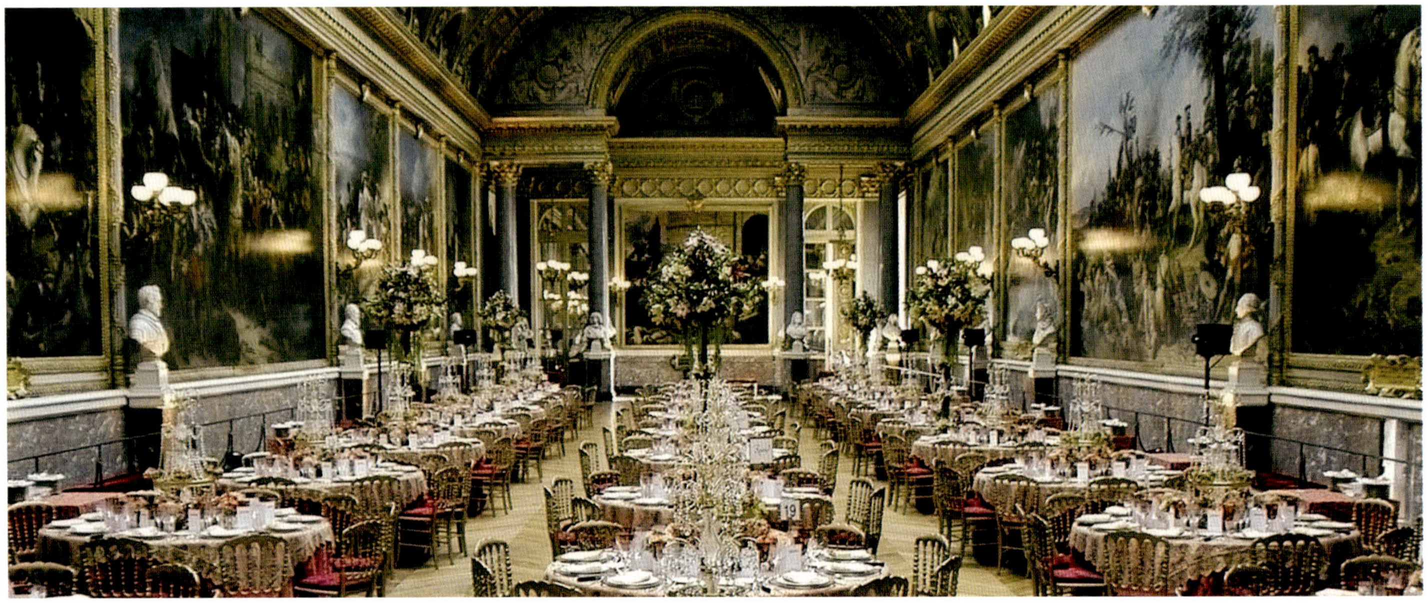

Not everything needs to be dipped in gold or bespeckled with diamonds to be expensive. It need only have some combination of the following traits: limited quantity, the sole one in existence, coveted by many, afforded by and available to a few. Be it the result of a stroke of genius or mechanical error, an engineering feat, genetic flaw, or simply a bit of evolutionary perfection, it matters not. Regardless of any and all appraisals, the absolute intrinsic value of a thing will always be subjective as beauty will always be in the eye of the beholder.

Un objet coûteux n'est pas forcément recouvert d'or ou de diamants. Il peut être simplement unique ou rare, convoité par le plus grand nombre mais disponible seulement pour quelques-uns. De la même façon, il importe parfois peu qu'un objet soit le résultat d'un trait de génie ou d'une erreur mécanique, d'une anomalie génétique ou d'un développement constituant une prouesse technique ; car, indépendamment des estimations dont elle fait l'objet, une pièce de collection conservera toujours une valeur subjective, relative à sa beauté et aux goûts de son acquéreur.

Niet alles moet in goud ondergedompeld of met diamanten besprenkeld zijn om veel te kosten. Een combinatie van de volgende eigenschappen volstaat: een beperkt aantal, een unicum, door velen begeerd, voor maar weinigen betaal- of beschikbaar. Of het nu om een geniale inval of een mechanische fout, een technische prestatie, een genetisch defect of gewoonweg evolutionaire perfectie gaat, heeft geen belang. Ongeacht de taxatie ervan zal de absolute intrinsieke waarde van iets altijd subjectief zijn, net als schoonheid.

RARITIES

CAS EXCEPTIONNELS · RARITEITEN

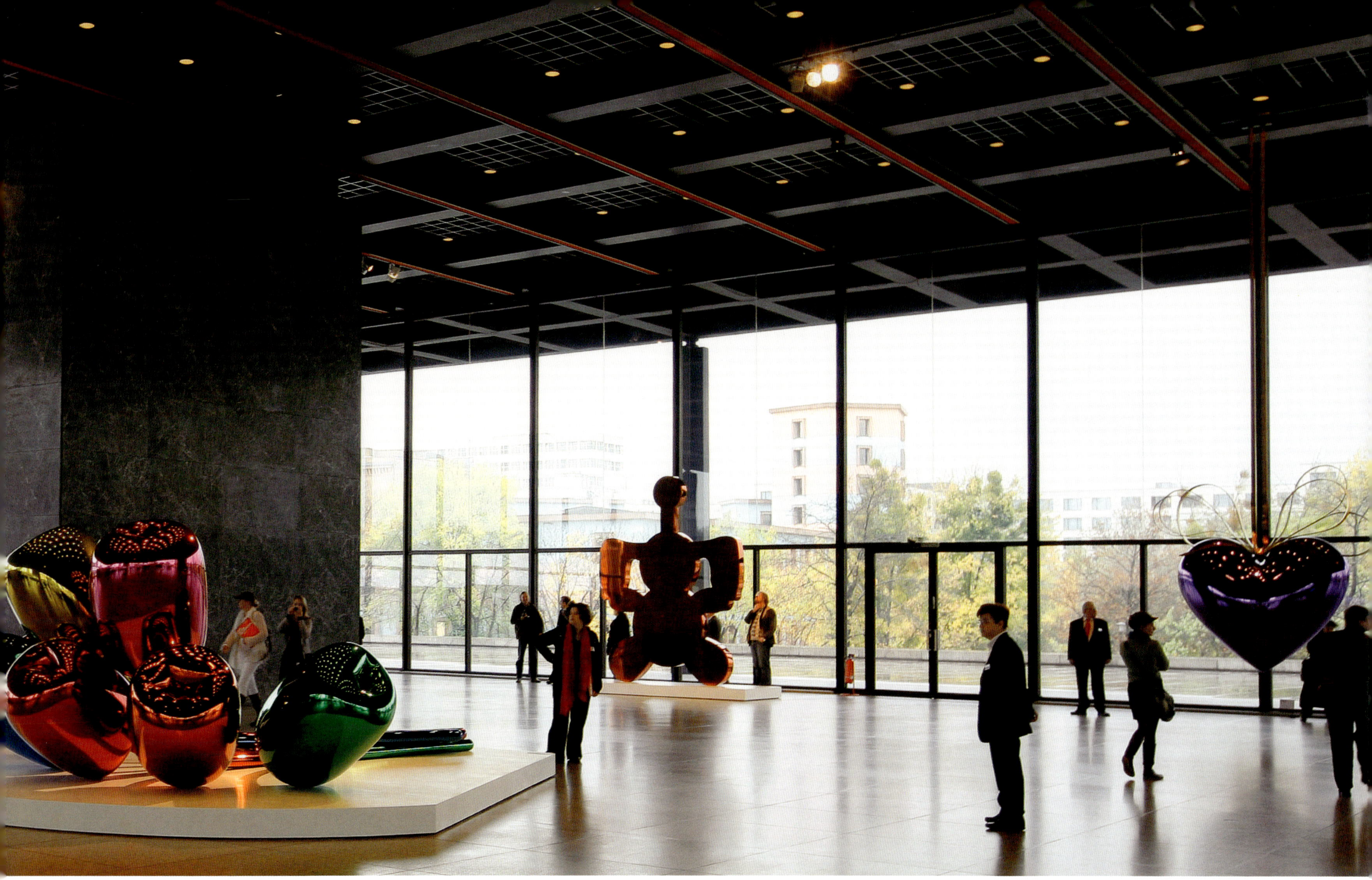

RARITIES

CAS EXCEPTIONNELS · RARITEITEN

$ 15,000,000

PEOPLE MAGAZINE

The first pictures of Knox Leon and Vivienne Marcheline are the most expensive celebrity baby photos in tabloid history. The bidding war for the photographs of Angelina Jolie and Brad Pitt's new twins put People Magazine at the top of the list when they offered $15 million in exchange for the exclusive photo shoot. British tabloid Hello! magazine won the international rights and even moved its publication date forward to capitalize on the scoop. The celebrity couple donated the money to an undisclosed charity.

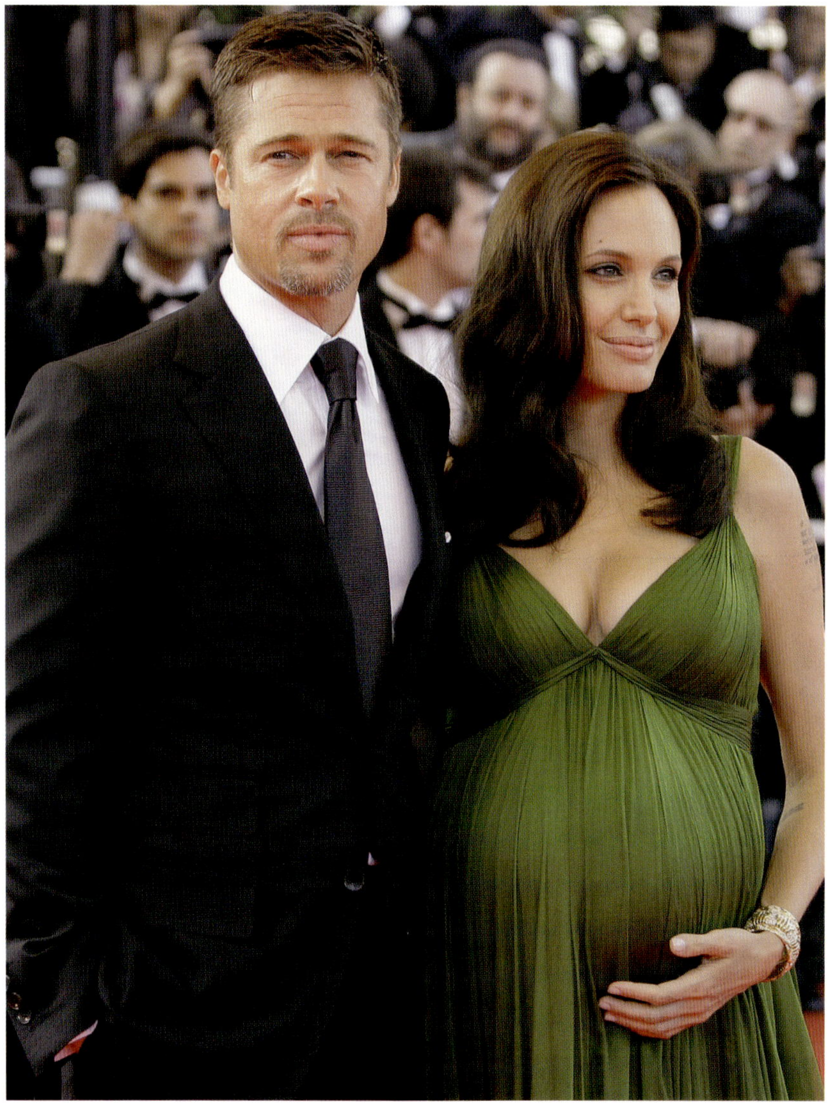

Les premiers clichés de Knox Leon et Vivienne Marcheline sont, dans toute l'histoire des tabloïds, les photos d'enfants de stars les plus chères jamais publiées. C'est le magazine américain *People* qui a remporté la mise, offrant aux célèbres parents des jumeaux, Angelina Jolie et Brad Pitt, 15 millions de dollars pour les seuls droits américains. Le tabloïd britannique *Hello!* a acquis les droits pour le reste du monde, allant jusqu'à avancer sa date de parution pour profiter au maximum de l'effet scoop. Le couple, connu pour son implication humanitaire, a fait don de l'intégralité des sommes récoltées à une œuvre caritative.

De eerste foto's van Knox Leon en Vivienne Marcheline zijn de duurste foto's van beroemde baby's ooit in de geschiedenis van de tabloids. De strijd om de foto's van de nieuwe tweeling van Angelina Jolie en Brad Pitt werd door *People Magazine* gewonnen met een bod van $15 miljoen in ruil voor een exclusieve fotoshoot. De Britse tabloid *Hello!* sleepte de internationale rechten in de wacht en vervroegde zelfs zijn verschijningsdatum om ten volle van de scoop te kunnen profiteren. Het beroemde paar schonk het geld aan een niet nader bekendgemaakt goed doel.

BABY PICTURES

PHOTOS DE BÉBÉS • BABYFOTO'S

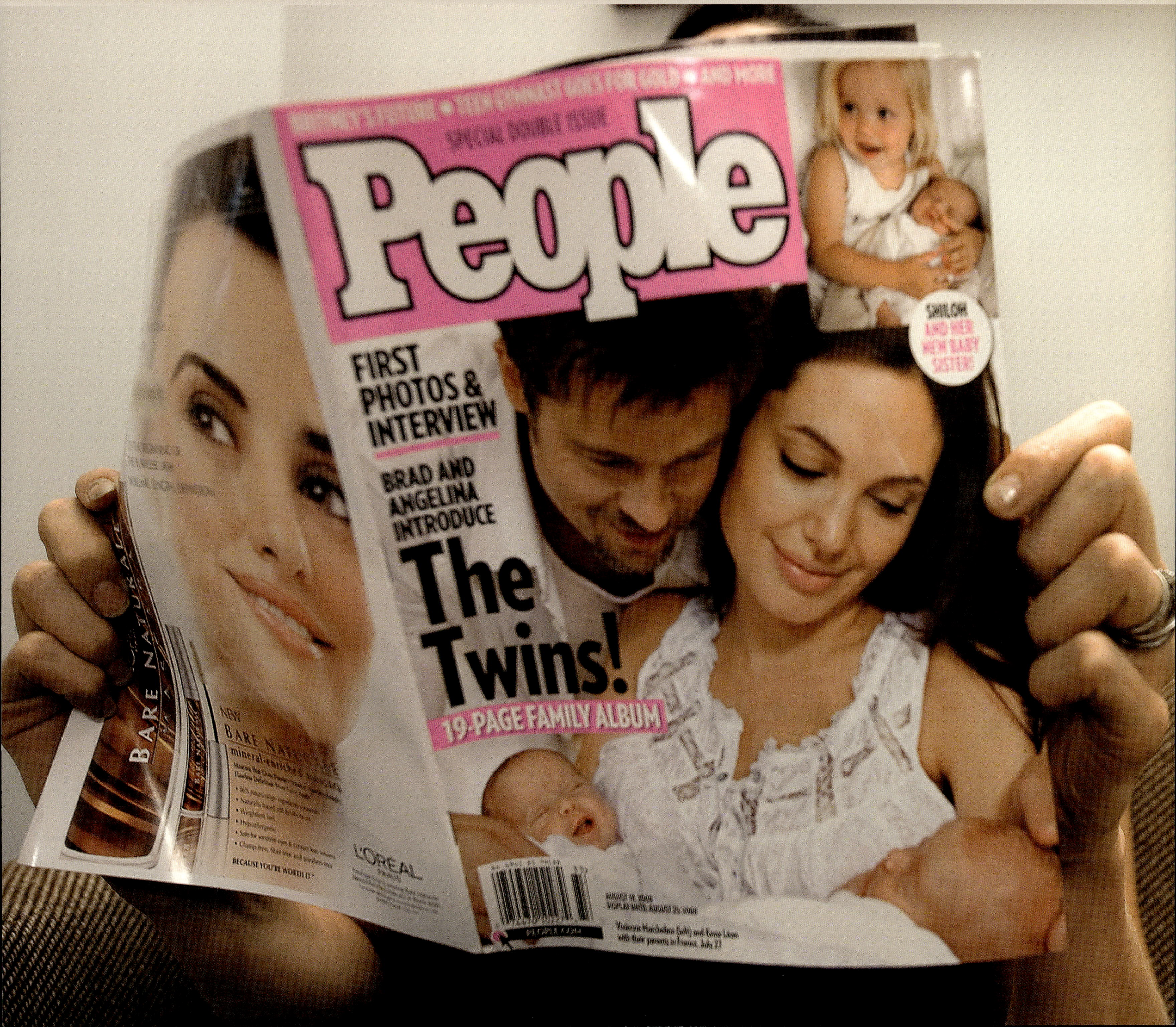

$ 140,000,000

JACKSON POLLOCK
NUMBER 5

Jackson Pollock, nicknamed "Jack the Dripper" is a reno ned American painter with works displayed all over the world. "Number 5, 1948" is 1.20 meters by 2.45 meters and one of his first drip paintings. It was created using the swaying method, a technique in which he places the surfaces of the paintings on the floor and manipulates the colors onto it by swinging and swaying his body above them. He used this method as a means to get in touch with his subconscious. This technique later became known as a form of abstract expressionism.

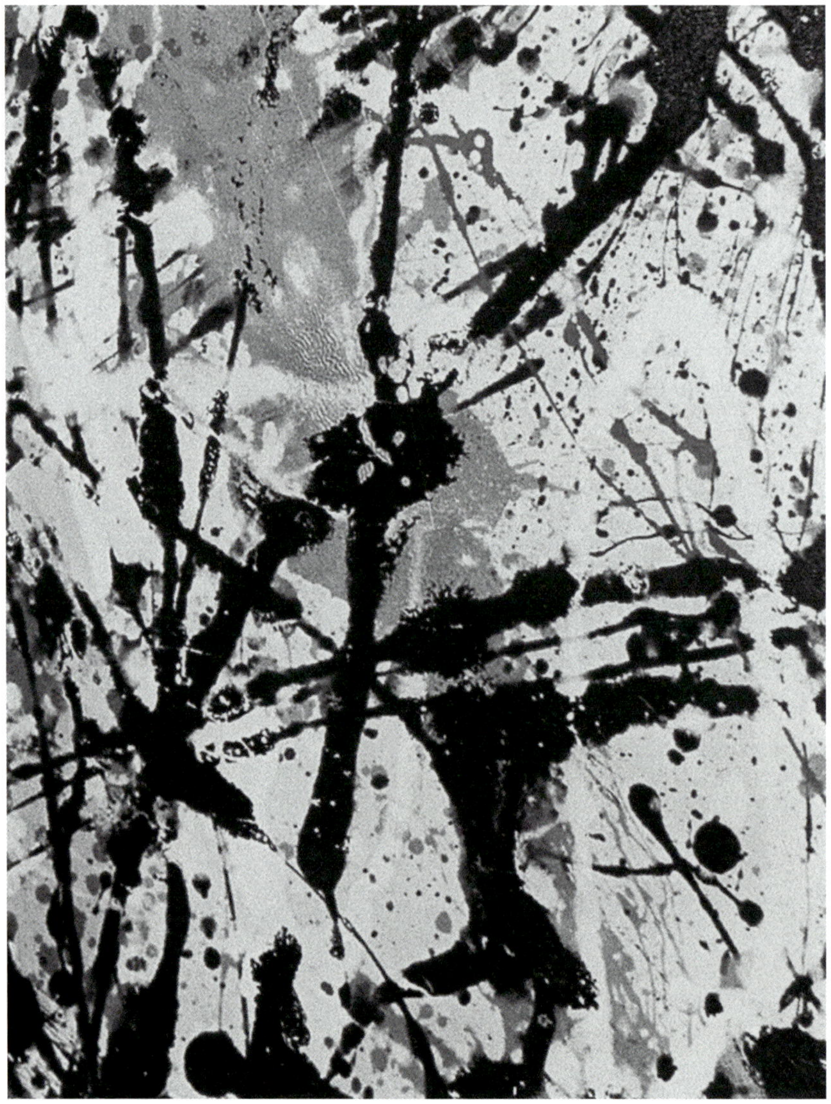

Surnommé "*Jack the Dripper*" (en référence au *dripping*, la technique de peinture qu'il a rendue célèbre), Jackson Pollock est un peintre américain dont les œuvres sont exposées dans le monde entier. Peint en 1948, d'un format de 245 x 120 cm, *Number 5* est l'un des premiers tableaux réalisés par ce procédé, qui consiste à coucher la toile sur le sol pour y projeter les couleurs par un balancement du corps. Pollock utilisait le *dripping*, associé par la suite à l'expressionnisme abstrait, pour entrer en contact avec son subconscient.

Jackson Pollock, die de bijnaam 'Jack the Dripper' kreeg, is een vermaarde Amerikaanse schilder wiens werken over de hele wereld worden getoond. 'Number 5, 1948' meet 1,20 bij 2,45 meter en is een van zijn eerste 'druipschilderijen'. Het werd gecreëerd met behulp van de slingertechniek, een techniek waarbij hij het te beschilderen doek op de grond legt en de kleuren erop manipuleert door met zijn lichaam boven het doek te slingeren en te zwaaien. Hij gebruikte deze methode om in contact te komen met zijn onderbewuste. Deze techniek werd later bekend als een vorm van abstract expressionisme.

PAINTING

TOILE DE MAÎTRE • SCHILDERKUNST

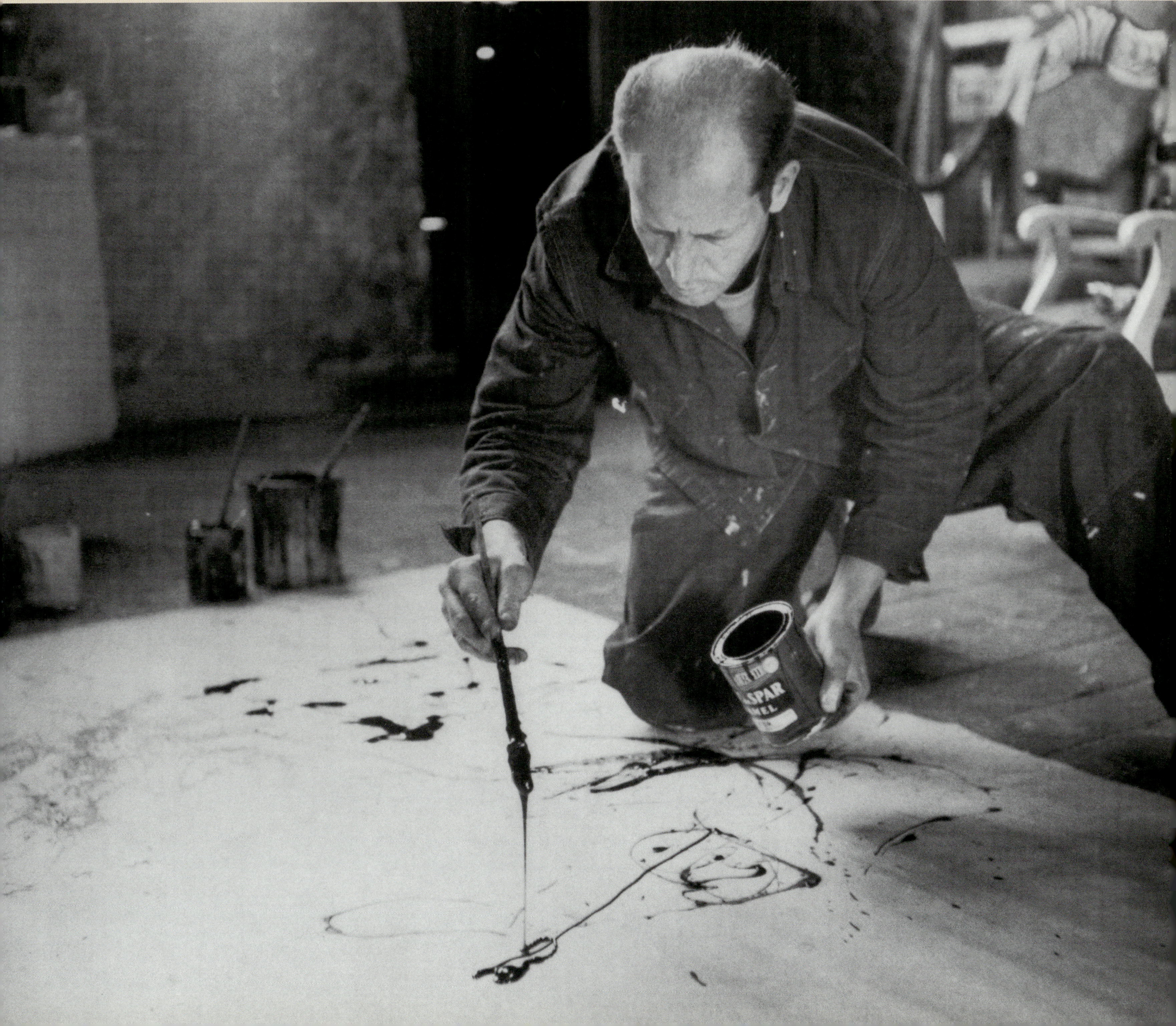

$ 400,000

AROWANA

Arowana, or "Dragon fish," breeder Sean Pang runs Aro Dynasty, a shop based out of Singapore. When he was fortunate enough to come across a 15" Platinum Arowana, he did not hesitate in its purchase, which cost him a modest five-figure sum. Also known in Japan as a "Snow Arowana," it is pure white because of an extremely rare genetic mutation. The other more common ones are silver with green tones and cost about $30 each. The fish is not for sale but a UK importer offered nearly $400,000 for it.

Sean Pang, directeur d'Aro Dynasty à Singapour, est éleveur d'arowanas. Tombé par hasard sur l'un de ces "poissons dragons", il n'a pas hésité à se l'offrir pour une somme rondelette à cinq chiffres. Ce spécimen platine de 38 cm, connu au Japon sous le nom de "arowana des neiges", est issu d'une mutation génétique extrêmement rare et présente des écailles d'un blanc particulièrement pur. Les spécimens plus communs, verts et argents, coûtent environ 30 $ pièce. Mais le poisson de monsieur Pang joue dans une autre catégorie : un importateur britannique lui a offert 400.000 $ pour sa perle rare. Malheureusement, il n'est pas à vendre...

Sean Pang, die Arowana's of 'Drakenvissen' kweekt, baat Aro Dynasty uit, een winkel in Singapore. Toen hij het geluk had een platina Arowana van 38 cm te vinden, aarzelde hij niet om die te kopen, ook al kostte hem dat een bedrag van vijf cijfers. De vis, die in Japan ook wel 'Sneeuwarowana' wordt genoemd, is zuiver wit als gevolg van een bijzonder zeldzame genetische mutatie. Andere, meer courante vissen zijn zilverkleurig met grijze tinten en kosten $ 30 per stuk. De vis is niet te koop, maar een Britse invoerder bood er wel bijna $ 400.000 voor.

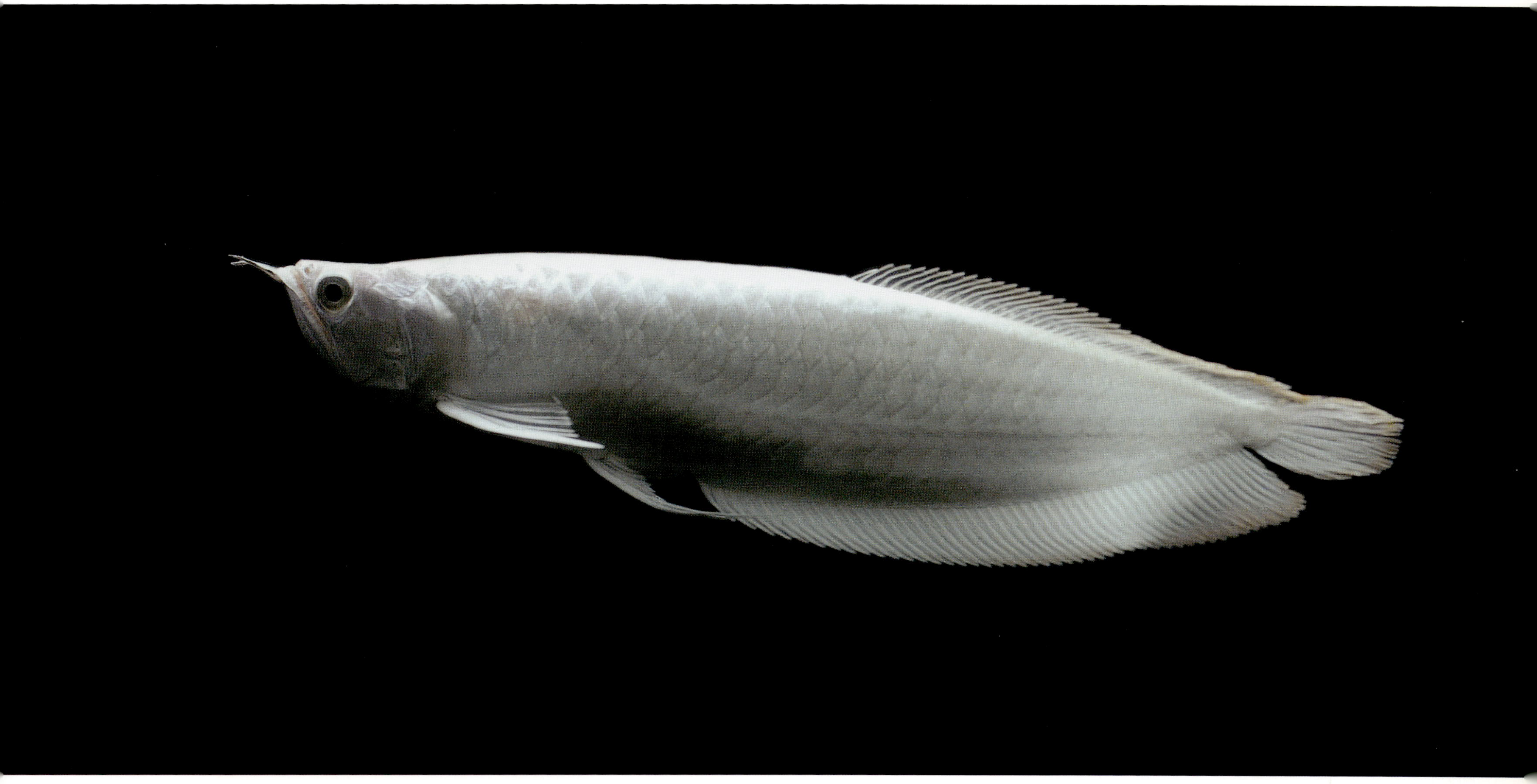

$ 275,000

1793 SHELDON NC-1 CHAIN CENT

The Sheldon NC-1 chain cent was the first coin minted by US Federal Government in 1793. Designed by Henry Voight, the engravings on the coin were quite controversial. The fifteen linked chains representing the unified states were seen as an "ill omen for liberty" and the woman's flowing locks made her look as though she were "in a fright." The design was discontinued with only 36,103 ever produced and only a handful in known existence today. Classified as NC for non-collectable it is extremely rare and valued at over $275,000.

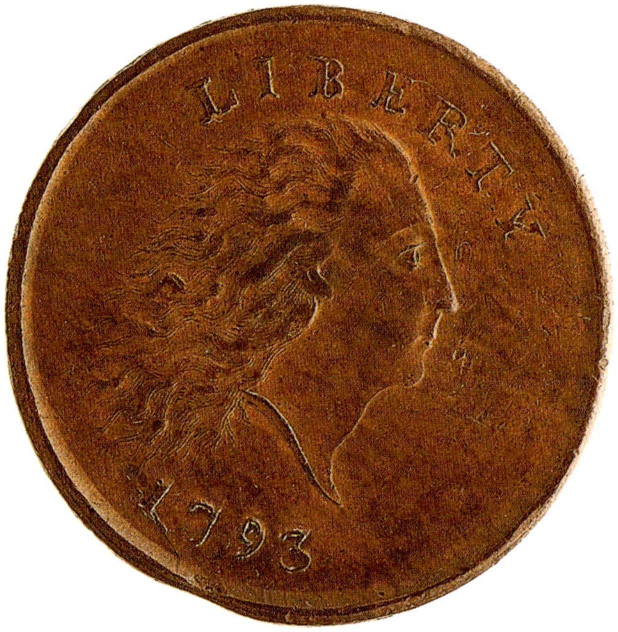

Le *Sheldon NC-1 chain cent* fut, en 1793, la première pièce de monnaie battue par le gouvernement fédéral américain. Dessinées par Henry Voight, les gravures en surface soulevèrent une controverse, certains arguant que les quinze maillons de chaîne liant les États membres étaient "de mauvaise augure pour la liberté" et que la femme représentant la liberté, cheveux au vent, affichait un air effrayé. Ce design fut abandonné après la production de 36.103 exemplaires, dont il ne reste aujourd'hui qu'une poignée de spécimens. Classée NC (non collectionnable), cette pièce extrêmement rare est estimée à plus de 275.000 $.

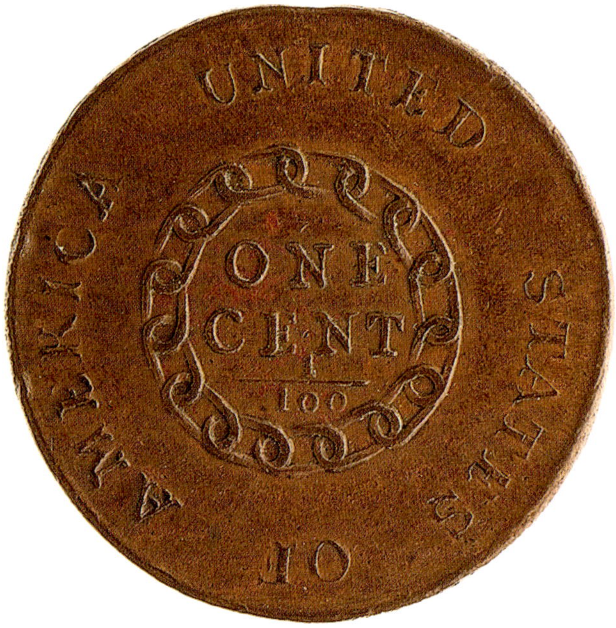

De Sheldon NC-1-kettingcent was de eerste munt die in 1793 door de Amerikaanse Federale Overheid werd geslagen. De gravures op de munt, ontworpen door Henry Voight, waren erg controversieel. De vijftien schakels van een ketting die de eengemaakte staten vertegenwoordigden, werden als een 'slecht voorteken voor de vrijheid' beschouwd en het lange haar van de vrouw deden haar eruitzien alsof ze 'bevreesd' was. De productie werd stopgezet nadat er amper 36.103 van waren gemaakt; vandaag zijn er maar een handvol meer over. De munt, die als NC (non-collectable oftewel niet verzamelbaar) is geclassificeerd, is bijzonder zeldzaam en meer dan $ 275.000 waard.

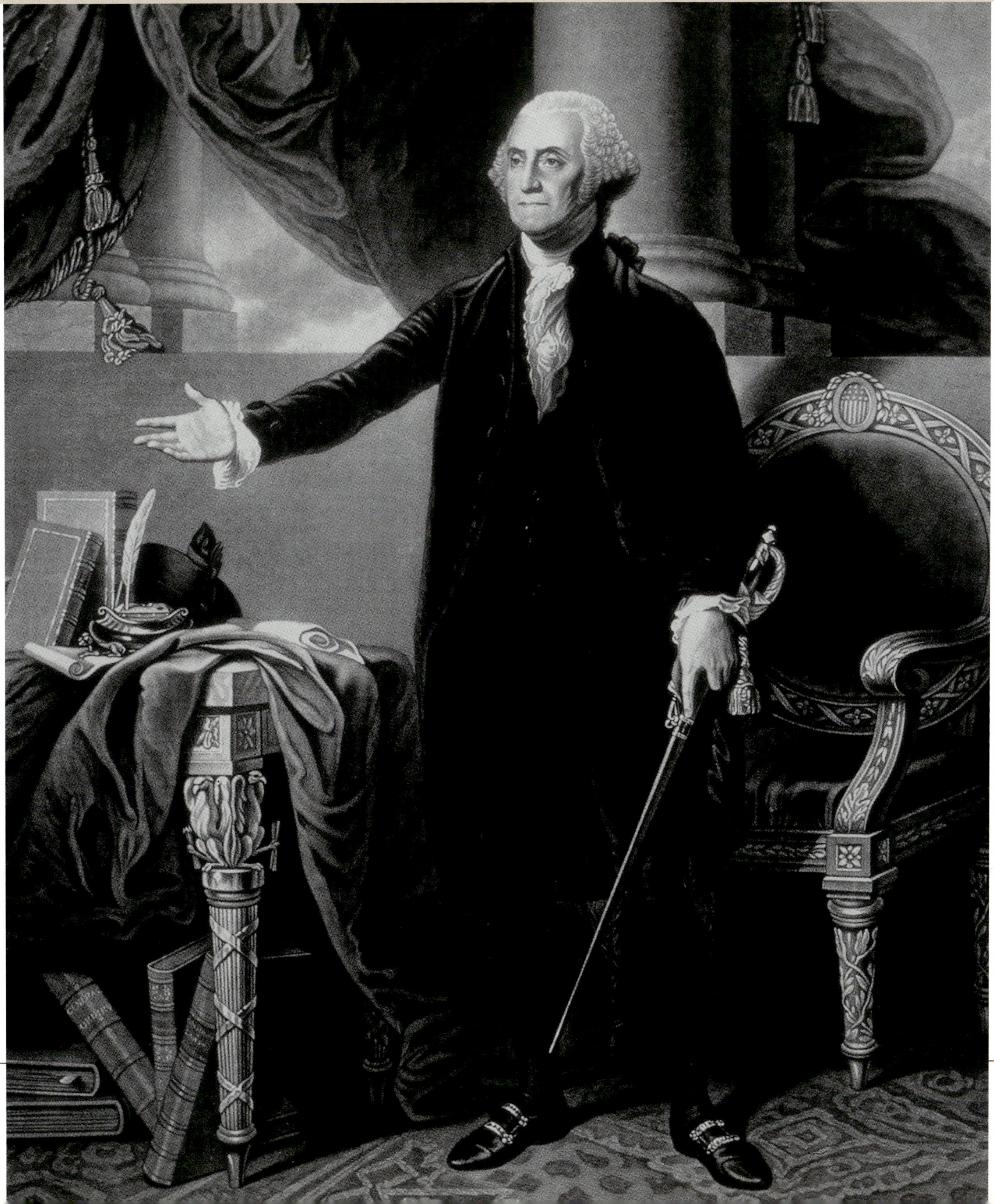

$ 2,300,000

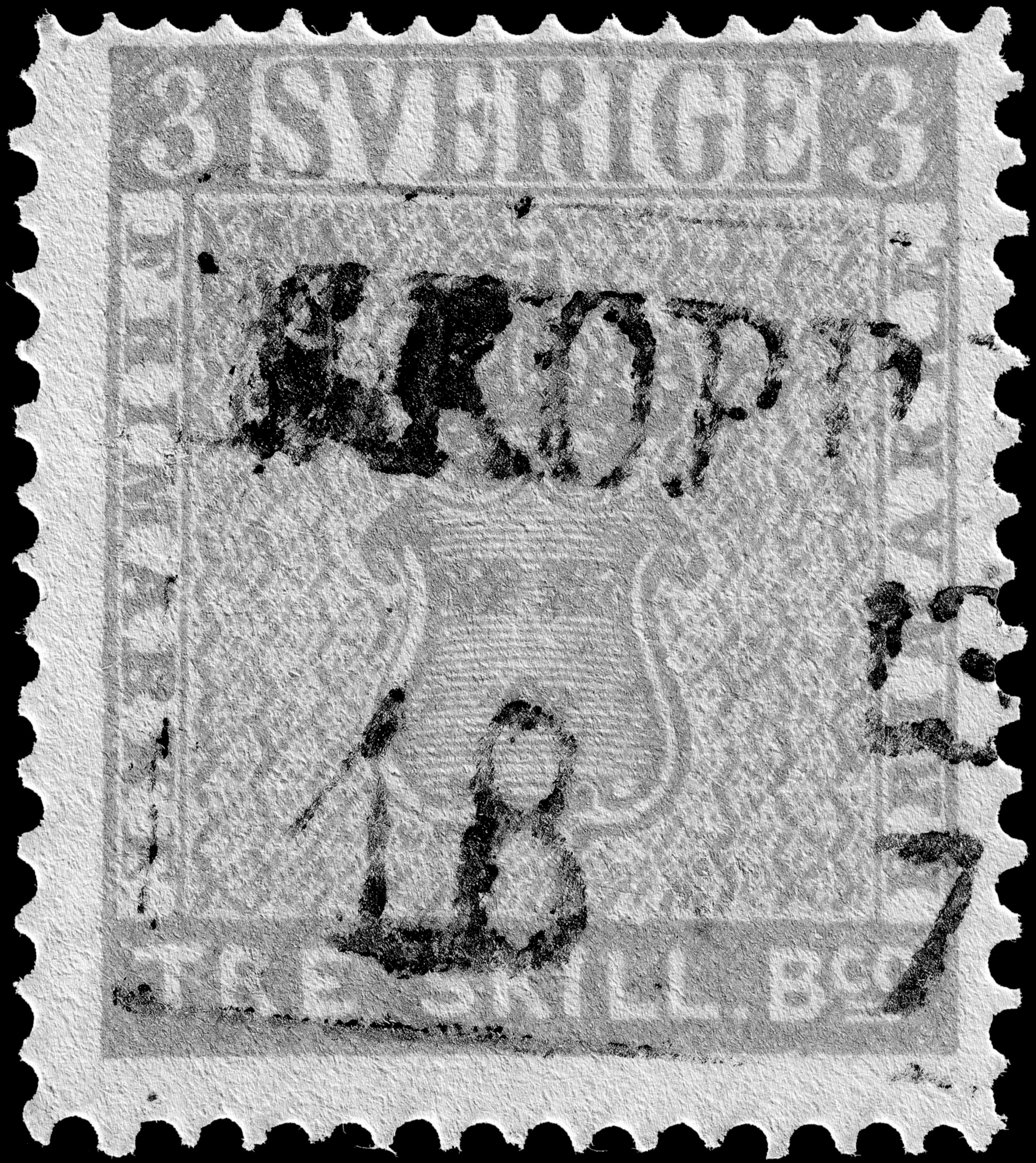

TRESKILLING YELLOW

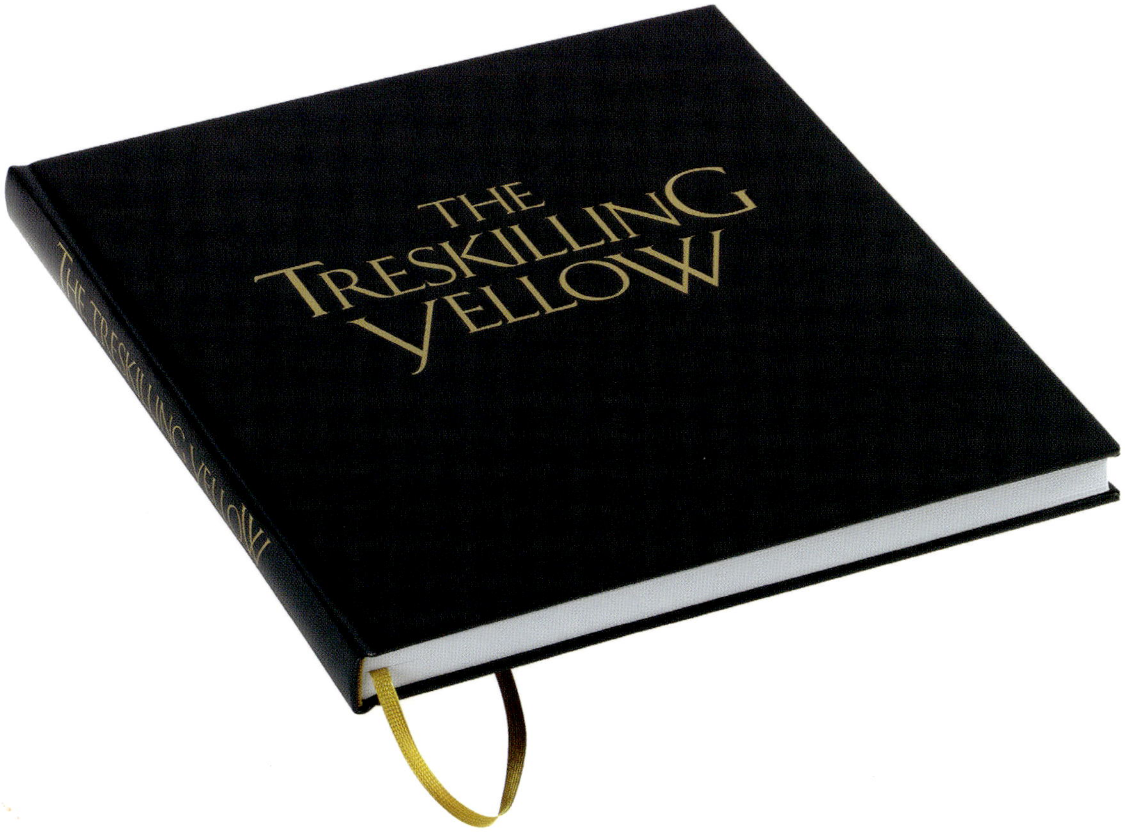

In 1855 the Swedish Postal service began printing its first issue of stamps. During the process one of the printing blocks in the frame for the 8 skilling stamp broke and was mistakenly replaced with a three skilling block which was originally printed in green-blue. The mistake was caught and corrected, but not before creating a single sheet of yellow three skilling stamps. The only one in known existence was purchased by an anonymous collector at an auction in Zurich for $2.3 million creating a new world record for a single stamp.

Le service postal suédois fit imprimer la première édition de ses timbres en 1855. Durant le processus, l'une des plaques d'impression du timbre à 8 skilling (imprimé en jaune) se brisa et fut remplacée par erreur par la plaque du 3 skilling (couleur bleu-vert). L'erreur fut remarquée et corrigée, mais seulement après impression en jaune d'une feuille de timbres à 3 skilling. Le seul exemplaire connu de cette série a été vendu lors d'enchères à Zurich. L'acheteur, resté anonyme, l'a emporté pour un montant de 2,3 millions de dollars – une somme record pour un "simple" timbre-poste.

In 1855 begon de Zweedse Post haar eerste zegels te drukken. Tijdens het proces ging een van de drukblokken voor de postzegel van 8 skilling stuk en werd het verkeerdelijk vervangen door een blok van drie skilling dat oorspronkelijk in het groen-blauw werd gedrukt. De fout werd ontdekt en rechtgezet, maar niet voor er een blad gele zegels van drie skilling was gedrukt. De enige bekende zegel werd op een veiling in Zürich door een anonieme verzamelaar gekocht voor $ 2,3 miljoen – een nieuw wereldrecord voor één enkele postzegel.

$ 12,000,000

WWW.SEX.COM

Potentially one of the most lucrative sites on the internet, the domain name sex.com was purchased on January 19, 2006 for $12 million US dollars by Boston-based Escom LLC, making it the most expensive domain name ever sold. It was acquired from Gary Kremen, CEO of Grant Media LLC, and the founder of Match.com. The new owners intended to turn the website into "the market-leading adult entertainment destination," which would include sex and relationship advice, erotica, video-on-demand and live chat.

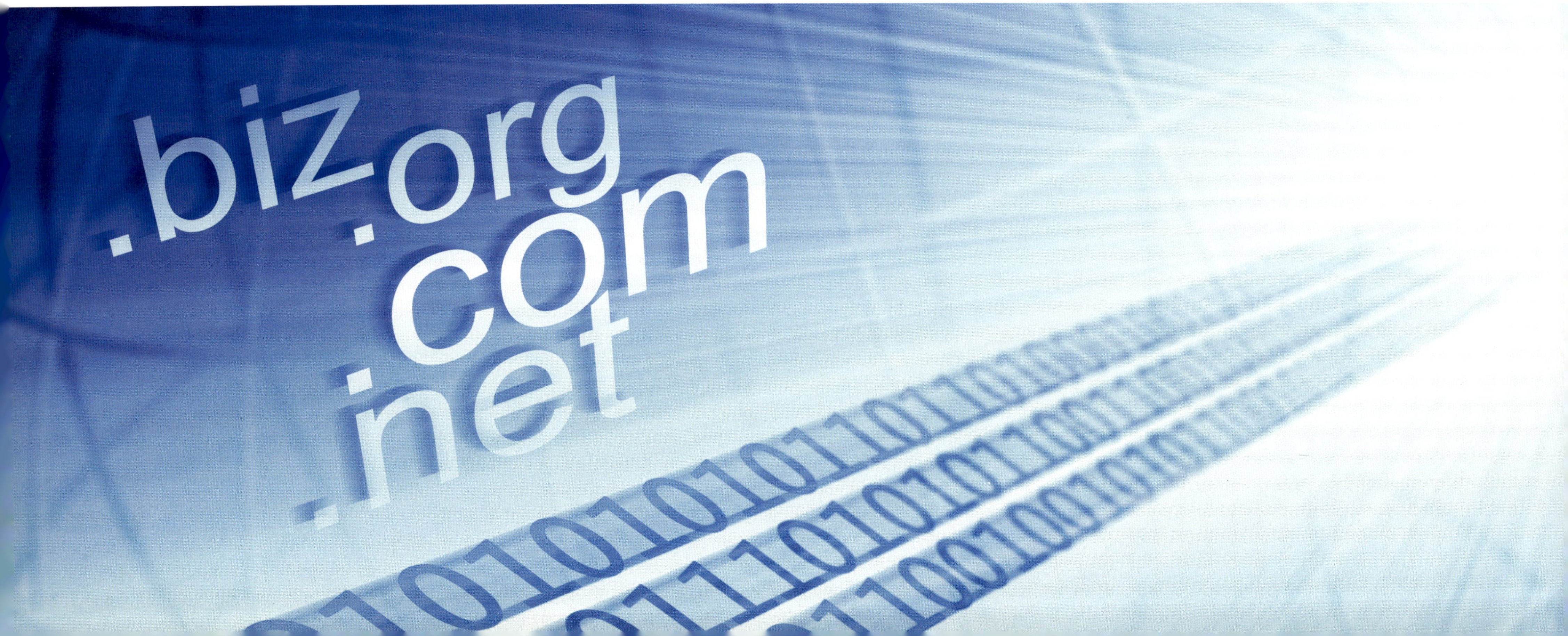

www.sex.com

Le 19 janvier 2006, Gary Kremen, CEO de Grant Media LLC et fondateur de Match.com, a cédé le nom de domaine *sex.com* à la société Escom LLC pour 12 millions de dollars. Ce nom de domaine, qui pourrait s'avérer l'un des sites les plus lucratifs d'Internet, est aussi le plus cher au monde. Ses nouveaux propriétaires ont l'intention d'en faire le "leader du divertissement pour adultes sur le web", incluant des conseils sexuels et relationnels, des films érotiques, des vidéos à la carte et un service de discussion en ligne.

De domeinnaam *sex.com*, mogelijk een van de meest lucratieve websites, werd op 19 januari 2006 gekocht door de firma Escom LLC uit Boston, voor een bedrag van $ 12 miljoen dollar, waardoor het de duurste domeinnaam is die ooit werd verkocht. De domeinnaam werd overgenomen van Gary Kremen, CEO van Grant Media LLC en oprichter van Match.com. De nieuwe eigenaars willen van de website 'de marktleider in amusement voor volwassenen' maken, met onder andere seks- en relatieadvies, erotica, video-on-demand en live chat.

$ 25,000,000

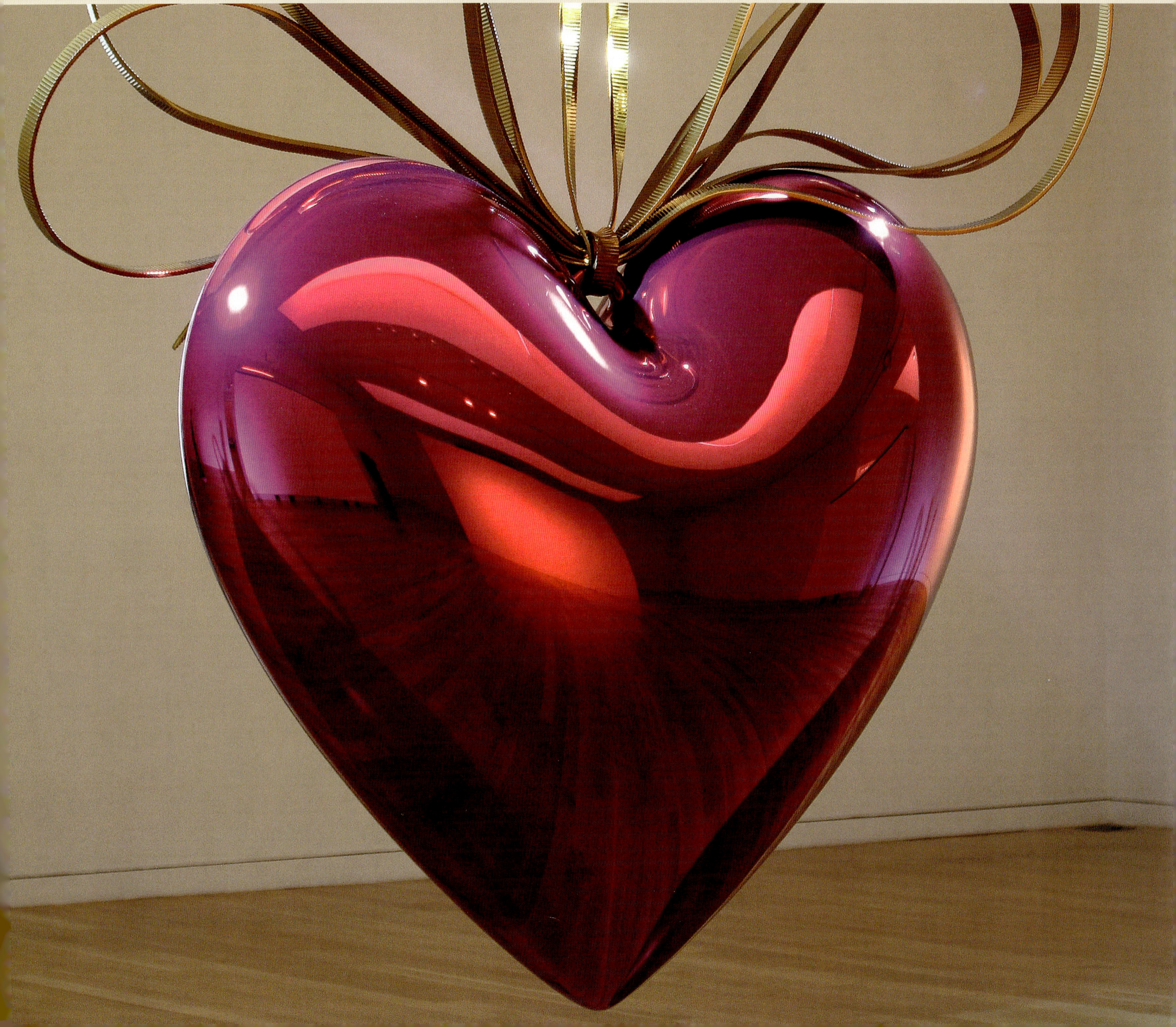

JEFF KOONS

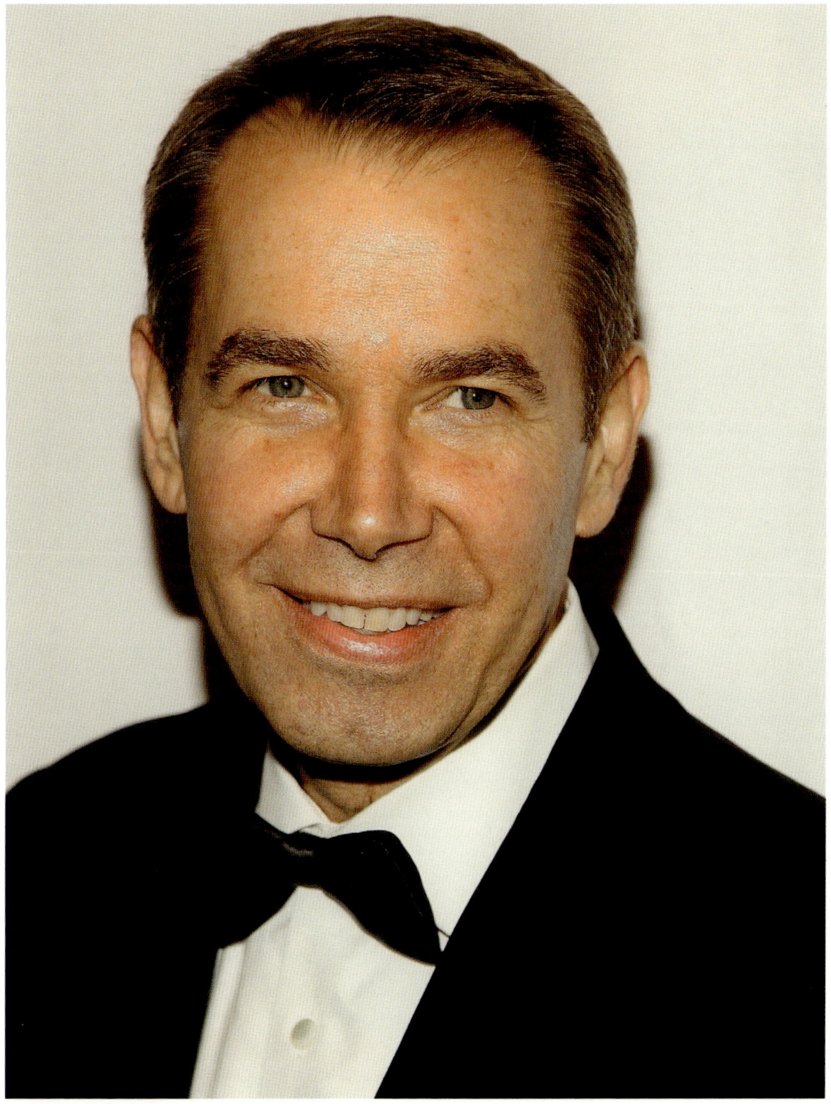

Even the most seasoned art connoisseur is left awestruck by the power and romance exuded by this piece. One of five uniquely colored versions, the magenta and gold "Hanging Heart" is part of Jeff Koon's "Celebration" series. Its creation took ten years from conception to completion. Made of high chromium stainless steel, it has more than ten coats of paint, weights 3,500 lbs and took over 6,000 man hours to produce. It was sold at Sotheby's in New York for 25 million dollars. The highest price ever fetched for a living artists' work.

Même le connaisseur d'art le plus averti est frappé par la puissance et le romantisme émanant de cette œuvre. Le *Hanging Heart* magenta et or de Jeff Koons fait partie de la célèbre série *Celebration*. Sa réalisation s'est étalée sur dix ans et a nécessité 6.000 heures de travail. Fait d'acier inoxydable chromé, il est recouvert de plus de dix couches de peinture et pèse presque 1.600 kg. Il a été vendu chez Sotheby's à New York pour 25 millions de dollars, le prix le plus élevé jamais obtenu pour l'œuvre d'un artiste vivant.

Zelfs de meest doorgewinterde kunstkenner wordt overrompeld door de kracht en de romantiek die dit kunstwerk uitstraalt. Het magenta-met-gouden 'Hanging Heart' is één van de vijf uniek gekleurde versies die deel uitmaken van de 'Celebration'-reeks van Jeff Koon. De creatie ervan, van ontwerp tot voltooiing, duurde 10 jaar. Het is gemaakt van hoogwaardig verchroomd roestvrij staal en bedekt met meer dan 10 lagen verf, weegt 1600 kg en nam meer dan 6.000 manuren in beslag. Het werd bij Sotheby's in New York verkocht voor $ 25 miljoen dollar – de hoogste prijs die ooit voor het werk van een nog levende kunstenaar werd betaald.

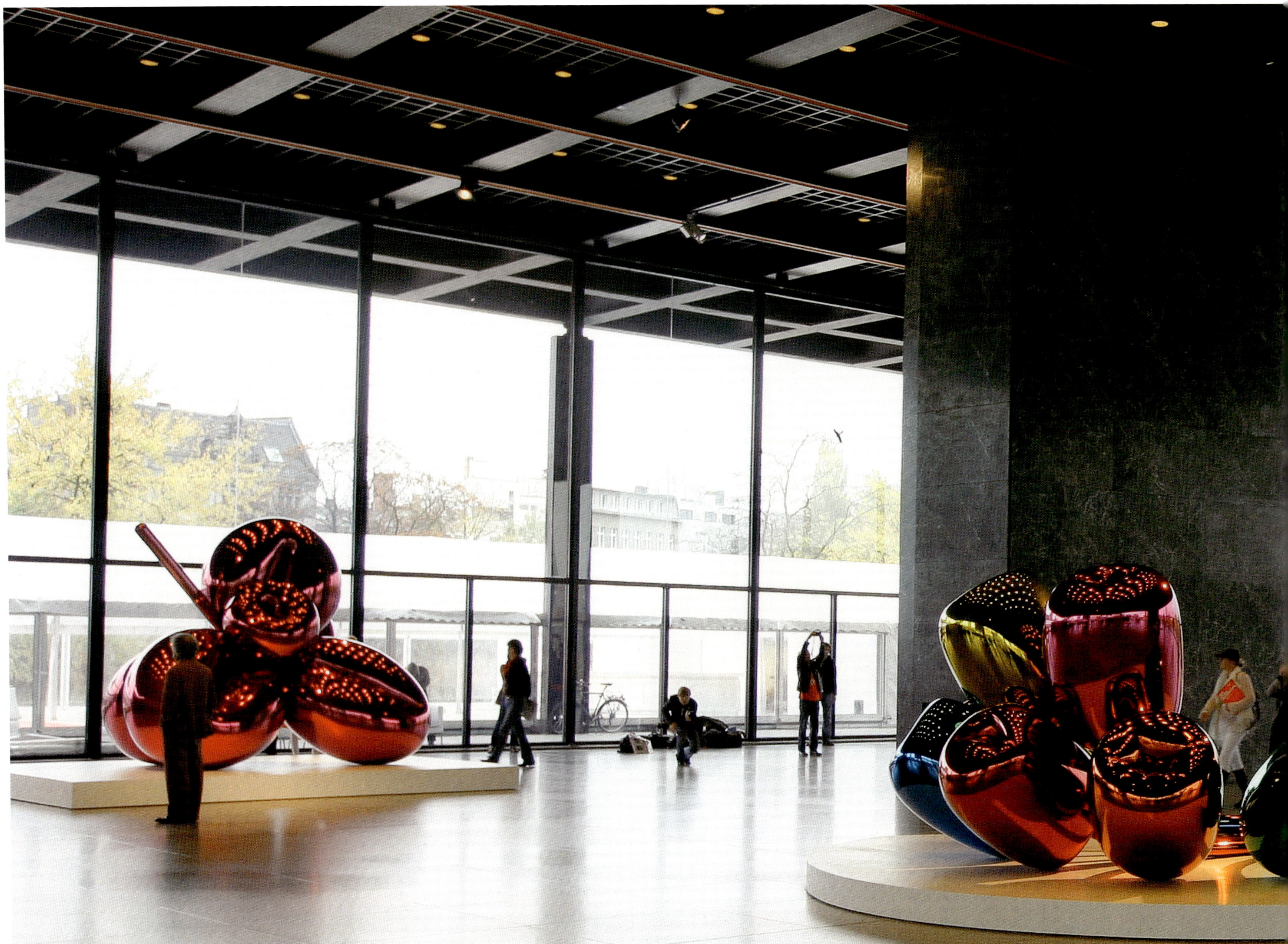

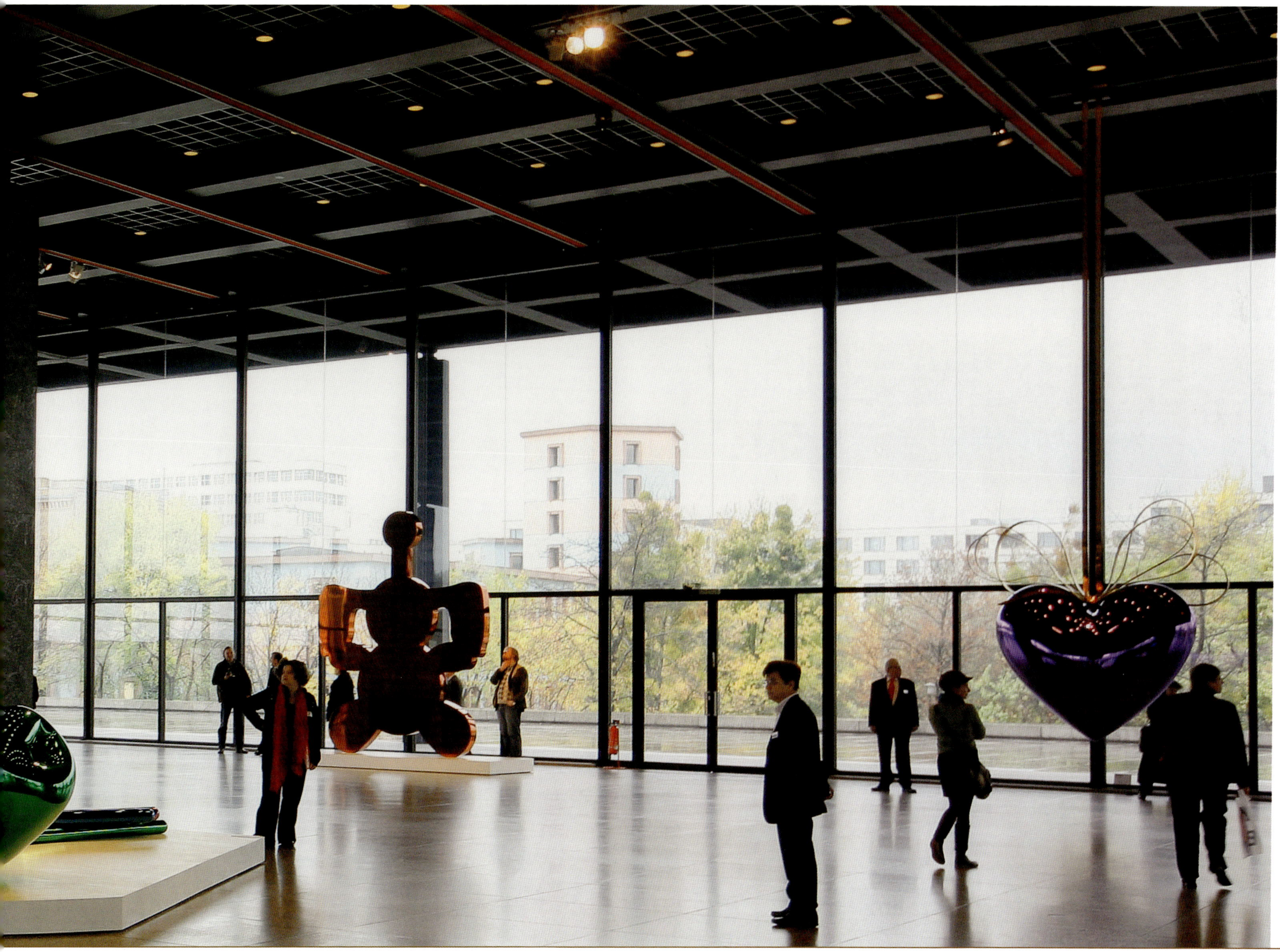

$ 60,000,000

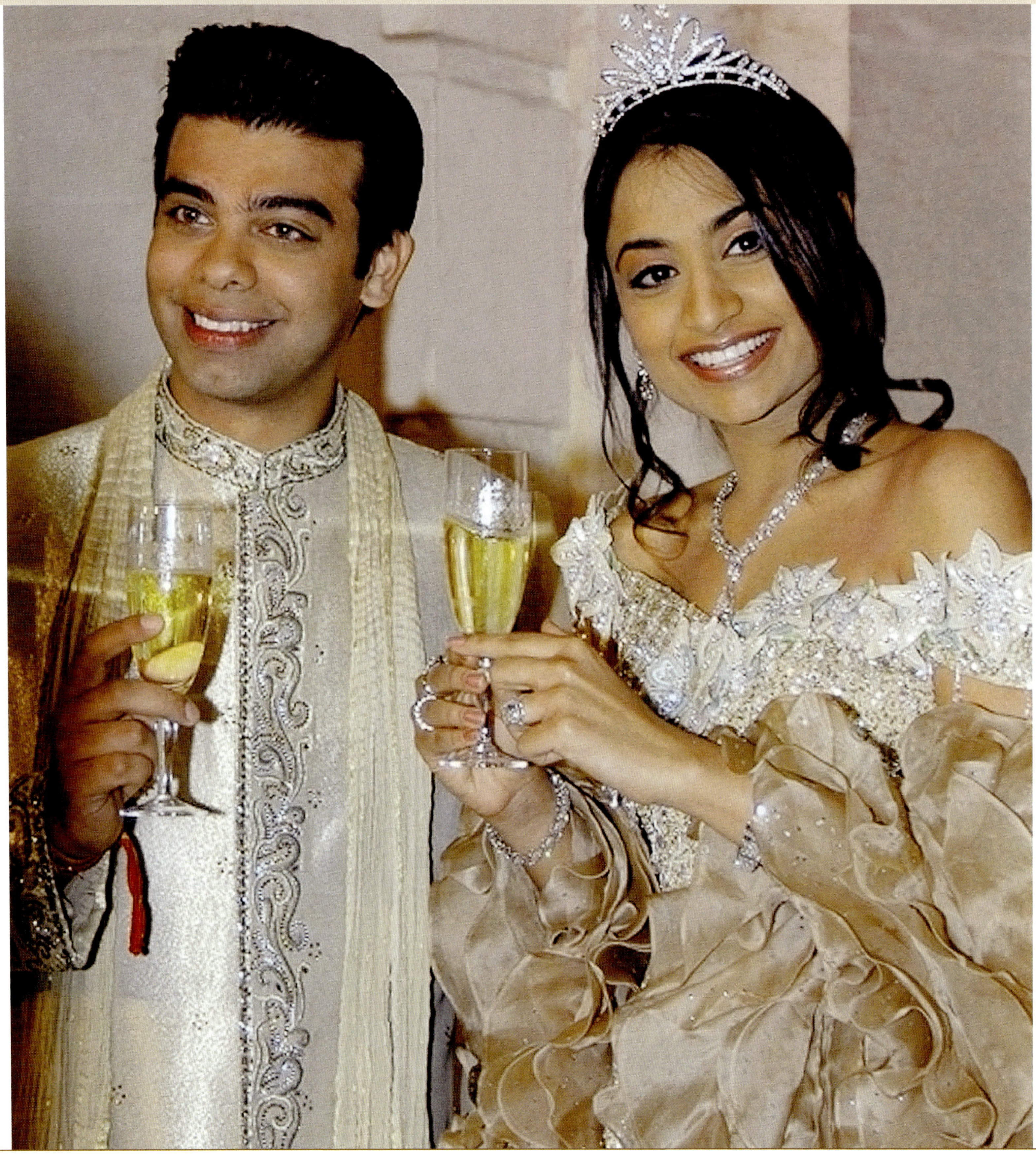

VANISHA MITTAL & AMIT BHATIA

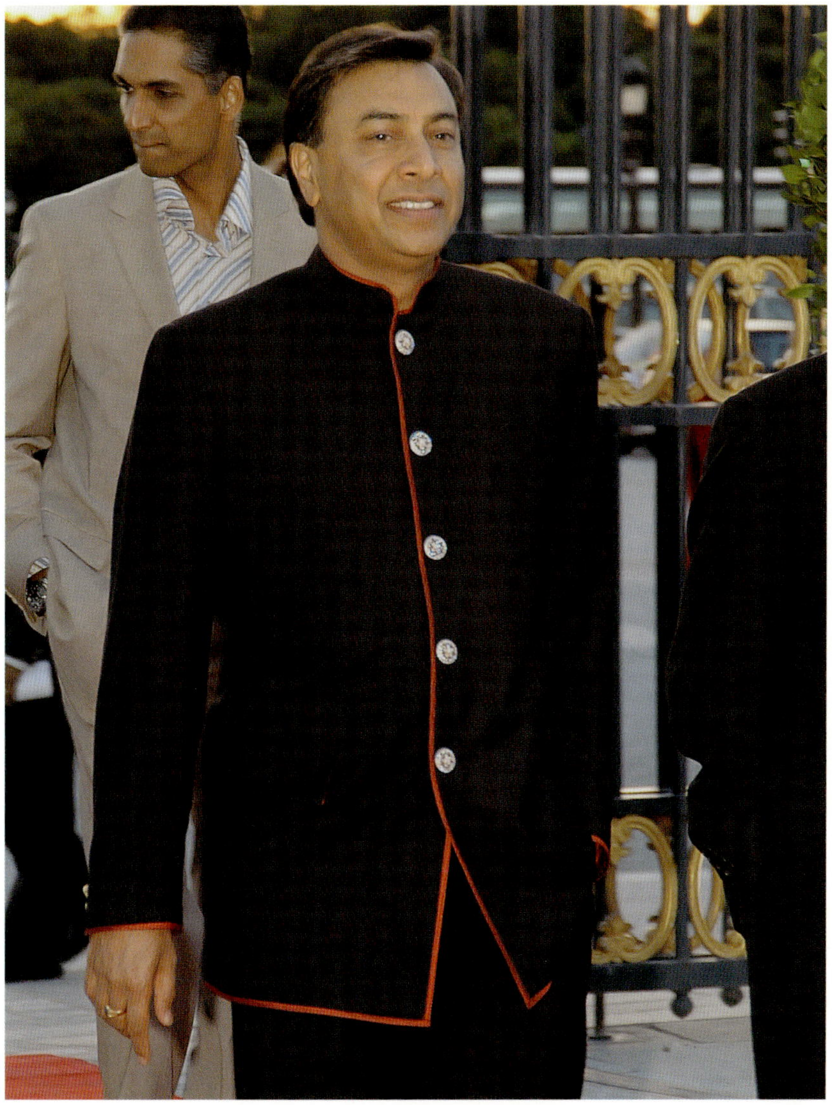

The wedding of billionaire steel tycoon Lakshmi Mittal's daughter has been touted as the grandest of the century. Twenty-page invitations in silver boxes were sent out and 1,000 guests were flown in from all over of the world and put up in a five-star Paris hotel. The Palace of Versailles, the Jardin des Tuileries and the 17th-century french chateau Vaux le Vicomte, were just a few of the venues to the extravagant multi-day event. Guests were regaled with lavish cuisine, opera, Bollywood productions, and a performance by Kylie Minogue.

Le mariage de la fille du milliardaire Lakshmi Mittal est connu comme le plus grandiose du siècle. S'étendant sur vingt pages, les invitations ont été envoyées dans des coffrets en argent et 1.000 invités venant du monde entier ont été transportés en avion jusqu'à Paris et logés dans un hôtel cinq étoiles. Les festivités, étalées sur plusieurs jours, se sont notamment déroulées au château de Versailles, au jardin des Tuileries et au château de Vaux le Vicomte. Au menu : un opéra, la projection de productions bollywoodiennes et un concert privé de Kylie Minogue.

Het huwelijksfeest van de dochter van miljardair en staaltycoon Lakshmi Mittal wordt het grootste van de eeuw genoemd. Twintig pagina's tellende uitnodigingen werden in zilveren kistjes verstuurd en de 1.000 gasten werden van over heel de wereld overgevlogen en ondergebracht in een vijfsterrenhotel in Parijs. Het Paleis van Versailles, de Jardin des Tuileries en het 17de-eeuwse Franse kasteel Vaux le Vicomte waren maar enkele van de locaties voor de extravagante, meerdaagse gebeurtenis. De gasten werden getrakteerd op een rijkelijke keuken, opera, Bollywoodproducties en een optreden van Kylie Minogue.

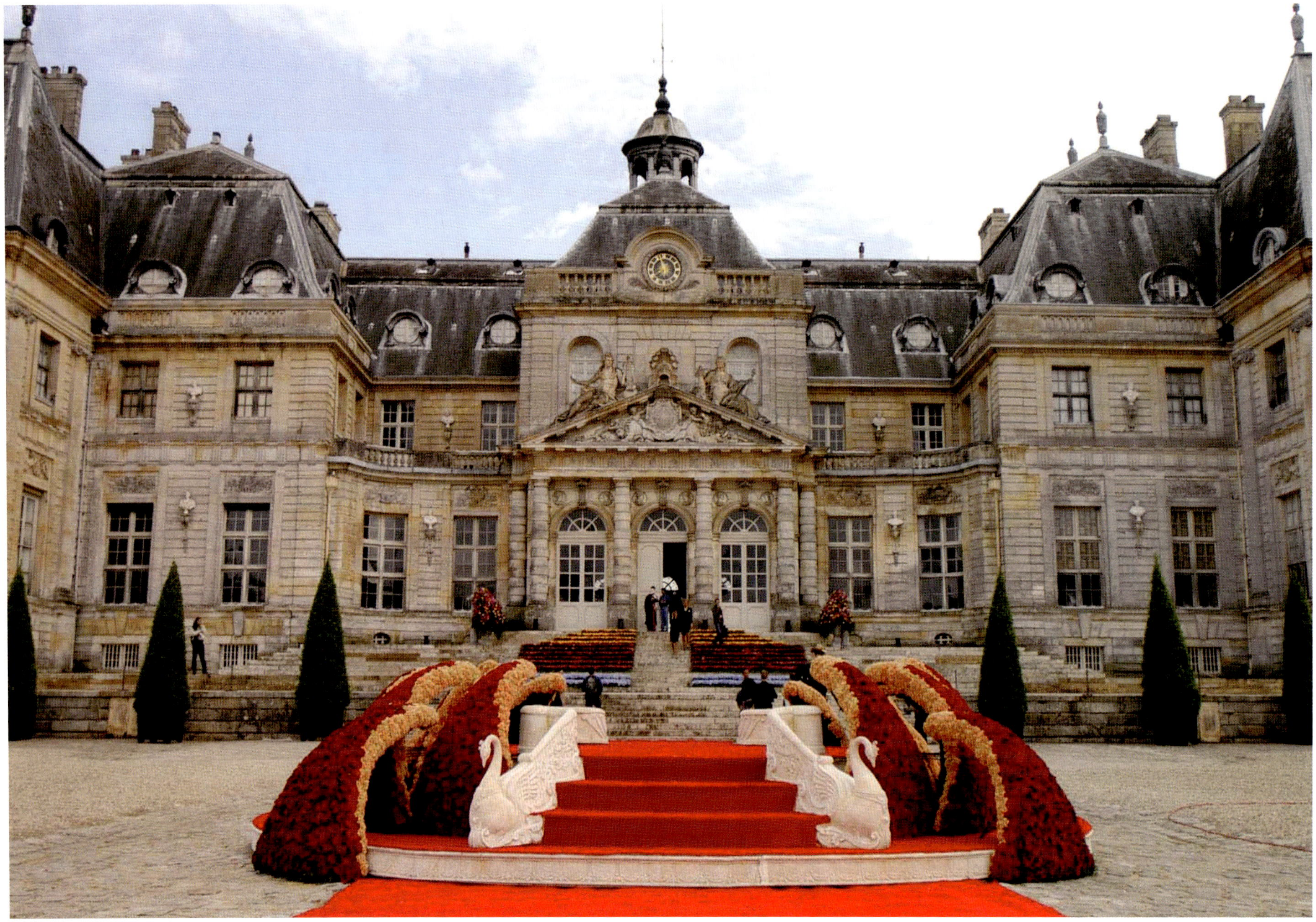

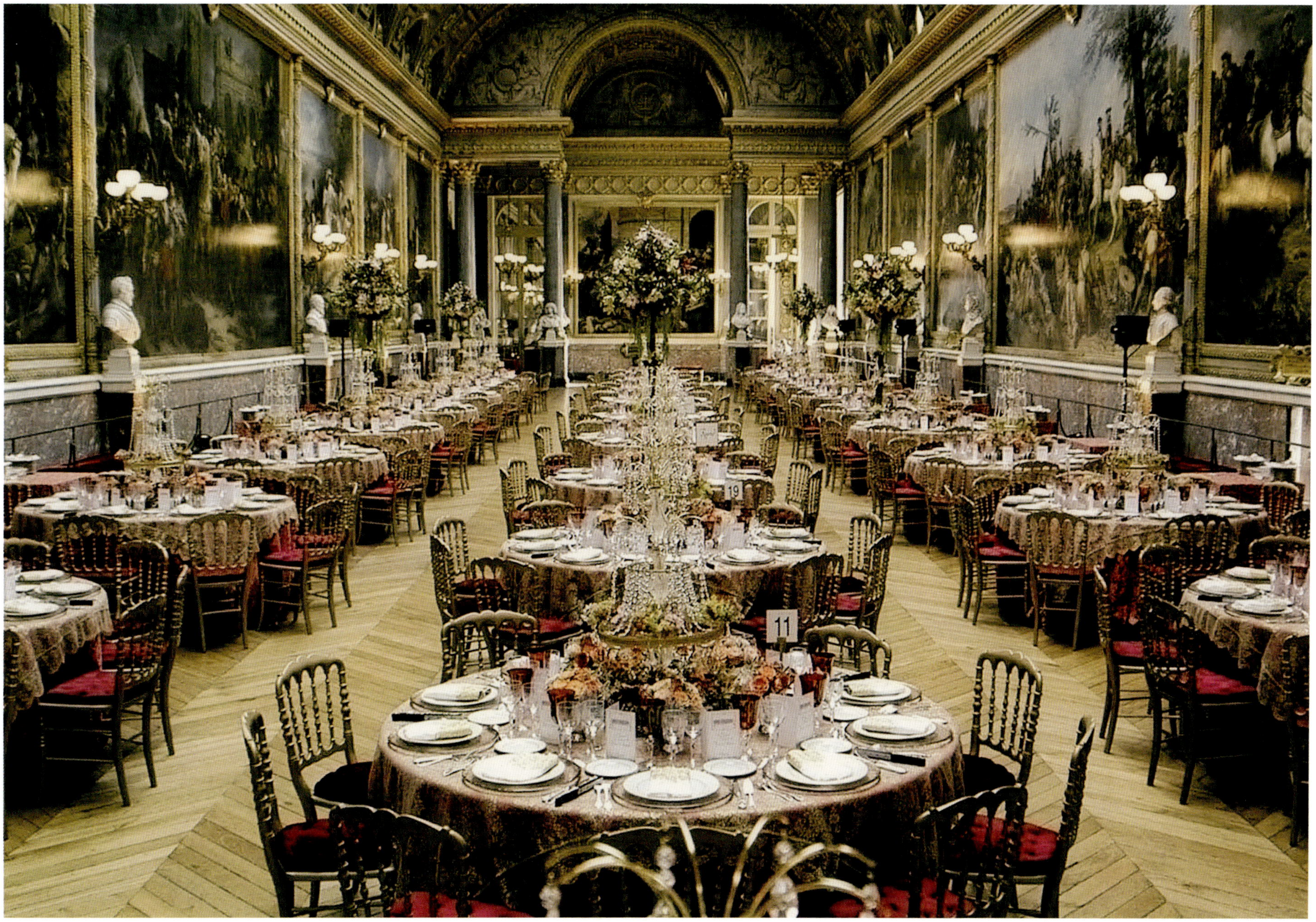
19
11

$ 1,700,000,000

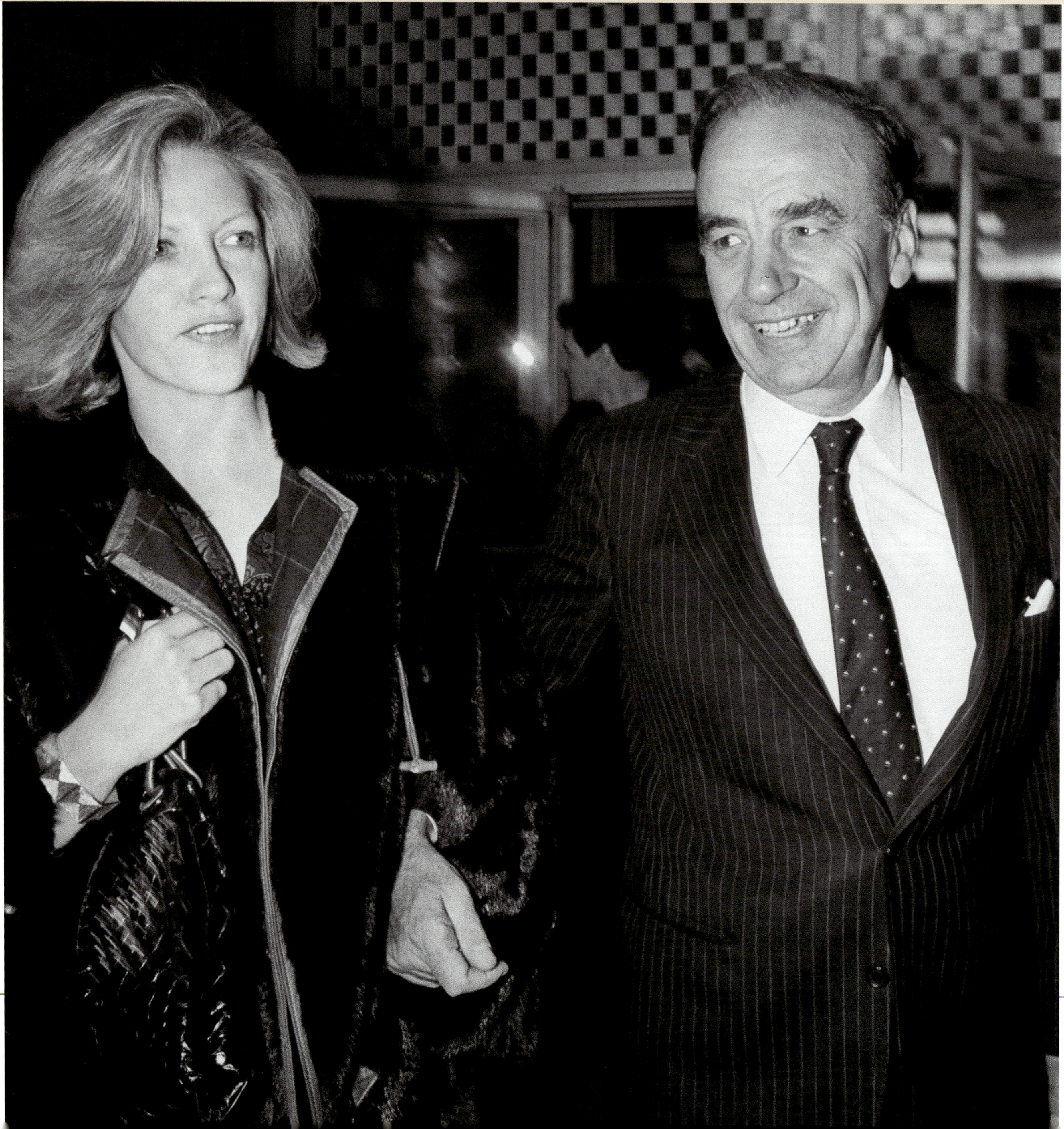

RUPERT & ANNA MURDOCH

One of the richest men in the world, Rupert Murdoch, developed his world-wide media empire when he inherited his father's Australian newspaper in 1952. In 1967, the same year that he divorced his first wife, Rupert married Anna Torv. After 32 years of marriage and three children, they decided on an amicable split in 1998. Anna Murdoch received a settlement of $1.7 billion in assets with $110 million of it in cash. Seventeen days later, Rupert married his third wife, Wendi Deng, who was one of his employees.

Rupert Murdoch est l'un des hommes les plus riches de la planète. Il a développé un empire médiatique après avoir hérité en 1952 du journal australien créé par son père. L'année de son premier divorce, le milliardaire épousait Anna Tory. En 1998, après 32 ans de mariage et 3 enfants, le couple se séparait à l'amiable. Anna Murdoch obtenait une compensation de 1,7 milliard de dollars en actifs, dont 110 millions en cash. Dix-sept jours plus tard, Rupert se mariait pour la troisième fois, épousant l'une de ses employées, Wendi Deng.

Rupert Murdoch, één van de rijkste mannen ter wereld, begon zijn internationaal media-imperium uit te bouwen toen hij in 1952 de Australische krant van zijn vader erfde. In 1967, het jaar waarin hij van zijn eerste vrouw scheidde, hertrouwde Rupert met Anna Torv. Na een huwelijk van 32 jaar en drie kinderen besloten ze in 1998 om als goede vrienden uiteen te gaan. Anna Murdoch kreeg daarbij een vermogen van $ 1,7 miljard, waarvan $ 110 miljoen contant. Zeventien dagen later trouwde Rupert met zijn derde vrouw, Wendi Deng, één van zijn medewerksters.

$ 1,000,000,000

MARIAH CAREY

One would assume, given Mariah Carey's signature five-octave vocal range, it would be completely appropriate to insure her vocal cords for a large sum, but such was not the case. The singing sensation took out a $1 billion insurance policy on her legs shortly after being awarded the title "Legs of a Goddess" and signing a deal with shaving company Gillette to become the face of their new campaign. The policy was said to be a precaution in case she hurt herself during her, then, upcoming US tour.

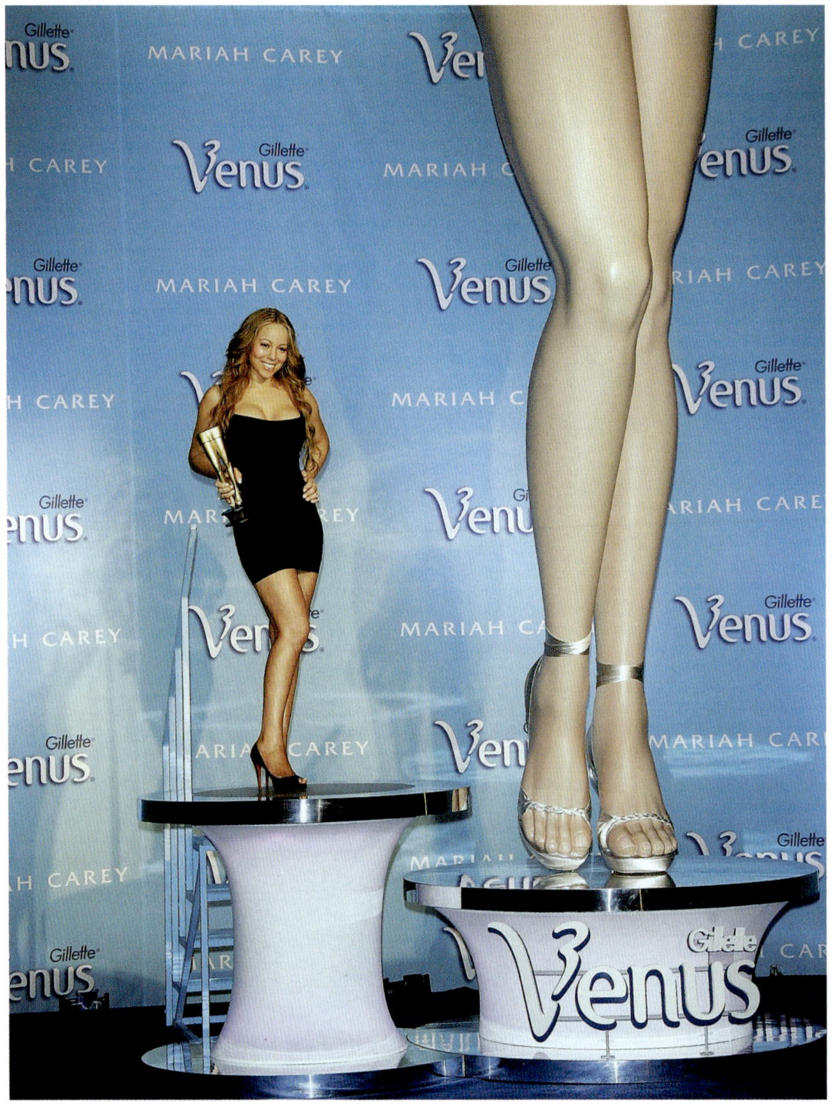

Malgré sa signature vocale à cinq octaves, ce ne sont pas ses cordes vocales que Mariah Carey a fait assurer pour une petite fortune. Ce sont pour ses jambes, en effet, que la chanteuse a contracté une assurance d'un milliard de dollars, peu après avoir signé un contrat faisant d'elle l'ambassadrice de Gillette pour sa nouvelle campagne publicitaire "jambes de déesse". La police d'assurance visait en réalité à la protéger d'un accident éventuel en vue de son imminente tournée aux États-Unis.

Je zou denken dat het voor Mariah Carey, met haar beroemde stembereik van vijf octaven, logisch zou zijn om haar stembanden voor een groot bedrag te verzekeren, maar dat heeft ze niet gedaan. De sensationele zangeres sloot wel een verzekeringspolis van $ 1 miljard af voor haar benen, kort nadat ze de titel van 'Benen van een Godin' in de wacht sleepte en een deal met scheermesjes-producent Gillette ondertekende om het gezicht van hun nieuwe campagne te worden. Naar verluidt was de polis een voorzorgsmaatregel voor het geval ze gekwetst zou raken tijdens haar geplande Amerikaanse tournee toen.

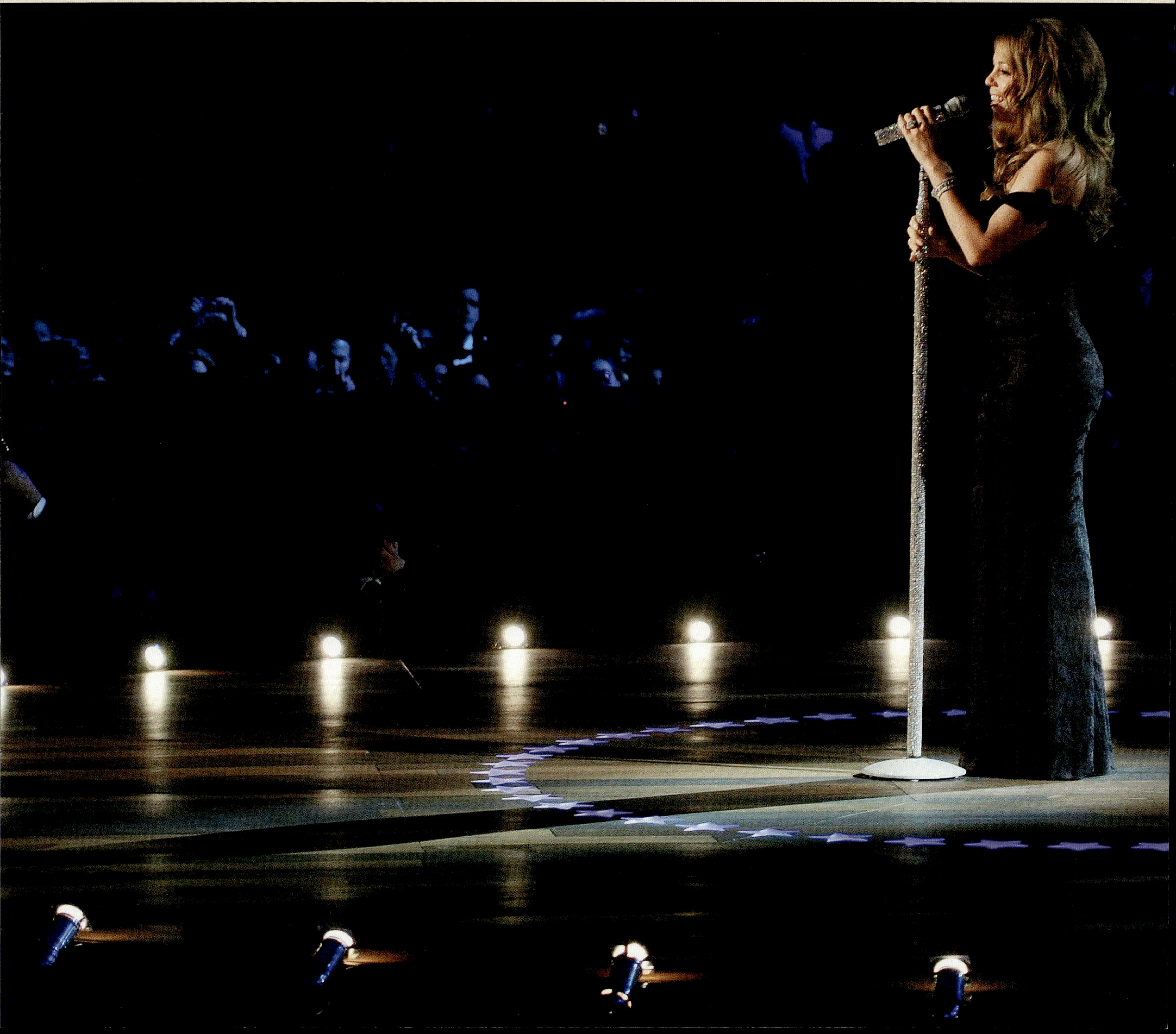

$ 2,400,000,000

2008 ELECTIONS

The 2008 US presidential election captured the attention of millions all over the world. The 25 candidates sung the virtues of hope, change, patriotism and country first, to the tune of 2.4 billion dollars. Comparatively in 2004 the presidential campaign spending came to a grand total of only $880 million. In the end, after a riveting election, Barack Obama came out victorious having raised an unprecedented $750 million in fundraising, which included almost 4 million individual donations of $200 or less.

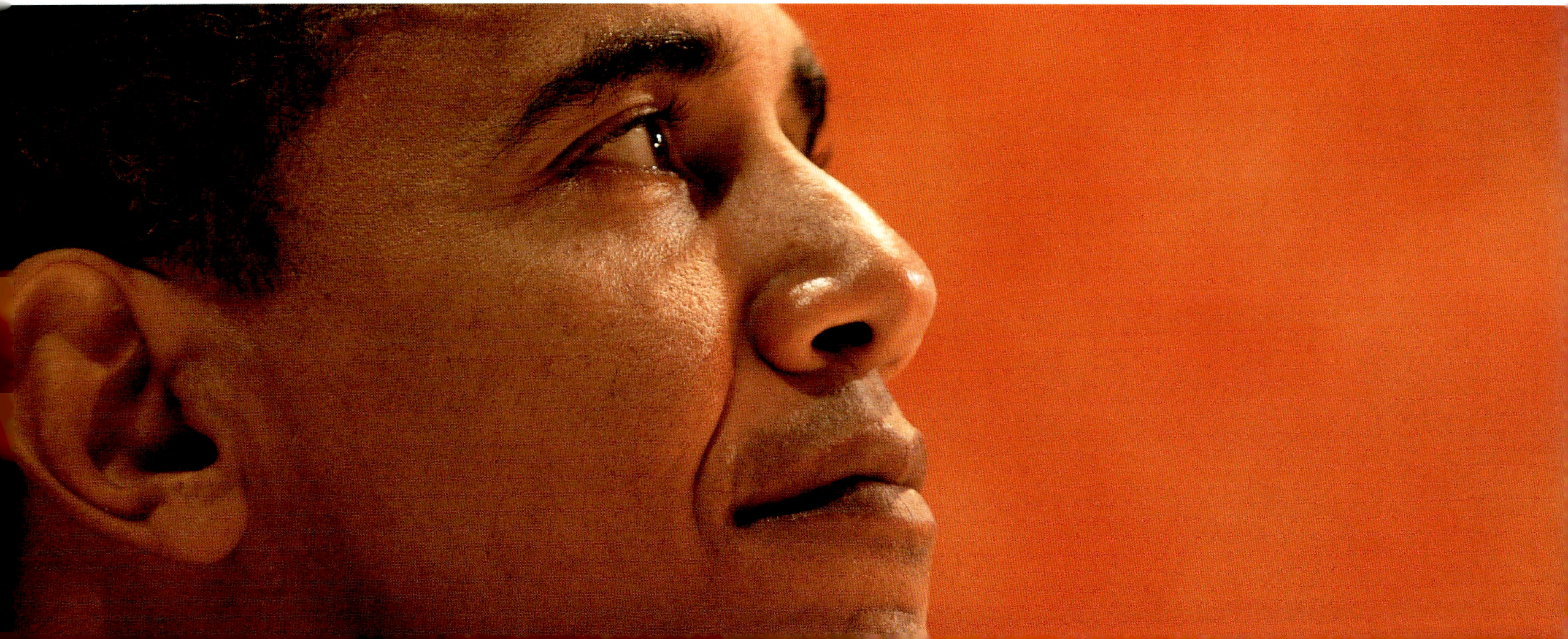

PRESIDENTIAL CAMPAIGN

CAMPAGNE PRÉSIDENTIELLE • PRESIDENTIËLE CAMPAGNE

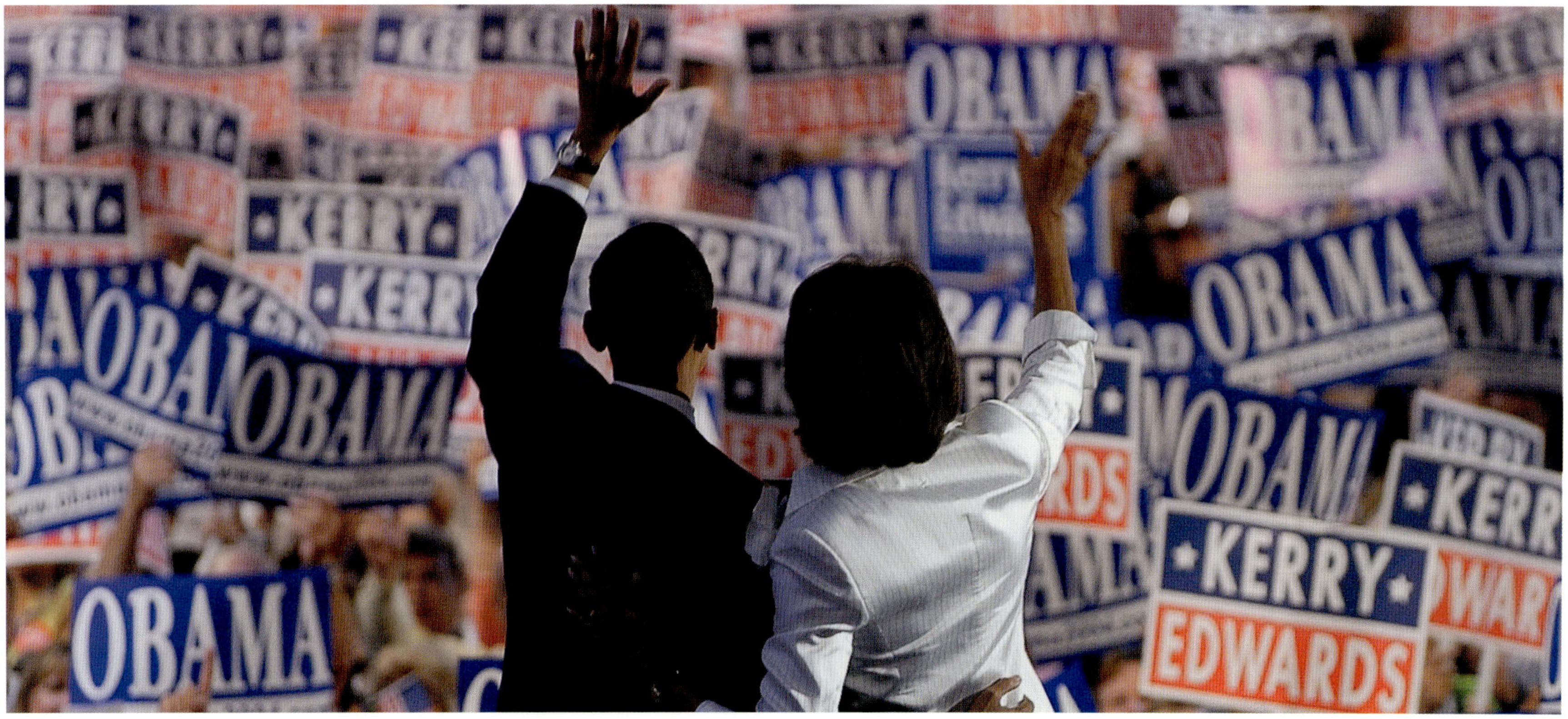

Les présidentielles américaines de 2008 ont captivé des millions de personnes dans le monde. Scandant les mérites de l'espoir, du changement et du patriotisme avec le slogan "*Country First*", les 25 candidats à la Maison Blanche ont explosé le budget de la campagne présidentielle, atteignant une dépense globale de 2,4 milliards de dollars (contre 880 millions pour la campagne de 2004). C'est finalement Barack Obama qui s'est imposé lors de ces élections passionnantes, après avoir collecté 750 millions de dollars – issus notamment de 4 millions de dons individuels de moins de 200 $.

De Amerikaanse presidentsverkiezingen van 2008 hielden miljoenen mensen over heel de wereld in de ban. De 25 kandidaten hadden de mond vol van hoop, verandering, vaderlandsliefde en hun eigen land, al kostte dat wel 2,4 miljard dollar. Ter vergelijking: de presidentsverkiezingen van 2004 kostten maar $ 880 miljoen. Na een spannende verkiezingsstrijd sleepte Barack Obama uiteindelijk de overwinning in de wacht. Daarvoor had hij wel het nooit eerder geziene bedrag van $ 750 miljoen aan fondsen geworven, waarvan bijna 4 miljoen afzonderlijke schenkingen van maximaal $ 200.

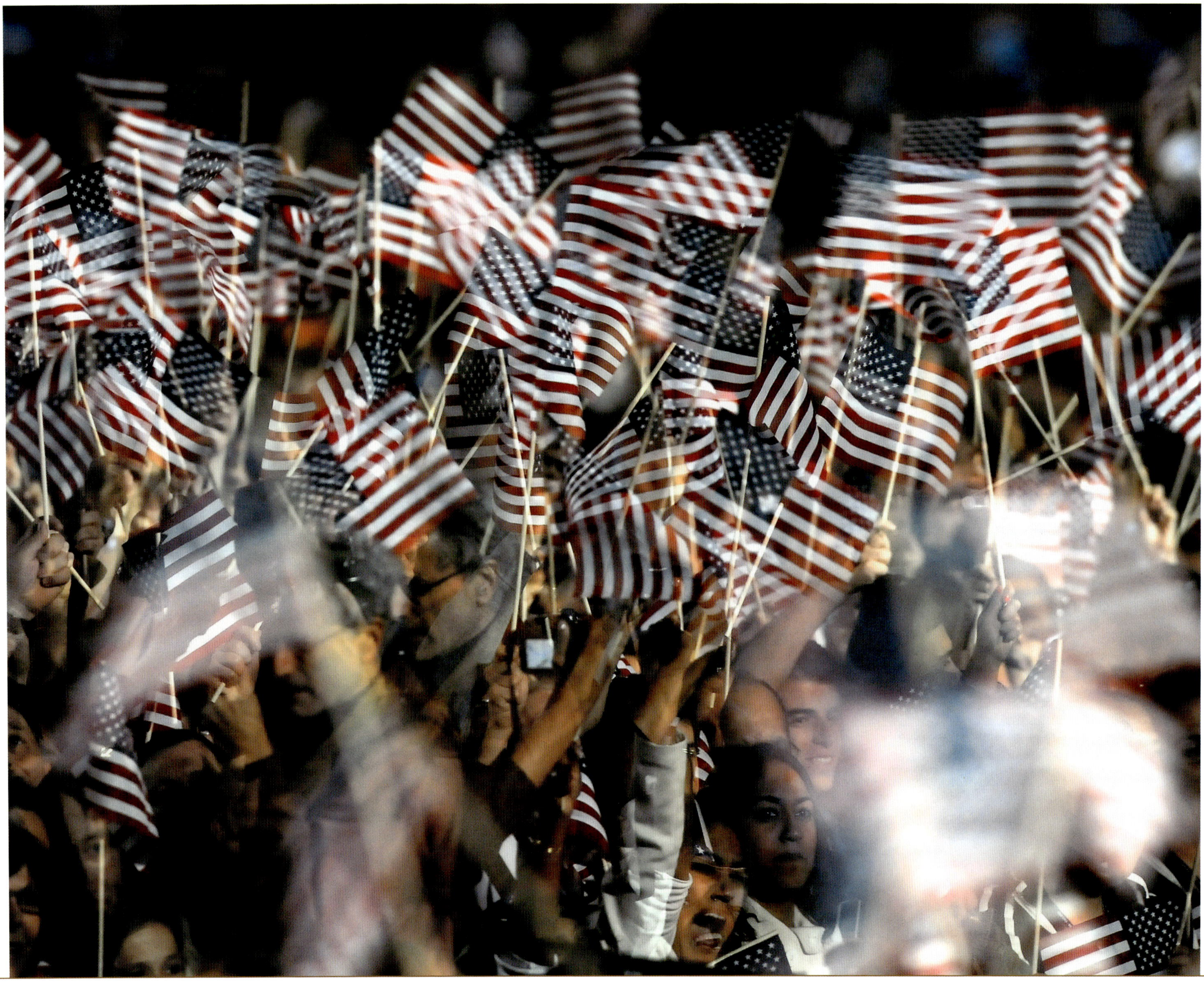

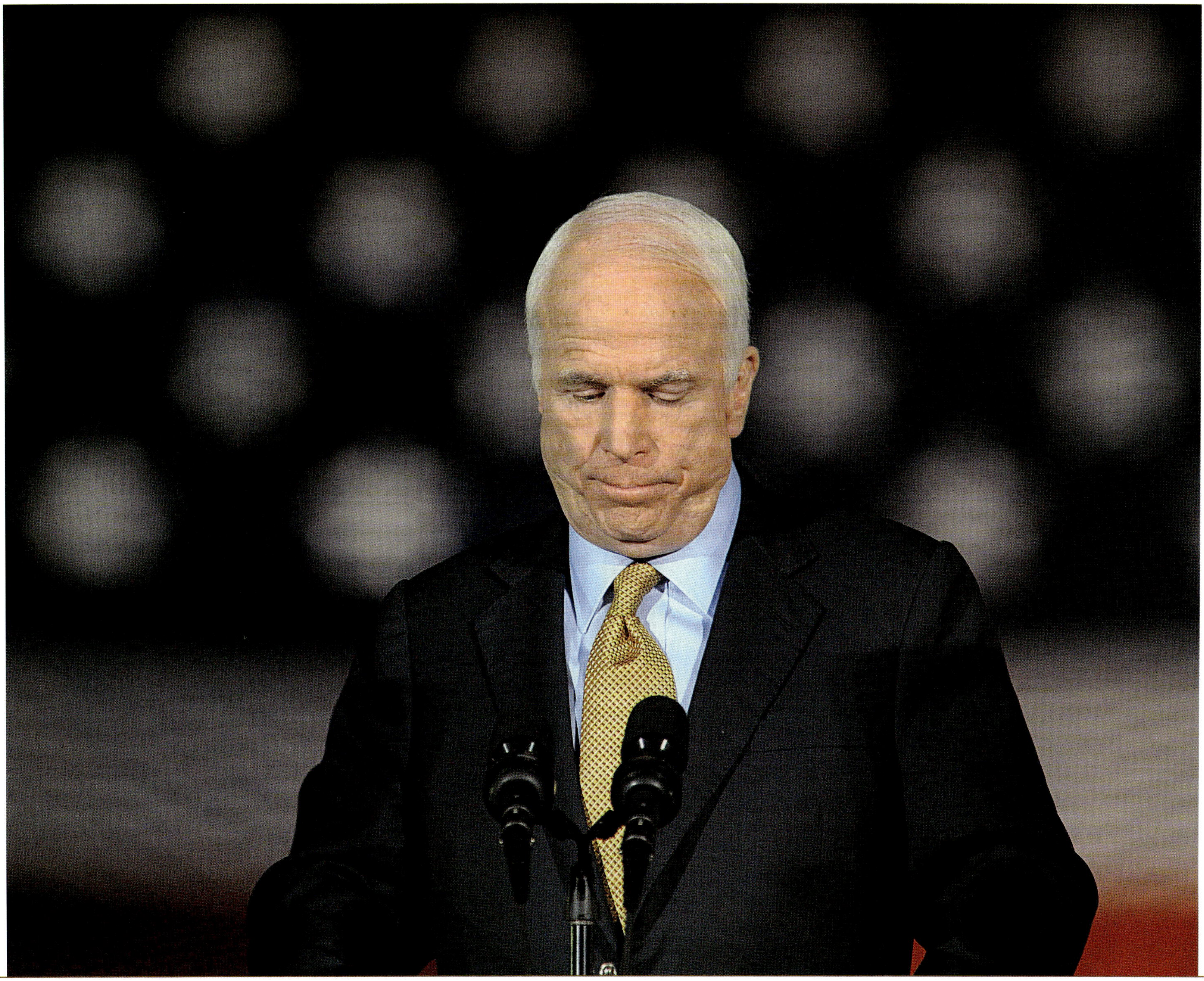

$ 3,000,000

Le *Super Bowl*, finale du championnat de football américain, est de loin l'émission qui réalise les meilleures audiences télévisuelles aux États-Unis. C'est pour cette raison que les espaces publicitaires vendus lors de sa diffusion atteignent des prix record. Avec 90 millions de téléspectateurs en moyenne, l'annonce de 30 secondes est passée de 40.000 $ à 2.700.000 $ au cours des 42 dernières années. Une prise de risque importante pour les marques mais manifestement rentable pour les sociétés désireuses d'augmenter leur chiffre d'affaire et leur notoriété : le spot Pepsi de 90 secondes dans lequel apparaît Britney Spears a coûté 5,8 millions de dollars, mais sa diffusion lors du *Super Bowl* a fait exploser les ventes.

De *Super Bowl*, de finale van de National Football League in de VS, is het best bekeken programma en dus ook goed voor het duurste reclameblok. Met gemiddeld 90 miljoen kijkers zijn de prijzen voor reclamespots van 30 seconden de voorbije 42 jaar gestegen van een schappelijke $ 40.000 naar $ 2.700.000. De 90 seconden lange reclamespot van Pepsi met Britney Spears kostte $ 5,8 miljoen, maar deed de verkoop wel de pan uitrijzen. Dat maakt van de *Super Bowl* de ideale gelegenheid voor bedrijven die hun omzet willen opkrikken en hun merkerkenning willen verbeteren.

SUPER BOWL HALF-TIME

The Super Bowl, the championship game of the National Football League in the US is the highest rated program and accounts for the highest cost of advertising space. With an average of 90 million viewers, prices for 30 second spots have soared over the last 42 years from a nominal $40,000 to $2.7 million. Pepsi's 90 second spot featuring Britney Spears cost $5.8 million but sent sales through the roof. Making the Super Bowl the ideal place for company's looking to amp up sales and enhance brand recognition.

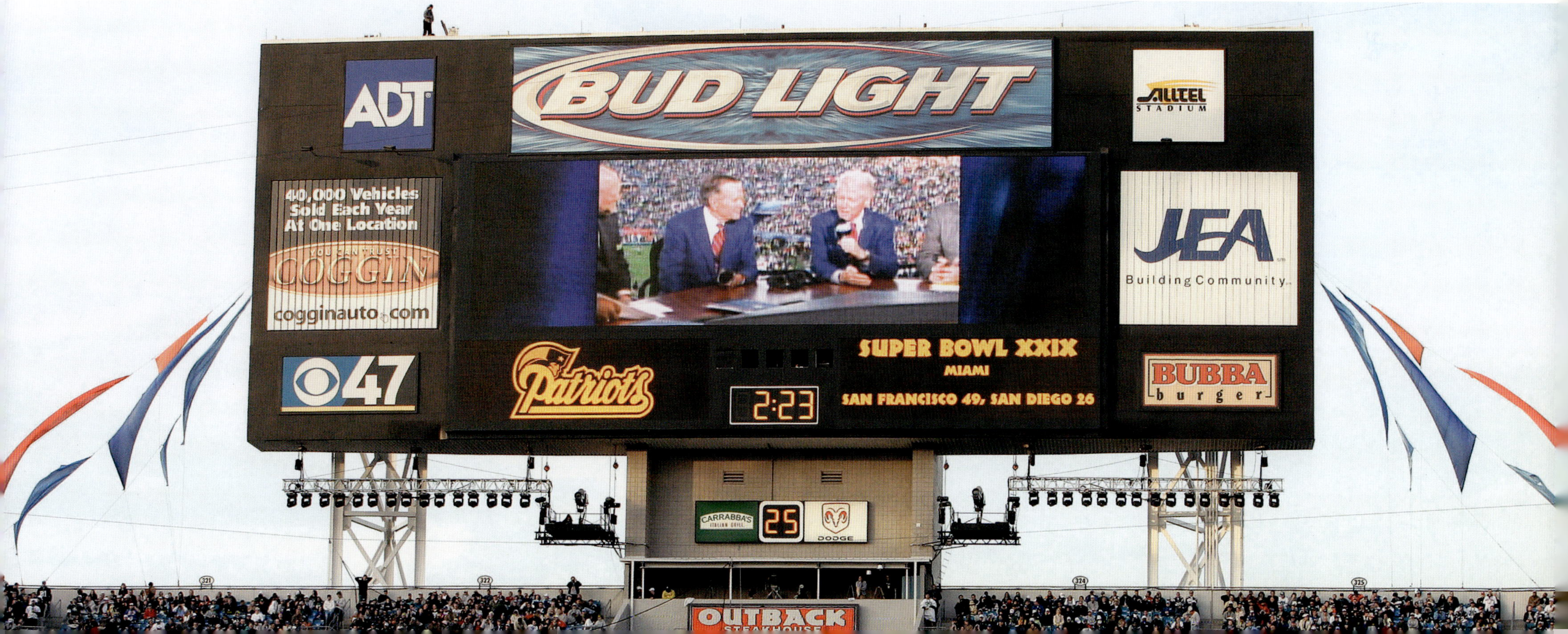

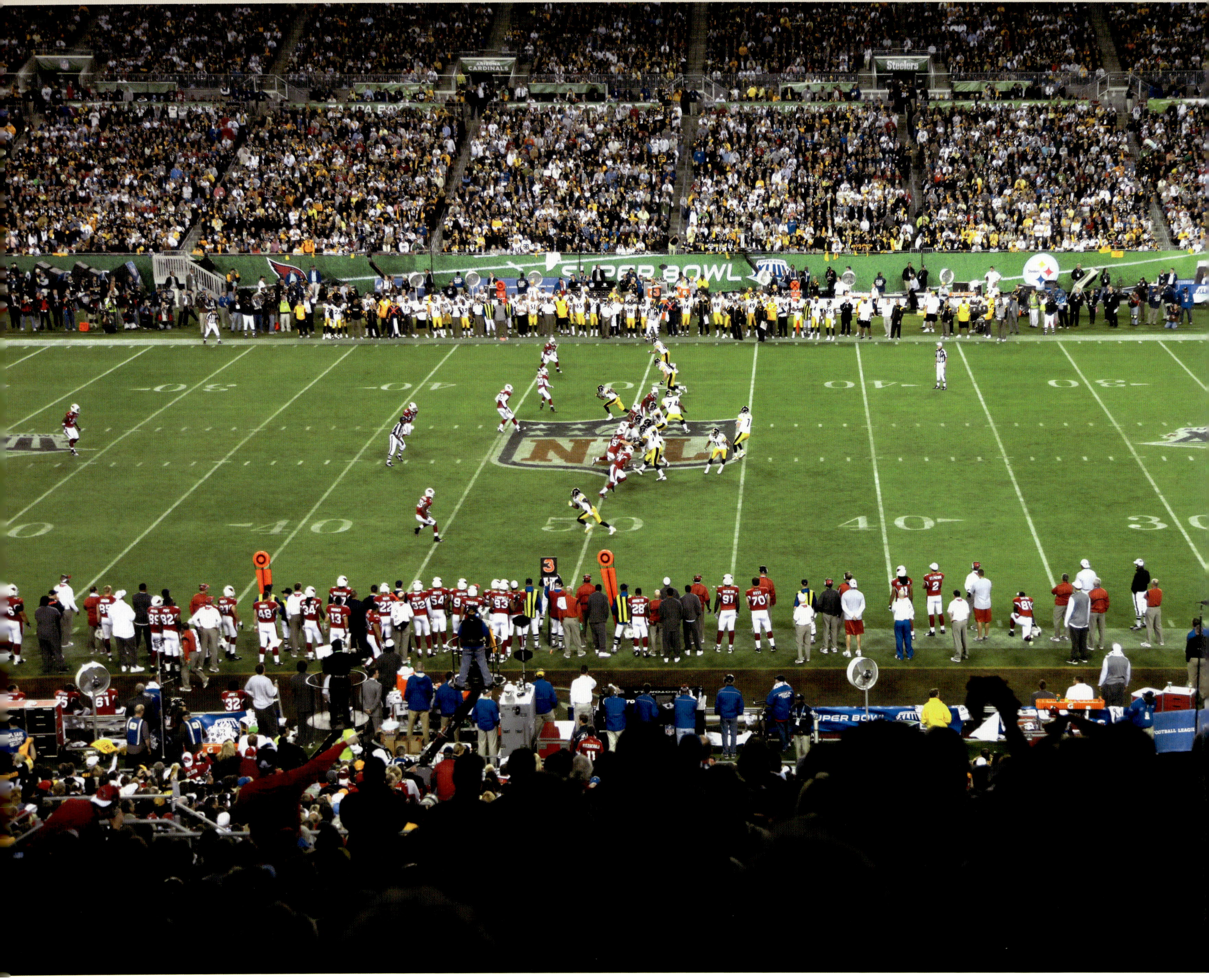
Steelers
SUPER BOWL
NFL

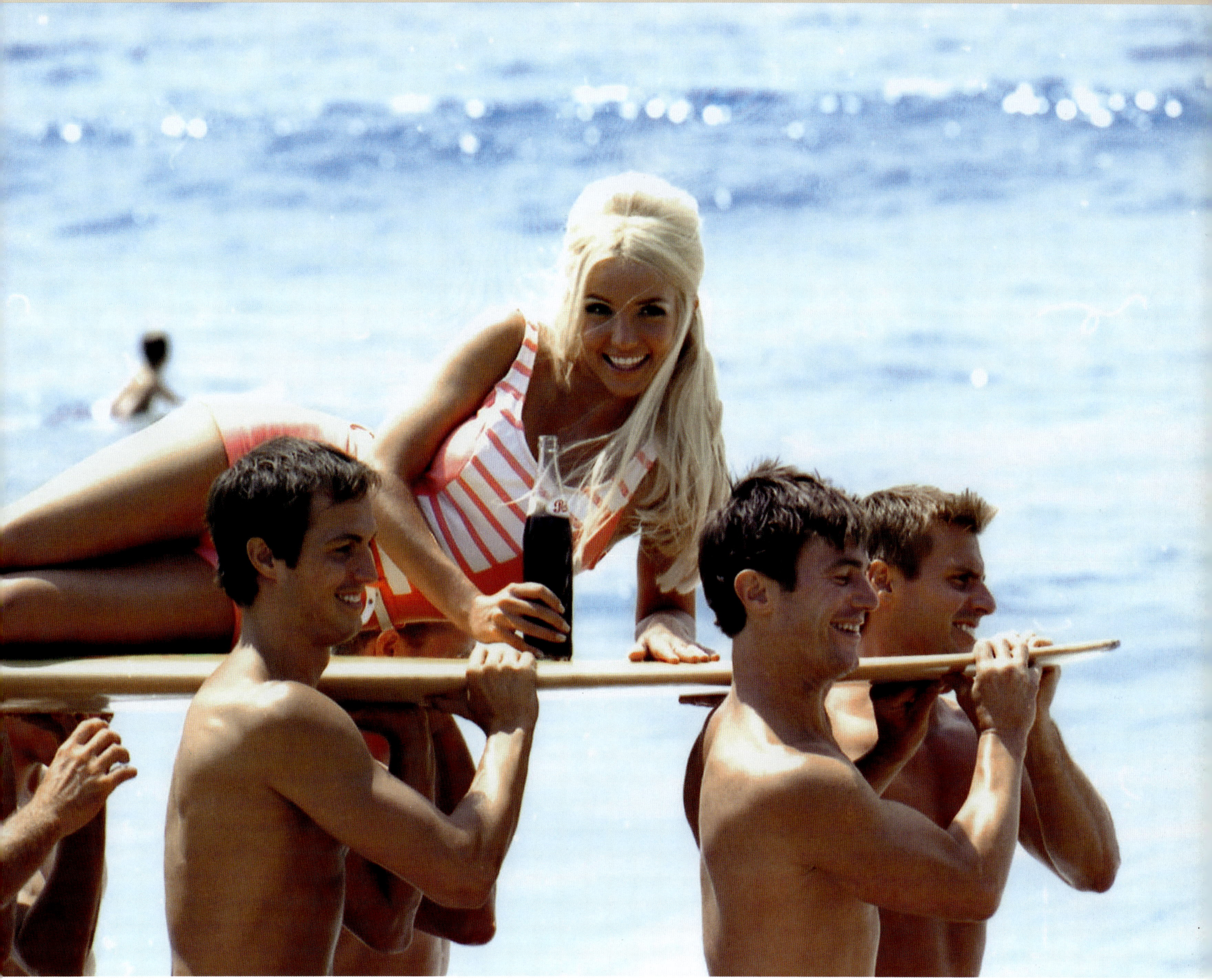

$ 132,000,000,000

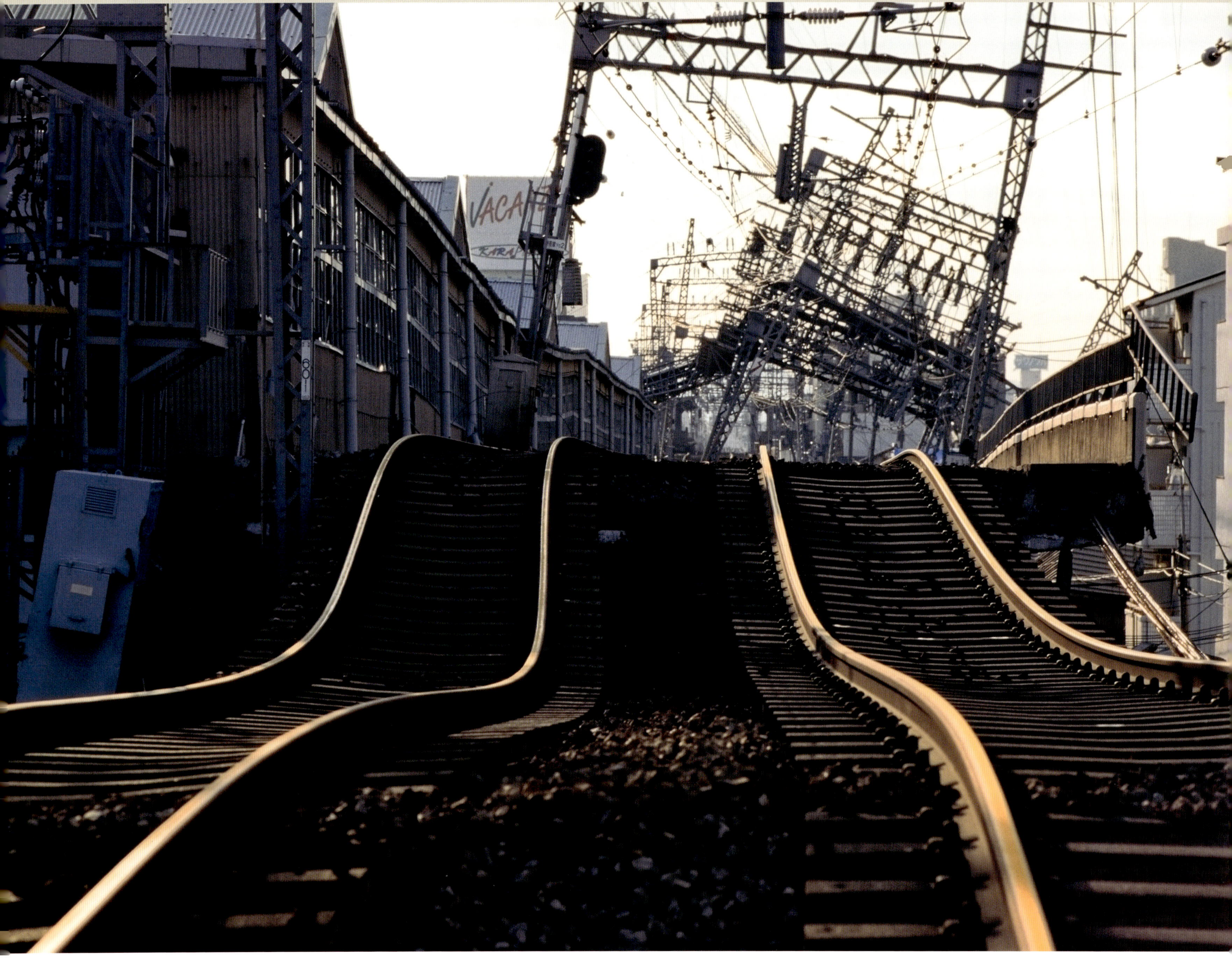

KOBE JAPAN

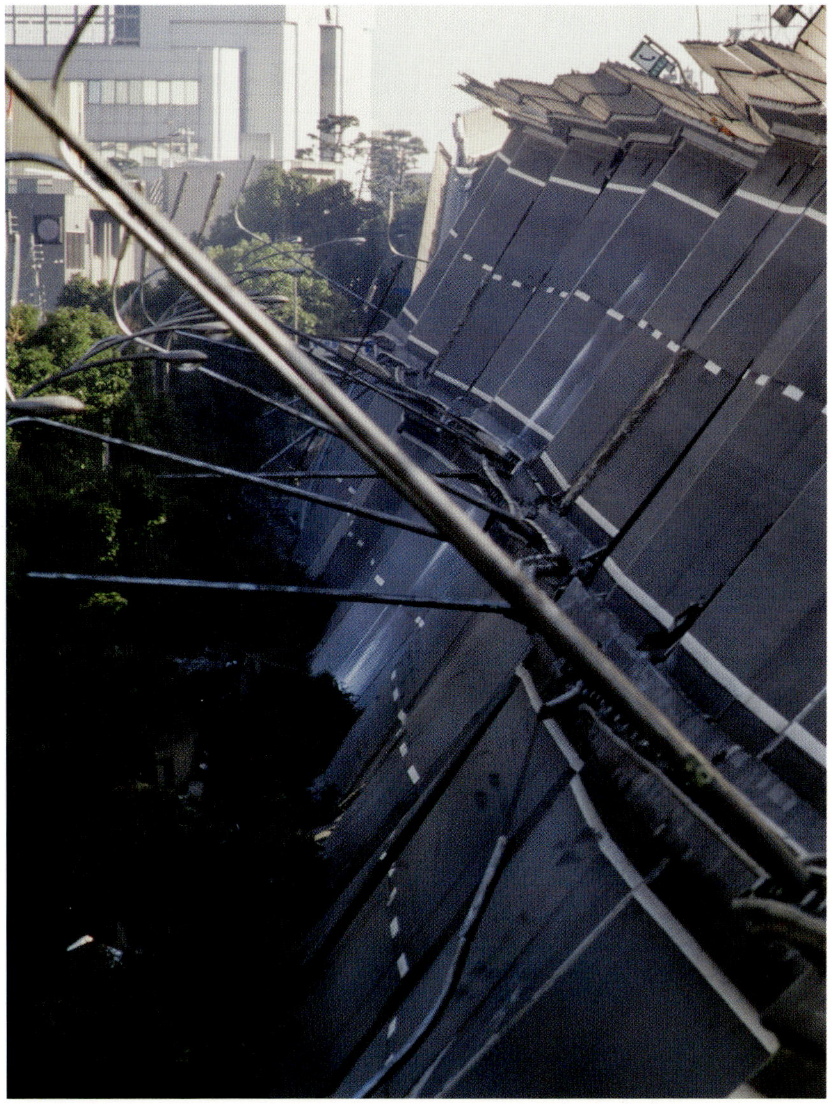

The Great Hanshin Earthquake of 1995 hit the area of Kobe, Japan at 5:46 a.m. on Tuesday, January 17. The 7.3 magnitude quake lasted 20 seconds and occurred 16km below the earth's surface. Kobe, home to 1.5 million residents and Japans second largest port, was closest to the epicenter and got the worst of it. Factories became inoperable because of direct damage or interruption of supply lines. More than 164 independent fires broke out and 170,000 homes were damaged or destroyed leaving 300,000 people homeless.

Un important tremblement de terre a frappé la ville japonaise de Kobe le mardi 17 janvier 1995 à 5h46 du matin. Cette localité de 1,5 million d'habitants, second port du Japon, se situait près de l'épicentre et a été très sévèrement touchée. Les usines ont cessé leurs activités en raison des dommages ou de la rupture des conduites d'alimentation, plus de 164 incendies ont éclaté et 170.000 habitations ont été endommagées ou détruites, laissant 300.000 personnes sans abri.

De Grote Hanshin Aardbeving van 1995 trof het gebied rond het Japanse Kobe om 5:46 's ochtends op dinsdag 17 januari. De aardbeving met een kracht van 7,3 duurde 20 seconden en vond 16 km onder het aardoppervlak plaats. Kobe, de op een na grootste haven van Japan met 1,5 miljoen inwoners, lag dichtbij het epicentrum en werd het zwaarst getroffen. Bedrijven vielen stil als gevolg van rechtstreekse schade of onderbroken aanvoerlijnen. Meer dan 164 verschillende branden braken uit en 170.000 huizen raakten beschadigd of werden vernield, met 300.000 daklozen tot gevolg.

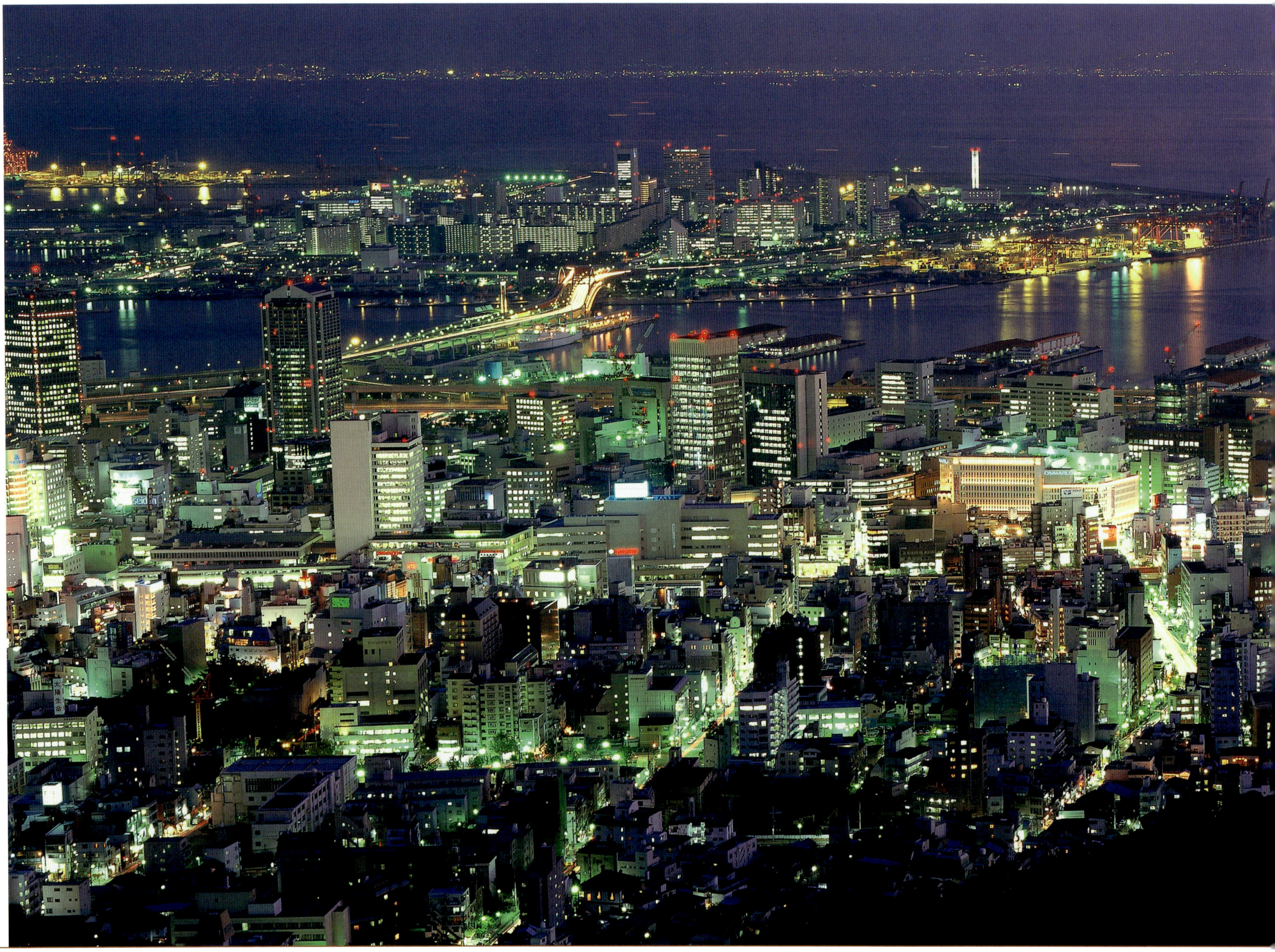

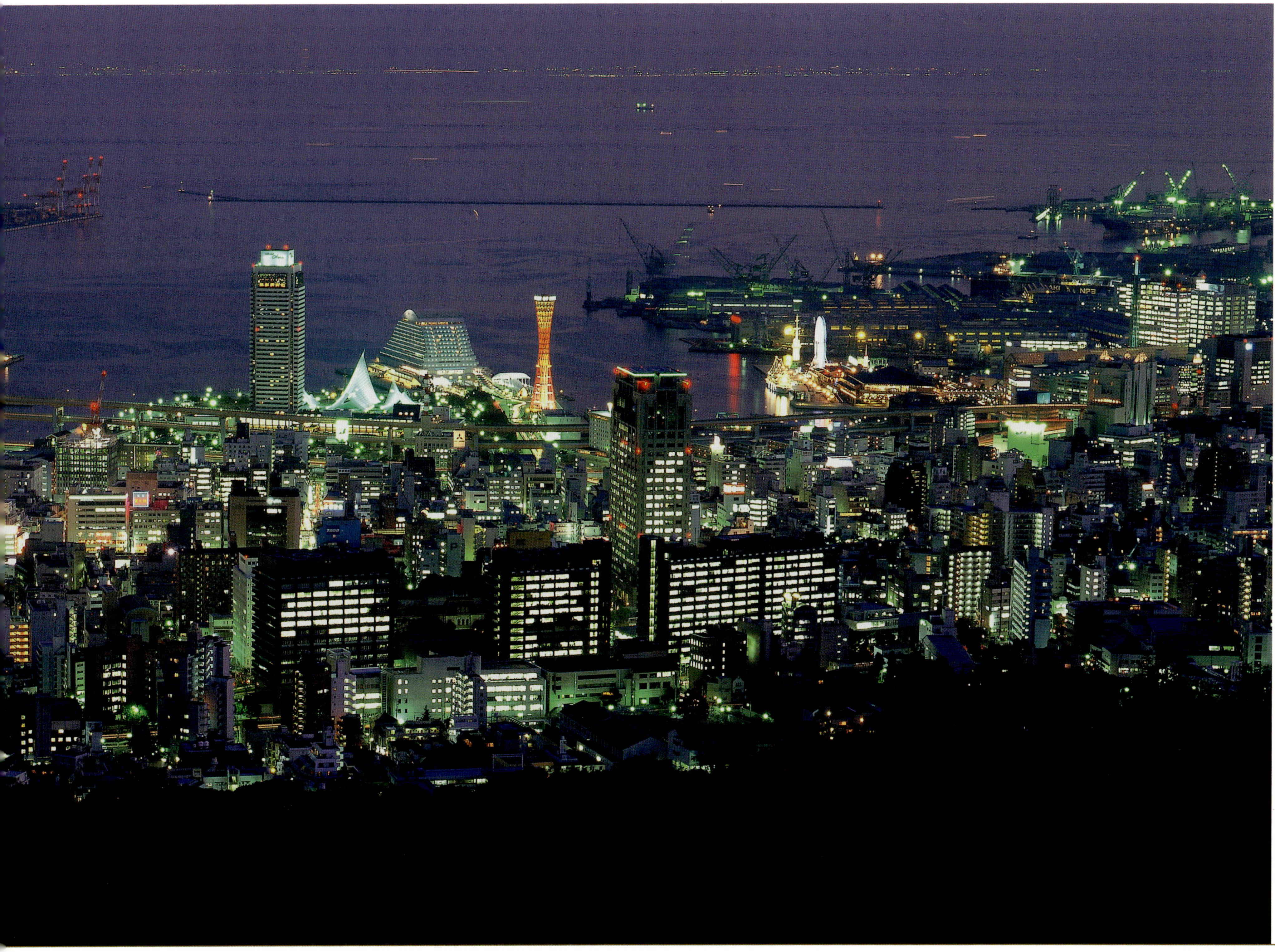

$ 2,750,000

QATAR TELECOM

National telecommunications company Qtel held an auction for the phone number 666-6666 where all the proceeds would be donated to charity. The number sold for 2.75 million dollars, replacing the previous most expensive number 888-8888 that went for a little over half a million dollars. While 666 is considered a ghastly number in some cultures it is considered holy in Judaism as it represents the six directions up, down, north south, east and west. Others equate it to the Arabic word "Allah" meaning God.

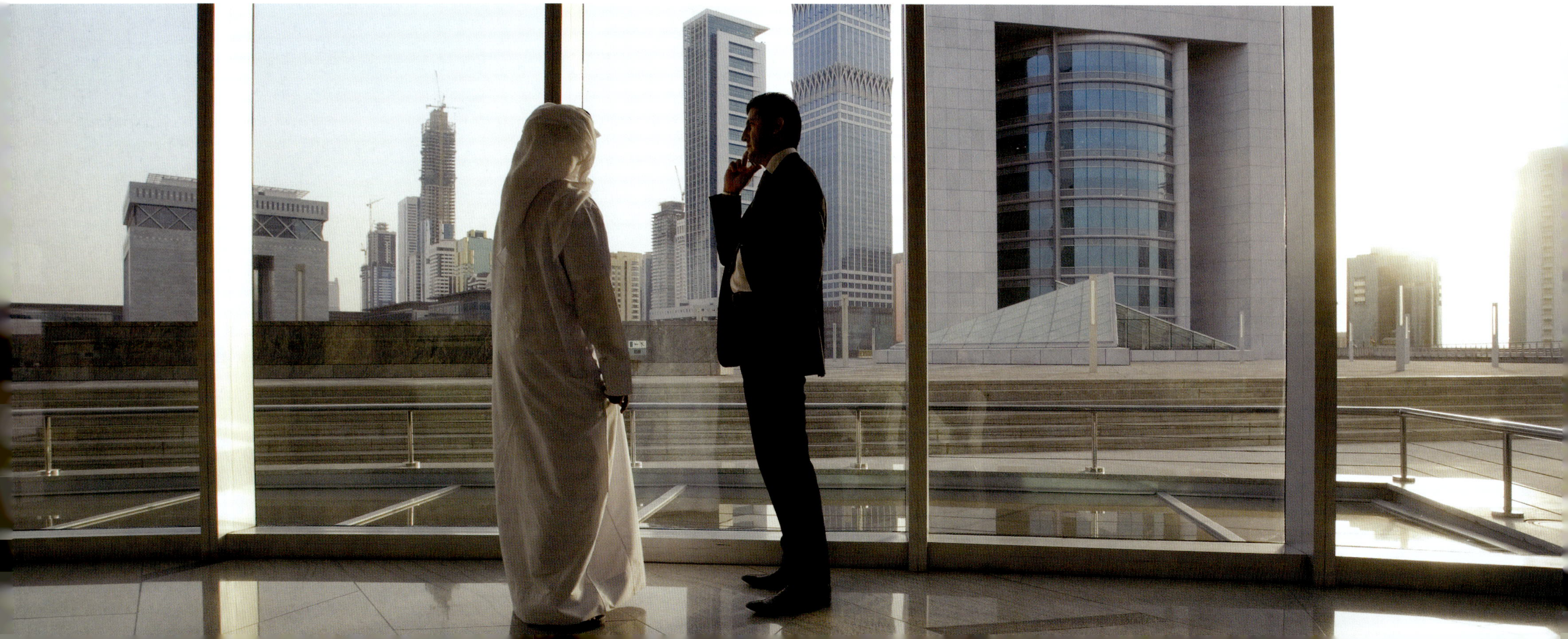

PHONE NUMBER

NUMÉRO DE TÉLÉPHONE • TELEFOONNUMMER

666 - 66 66

La société de télécommunication publique Qtel a mis aux enchères le "666-6666" au profit d'œuvres caritatives. Vendu pour 2,75 millions de dollars, le mythique numéro de téléphone a ravi au "888-8888" le record du numéro le plus cher, qui était d'un demi million de dollars. Considéré comme satanique dans certaines cultures, le 666 est un nombre sacré pour le judaïsme où il représente les six directions (haut, bas, nord, sud, est et ouest). D'autres encore l'assimilent à Allah.

De nationale telecommunicatiemaatschappij Qtel veilde het telefoonnummer 666-6666; de opbrengst ervan ging naar een goed doel. Het nummer ging voor 2,75 miljoen dollar van de hand en stootte zo het vorige duurste nummer 888-8888 van de eerste plaats, dat ooit voor iets meer dan een half miljoen dollar werd verkocht. Hoewel 666 in sommige culturen als een slecht getal wordt beschouwd, is het heilig voor joden en staat het voor de zes richtingen – op, neer, noord, zuid, oost en west. Voor anderen komt het overeen met het Arabische woord 'Allah' dat God betekent.

$ 40,000

BENGAL CAT

The Bengal cat is a hybrid breed created from crossing a small Asian Leopard Cat with a domestic one. It has an exotic and wild look with the gentle temperament of a domestic feline. Bengals are medium to large cats ranging from 6 to 15lb, and are especially favored for their richly colored, highly contrasted coat of vivid spots or distinctive marbling. They are considered loving, intelligent and extremely active. Besides having to be walked/played with on a daily basis they require no specialized care.

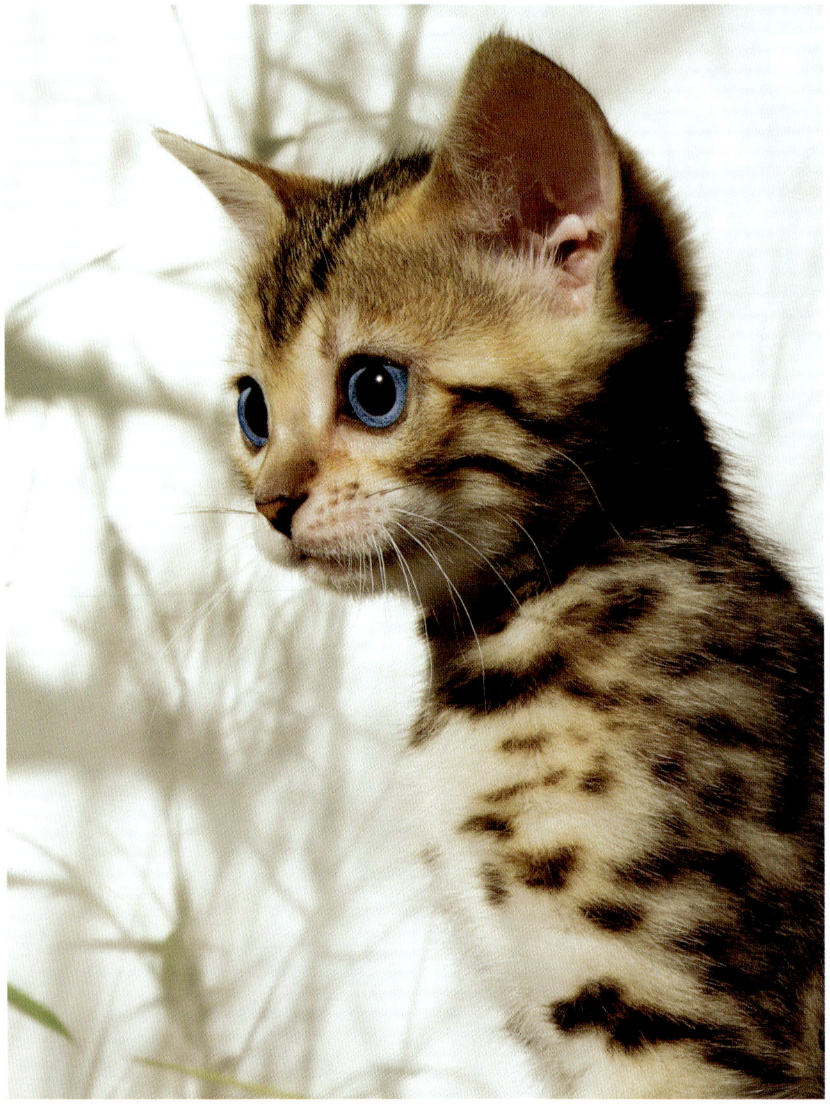

Le Bengal est issu du croisement entre un chat léopard du Bengale et un chat domestique. D'apparence exotique et sauvage, il possède toutefois le tempérament doux d'un animal domestique. Les Bengals sont des chats de taille moyenne ou grande, pesant entre 2,5 et 7 kg. Ornés de taches vives ou de marbrures caractéristiques, ils sont particulièrement appréciés en raison de leurs couleurs très contrastées. Considérée comme affectueuse, intelligente et très active, cette espèce demande à être promenée et divertie quotidiennement. Un soin à relativiser car elle ne nécessite d'autre part aucun soin particulier.

Bengaalse katten zijn een hybride ras, een kruising tussen een kleine Aziatische luipaardkat en een huiskat. Ze zien er exotisch en wild uit, maar hebben het zachtaardige temperament van een huiskat. Bengaalse katten zijn middelgroot tot groot en wegen 3 à 7 kg; ze worden vooral op prijs gesteld voor hun rijkelijk gekleurde, contrasterende vacht met opvallende vlekken of marmering. Ze worden als liefhebbend, intelligent en bijzonder actief beschouwd. Ze vragen geen speciale verzorging, je moet er alleen elke dag mee gaan wandelen of spelen.

CAT

CHAT • KAT

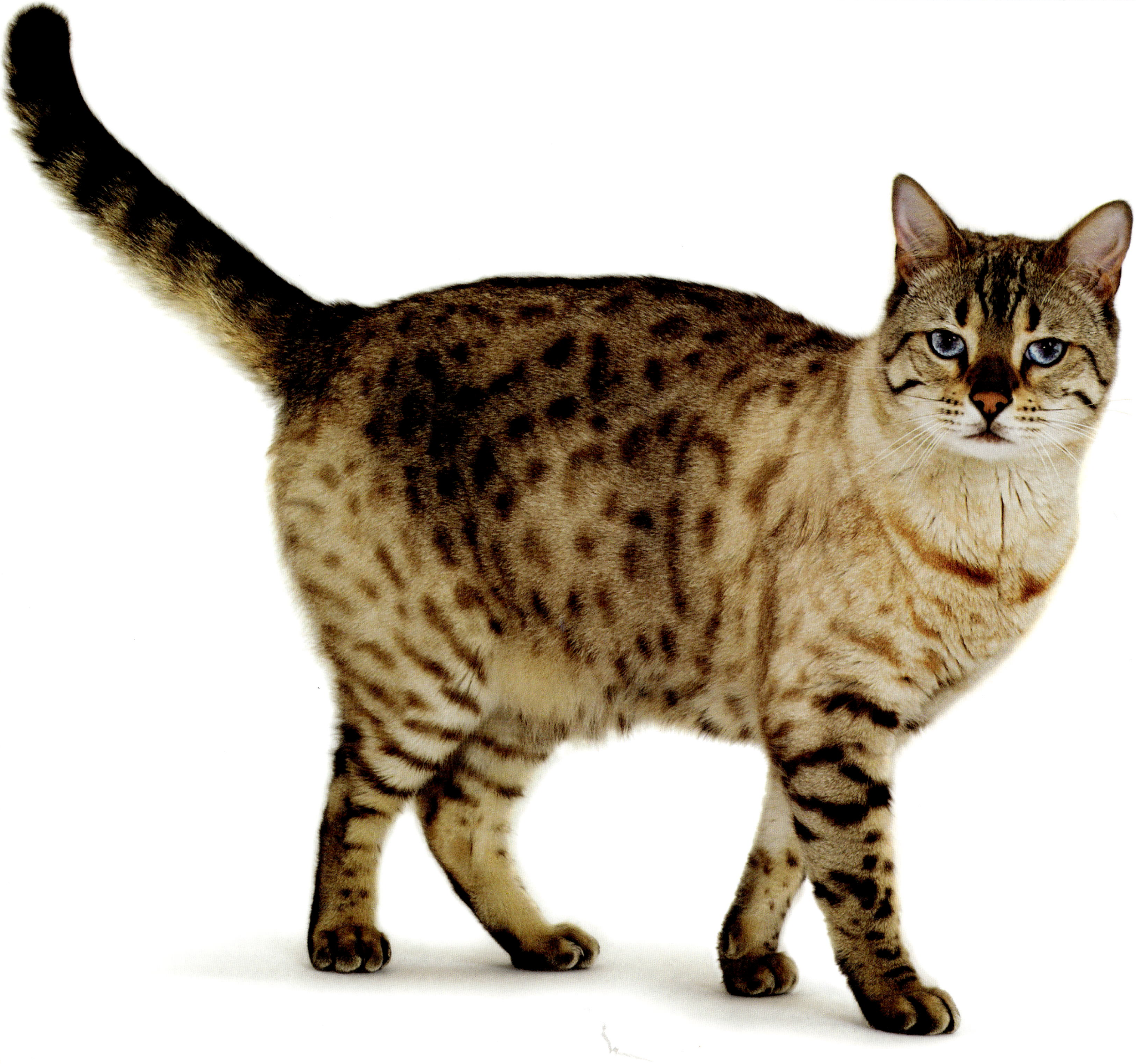

$ 4,000,000

GUARNERI DEL GESÙ

Giuseppe Guarneri del Gesù (1698-1744) was the creator of the 250-year-old violin piece once owned by Tsar Alexander II's court violinist. It was sold to Russian lawyer and violinist Maxim Viktorov at a Sotheby's auction in New York for nearly 4 million dollars. He refused to play it until Israeli virtuoso Pinchas Zukerman had performed with it. Zukerman played two concerts with the world's most expensive violin—one before a private audience of Moscow's social elite and one public performance at the Moscow Conservatory.

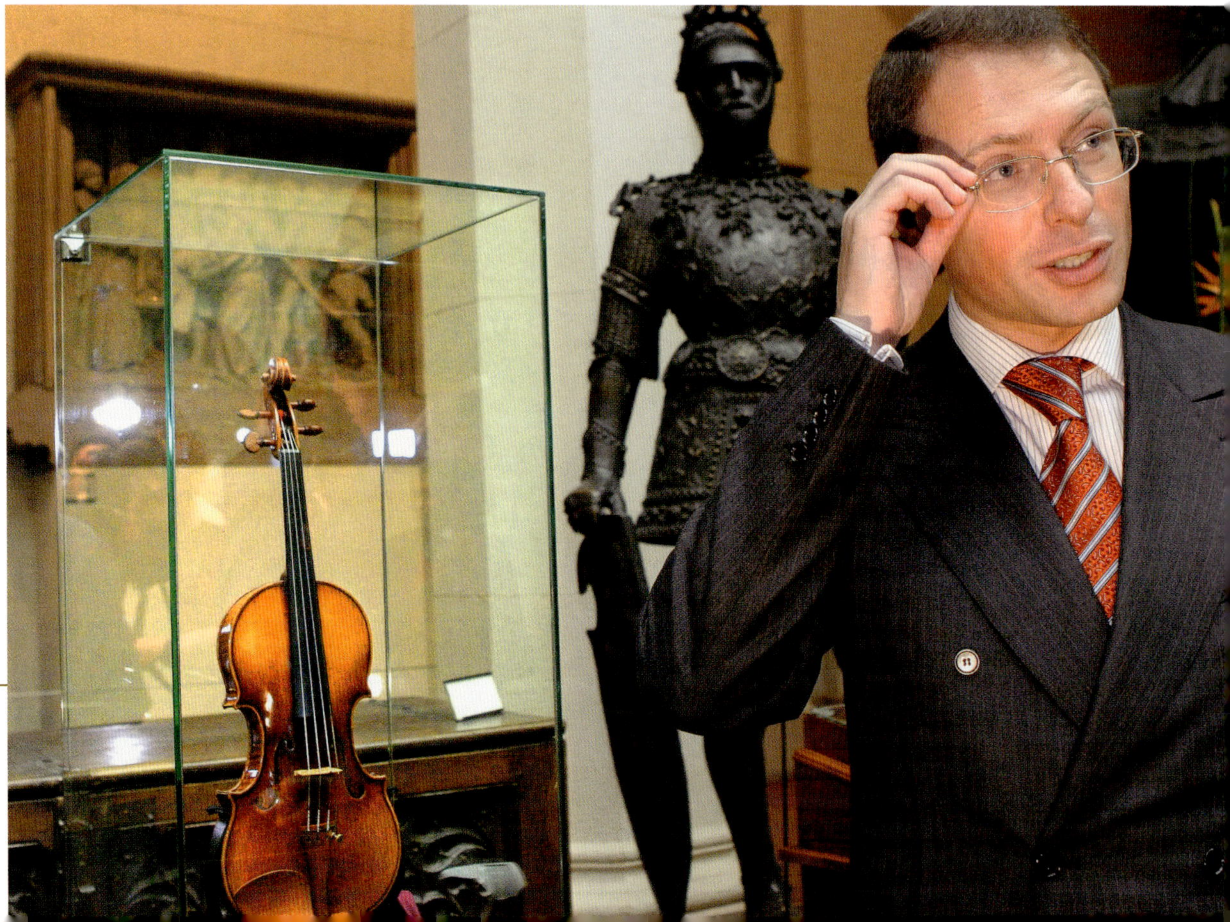

VIOLIN

VIOLON • VIOOL

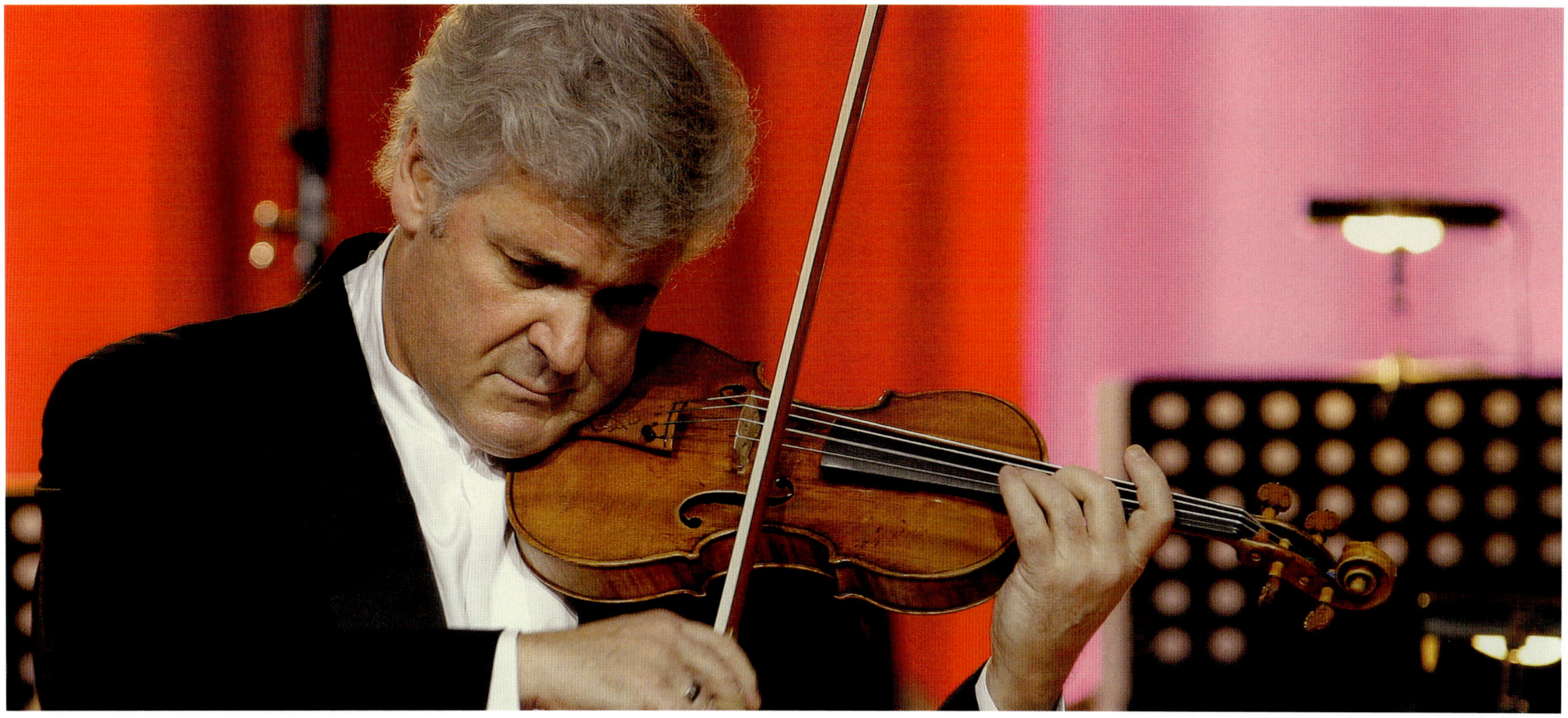

Ce violon vieux de 250 ans a été fabriqué par Giuseppe Guarneri del Gesù (1698-1744). Appartenant autrefois au violoniste de la cour du tsar Alexandre II, il a été vendu pour près de 4 millions de dollars à l'avocat et violoniste russe Maxime Viktorov lors d'une vente aux enchères chez Sotheby's à New York. Celui-ci refusera ensuite de l'utiliser tant que le virtuose israélien Pinchas Zukerman n'en aurait pas joué. Un souhait réalisé sous la forme de deux représentations – un concert privé réservé à quelques privilégiés moscovites et un concert public donné au conservatoire de Moscou.

Giuseppe Guarneri del Gesù (1698-1744) was de maker van de 250 jaar oude viool die nog van de hofviolist van tsaar Alexander II is geweest. Op een veiling van Sotheby's in New York werd ze voor bijna 4 miljoen dollar verkocht aan de Russische advocaat en violist Maxim Viktorov. Hij weigerde ze te verkopen – tot de Israëlische virtuoos Pinchas Zukerman ermee had opgetreden. Zukerman speelde twee concerten met 's werelds duurste viool – één voor een privé publiek van de Moskouse maatschappelijke elite en één openbaar optreden in het Conservatorium van Moskou.

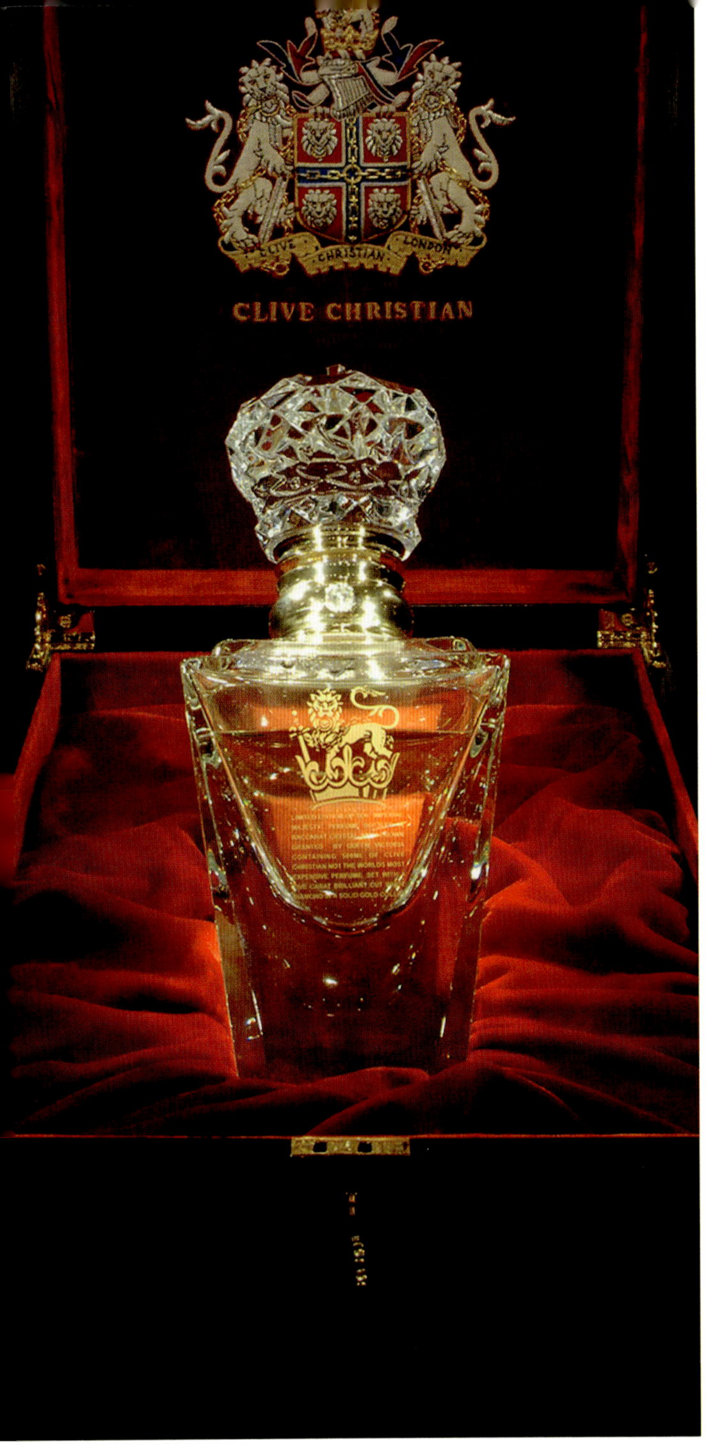
CLIVE CHRISTIAN

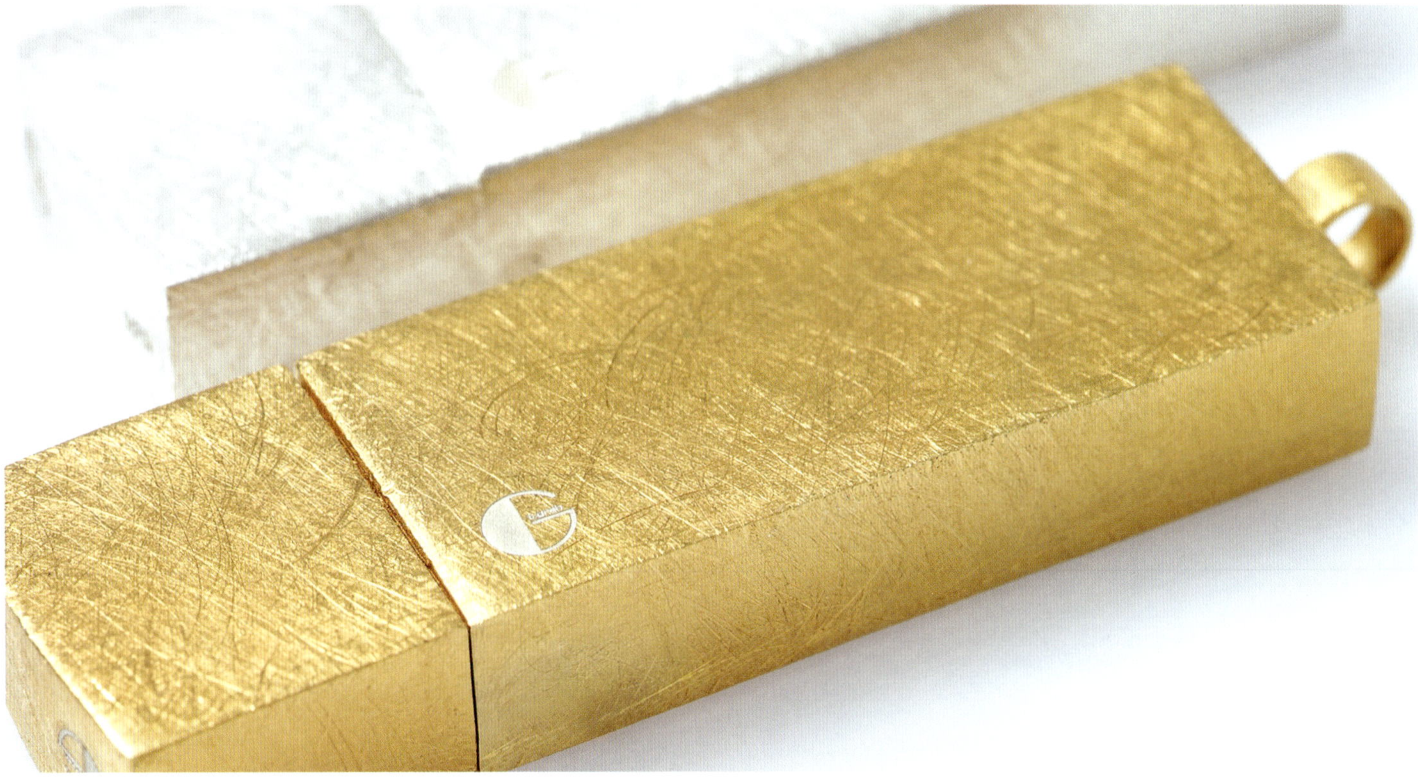

Imagine having the best the world has to offer, right in your pocket. The following collection of everyday items are those of which each and everyone of us is intimately familiar; a pocket camera, flip flops, perfume etc. Only, these items will probably have never graced your handbag let alone your home, closet or office. Most of them are expertly hand crafted, requiring many hours of labor and come in extremely limited quantities. Fashioned from rare minerals, fine materials and precious stones they are the perfect blend of ultimate luxury and practicality.

Imaginez l'inimaginable pour agrémenter votre quotidien. Les objets présentés dans cette section, d'usage courant (appareil photo de poche, sandales de plage, parfum, etc.), n'ont pourtant que peu de chance de s'égarer dans votre sac à main, votre maison, votre penderie ou votre bureau. Fabriqués en séries limitées à partir de minéraux rares, de matériaux fins et de pierres précieuses, la plupart d'entre eux ont exigé le soin de mains expertes et de nombreuses heures de travail. Un luxe pour tous les jours, pratique, et incroyablement décadent.

Beeld je eens in dat je het allerbeste dat de wereld te bieden heeft, op zak hebt. Met de volgende alledaagse voorwerpen is ieder van ons vertrouwd: een zakcamera, flipflops, parfum, enz. Alleen zullen de voorwerpen die in dit hoofdstuk staan waarschijnlijk nooit in je handtas hebben gezeten, laat staan in je huis, kast of kantoor. De meeste zijn vakkundig met de hand gemaakt, vergden ettelijke uren werk en bestaan enkel in een beperkte oplage. Ze worden van zeldzame mineralen, fijne materialen en edelstenen gemaakt, voor een perfecte mix van ultieme luxe en praktische toepassingen.

LIFESTYLE

STYLE DE VIE · LIFESTYLE

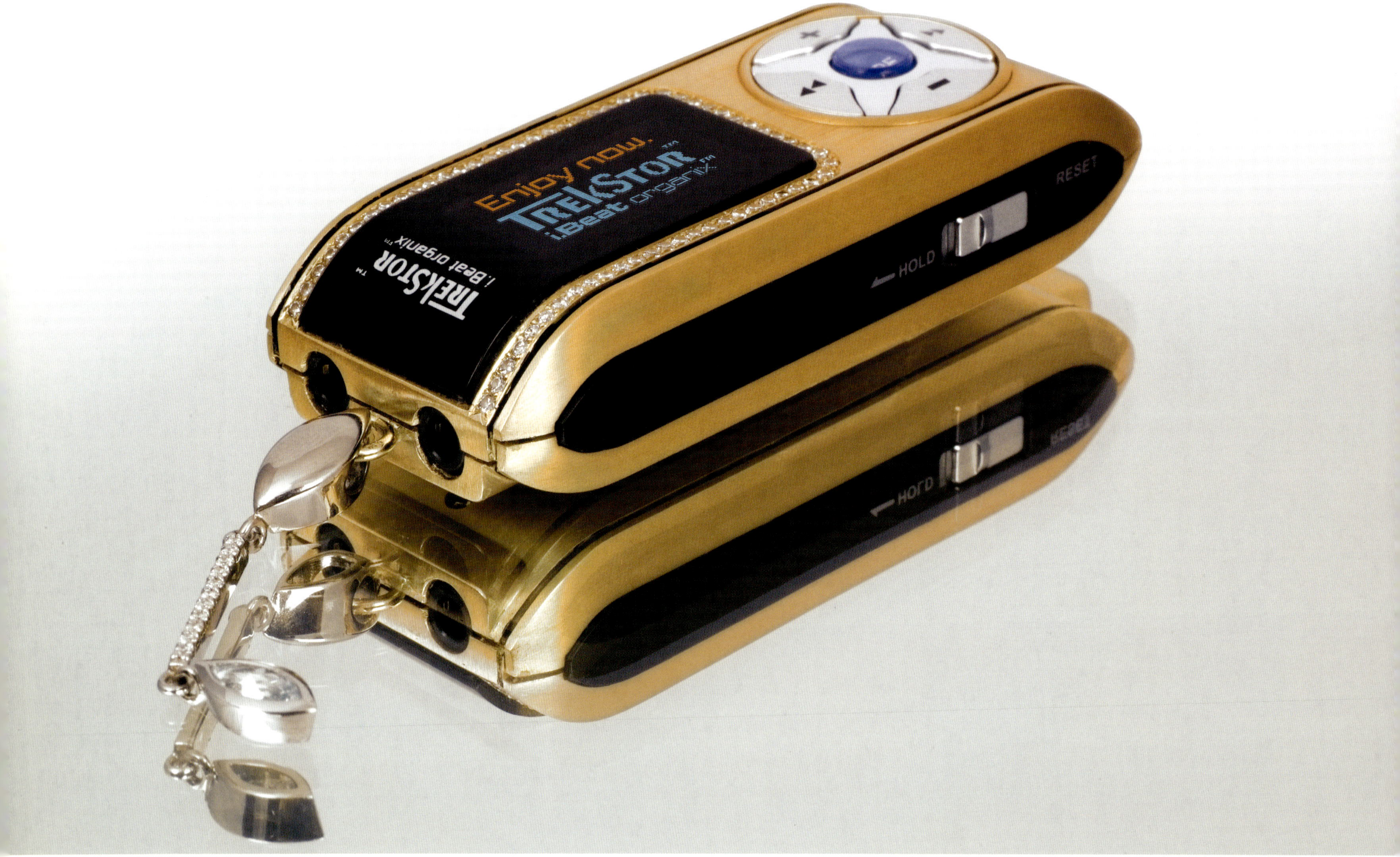
Enjoy now.
TREKSTOR
i.Beat organix
TREKSTOR
i.Beat organix
RESET
HOLD

LIFESTYLE

STYLE DE VIE · LIFESTYLE

$ 3,000

VICUNAS - JL CUTLER

The wool of vicuña's, named "fabric of the gods" by the Incas, was reserved by law exclusively for members of the royal family. It is softer, lighter, and warmer than any other wool on earth. The vicuña is a relative of the llama; it thrives in the eastern high plains of South America, and each animal only produces about a pound of wool a year. A yard may fetch prices that range from $1,800-$3,000. Comparatively, merino wool may go for around $50 and a yard of cashmere can fetch over $100 per yard.

L'usage de cette matière, qualifiée d'étoffe divine par les Incas, était légalement réservé aux membres de la famille royale. Issue de la vigogne, une parente du lama vivant sur les hauts plateaux d'Amérique latine, elle constitue la laine la plus douce, la plus légère et la plus chaude au monde. Un animal produit environ 500g de laine de vigogne par an, pour un coût oscillant entre 1.650 et 2.750 $ le mètre. Pour comparaison, les mêmes quantités de mérinos et de cachemire coûtent respectivement 45 $ et 90 $.

De wol van vicuña's, door de Inca's 'wol van de goden' genoemd, was bij wet gereserveerd voor leden van de koninklijke familie. Ze is zachter, lichter en warmer dan enige andere wol ter wereld. De vicuña is familie van de lama en leeft in de oostelijke hoogvlakten van Zuid-Amerika; elk dier produceert zo'n halve kilo wol per jaar. Voor een yard (0,914 m) worden prijzen gevraagd van $ 1.800-$ 3.000. Ter vergelijking: voor eenzelfde hoeveelheid merinoswol betaal je $ 50, voor kasjmier wordt dat meer dan $ 100.

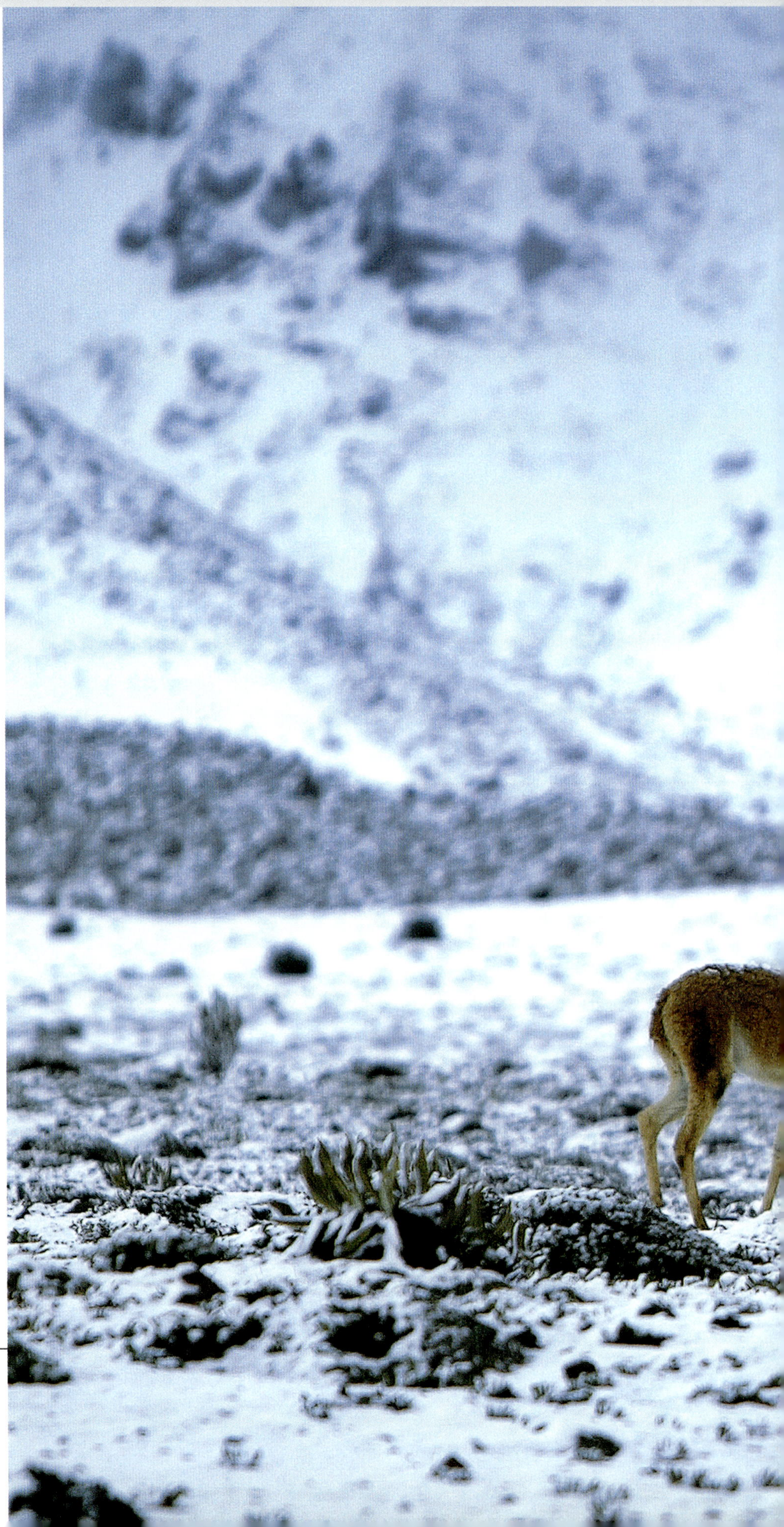

WOOL

LAINE • WOL

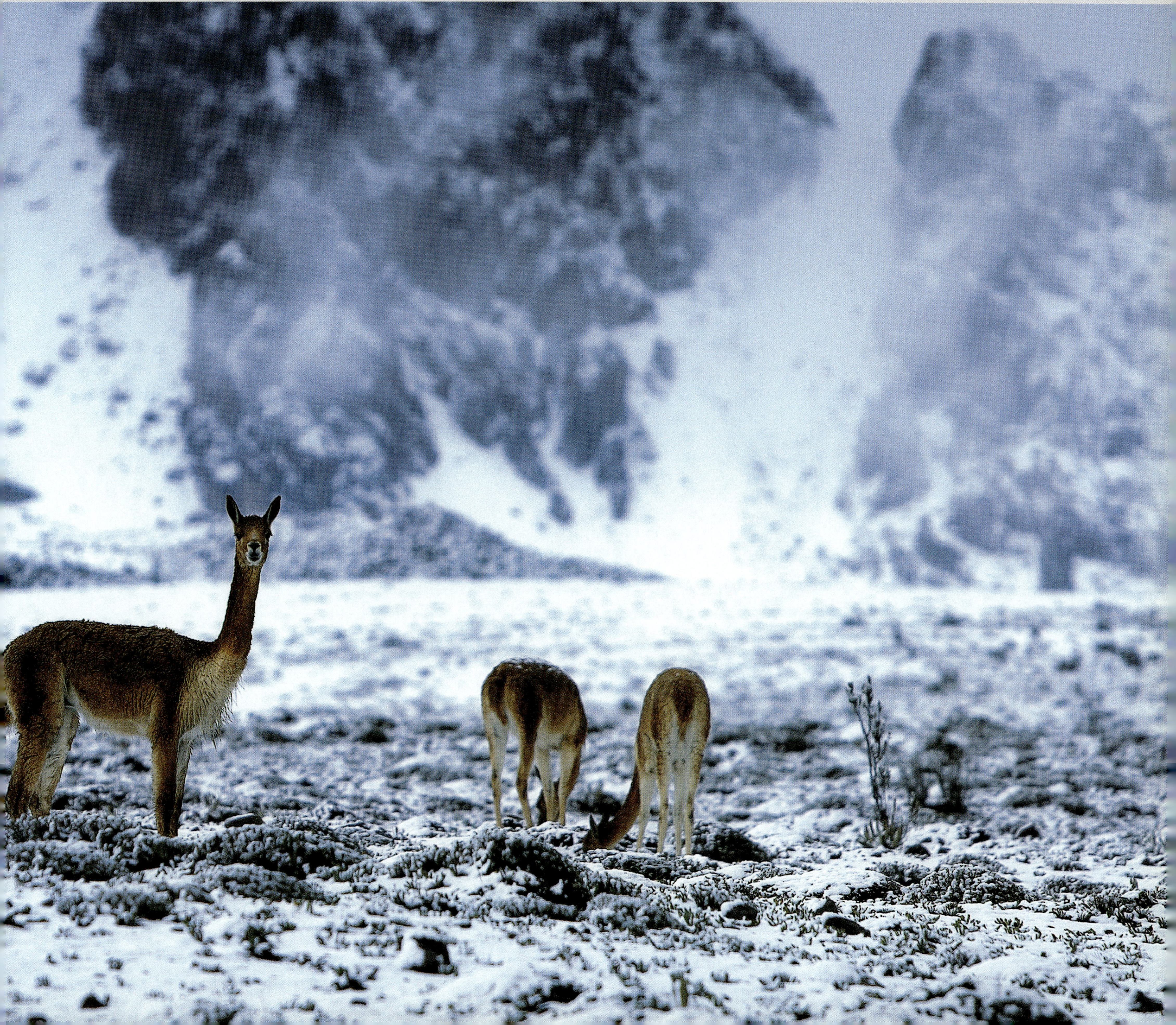

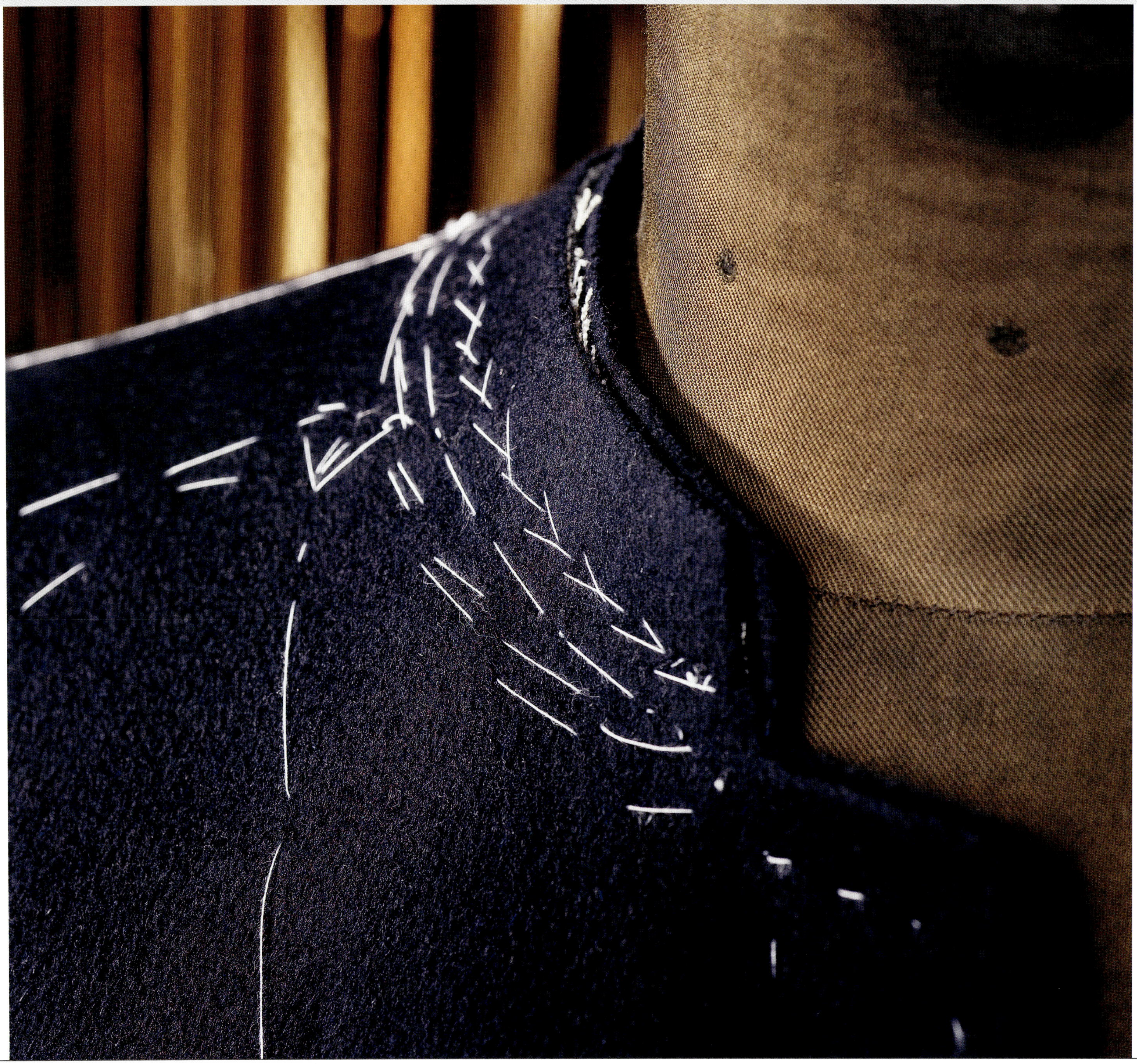

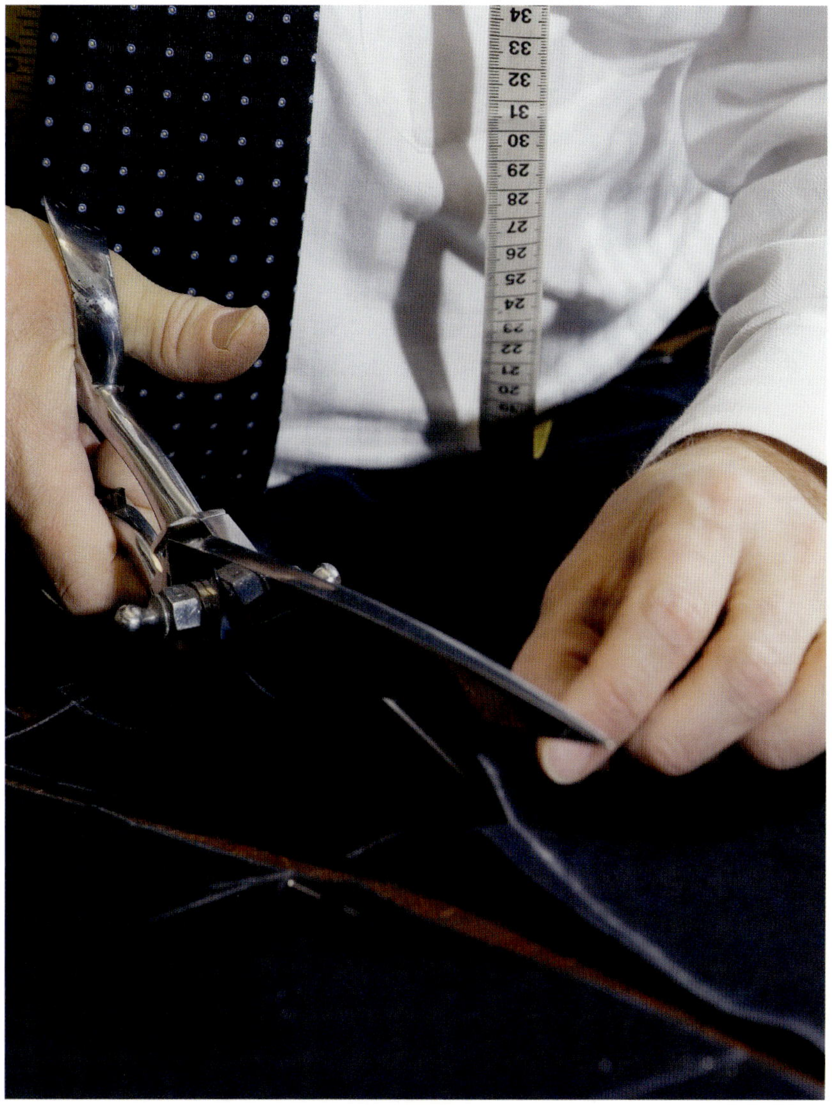

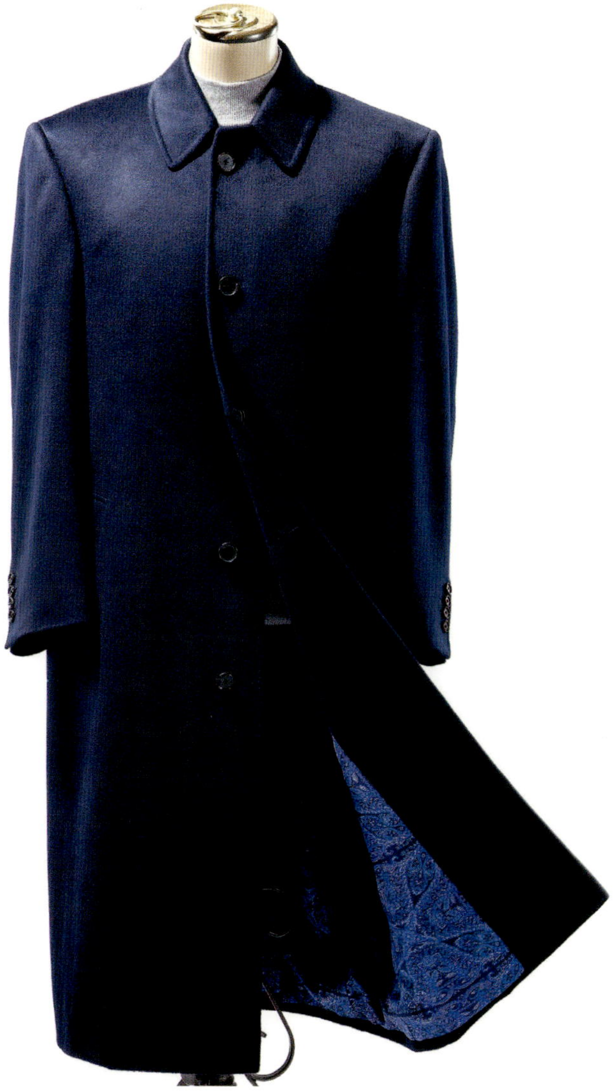

$ 1,500,000

PININFARINA / XTEN

The designers of many luxurious cars have created a whole new level of style and comfort in the form of the world's best office chair. Ergonomically designed to reduce seating pressure and fatigue by over 60%, its back and seat adjust independently of one another, and it has height adjustable lumbar support. It is made with Dynatec, a fabric familiar to Olympic athletes for its durability, comfort, coolness and range of motion. Available in red and blue, it is the epitome of contemporary, cutting edge office furniture.

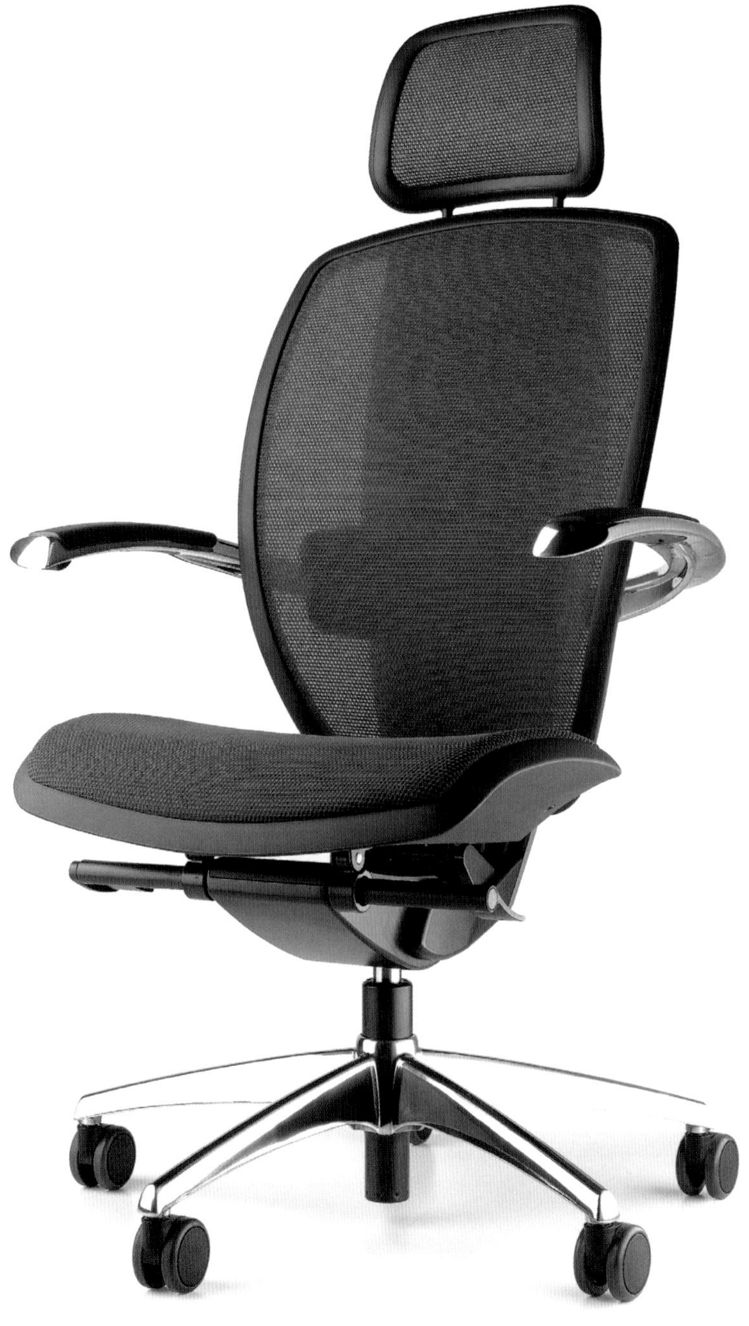

À l'origine de nombreuses voitures de luxe, les designers italiens de la firme Pininfarina ont inventé, dans un tout autre style, le plus confortable fauteuil de bureau au monde. Le design ergonomique de cet objet lui permet de réduire la fatigue liée à la position assise de plus de 60%. Le dossier et la base sont réglables séparément et son support lombaire peut être ajusté en hauteur. Fabriqué en Dynatec, un matériau bien connu des athlètes olympiques pour sa durabilité, son confort, sa fraîcheur et sa souplesse, ce siège – disponible en rouge et en bleu – est une pièce maîtresse du mobilier de bureau contemporain.

De ontwerpers van talrijke luxewagens hebben een heel nieuwe dimensie van stijl en comfort gecreëerd in de vorm van 's werelds beste kantoorstoel. Ergonomisch zo ontworpen dat de zitdruk en de vermoeidheid met meer dan 60% worden verminderd, de rug en de zit onafhankelijk van elkaar instelbaar en met in de hoogte aanpasbare lendensteun. Hij is vervaardigd uit Dynatec, een stof die de Olympische atleten kennen voor zijn duurzaamheid, comfort, koelte en beweeglijkheid. Beschikbaar in rood en blauw vormt hij het toppunt van hedendaags, state-of-the-art kantoormeubilair.

OFFICE CHAIR

SIÈGE DE BUREAU • KANTOORSTOEL

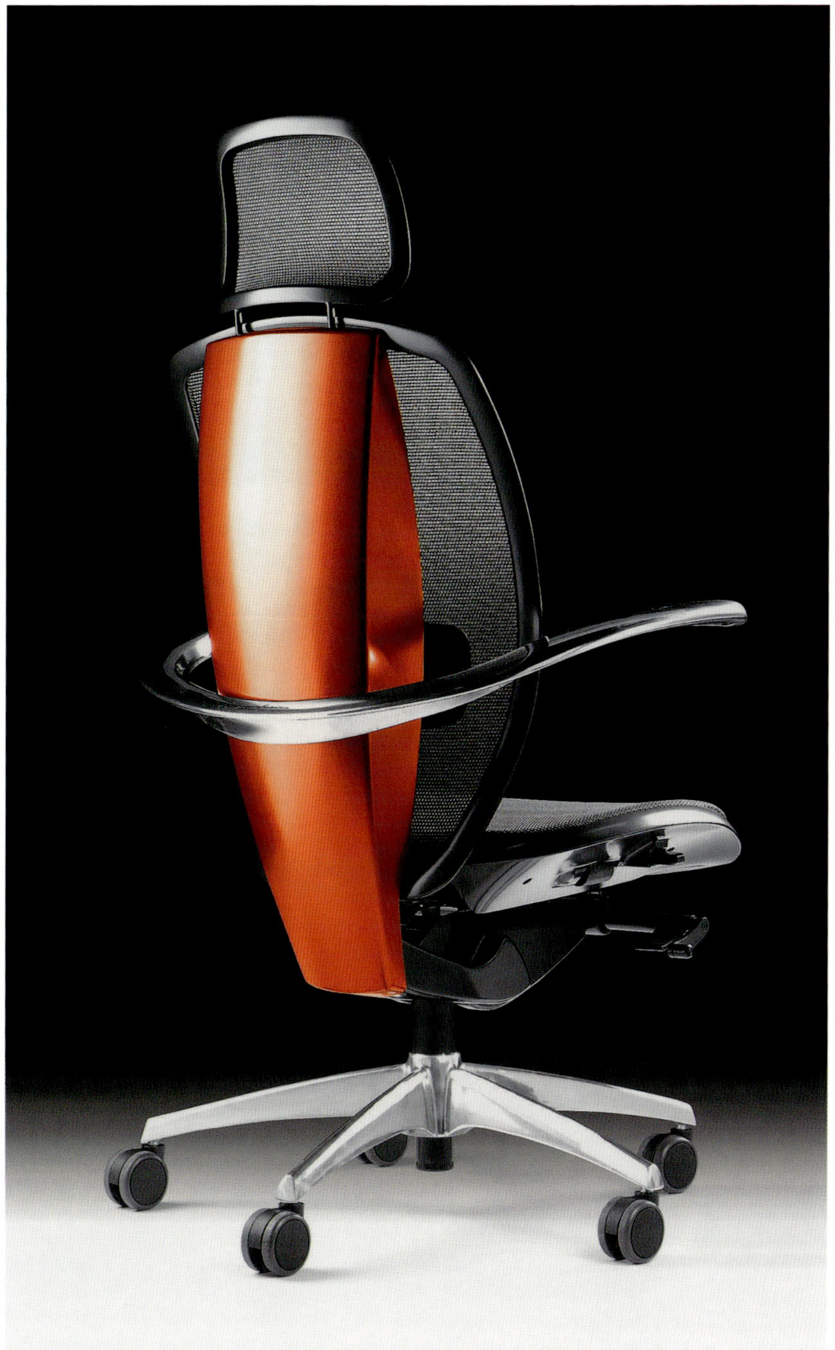

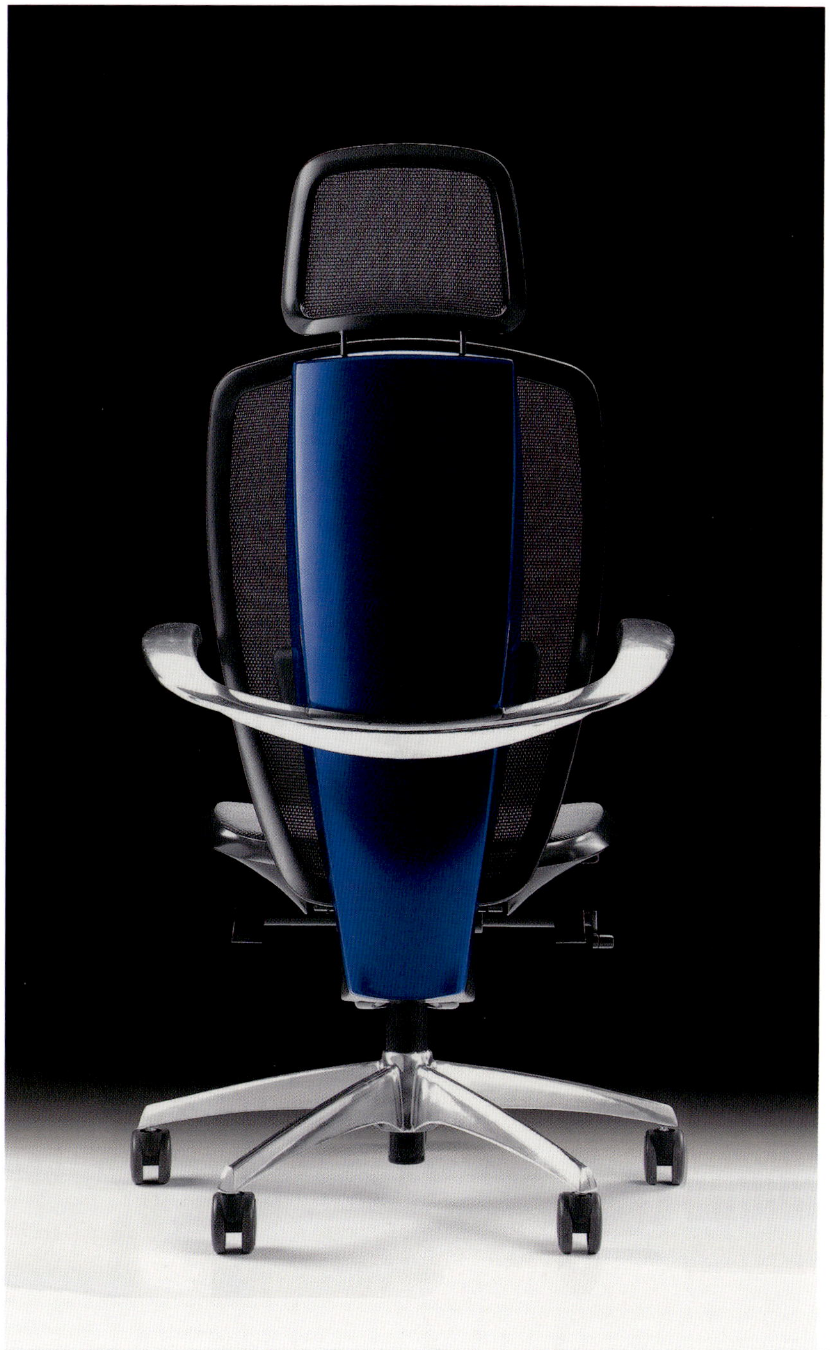

$ 5,000,000

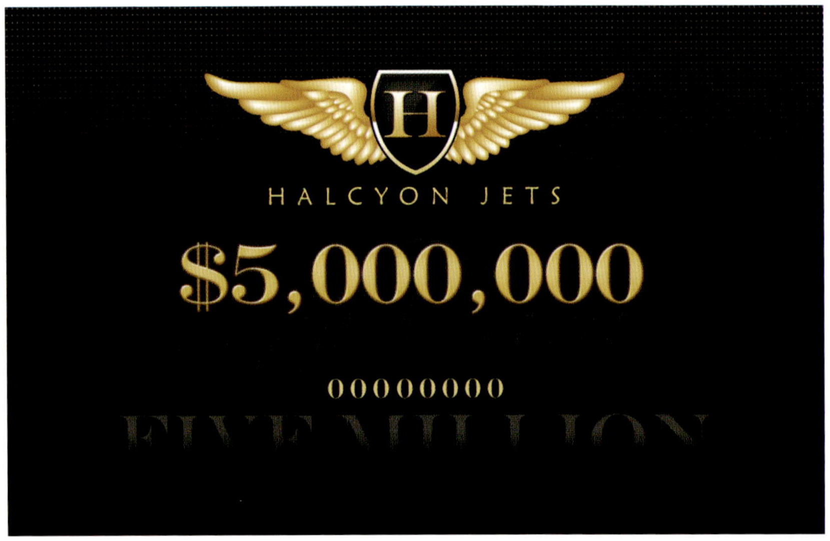

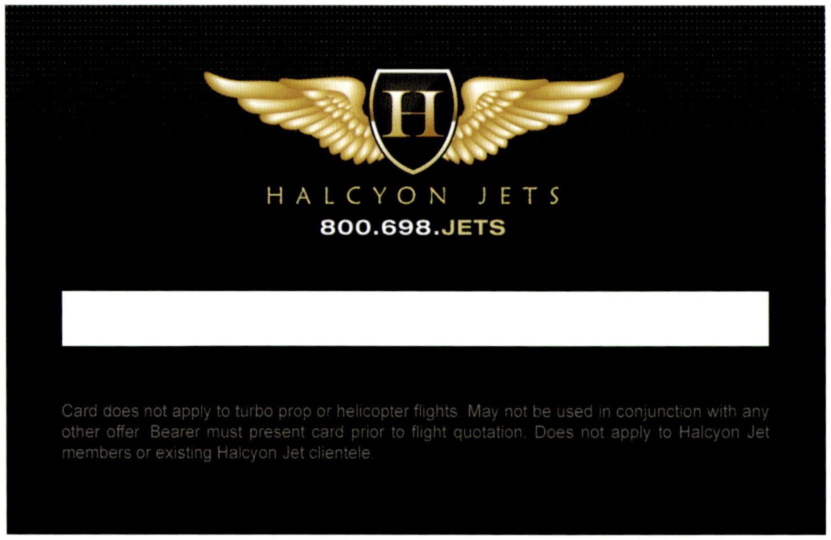

Halcyon, société de location de vols privés, propose une carte cadeau d'une valeur de 5 millions de dollars aux personnes souhaitant offrir à un proche les commodités d'un vol de luxe à bord d'un jet privé. Les détenteurs de la *Dream Card* peuvent ainsi profiter de la flotte de la compagnie pour des allers simples ou des allers-retours. La précieuse carte leur donne également accès à diverses prestations, telles que la consultation privée d'un conseiller aérien, un concierge durant le vol, un service traiteur personnalisé et l'organisation de divertissements.

Halcyon, een toonaangevende producent van privécharterdiensten op aanvraag, heeft een cadeaubon van $ 5 miljoen voor al wie iemand luxe en comfort aan boord van een privéjet cadeau wil doen. De 'Droomkaart' geeft toegang tot de vliegtuigvloot van Halcyon voor enkele of retourvluchten, voor eenmalige of diverse trips. De kaart omvat ook andere diensten, zoals je eigen privé luchtvaart-specialist en persoonlijke assistent om je bij je reis-, eet- en amusementsplannen te helpen. Met dit geschenk blijven cadeautjes maar komen...

HALCYON JETS

Halcyon, a premier provider of on-demand private charter aircraft services, has $5 million gift card for those who want to give the gift of luxury and convenience aboard a private jet. The Dream Card gives to access Halycon's fleet of jets for one-way trips or round-trip travel, for single flights or multiple trips. Other services that come with the card include your own private aviation specialist and personal concierge to assist with the travel, dining and entertainment plans. It's the gift that keeps on giving...

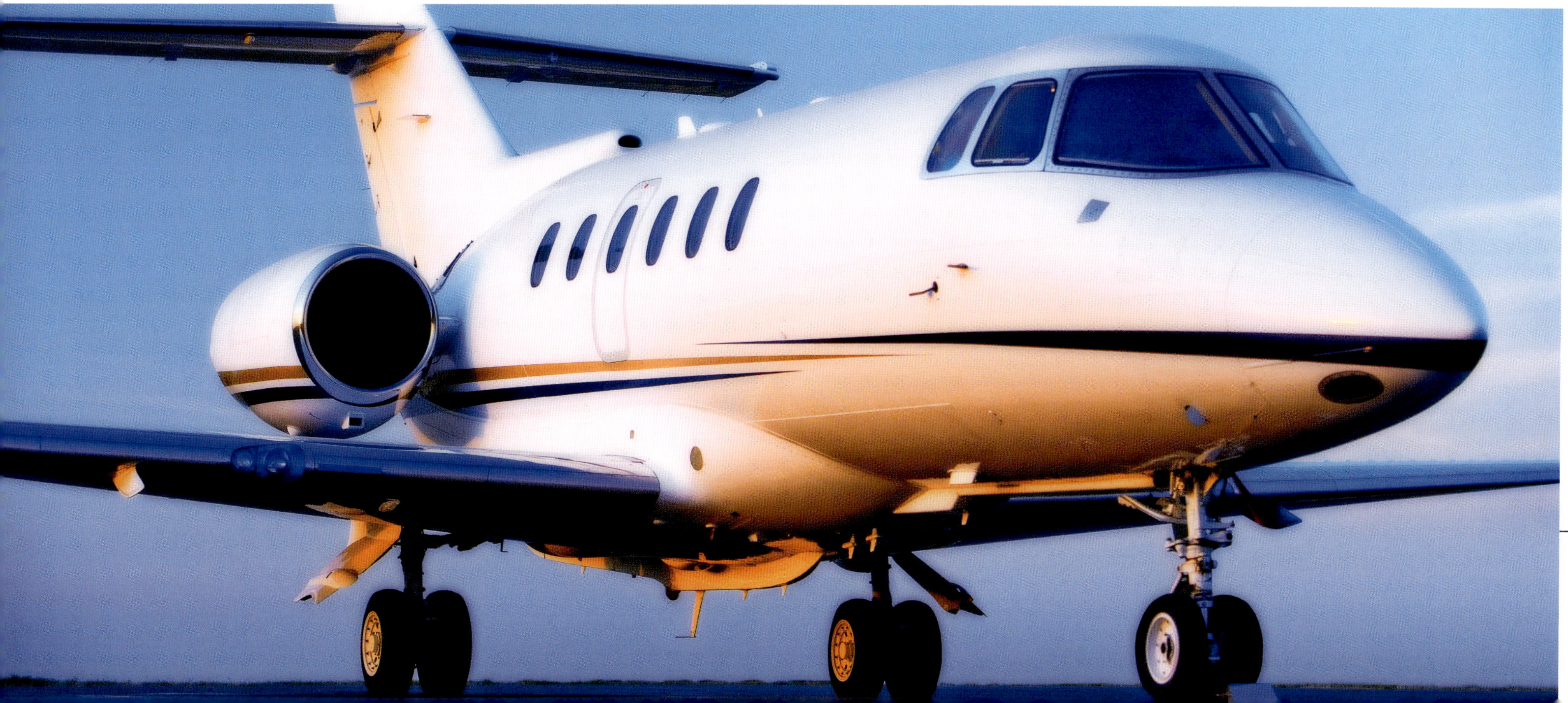

$ 25,000,000

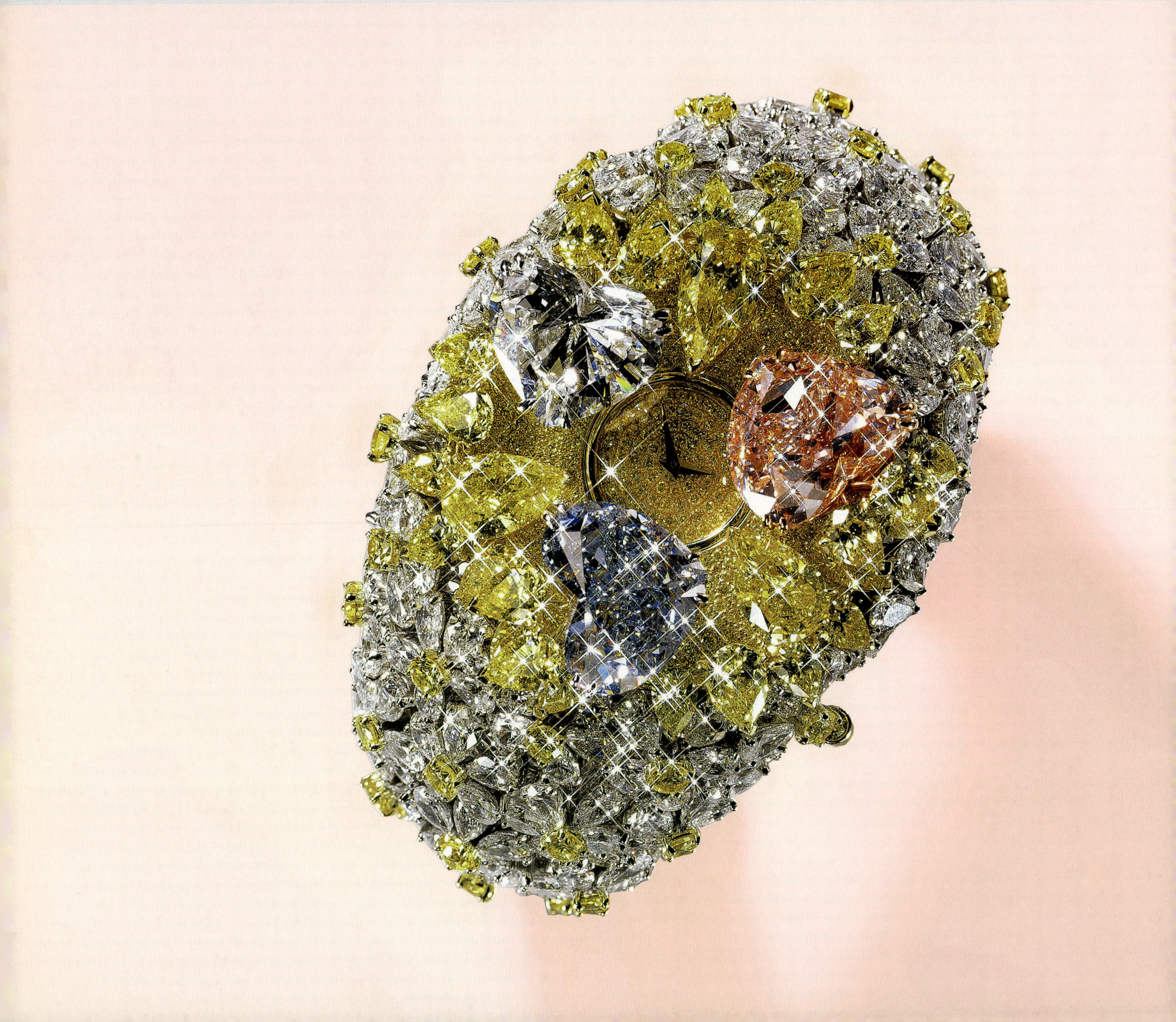

CHOPARDISSIMO

What began as a family owned, high-precision watch making company in 1860 has become the Switzerland based company known today as Chopard. This multi-million dollar timepiece is adorned with three heart-shaped diamonds weighing in at a total of 38 carats. They are embedded into a bracelet covered in 163 carats of white and yellow diamonds arranged into a floral motif. The diamonds surrounding the clock face are able to flip open like a bloomed flower. Unmatched in opulence and price, this piece isn't in jeopardy of losing it title anytime soon.

Fondée en 1860 sous la forme d'une petite entreprise familiale, Chopard est aujourd'hui un acteur majeur du secteur de l'horlogerie de haute précision. D'une valeur de plusieurs millions de dollars, le modèle "Chopardissimo" est orné d'une multitude de pierres précieuses. Trois diamants en forme de cœur se partagent la vedette pour un poids total de 38 carats, tandis qu'une multitude de petites pierres (163 carats de diamants jaunes et blancs) enchâssées dans le bracelet forment un motif floral. Elles subliment le cadran et peuvent se mouvoir à la manière d'une fleur qui éclot. D'une somptuosité et d'un prix sans pareil, cette pièce est à la hauteur de son nom.

Wat in 1860 begon als een familiebedrijfje dat uiterst precieze horloges maakte, is vandaag over de hele wereld gekend als de in Zwitserland gevestigde onderneming Chopard. Dit meerdere miljoenen dollars kostende uurwerk is versierd met drie hartvormige diamanten met een totaal gewicht van 38 karaat. Ze zitten ingebed in een armband bedekt met 163-karaats witte en gele diamanten, geschikt in een bloemenmotief. De diamanten rond de wijzerplaat kunnen openklappen als een tot bloei komende bloem. Dit stuk staat echt wel op eenzame hoogte qua pracht, praal èn prijs en zal, zo vermoeden we, zijn titel van duurste horloge nog niet te snel verliezen.

$ 64,000

BOWERS & WILKINS

Bowers & Wilkins flagship product is the result of a groundbreaking, five year research and development project to achieve, as near as possible, the perfect loudspeaker, offering the chance to hear music exactly as recorded: detailed, vibrantly alive, full of power, and unhindered by speaker distortion or cabinet diffraction. The engineering behind the Nautilus' 47" tall spiral, chambered, shell-like design enclosure has allowed it to become the first in the world to achieve near zero cabinet coloration.

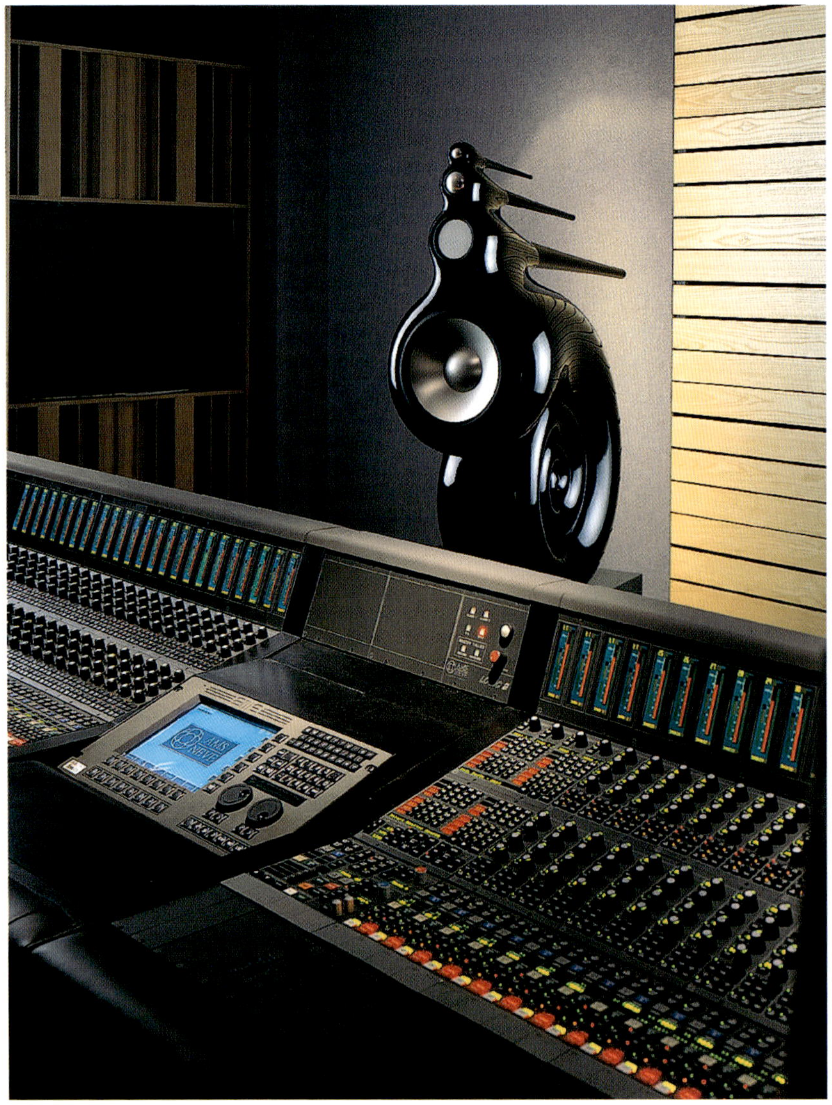

Le produit phare de Bowers & Wilkins, révolutionnaire, est le fruit de cinq ans de R&D, avec pour unique objectif la mise au point d'un haut-parleur proche de la perfection, restituant la musique dans ses moindres détails, vibrante de vie, puissante, sans distorsion ni diffraction acoustique. La technologie intégrée dans la *Nautilus* fait de cette enceinte acoustique tubulaire dégressive en forme de coquillage la première au monde à ne présenter pratiquement aucune altération du son.

Het vlaggenschip van het Bowers & Wilkins assortiment is het resultaat van een baanbrekend, vijfjarig onderzoeks- en ontwikkelingsproject om een zo perfect mogelijke luidspreker te maken en mensen de kans te bieden om muziek te beluisteren zoals die is opgenomen: gedetailleerd, levendig, krachtig en niet gehinderd door luidsprekervervorming of diffractieproblemen. De techniek achter de 115 cm grote, spiraalvormige, schelpachtige designbehuizing van de Nautilus maakt er de eerste luidspreker ter wereld van met nagenoeg geen kleuring als gevolg van de behuizing.

SPEAKERS

ENCEINTES • LUIDSPREKERS

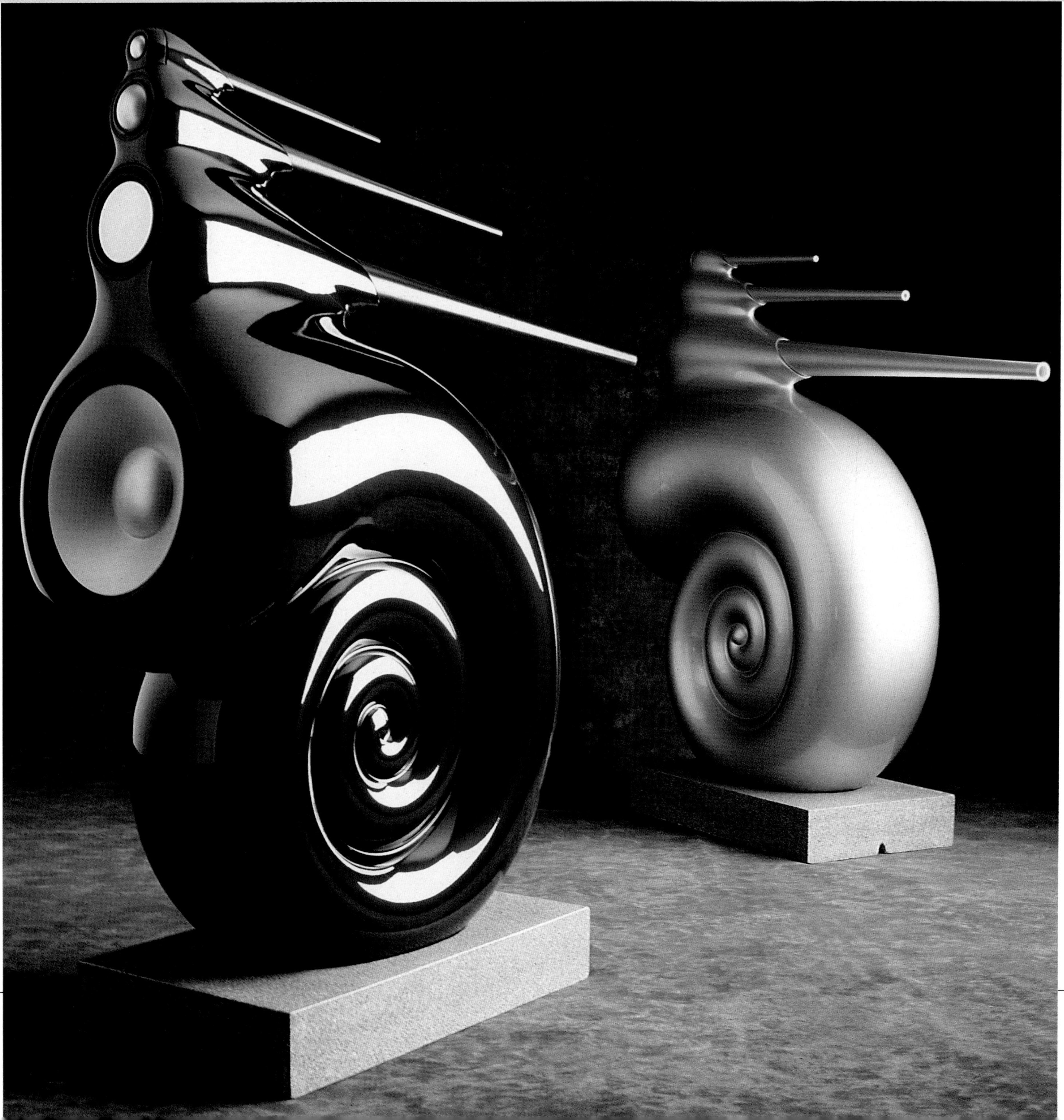

$ 4,500

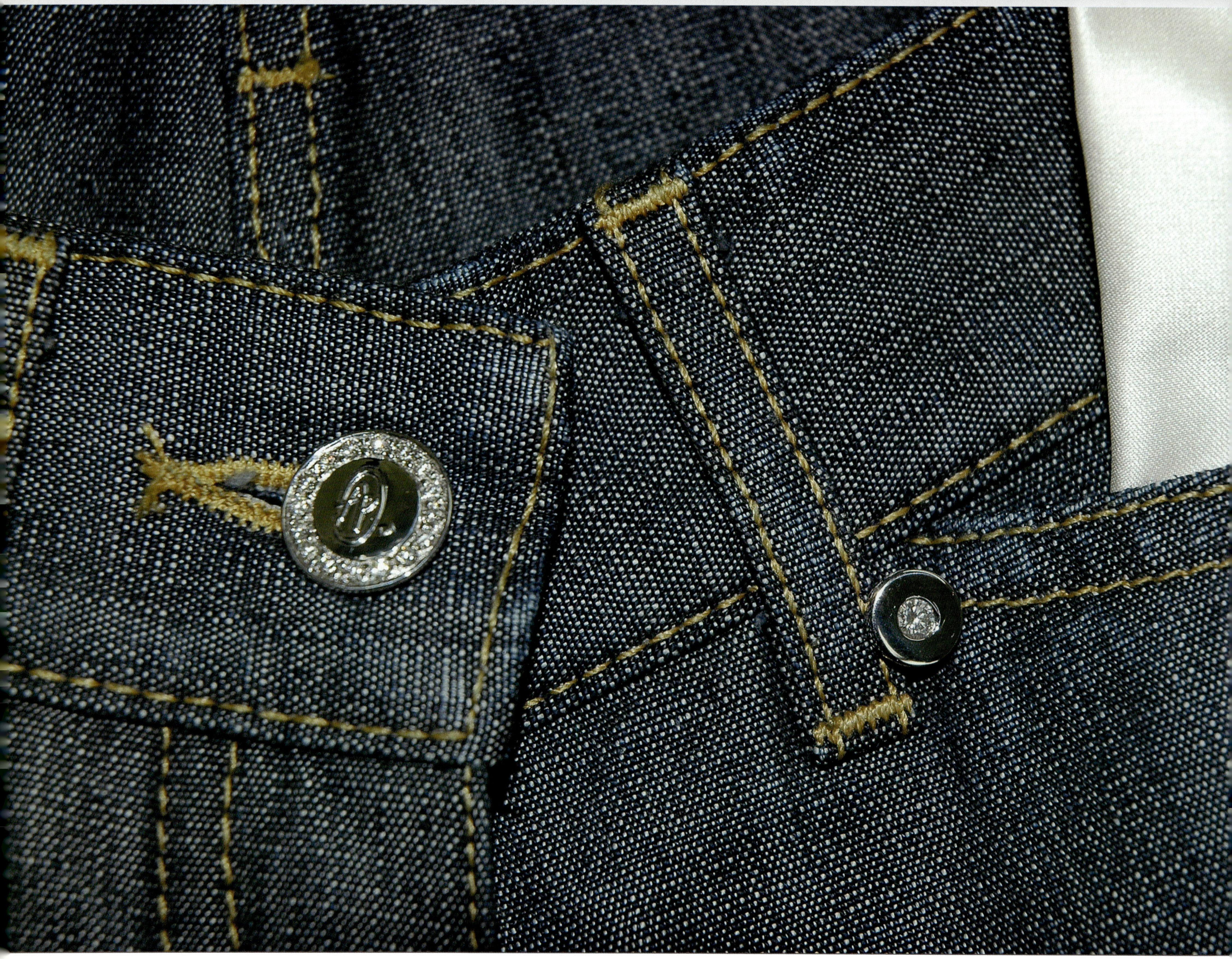

APO

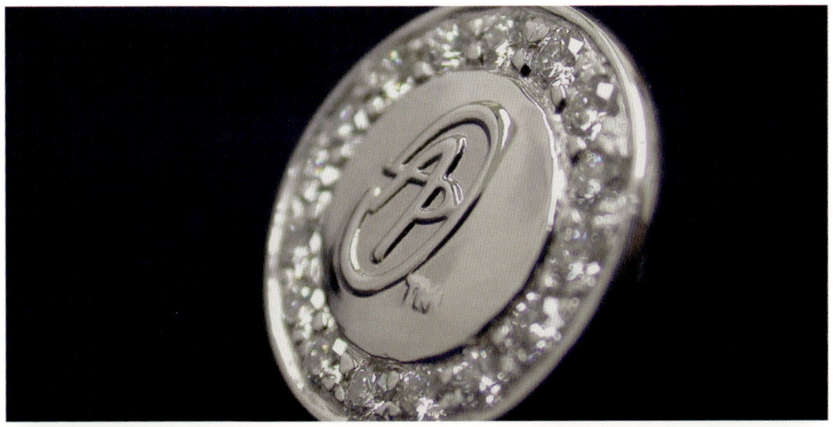

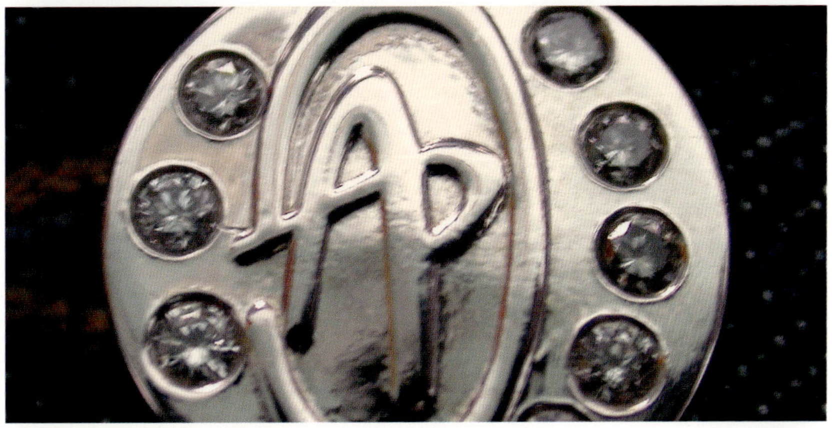

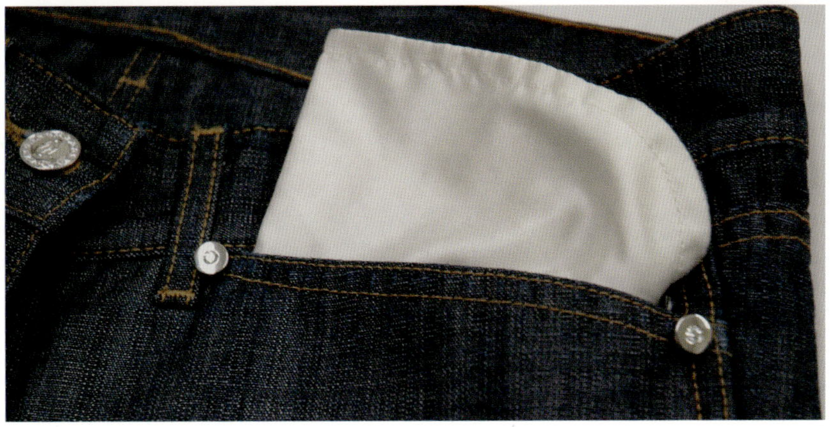

Designer Calvin Stewart was quoted saying he wanted to be the "Maybach of the jeans industry." The APO Jeans experience starts with the selection of the jean style and denim wash at their Manhattan store. Each pair is then constructed to the clients measurements and specifications. The buttons and rivets are made from precious metals and come with a certificate of authenticity. The $40/yard denim woven in India runs upwards for $1,000 a pair, the optional diamond studded main button sends their price to over $4,000.

Le styliste Calvin Stewart a déclaré qu'il voulait être le "Maybach de l'industrie du jean". Un titre à sa mesure au regard de sa gamme APO, dont l'élaboration débute pour chaque client dans sa boutique de Manhattan. Au programme : sélection du design et du degré de délavement du jean. Chaque paire est ensuite fabriquée conformément aux mensurations et spécifications du client, et agrémentée de boutons et rivets en métaux précieux certifiés. Confectionnés dans une toile tissée en Inde dont le coût s'élève à 35 $ le mètre, les jeans APO sont disponibles à partir de 1.000 $, et peuvent dépasser les 4.000 $ lorsqu'il s'agit d'une version dotée de boutons sertis de diamants.

Designer Calvin Stewart zou gezegd hebben dat hij de 'Maybach van de jeanswereld' wil zijn. De 'APO-jeans' ervaring begint met de keuze van de jeansstijl en denim wash in zijn winkel in Manhattan. Elke broek wordt vervolgens op maat en volgens de specificaties van de klant gemaakt. De knoppen en klinknagels zijn van edelmetaal gemaakt en van een echtheidscertificaat voorzien. De denim van $ 40/yard (0,914m) wordt in India geweven en kost meer dan $ 1.000 voor een broek, terwijl de prijs boven de $ 4.000 komt te liggen als men ook voor de optionele, met een diamant bezette broekknop kiest.

$ 210,000

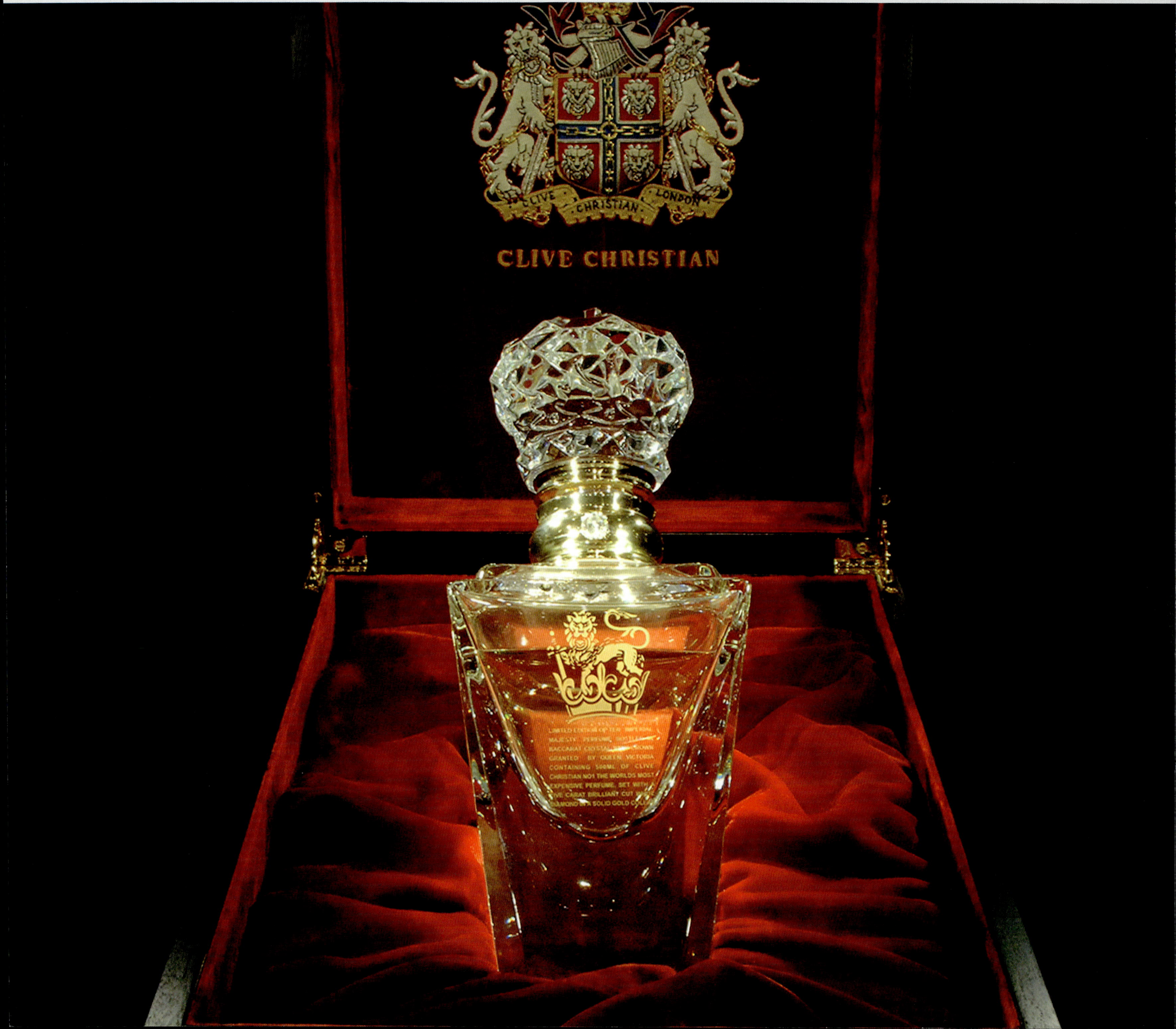

CLIVE CHRISTIAN

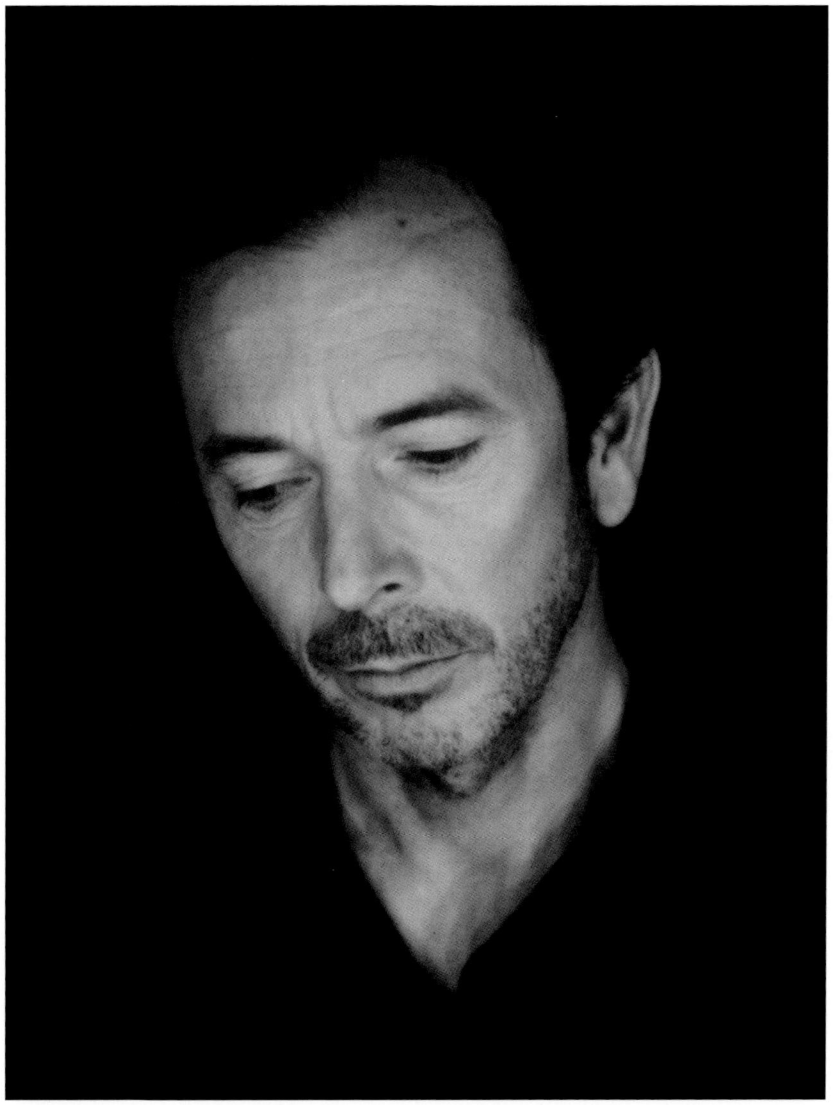

For over a century, Clive Christian perfume has enjoyed the patronage of the most illustrious families and personalities from around the world. Clive Christian "No.1" was created without regard to cost using only the finest, rarest, most precious ingredients: ylang ylang, Tahitian vanilla, pineapple, plum, mirabelle, white peach, rose, jasmine, orris, carnation, benjoin balm, tonka seeds, cedarwood and Indian Sandalwood. It is presented in a handmade, lead crystal bottle with a single, natural, white brilliant cut diamond in a gold collar. This is the true smell of luxury.

Depuis plus d'un siècle, Clive Christian compte parmi ses clients les familles et les personnalités les plus illustres. Son parfum *No. 1* a été conçu sans considération de coût, en recourant uniquement aux essences les plus fines, les plus rares et les plus précieuses : ylang-ylang, vanille de Tahiti, ananas, prune, mirabelle, pêche blanche, rose, jasmin, iris, œillet, baume de benjoin, fèves de tonka, cèdre et bois de santal indien. Agrémenté d'un flacon en cristal fait main dont le goulot est ceint d'or et orné d'un diamant naturel blanc brillant, il est l'incarnation parfaite du véritable parfum de luxe.

Al meer dan een eeuw wordt het parfum van Clive Christian aanbeden door de meest illustere families en personaliteiten uit de hele wereld. Clive Christian 'No. 1' werd gecreëerd zonder naar de kostprijs te kijken: alleen de fijnste, zeldzaamste en meest waardevolle ingrediënten worden ervoor gebruikt: kananga-olie, Tahitiaanse vanille, ananas, pruim, mirabellen, witte perzik, roos, jasmijn, Florentijnse iris, anjer, benzoëbalsem, tonkazaden, cederhout en Indiaans sandelhout. Het wordt gepresenteerd in een handgemaakte fles uit loodkristal met een schitterend geslepen, natuurlijke, witte diamant in een gouden kraag. Dit is de ware geur van luxe.

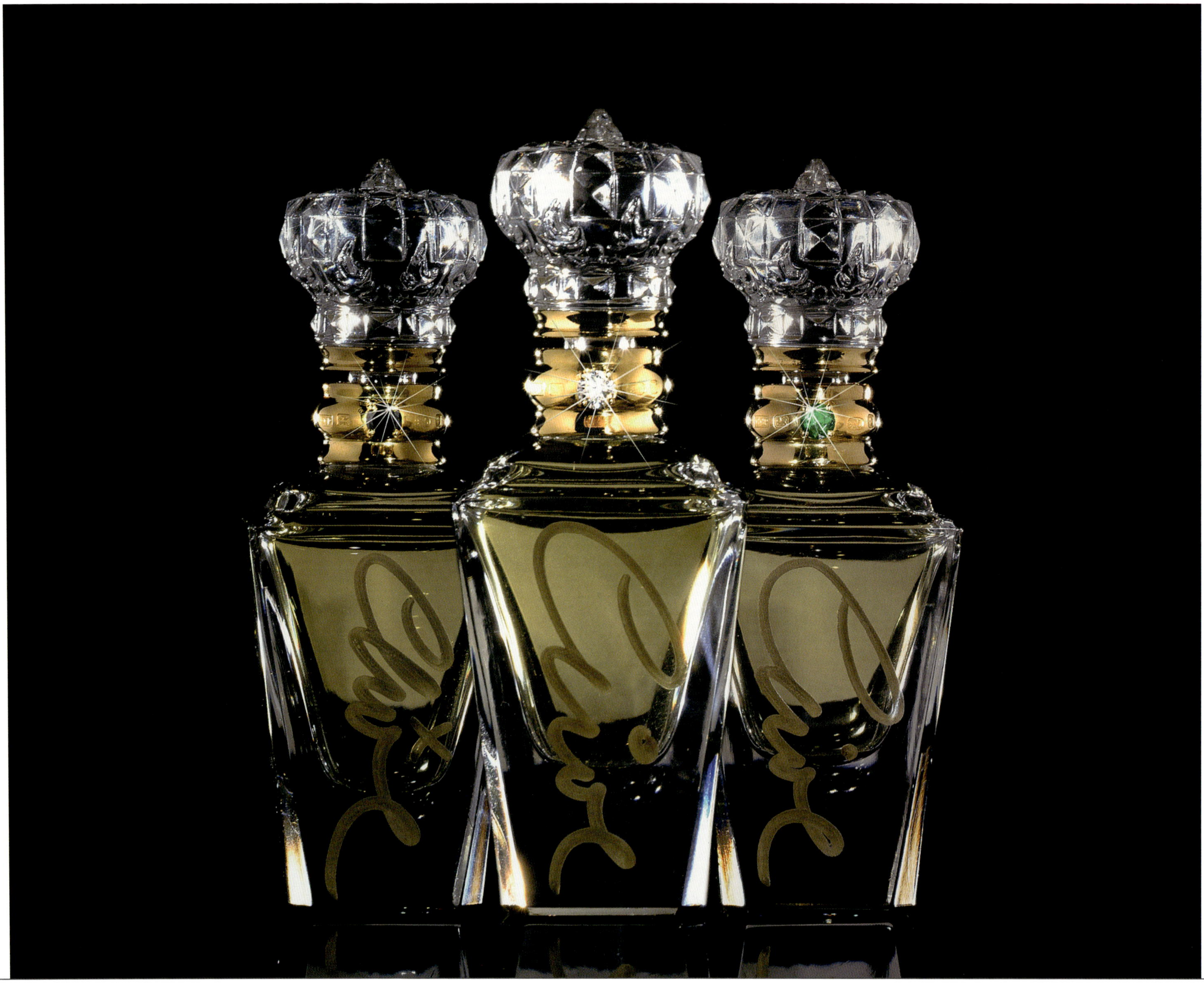

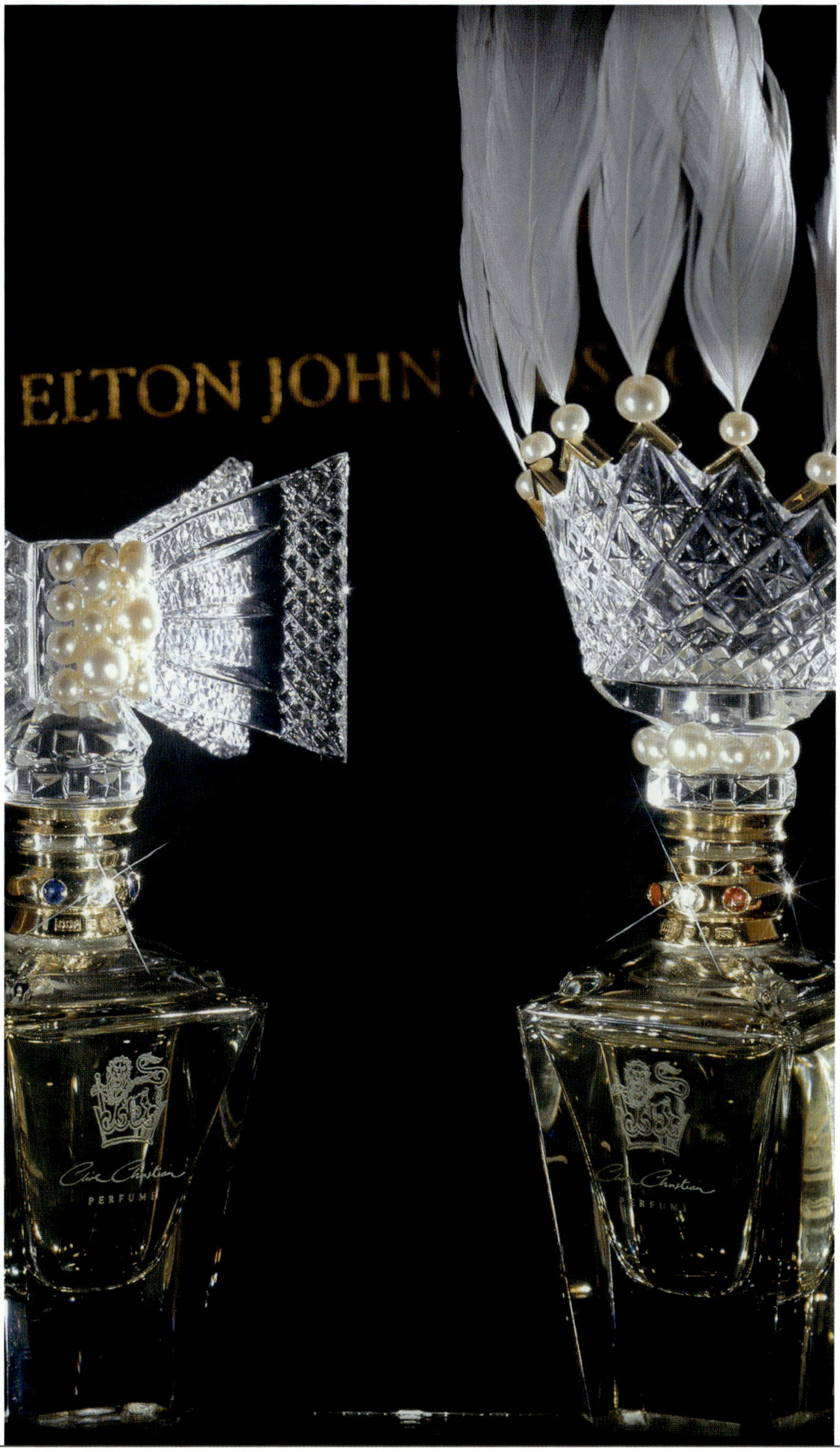
ELTON JOHN
PERFUME

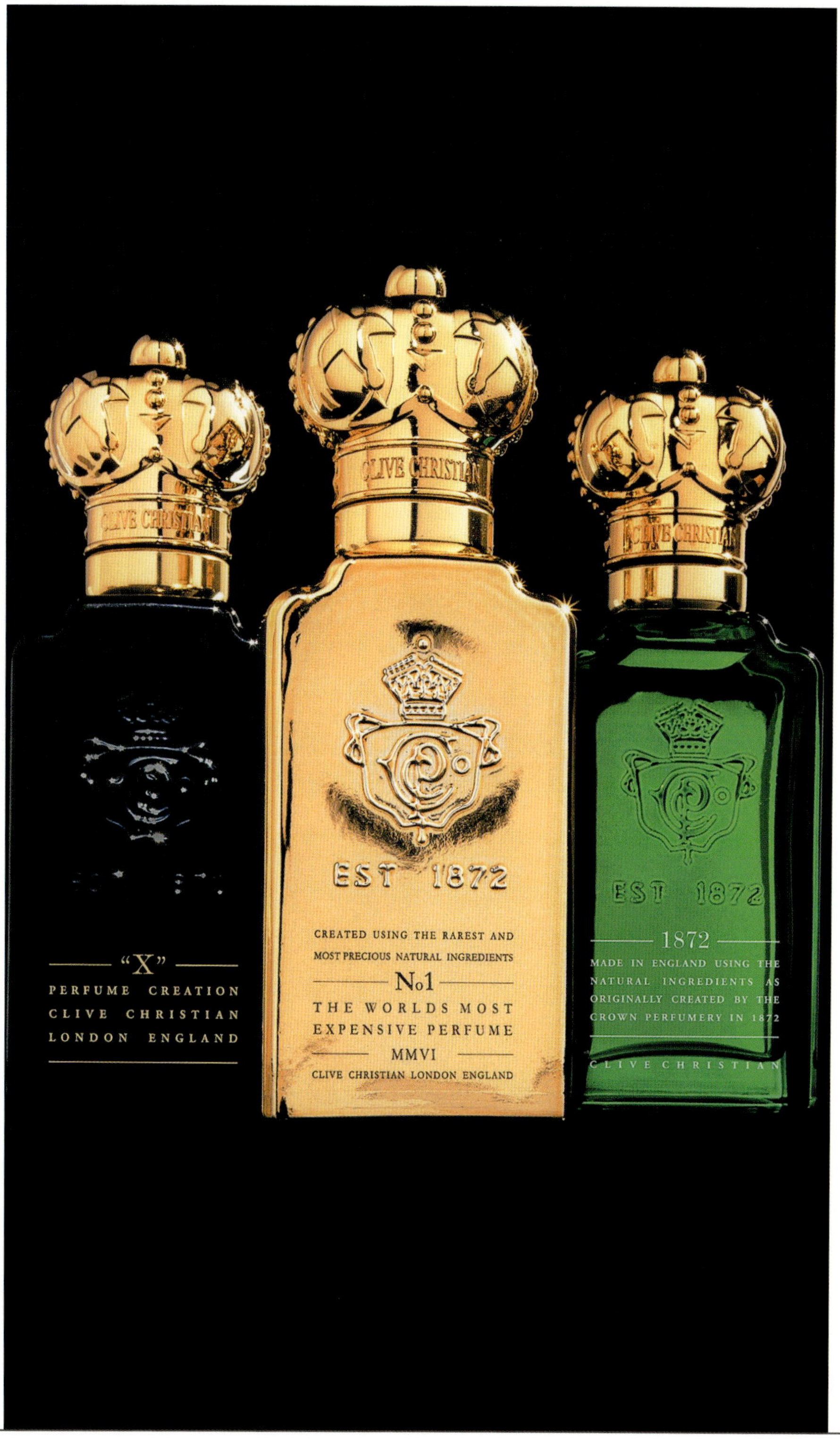
CLIVE CHRISTIAN
"X"
PERFUME CREATION
CLIVE CHRISTIAN
LONDON ENGLAND
EST 1872
CREATED USING THE RAREST AND
MOST PRECIOUS NATURAL INGREDIENTS
No1
THE WORLDS MOST
EXPENSIVE PERFUME
MMVI
CLIVE CHRISTIAN LONDON ENGLAND
EST 1872
1872
MADE IN ENGLAND USING THE
NATURAL INGREDIENTS AS
ORIGINALLY CREATED BY THE
CROWN PERFUMERY IN 1872
CLIVE CHRISTIAN

$ 30,000,000

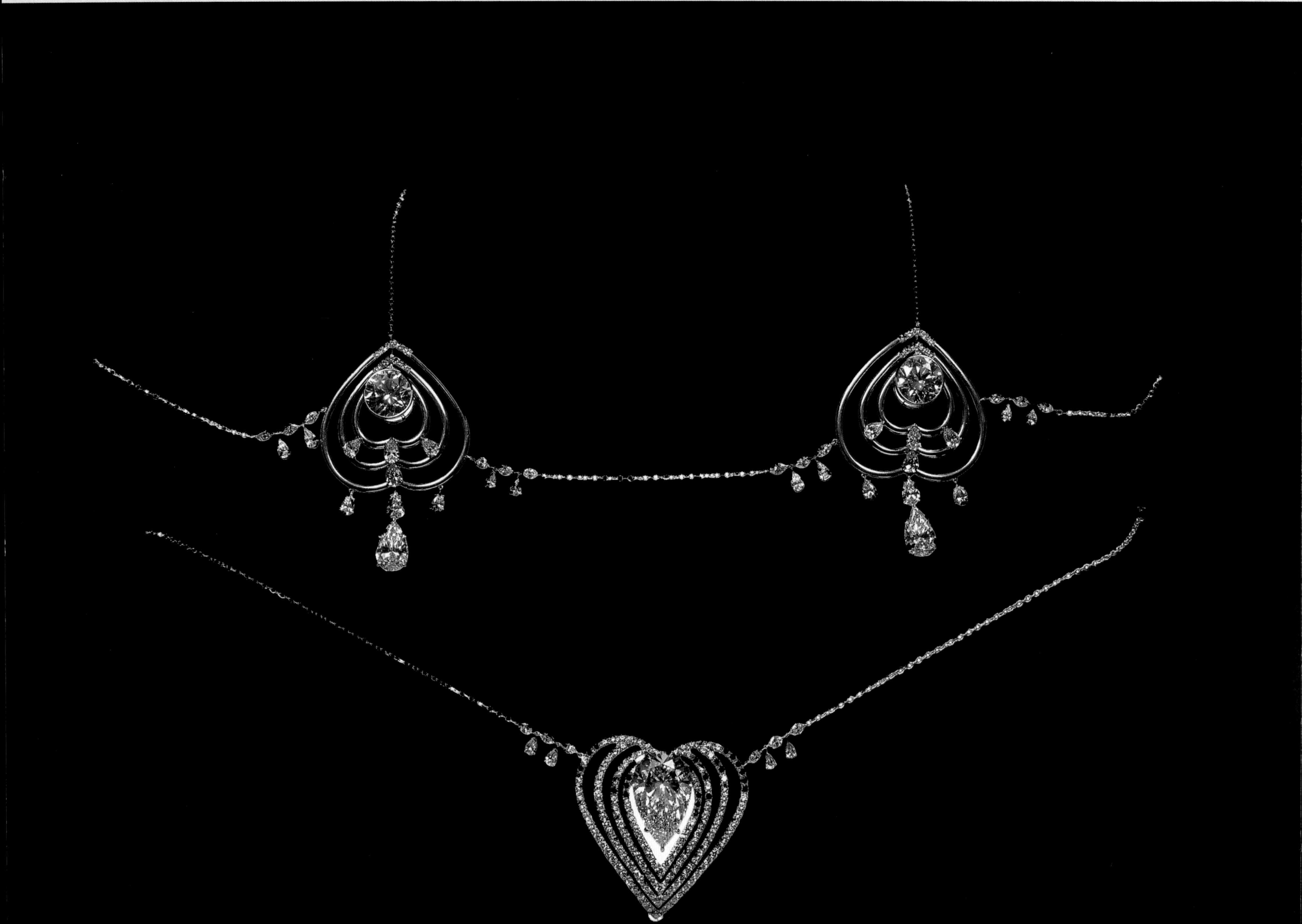

SUSAN ROSEN

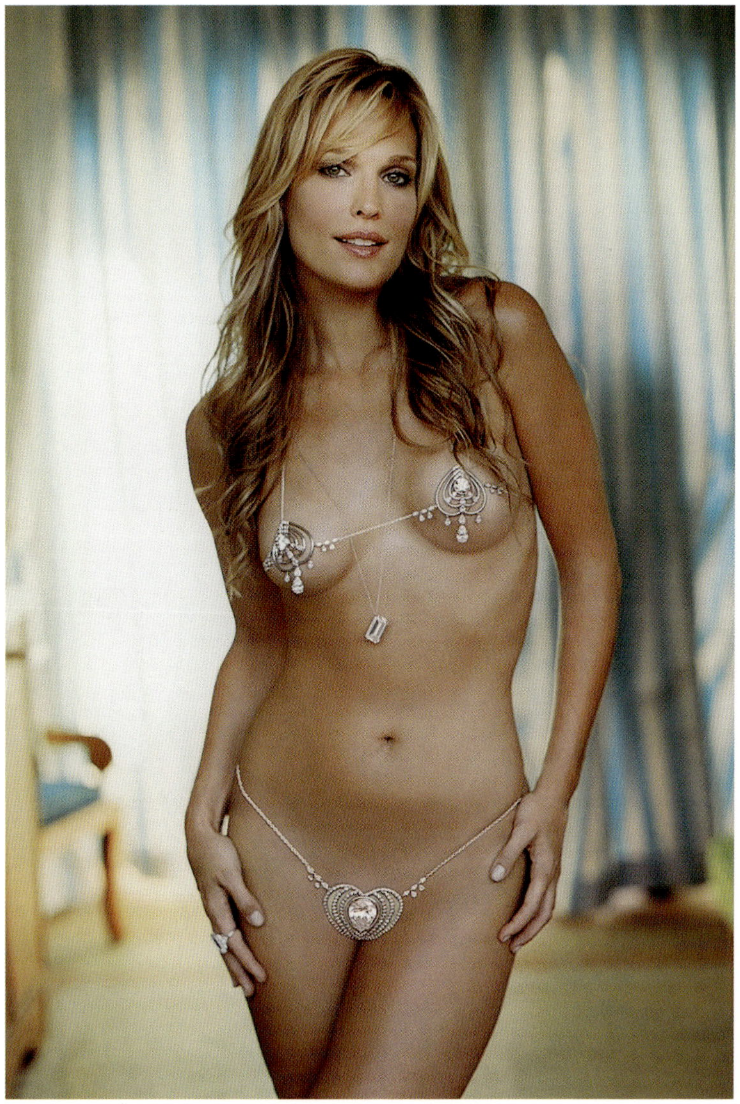

Designer Susan Rosen, described as a modern day Marie Antoinette, is continually mesmerized by the beauty and power of diamonds. She is responsible for the creation of this scintillating bikini that contains over 150 carats of D flawless Steinmetz white diamonds set in platinum. Her signature aesthetic—super-feminine, highly-detailed, and unapologetically opulent pieces, propelled her into the spotlight, giving her the opportunity to design one-of-a-kind pieces for the likes of Elizabeth Taylor, Janet Jackson and Madonna.

Qualifiée de "Marie-Antoinette des temps modernes", la créatrice Susan Rosen ne cesse d'être fascinée par la beauté et le pouvoir des diamants. Nous lui devons cet éblouissant bikini en platine serti de plus de 150 carats de diamants Steinmetz sans défaut, d'un blanc exceptionnel (classification D). Sa signature esthétique : des pièces riches en détails, d'une grande féminité et d'un luxe insolent, qui l'ont propulsée sous le feu des projecteurs. Sa virtuosité et sa popularité croissante lui ont permis de réaliser des créations uniques pour des célébrités telles que Elizabeth Taylor, Janet Jackson et Madonna.

Ontwerpster Susan Rosen, die als een hedendaagse Marie Antoinette wordt omschreven, is voortdurend gebiologeerd door de schoonheid en kracht van diamanten. Ze is verantwoordelijk voor de creatie van deze fonkelende bikini met meer dan 150 karaat aan perfecte, witte Steinmetz D-diamanten die in platina zijn ingezet. Met haar typische esthetische, supervrouwelijke, gedetailleerde en onbeschaamd opulente stukken kwam ze volop in de schijnwerpers te staan, waardoor ze de kans kreeg om unieke stukken te maken voor mensen zoals Elizabeth Taylor, Janet Jackson en Madonna.

$ 55,000

STUART PHILLIPS

For international clients, celebrity hairstylist Stuart Phillips offers an exclusive VIP salon service package. This package includes a flight from anywhere in the world, a limo from the airport to a top tier British Hotel, and a champagne lunch. Arrangements can also be made for an in suite chef, a personal shopper, and security for a shopping excursion. The styling session includes an extensive hair consultation, the salons famous shiatsu/acupressure head and scalp massage, and haircut, all done by Mr. Phillips himself.

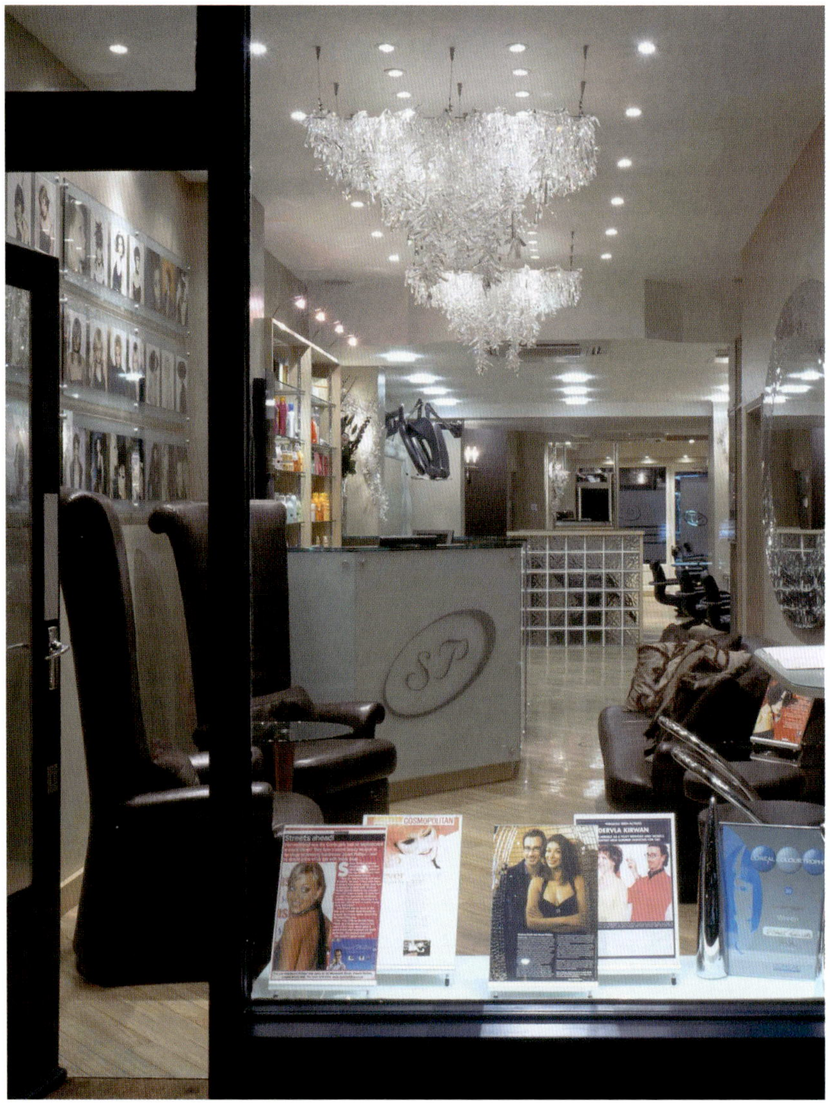

Stuart Phillips, le coiffeur des célébrités, propose un "pack VIP" exclusif à sa clientèle internationale. Le forfait inclut un vol pour Londres en provenance de n'importe quel endroit du monde, un trajet de l'aéroport à un hôtel de luxe en limousine ainsi qu'un déjeuner au champagne. Un chef privé, un *personal shopper* et un service de sécurité peuvent également être mis à disposition. La séance de coiffure inclut une consultation capillaire complète, le célèbre massage shiatsu par "acupression" du cuir chevelu et une coupe, le tout réalisé par *Mister Phillips* en personne.

Celebrity hairstylist Stuart Phillips biedt zijn internationaal cliënteel een exclusief VIP-salon servicepakket aan. Dit pakket omvat een vlucht vanuit eender welke plek ter wereld, een limousine van de luchthaven naar een van de beste Britse luxehotels en een champagnelunch. Ook mogelijk zijn een chefkok in je hotelsuite, je persoonlijke boodschappenjongen en security voor een winkelexcursie. De stylingsessie zelf omvat een uitgebreid haarconsult, de beroemde shiatsu/acudruk hoofd- en schedelmassage en, natuurlijk, het knippen van je haar, alles uitgevoerd door de heer Phillips zelve.

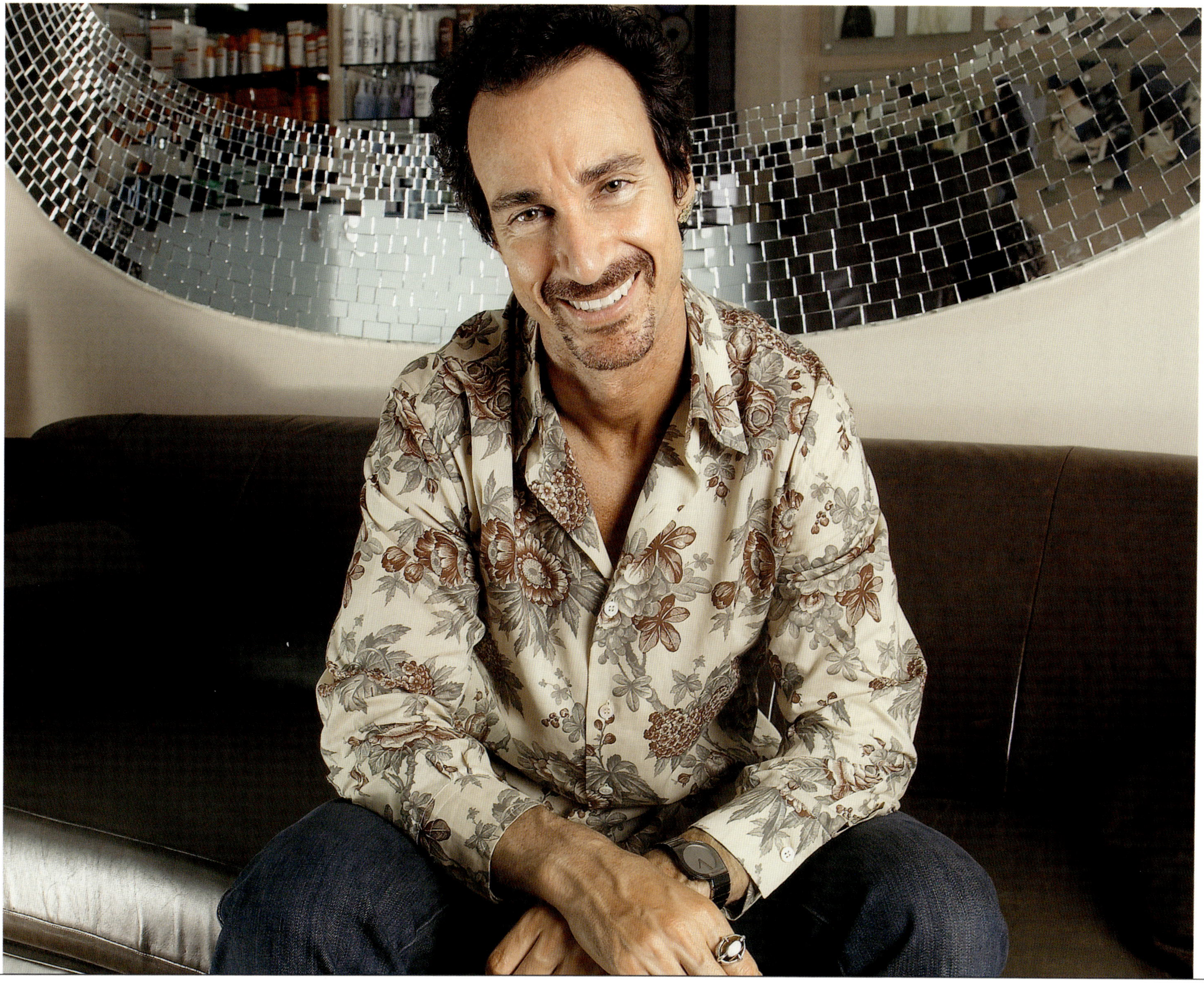

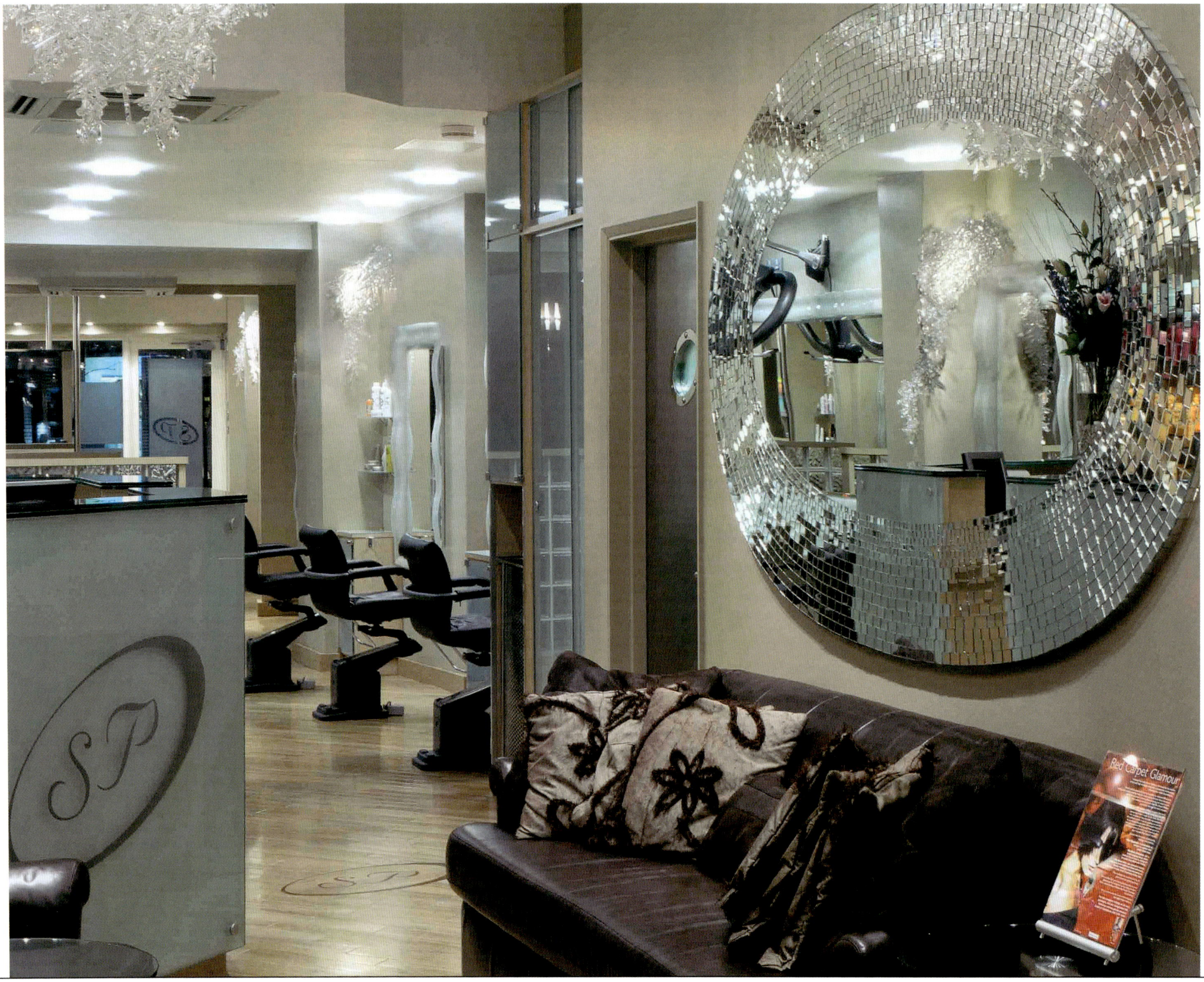
Red Carpet Glamour

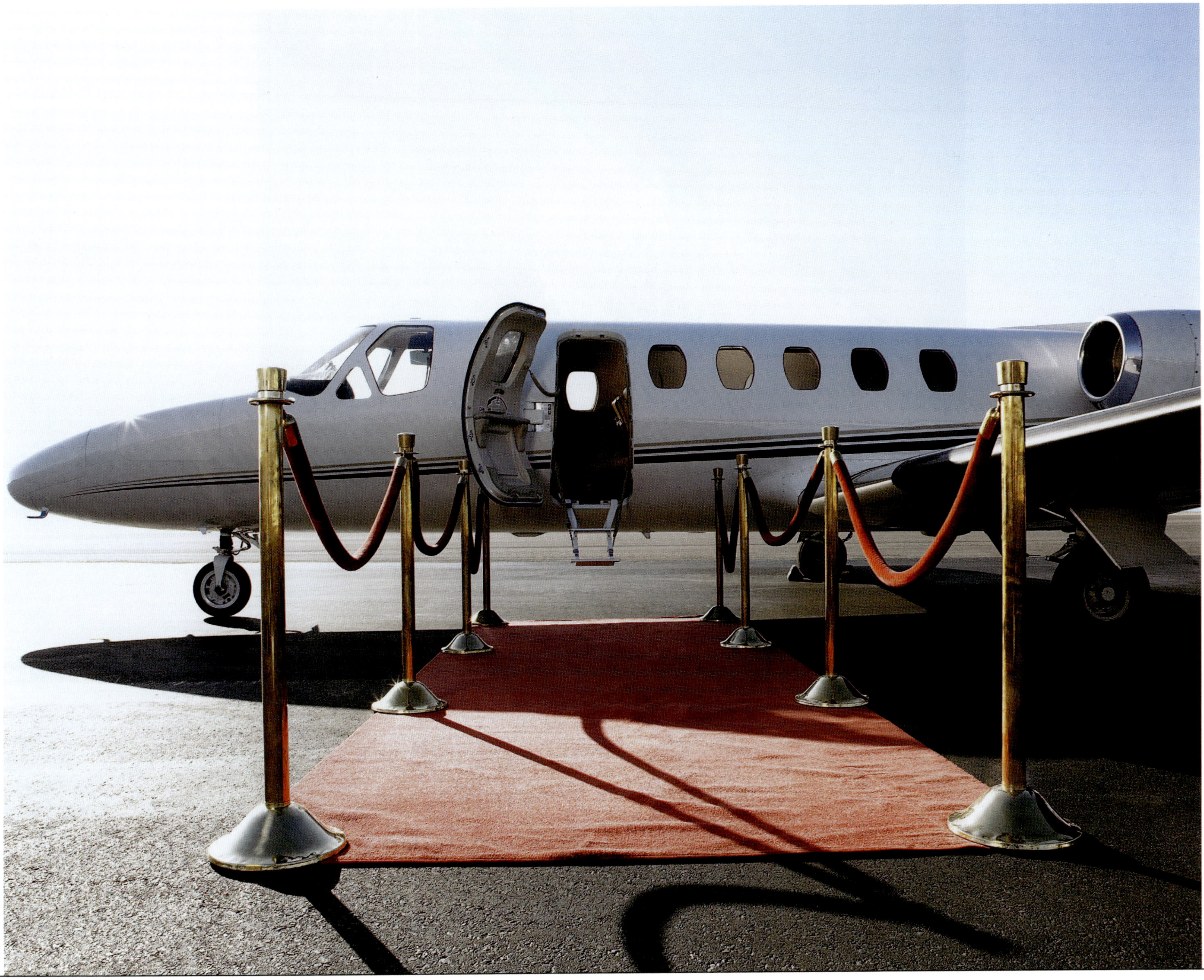

$ 6,600

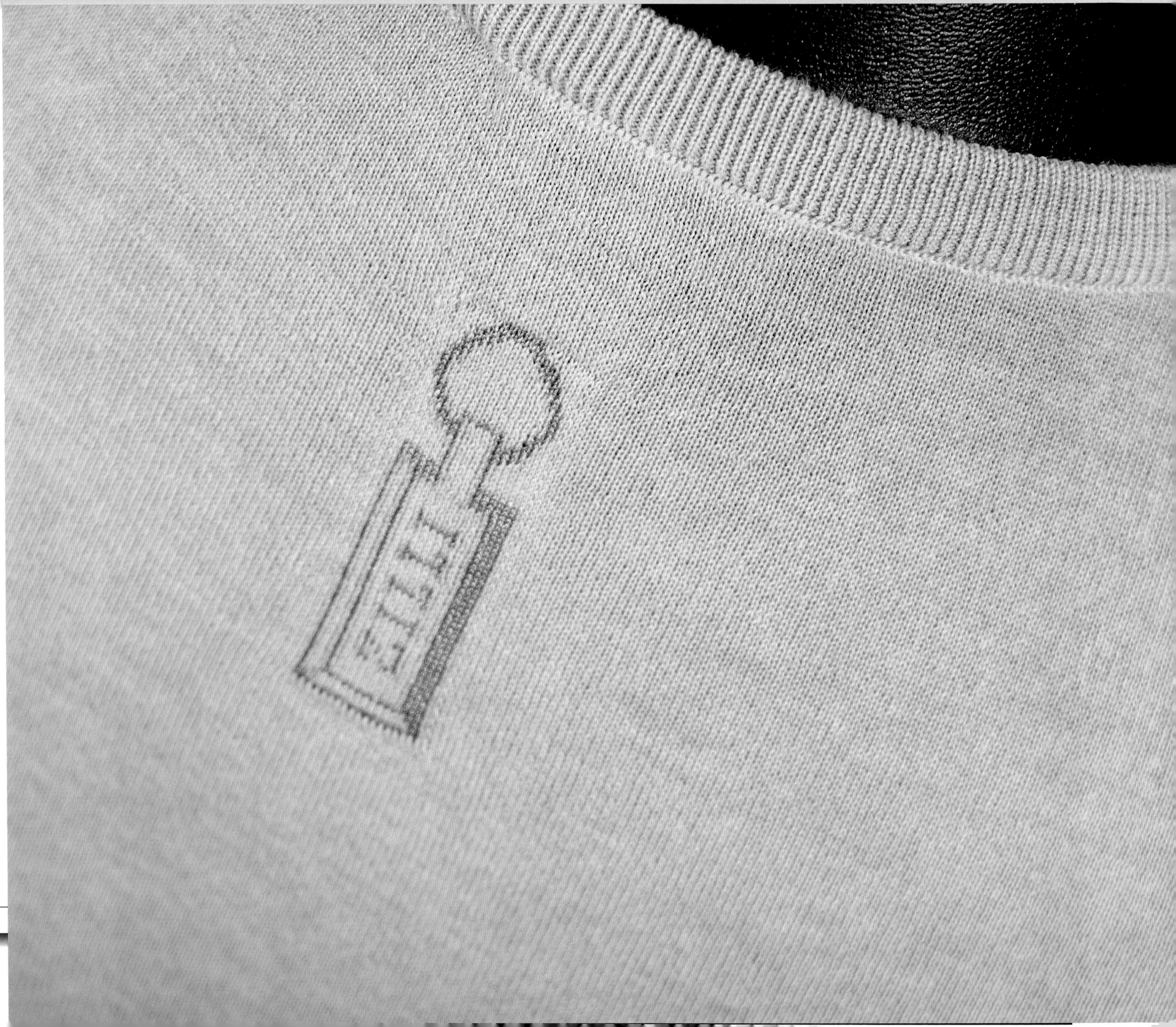

ZILLI

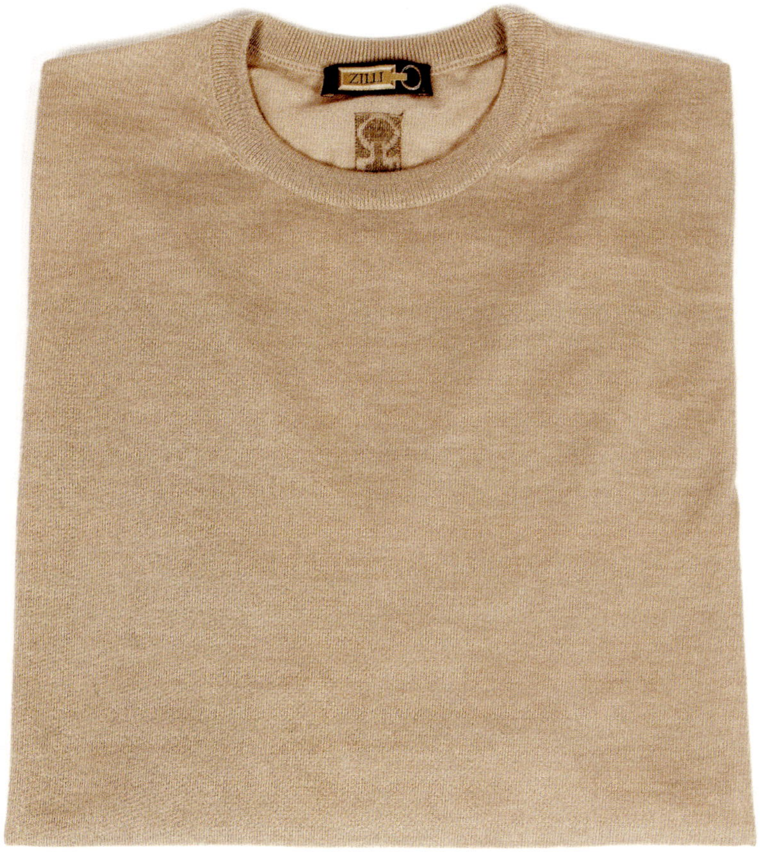

Frances leading luxury menswear label Zilli has created a luxurious Vicuna and 24-carat gold sweater. They used a yarn that is finer than cashmere and comes from the Andes to provide the richest natural tone. An intricate and careful working procedure is undertaken with the yarn, resulting in the creation of the softest, most comfortable sweater. Of course the most exclusive detail is added-the famous ZILLI logo-embroidered in a 24 carat gold thread. It is available in Paris London and Cannes boutiques.

Zilli, le leader de la confection masculine de luxe en France, a créé un somptueux pull-over en vigogne et or 24 carats. En provenance des Andes, la laine utilisée est plus fine que le cachemire et d'un ton naturellement chaud. Les fils de laine sont traités selon un processus minutieux et élaboré afin d'obtenir le pull le plus doux et le plus confortable qui soit. Son détail le plus exclusif : le célèbre logo ZILLI brodé de fil d'or 24 carats. Ce pull est disponible dans les boutiques de Paris, Londres et Cannes.

Zilli, Frankrijks toonaangevende luxemerk voor mannenkledij, heeft een luxueuze sweater uit vicuña en 24-karaats goud gemaakt. Daarvoor wordt garen gebruikt dat fijner is dan kasjmier en door zijn herkomst uit de Andes de rijkste, natuurlijke toon heeft. Het garen ondergaat een ingewikkelde en zorgvuldige behandeling, wat resulteert in de zachtste, comfortabelste sweater. Uiteraard wordt aan het meest exclusieve detail gedacht: het beroemde ZILLI-logo dat met 24-karaats gouddraad wordt geborduurd. De sweater is te koop in boetieks in Parijs, Londen en Cannes.

$ 17,000

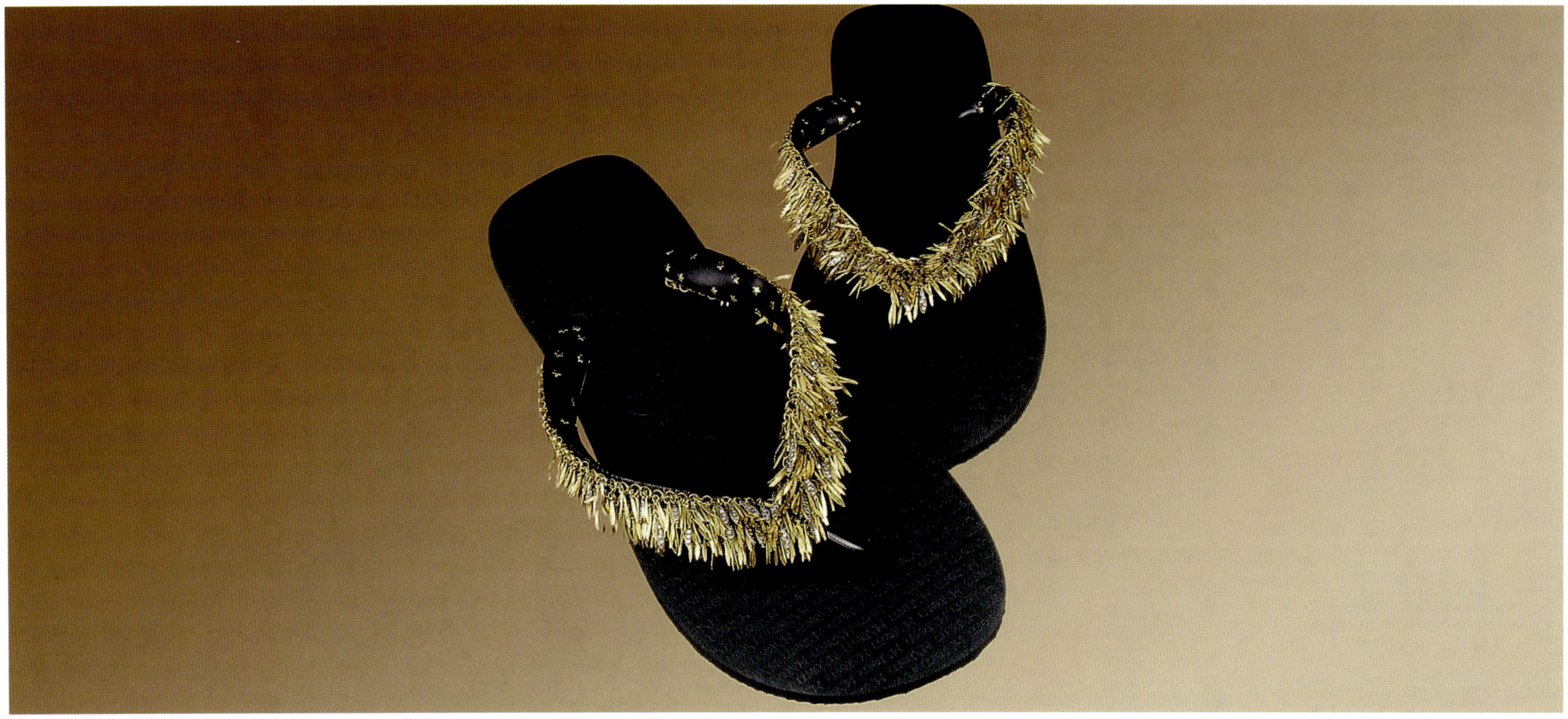

Havaianas, la marque de tongs la plus populaire du Brésil, s'est associée au joaillier brésilien H. Stern pour créer une version haute couture de ses célèbres tongs. Chaque paire dispose de lanières incrustées de 414 diamants et recouvertes de 1.636 plumettes en or 18 carats ; la sandale gauche est systématiquement agrémentée d'une petite amulette en forme de grenouille, symbole de prestige chez les Indiens ; le reste de la chaussure est en caoutchouc avec une semelle noire. Cette gamme de luxe est fabriquée sur commande, pour un prix allant de 2.440 $ à 3.660 $.

De Braziliaanse juwelier H. Stern sloot de handen in elkaar met Havaianas, het populairste Braziliaanse merk van flipflops, om een haute-coutureversie van dit zomerse schoeisel te maken. De band is bezet met 414 diamanten en 1.636 veren uit 18-karaats goud. In de gouden veren van de linkersandaal zit een kleine amulet verborgen die de vorm van een kikker heeft – een symbool van prestige onder Indianen. De rest van het schoeisel bestaat uit rubber met een zwarte zool. Het luxeassortiment wordt op maat gemaakt en omvat modellen met een prijskaartje van $ 2.440 en $ 3.660.

H. STERN / HAVAIANAS

Brazilian jewelers H. Stern teamed up with Havaianas, Brazil's most popular flip-flop brand to create a couture version of these summer staples. The strap is inlaid with 414 diamonds, and 1,636 feathers made out of 18 karat gold. Hidden within the gold feathers of the left foot sandal is a small amulet in the shape of a frog, a symbol of prestige among Indians. The rest of the shoe is rubber with black sole. The luxury range is made to order and includes models priced at $2,440 and $3,660.

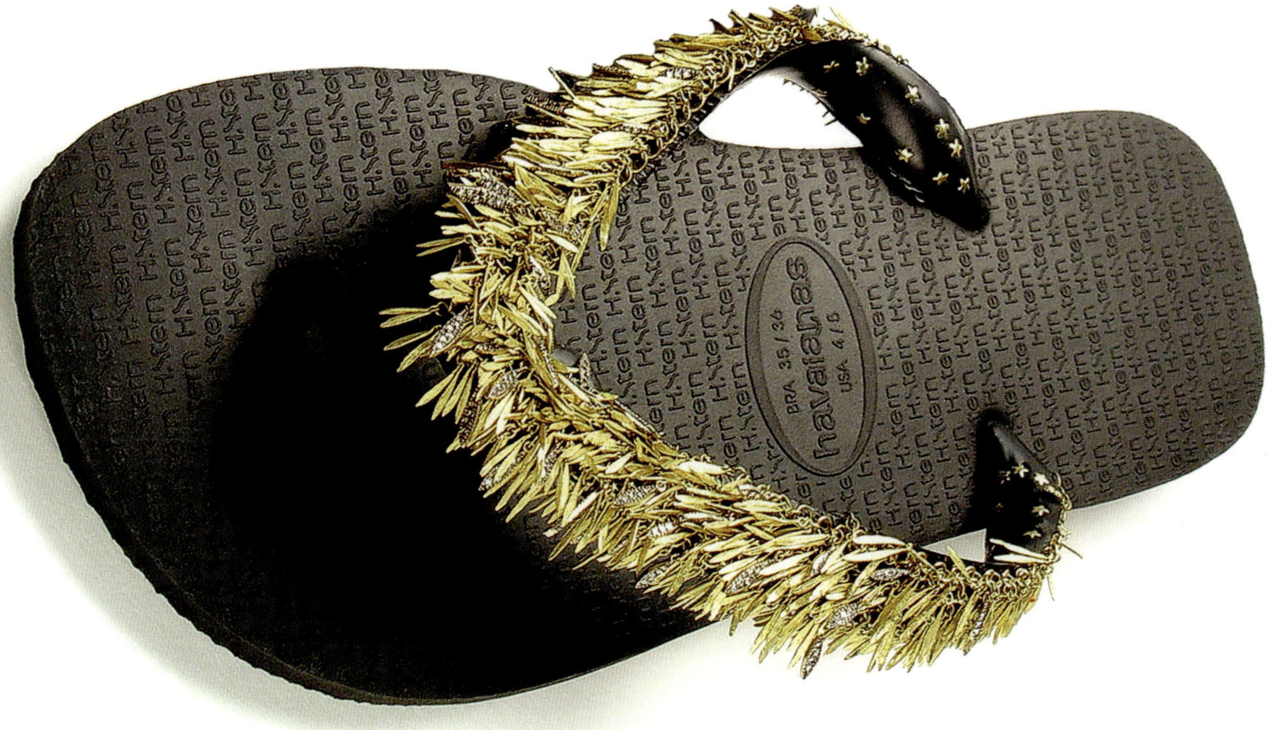

$ 50,000,000 (+)

LAURENCE GRAFF

Out of the darkness of the Letseng Diamond mines in Lesotho, a kingdom surrounded by South Africa, comes another sacred treasure courtesy of mother earth, the "Lesotho Promise." Laurence Graff, the "King of Diamonds," has had more important gem quality diamonds pass through his hands than any other dealer. His company, noted for their standards of unsurpassed excellence and quality has had highly skilled craftsmen cut and polish the world's 15th largest diamond into 26 D clarity flawless gemstones and fashioned them into a magnificent 223 carat necklace.

Des sombres mines de Letseng, au Lesotho, surgit un véritable trésor digne des plus belles créations naturelles : la *Promesse du Lesotho.* Plus que tout autre joailler, Laurence Graff, "le roi du diamant", a tenu entre ses mains quantité de pierres de qualité gemme. Sa société, connue pour ses classiques inégalés en termes d'excellence et de qualité, a fait tailler et polir le quinzième plus gros diamant du monde par ses meilleurs artisans. Le résultat : 26 gemmes sans défaut (classification D) formant un magnifique collier de 223 carats.

Uit de donkere Letsengdiamantmijnen in Lesotho, een koninkrijk dat door Zuid-Afrika wordt omsloten, komt opnieuw een heilige schat van Moeder Aarde, de 'Lesotho Promise'. Laurence Graff, de 'Diamantenkoning', heeft al meer kwaliteitsdiamanten zien passeren dan gelijk welke andere handelaar. Zijn bedrijf, dat bekend staat voor zijn onovertroffen uitmuntendheid en kwaliteit, heeft de 15de grootste diamant ter wereld door ervaren ambachtslieden laten slijpen en polijsten tot 26 perfecte edelstenen van zuiverheid D, die verwerkt werden tot een prachtige halsketting van 223 karaat.

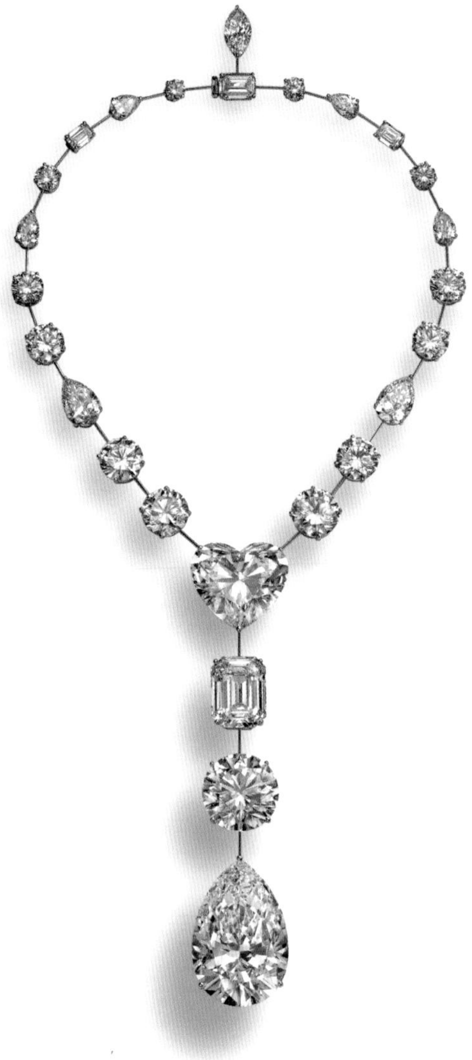

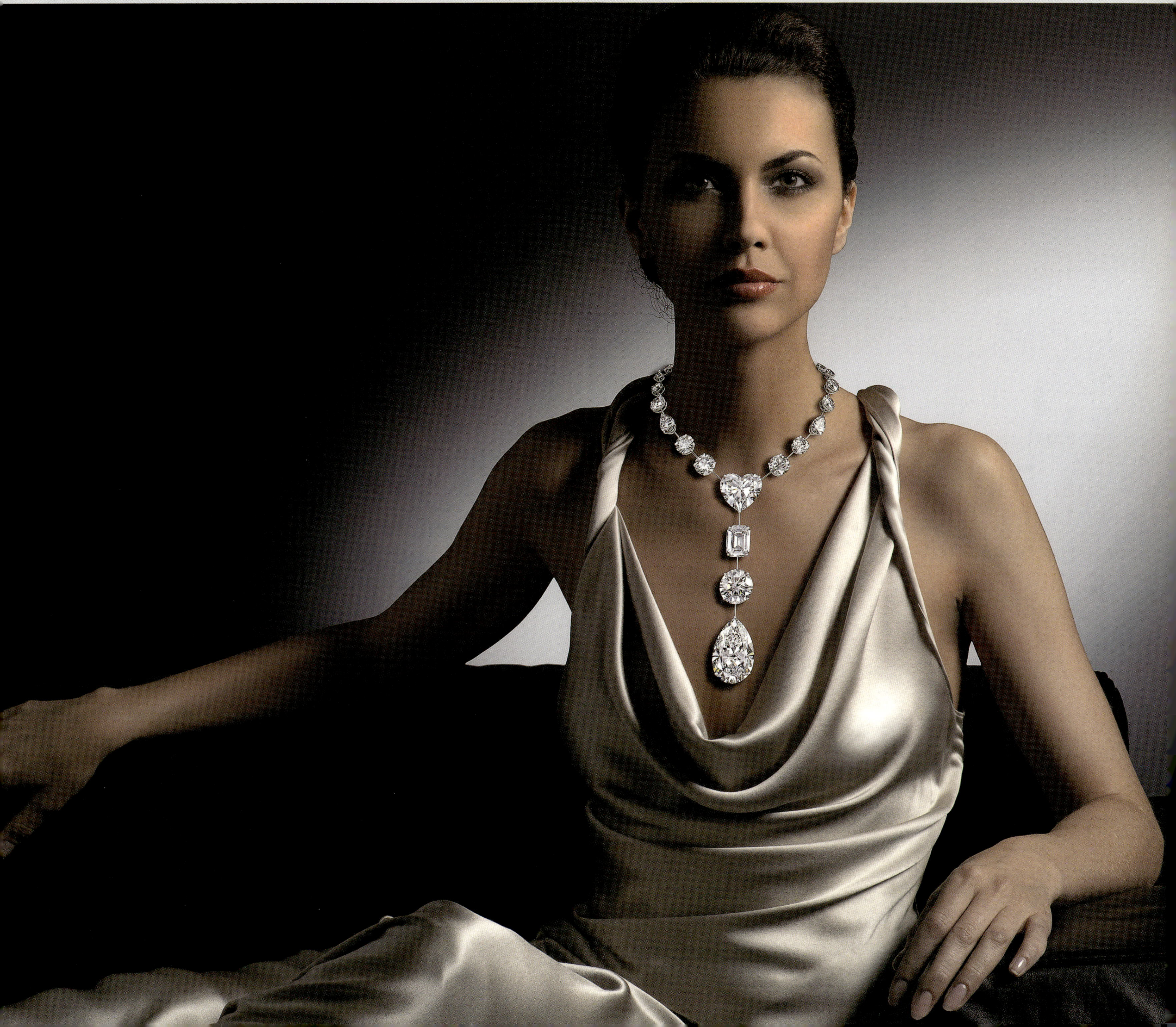

$ 60,000

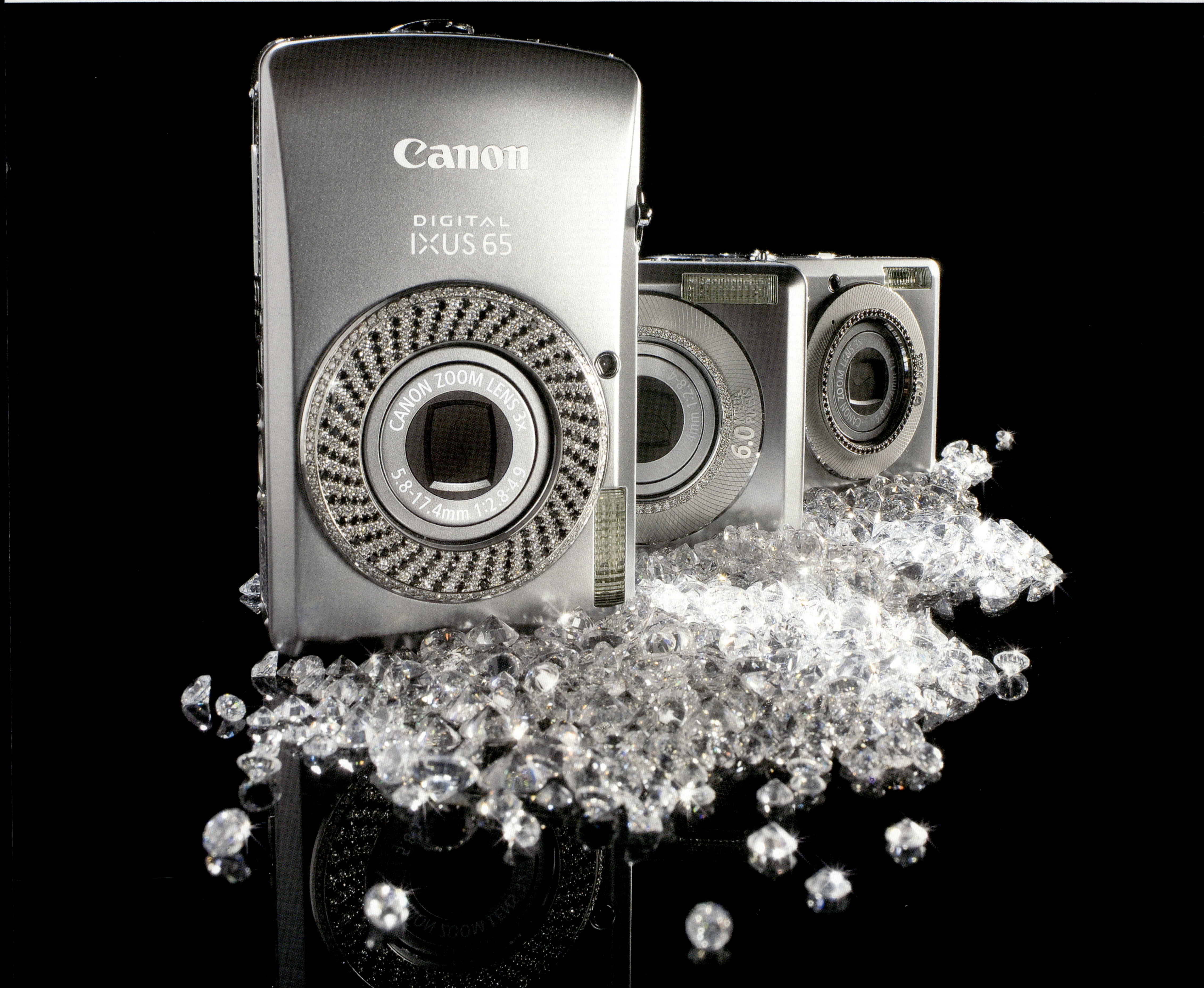

CANON IXUS

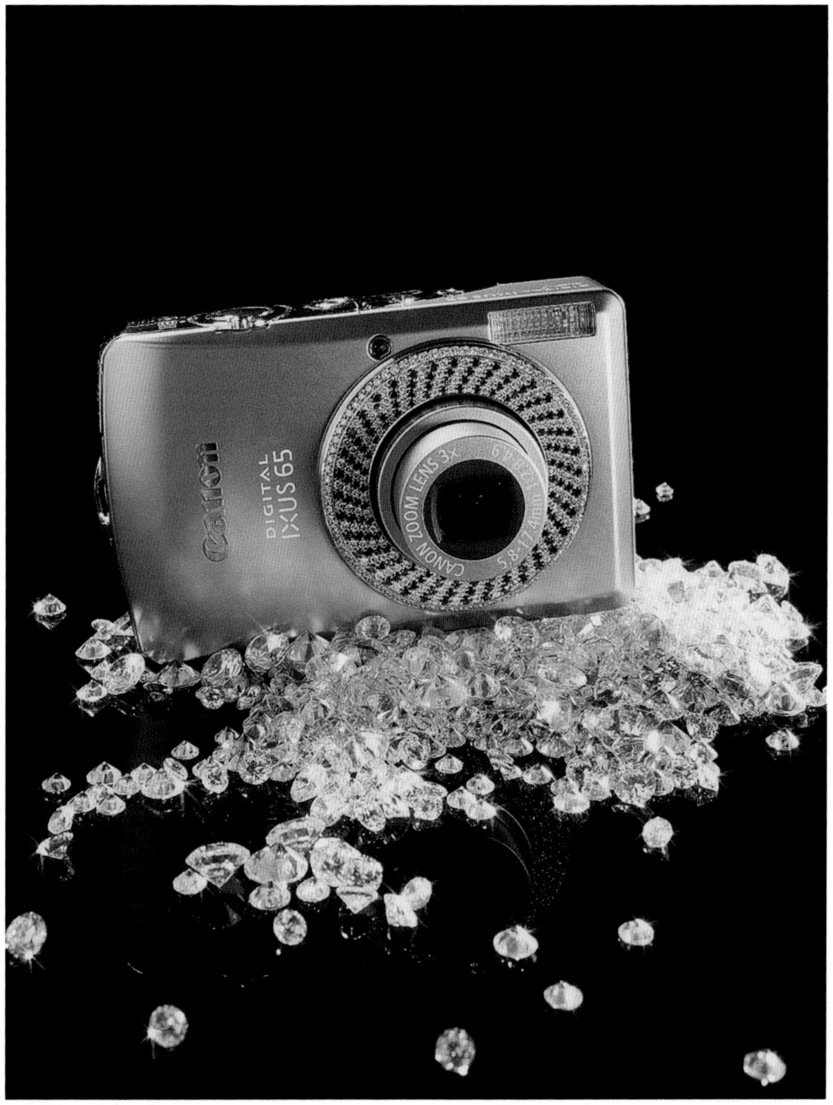

To commemorate the 10th anniversary of their famous IXUS camera line, Canon enlisted the services of a diamond merchant to bejewel ten (one for each year) of their cameras with diamonds. The Super Diamond IXUS is decorated with 380 diamonds supplied by Antwerp-based Eddy Elzas, owner of the world's largest collection of colored diamonds. Instant collectors' items, the special edition diamond-encrusted IXUS cameras were auctioned through eBay with all the proceeds donated to the Red Cross.

Pour célébrer les dix ans de sa célèbre gamme d'appareils IXUS, Canon a sollicité les services d'un joaillier chargé d'agrémenter dix de ses boîtiers de pierres précieuses. Représentatif de la gamme, le *Super Diamond* est serti de 380 diamants fournis par Eddy Elzas, le propriétaire anversois de la plus importante collection de pierres de couleur du monde. Devenus immédiatement des pièces de collection, les exemplaires de cette édition spéciale ont été mis aux enchères sur eBay au profit de la Croix Rouge.

Om het 10-jarig bestaan van zijn beroemde IXUS-gamma te vieren, schakelde Canon een diamanthandelaar in om tien van zijn camera's (één voor elk jaar) met diamanten te bezetten. De Super Diamond IXUS is versierd met 380 diamanten van de Antwerpse Eddy Elzas, eigenaar van 's werelds grootste verzameling gekleurde diamanten. Deze speciale, met diamanten bezette IXUS-camera's – een instant collector's item – werden op eBay geveild; de opbrengst ging naar het Rode Kruis.

$ 20,000

TREKSTOR

The i.Beat organix Gold by TrekStor® is an MP3 player with a housing made of 18 carat gold, accented with 63 diamonds - a total of one carat - and a small chain embellished with an aquamarine gem. It has a two-color OLED screen, a powerful lithium-polymer battery with a 25 hour operating time, 2 GB of memory, a digital clock, stopwatch, alarm, and an automatic shut-off with a sleep-timer function.A particularly interesting feature is its ability to record from the integrated radio, as well as a line-in connection to record from external audio devices.

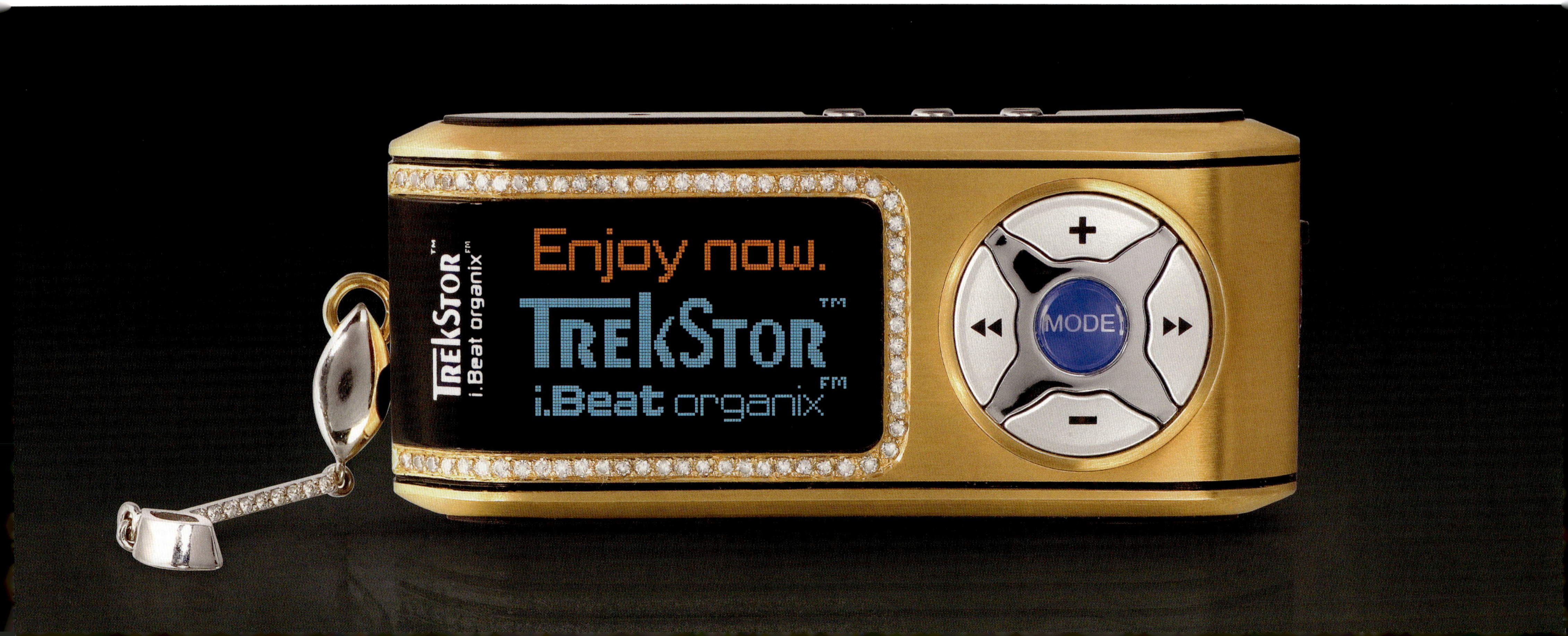

MP3 PLAYER

LECTEUR MP3 • MP3-SPELER

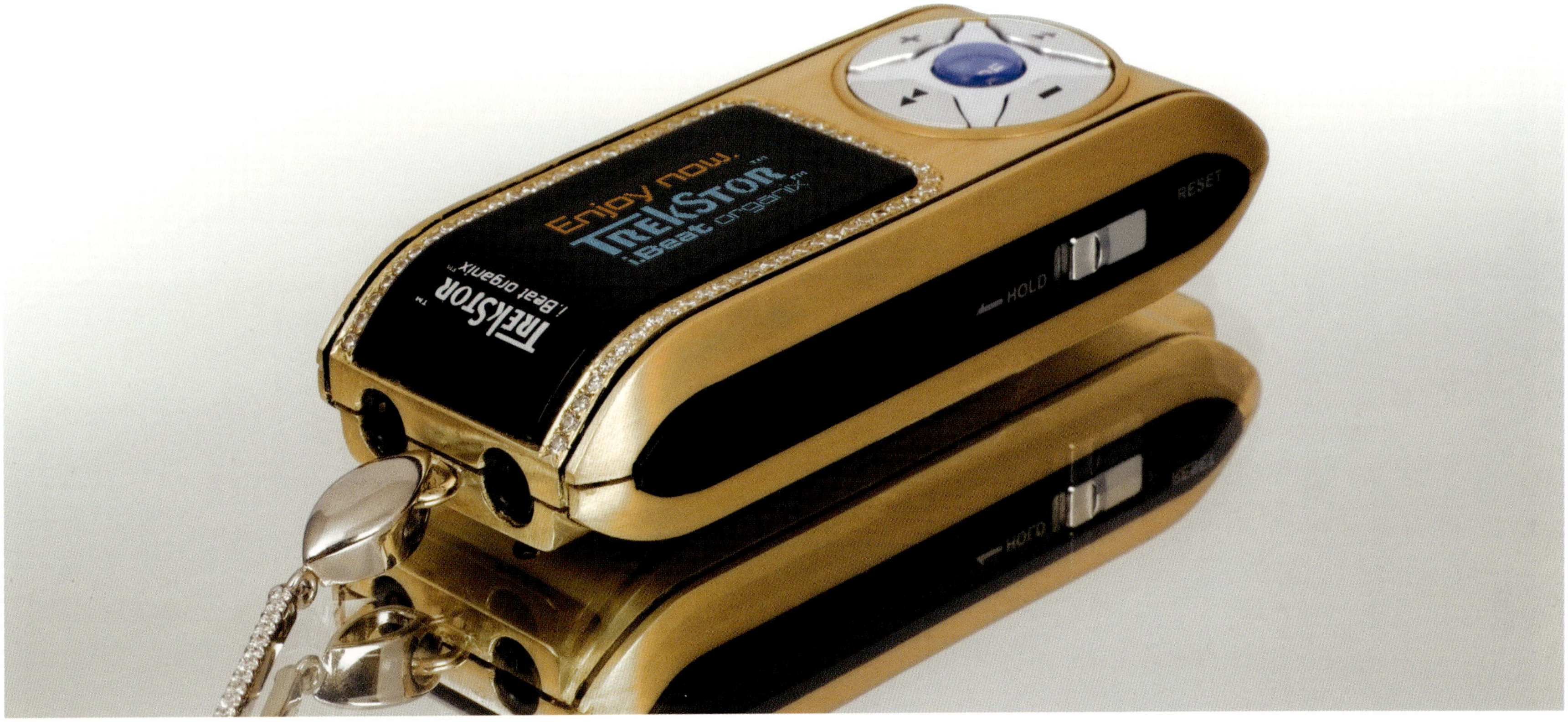

Le lecteur MP3 *i.Beat organix Gold* de TrekStor® est pourvu d'un boîtier en or 18 carats rehaussé de 63 diamants et d'une petite chaîne ornée d'une aigue-marine. Son équipement est très impressionnant, prévoyant un écran OLED bicolore, une batterie lithium polymère d'une autonomie de 25 heures, une mémoire de 2 Go, une horloge numérique, un chronomètre, une alarme et un dispositif d'arrêt automatique avec minuteur de mise en veille. En outre, il dispose d'une remarquable fonction d'enregistrement direct à partir de sa radio intégrée et d'une prise *line in* pour se connecter à des appareils audio externes.

De i.Beat organix Gold by TrekStor® is een MP3-speler met een behuizing uit 18-karaats goud, geaccentueerd met 63 diamanten – voor in totaal één karaat – en een met een zeegroene edelsteen versierd kettinkje. Hij heeft een OLED-scherm met twee kleuren, een krachtige lithium-polymeerbatterij met een bedrijfsduur van 25 uur, een geheugen van 2 GB, een digitale klok, chrono, alarm en automatische uitschakeling met slaaptimerfunctie. Een bijzonder interessante functie is dat hij de ingebouwde radio kan opnemen en dat hij een line-in aansluiting heeft om via externe geluidsapparaten op te nemen.

$ 750 /1

GURKHA

Gurkha's are the "Rolls Royce" of the cigar industry. His Majesty's Reserve (HMR) cigars are made with a rare aged Dominican wrapper that holds a secret blend of premium filler tobaccos from all over the world. The rolled cigars undergo a unique infusion process that involves an entire bottle of Remy Martin Louis XIII cognac. The result is a robust, exotic and complex smoke with a creamy cocoa flavor and a smooth finish. The cost of smoking the ultimate cigar is $750, or $15,000 for a box of 20.

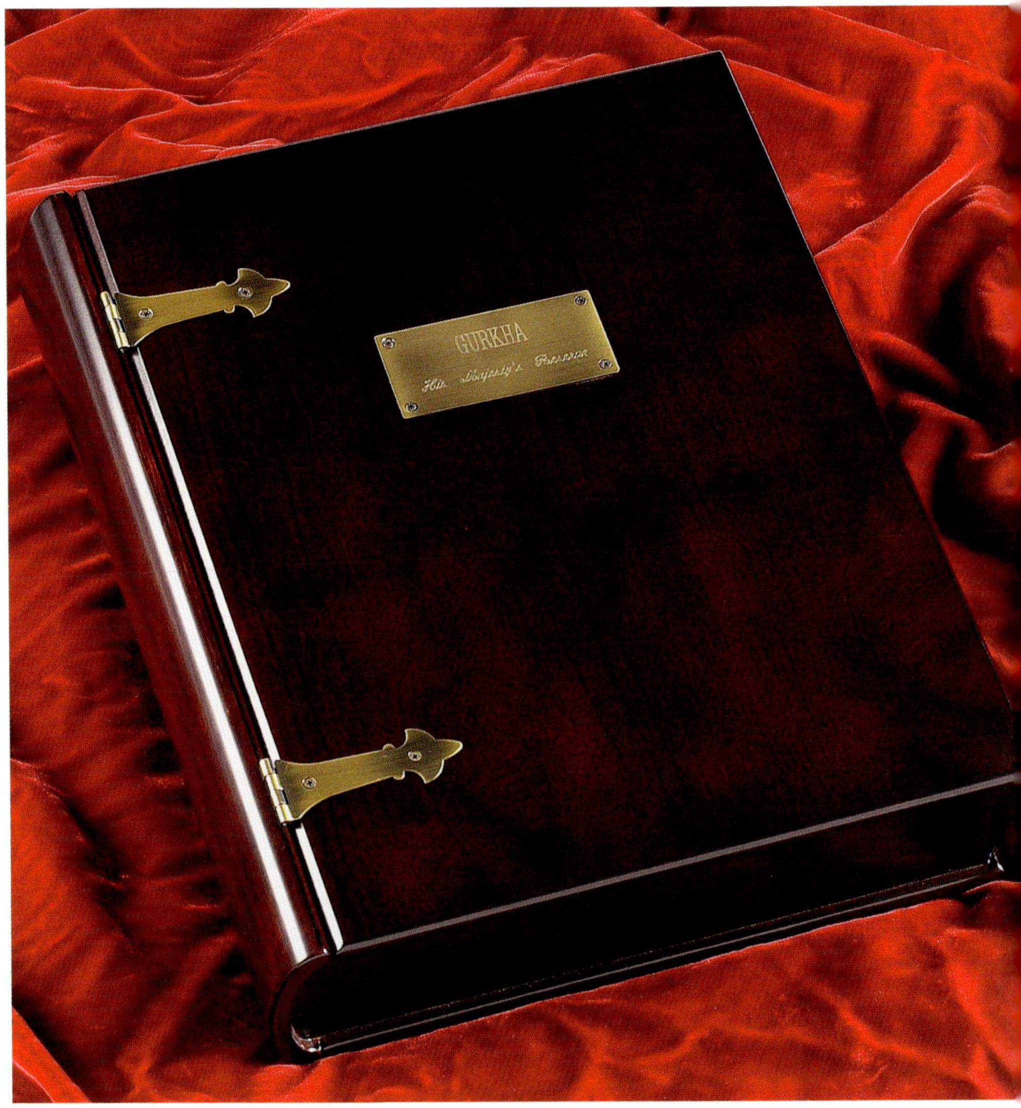

Le Gurkha est la Rolls-Royce du cigare. Enroulé dans un précieux papier vieilli d'origine dominicaine, le module *His Majesty's Reserve* (HMR) se compose d'un mélange secret de tabacs d'exception provenant du monde entier. Une fois les cigares roulés, ils subissent un processus d'infusion unique nécessitant une bouteille entière de cognac Rémy Martin Louis XIII. Résultat : un arôme complexe, intense et exotique avec une onctueuse saveur de cacao qui se termine sur une note suave. Le nec plus ultra du cigare pour 750 $ pièce, soit 15.000 $ la boîte de 20.

Gurkha's zijn de 'Rolls Royces' in de wereld van de sigaren. Sigaren van 'His Majesty's Reserve' (HMR) worden van een zeldzaam, gerijpt Dominicaans dekblad gemaakt met daarin een geheime blend van premium binnengoed van over heel de wereld. De gerolde sigaren ondergaan een uniek infusieproces waar een hele fles cognac Remy Martin Louis XIII aan te pas komt. Het resultaat is een robuuste, exotische en complexe sigaar met een romig cacaoaroma en een zachte afwerking. Aan het roken van deze ultieme sigaar hangt wel een prijskaartje van $ 750, of $ 15.000 voor een kistje van 20.

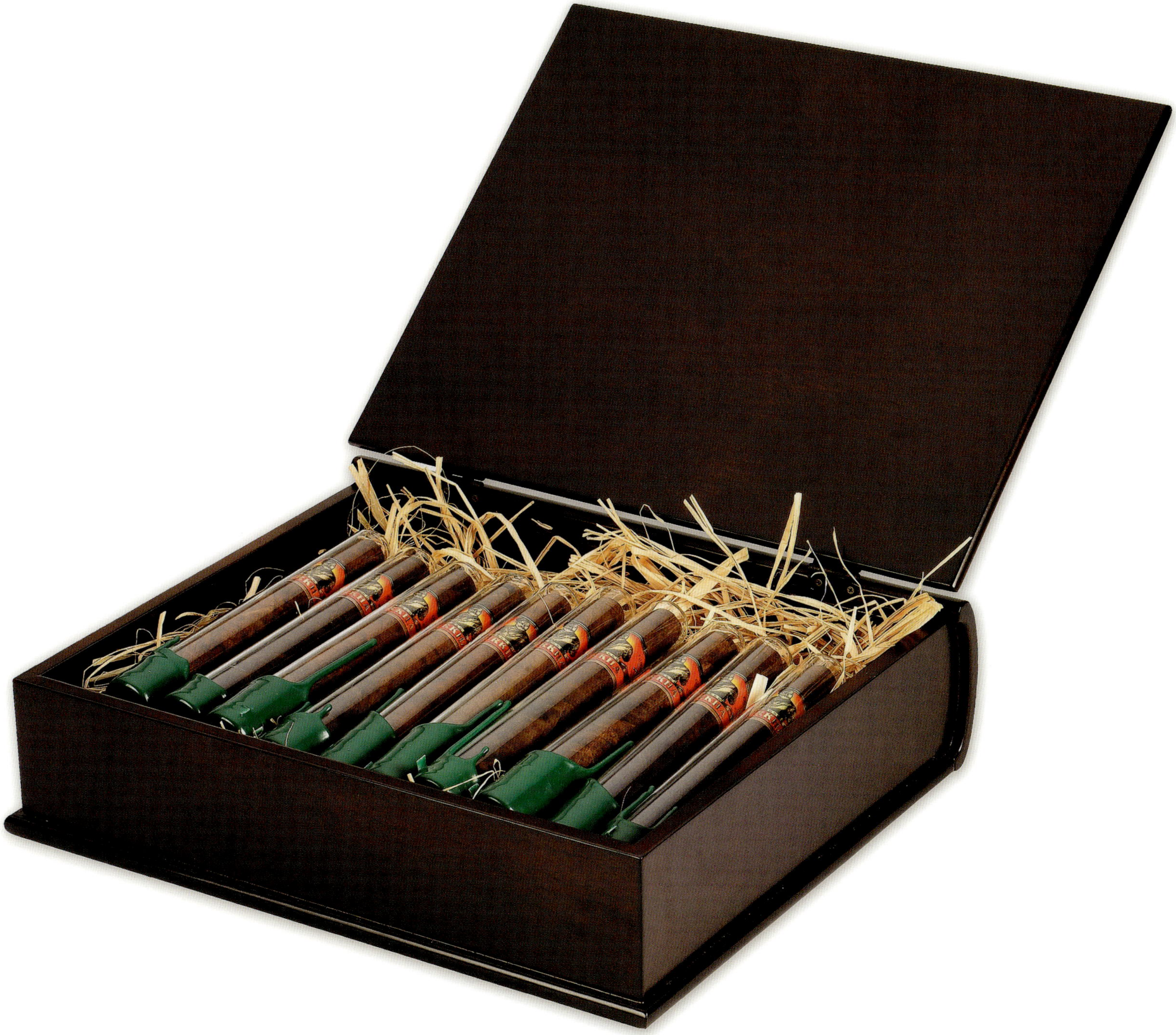

$ 2,700,000

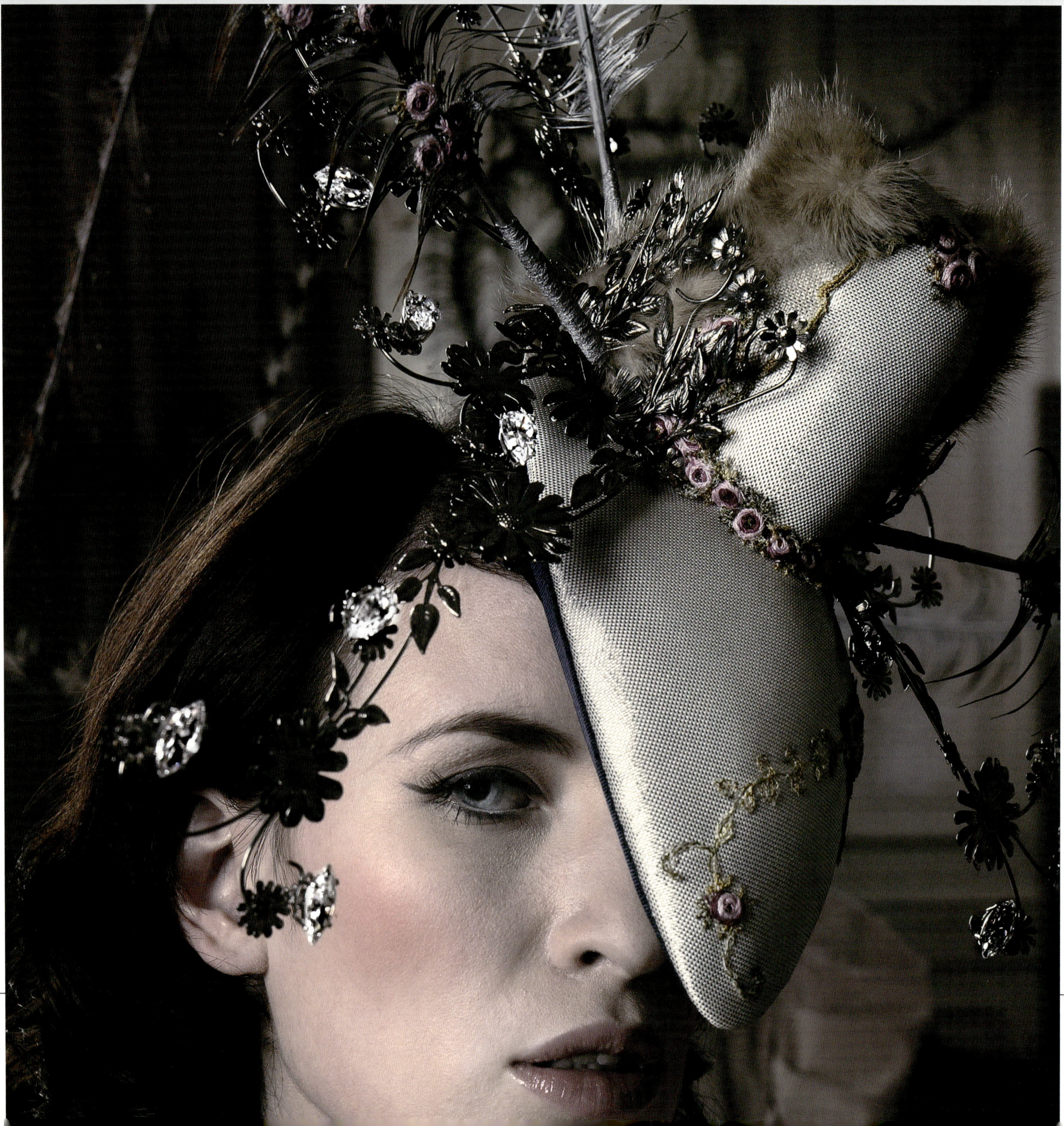

LOUIS MARIETTE

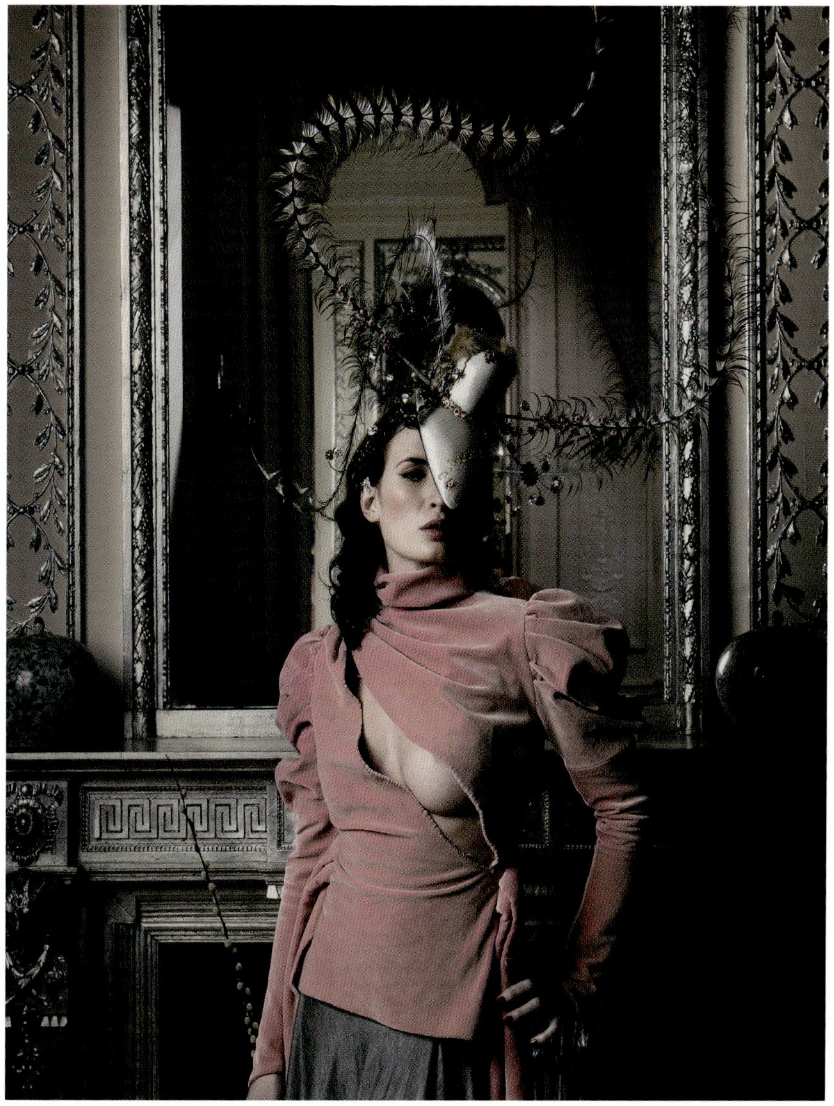

Louis Mariette is a designer of fantastic personalized hats and head pieces from an assortment of fabrics and beads. He travels to every corner of the globe to find to most incredible trimmings such as hand-embroidered fabrics, antique embellishments, porcupine quills, feathers and semi-precious stones. His creations are featured in photo shoots and on runways across the globe. To date, his most spectacular (and expensive) piece is the "Chapeau d'Amour" made from a rare weave of platinum and studded with diamonds.

Louis Mariette crée de fantastiques chapeaux personnalisés combinant perles et étoffes. C'est en faisant le tour du monde qu'il déniche les éléments de passementerie les plus incroyables : tissus brodés à la main, ornements anciens, piquants de porc-épic, plumes et pierres semi-précieuses. Ses créations sont utilisées dans le monde entier lors de séances photo et de défilés. Sa réalisation la plus spectaculaire à ce jour est le *Chapeau d'amour*, constellé de diamants et confectionné avec un alliage de platine rare.

Louis Mariette is een ontwerper van fantastische, geïndividualiseerde hoeden en hoofddeksels uit diverse stoffen en kralen. Hij reist naar alle uithoeken van de wereld om de meest ongelooflijke garneringen te vinden, zoals met de hand geborduurde stoffen, antieke versieringen, stekels van stekelvarkens, veren en halfedelstenen. Zijn creaties zijn in fotoreportages en op catwalks over heel de wereld te zien. Zijn spectaculairste (en duurste) stuk tot nu toe is de 'Chapeau d'Amour', die van een zeldzaam platinaweefsel is gemaakt en met diamanten is bezet.

$ 5,650

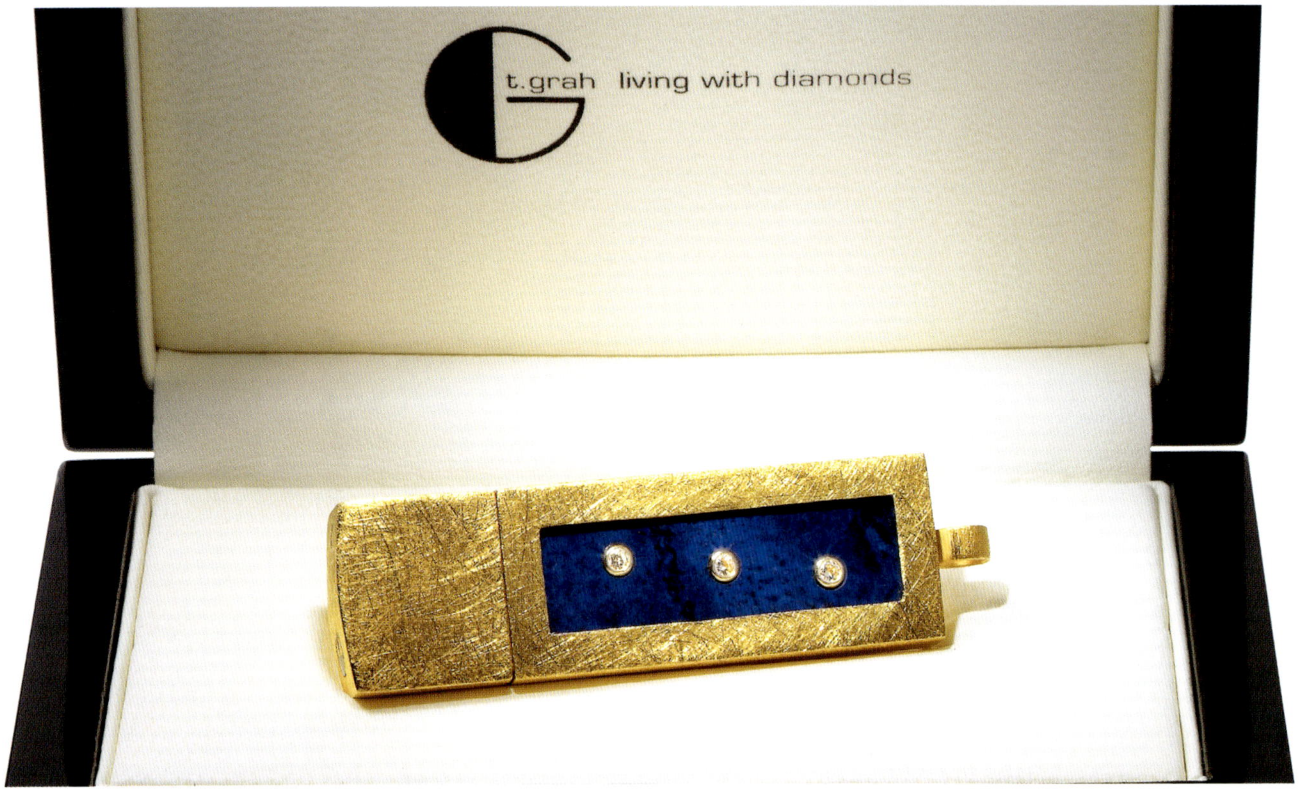

Produite en édition limitée sur une base de lapis-lazuli, la clé USB *Adamant* est sertie de 3 diamants de 0,15 carats. Dotée d'un boîtier en or jaune massif et d'un ruban en soie avec fermoir mousqueton, elle se présente dans un coffret en bois orné d'un diamant tout aussi raffiné, aux finitions laquées noires et brillantes. Cette clé dispose d'une mémoire de 16 Go et pèse seulement 54 grammes. Limitée à 50 exemplaires, elle est vendue 5.650 $.

De limited edition Adamant USB-stick is bezet met 3 diamanten van elk 0,15 karaat en met lapis lazuli. De behuizing is van geel goud, met een zijden lintje als karabijnsluiting. Het kistje waarin de stick zit, is al even mooi: het houten kistje heeft een prachtige, glanzende pianolakafwerking en is met één diamant bezet. Wat de praktische kant betreft: de stick heeft een opslagcapaciteit van 16 GB en weegt amper 54 gram. De Adamant USB-stick, die in oplage beperkt is tot amper 50 stuks, kost $ 5.650.

ADAMANT

The limited edition Adamant USB stick is studded with 3 diamonds of 0.15 carats each and Lapis Lazuli gemstone deposits. It comes in a yellow gold solid body with a silk ribbon carbines closure. The case itself in which it is presented is equally beautiful; a wooden box with a wonderfully shiny piano black lacquer finish and one studded diamond. As for its practicality, it has a storage capacity of 16 GB and weighs just 54 grams. Limited to only 50 pieces, the Adamant USB stick costs $5,650.

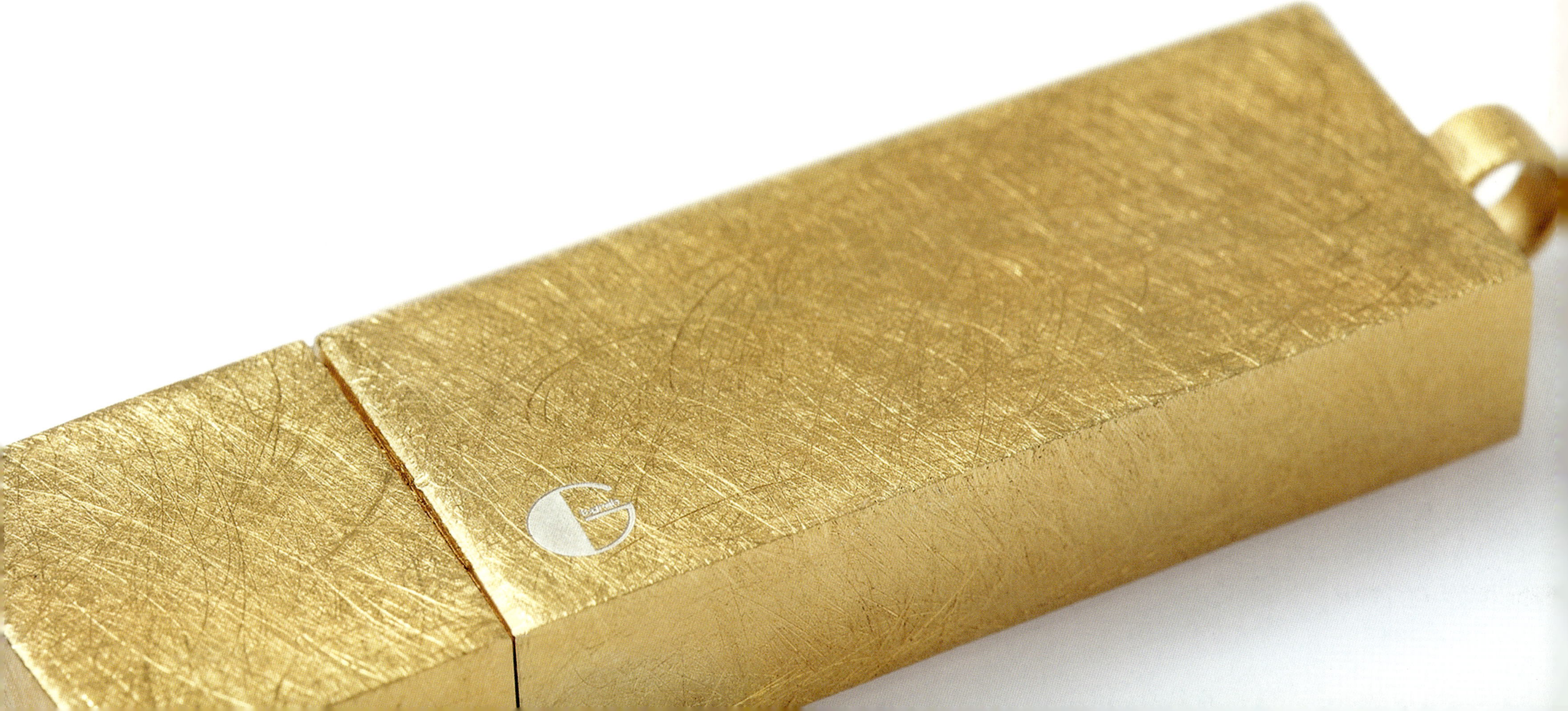

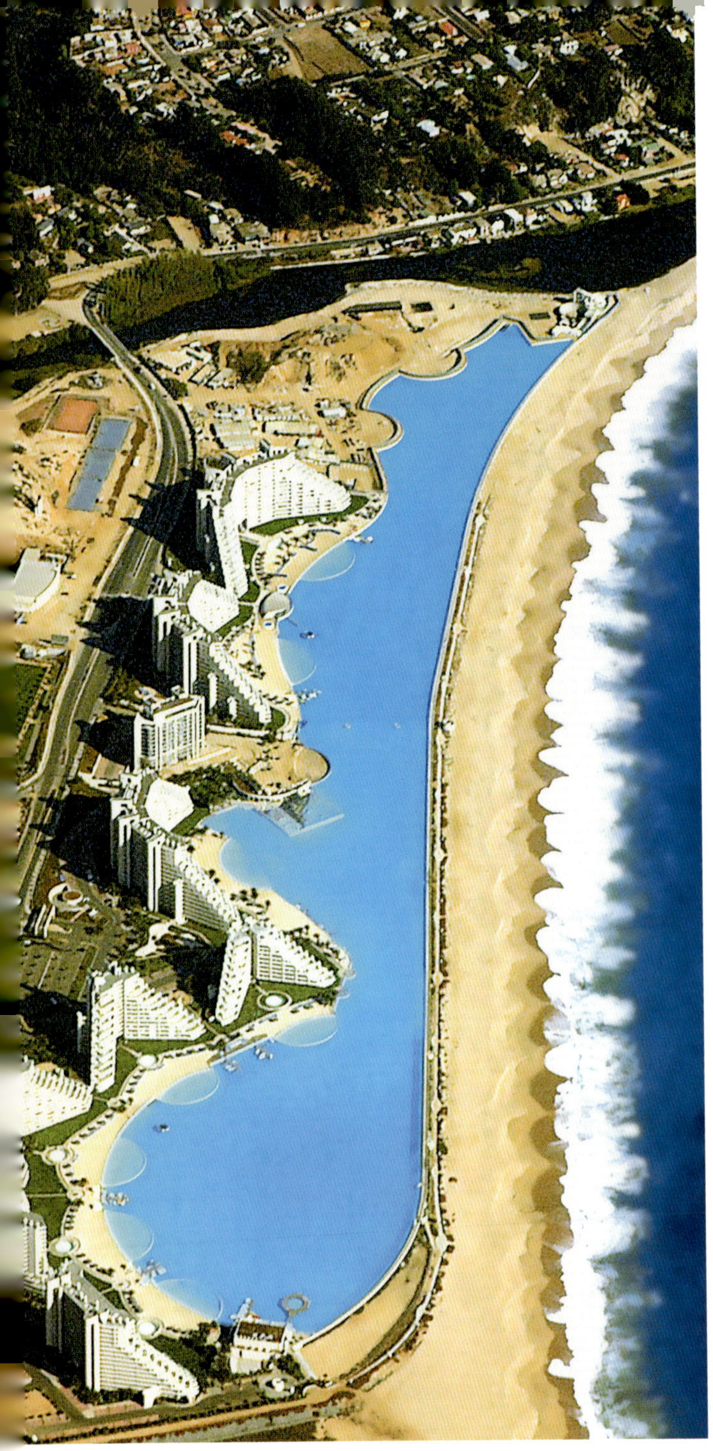

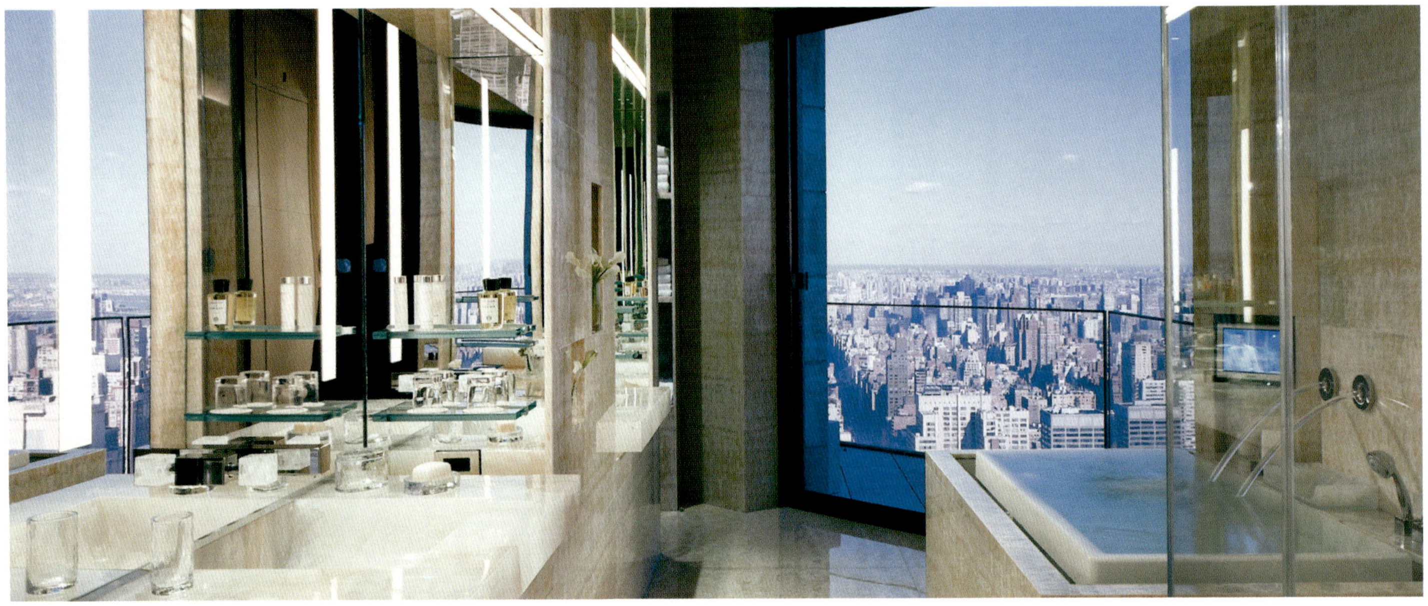

The world is full of places to shop, live, work and play. These places can be freestanding developments or constructions acknowledged as being merely an extension of nature itself. Whether created overnight or developed over time each of the locations in this chapter have solidified themselves for years to come in the categories and on the lists of "the most", "the best", and the "must see". Whether it be in terms of grandeur, opulence, or exclusivity they have the ability to inspire awe, cause envy and seriously break your bank account.

Le monde regorge d'endroits où vivre, travailler, jouer ou faire du shopping prend une tout autre dimension. Qu'ils aient été ou non créés du jour au lendemain, à partir d'éléments naturels ou entièrement préfabriqués, les lieux décrits dans ce chapitre s'imposent dans leurs catégories : "les plus chers", "les meilleurs", "à voir absolument". En raison de leur splendeur, de leur opulence et de leur caractère exclusif, ils inspirent le respect, suscitent la jalousie… et allègent sérieusement votre compte en banque.

Overal ter wereld vind je plaatsen om te winkelen, leven, werken en spelen. Die plaatsen kunnen op zichzelf staande gebouwen of ook structuren zijn die als een verlengstuk van de natuur worden beschouwd. Of ze nu van de ene dag op de andere tot stand zijn gekomen, of pas na verloop van tijd, de locaties in dit hoofdstuk hebben een vaste plaats verworven in de categorieën en lijsten van 'de grootste', 'de beste' en de 'must see' locaties. Of het nu door hun grootsheid, weelderigheid of exclusiviteit is, ze boezemen ontzag in, wekken jaloezie op en plunderen je bankrekening.

LOCATIONS

LIEUX · LOCATIES

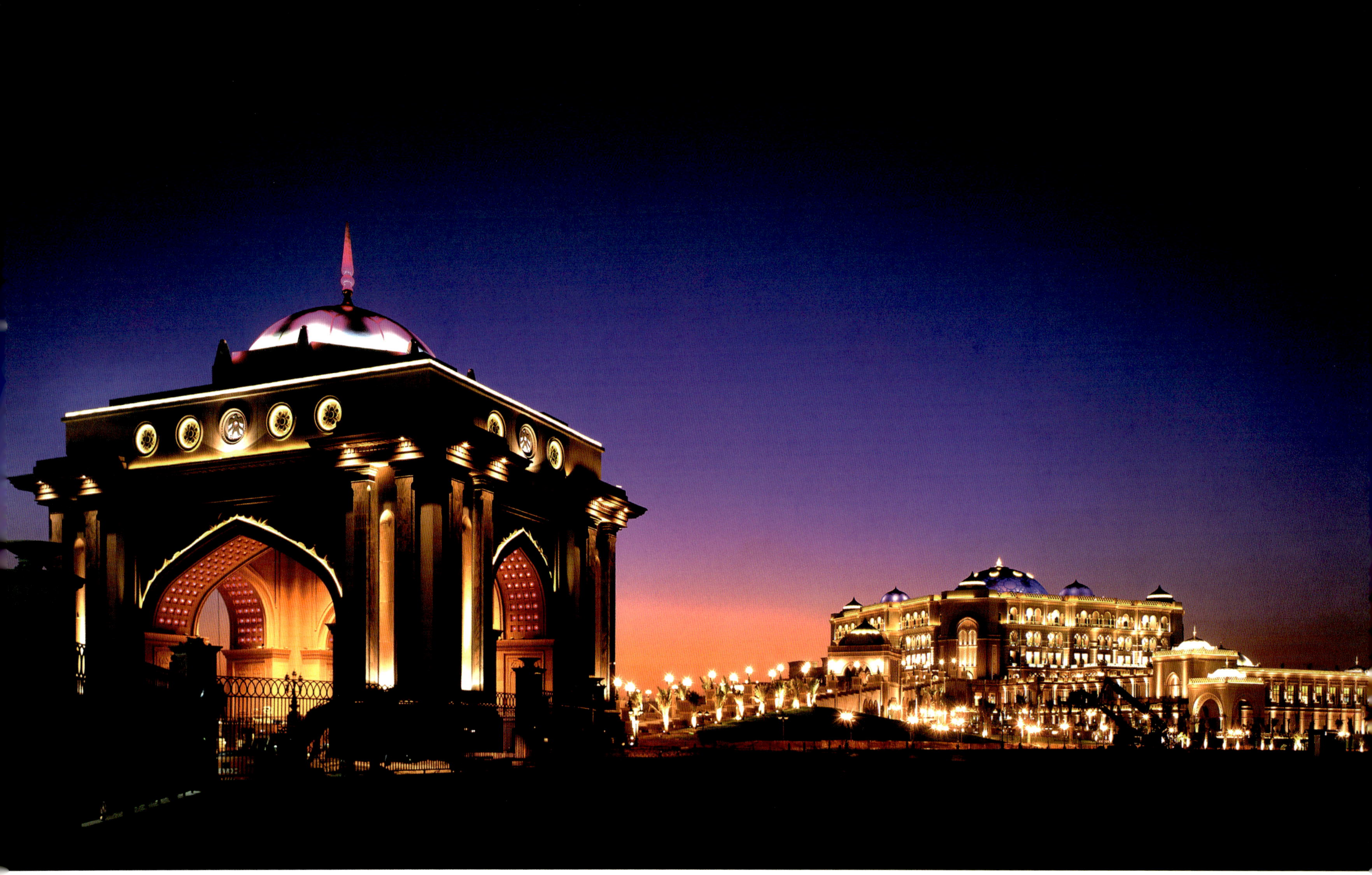

LOCATIONS

LIEUX · LOCATIES

$ 35,000

TY WARNER

FOUR SEASONS NEW YORK

At $35,000 a night, and taking up the entire 52nd floor of the Four Seasons Hotel in New York City sits the most luxurious, and expensive, hotel suite imaginable. The Ty Warner Penthouse, aptly named for the owner of the hotel, is only accessible by private elevator and is decorated with specially commissioned pieces ranging from gold threaded upholstery to mother of pearl inlays. With nine rooms, four glass balconies, a Zen garden, 24hr butler, and a breathtaking 360 degree view of the city, it is safe to say that no expense was spared.

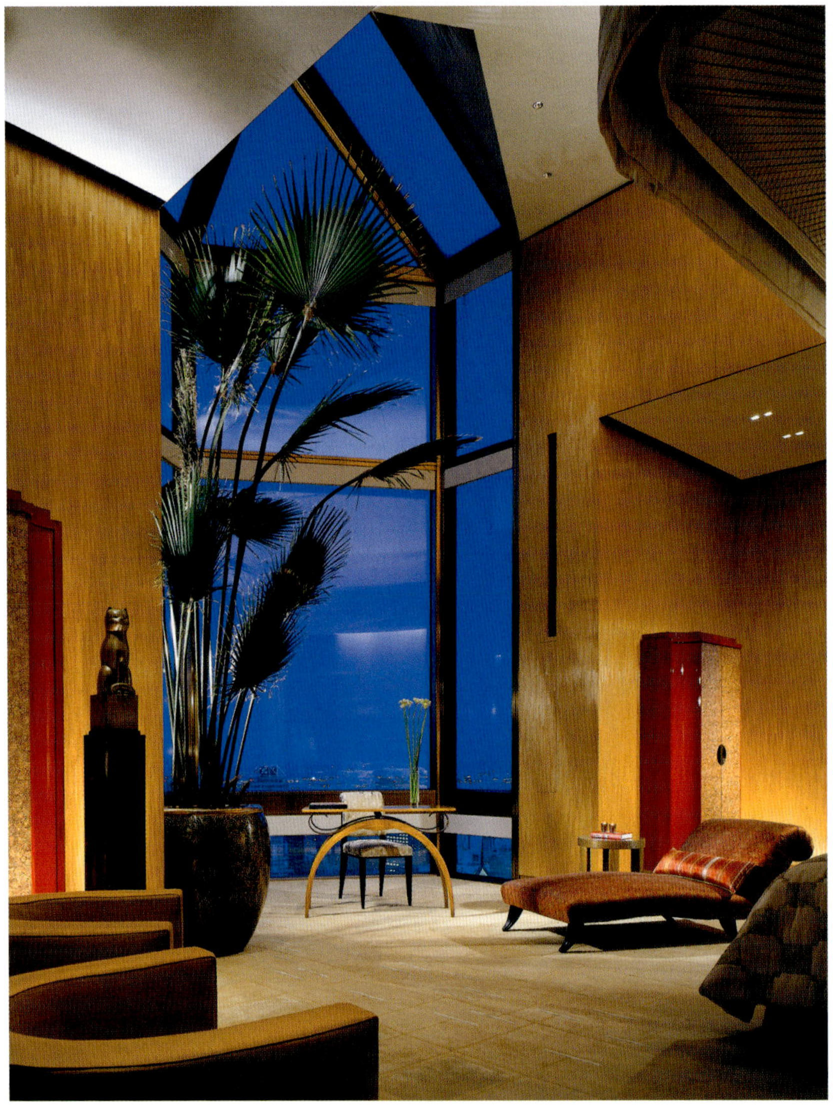

À 35.000 $ la nuit, la suite la plus luxueuse que l'on puisse imaginer occupe l'intégralité du 52e étage du *Four Seasons* de New York. Le *Ty Warner Penthouse*, baptisé du nom du propriétaire de l'hôtel, présente un décor original fait notamment de tapisseries tissées d'or et incrustées de nacre. Accessible uniquement par ascenseur privatif, cet espace de neuf pièces comporte quatre balcons vitrés et un jardin zen. Un majordome est à disposition 24h/24 pour la suite, qui offre une vue imprenable à 360°. La chaîne hôtelière canadienne n'a pas lésiné sur les moyens.

Voor $ 35.000 per nacht kan je op de volledige 52ste verdieping van het Four Seasons Hotel in New York verblijven in de meeste luxueuze en duurste hotelsuite die je je kan voorstellen. Het Ty Warner Penthouse, dat passend naar de hoteleigenaar is vernoemd, is enkel met een privélift te bereiken en is met speciaal besteld meubilair ingericht, gaande van bekleding met gouddraad tot parelmoeren inlegstukken. Met negen kamers, vier glazen balkons, een zen-tuin, een butler die 24 uur op 24 beschikbaar is en een adembenemend panorama van de stad, kan je gerust stellen dat kosten noch moeite werden gespaard.

HOTEL SUITE

SUITE • SUITE

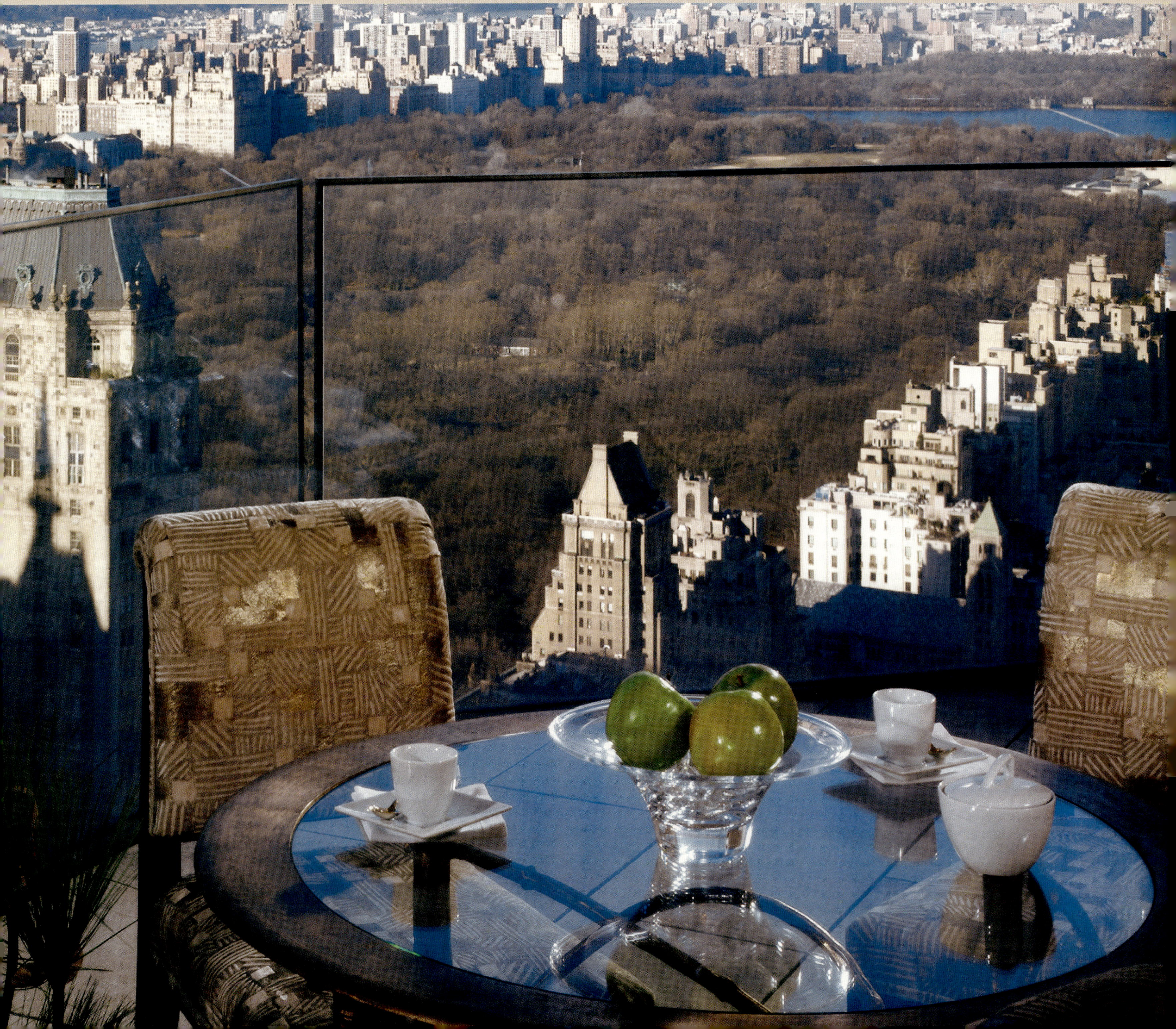

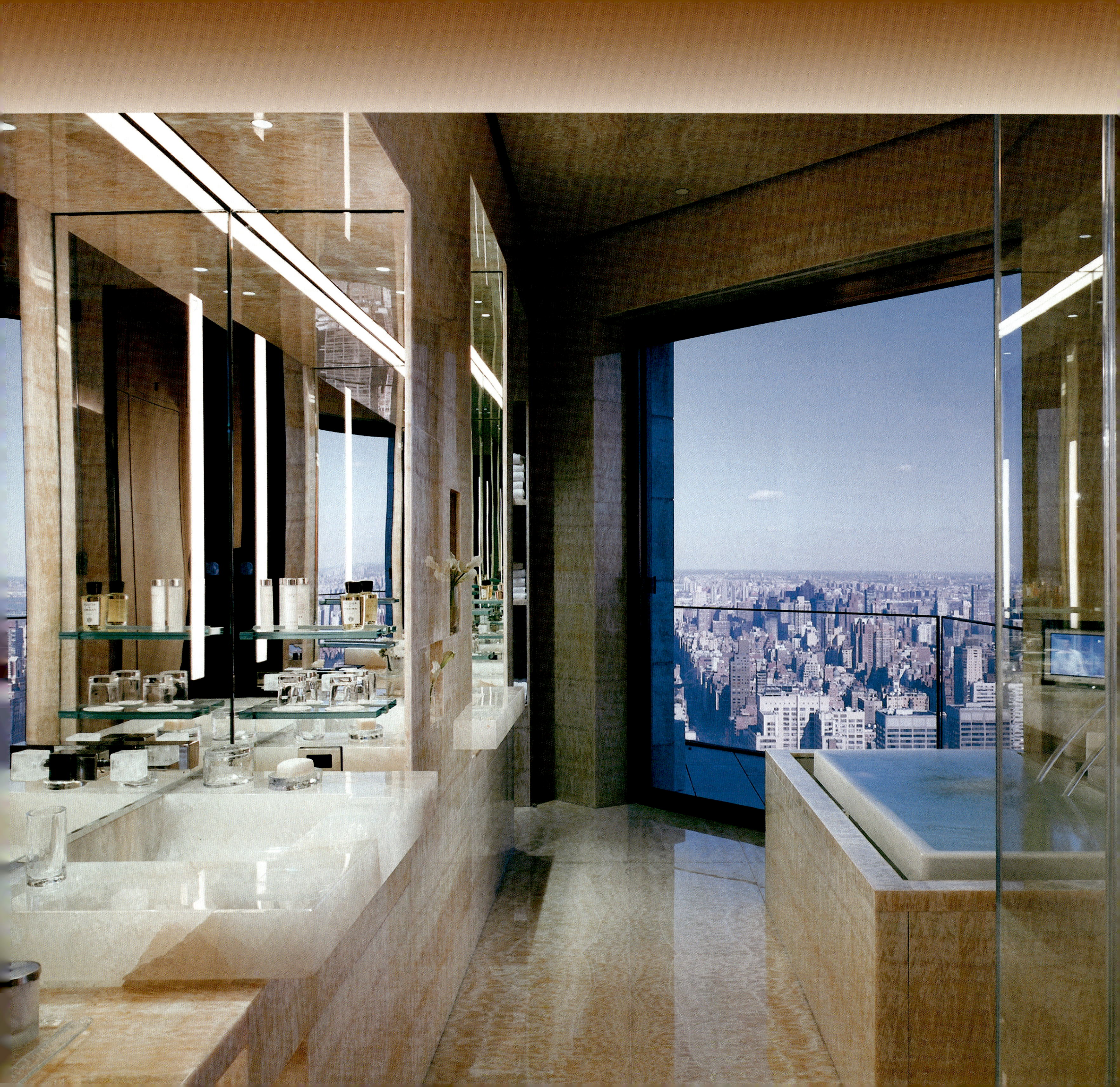

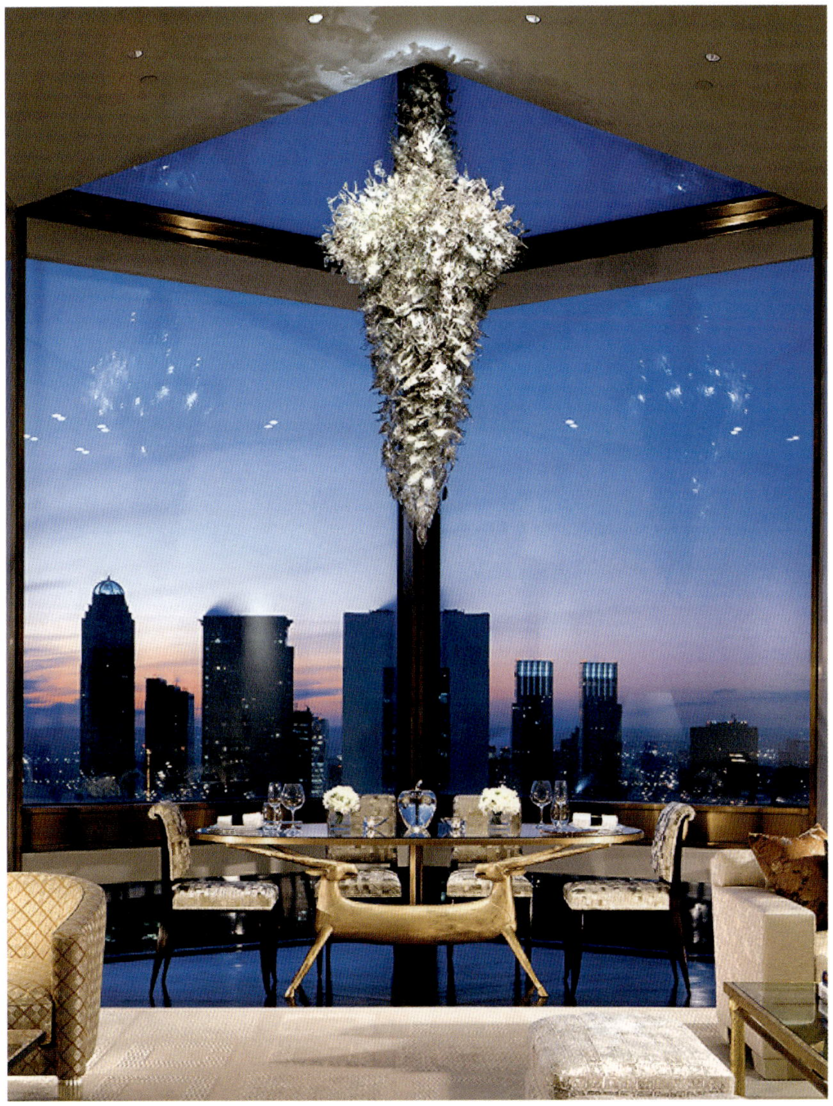

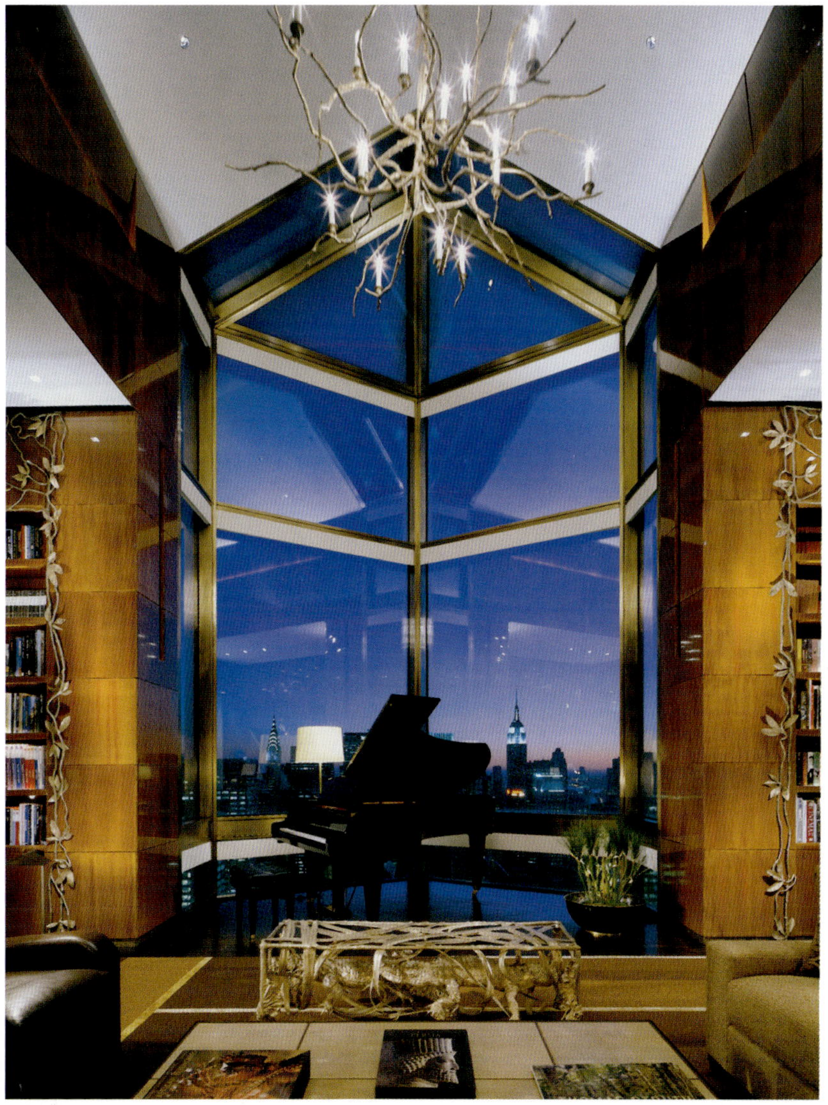

$ 730,000,000

VILLA LEOPOLDA

FRANCE

Along the Côte d'Azur, gazing out onto the Mediterranean Sea, sits the breathtaking Villa Leopolda. On 20 acres of immaculate grounds tended by 50 some gardeners and laden with hundreds of cypress, olive and lemon trees, there is no questioning its place as world's most expensive home. Originally built for the mistress of King Leopold II of Belgium in 1902, the present owner's identity remains shrouded in mystery. The only certainties are that he is Russian and, quite obviously, a billionaire.

L'époustouflante Villa Leopolda se dresse sur la Côte d'Azur, face à la mer Méditerranée. Avec son parc de huit hectares parcouru de centaines de cyprès, d'oliviers et de citronniers entretenus de manière irréprochable par une cinquantaine de jardiniers, elle est la résidence privée la plus chère au monde. Construite initialement pour la maîtresse du roi Léopold II de Belgique en 1902, nul ne connaît aujourd'hui l'identité de son propriétaire... Seule certitude : il est russe et, de toute évidence, milliardaire.

Aan de Côte d'Azur, die uitkijkt op de Middellandse Zee, ligt de adembenemende Villa Leopolda. Het 8 hectaren grote landgoed, dat perfect wordt onderhouden door zo'n 50 tuiniers en bezaaid is met honderden cipressen, olijf- en citroenbomen, is ongetwijfeld het duurste huis ter wereld. Het werd oorspronkelijk in 1902 gebouwd voor de maîtresse van Koning Leopold II van België, maar de identiteit van de huidige eigenaar blijft een mysterie. Het enige wat men zeker weet, is dat het een Rus is en dat hij, overduidelijk, miljardair is.

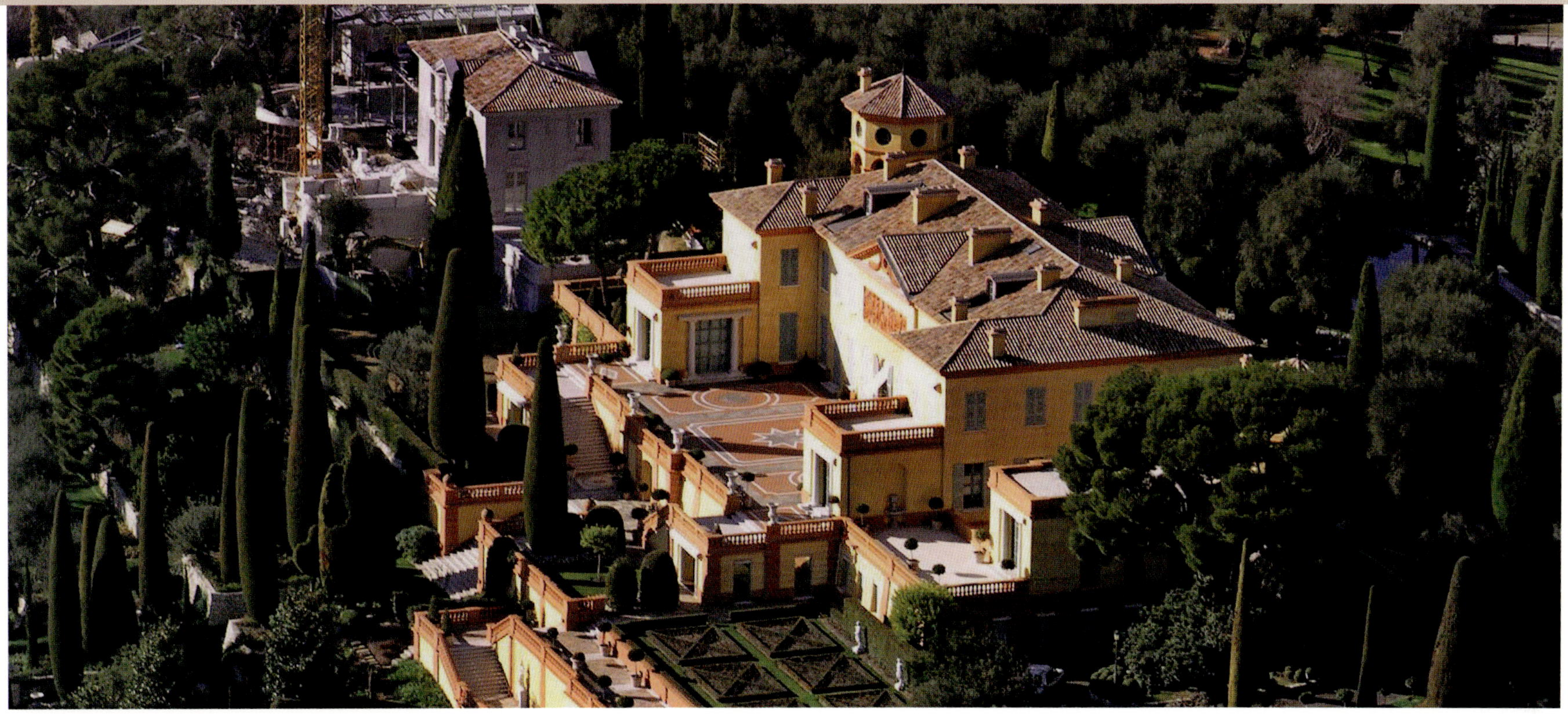

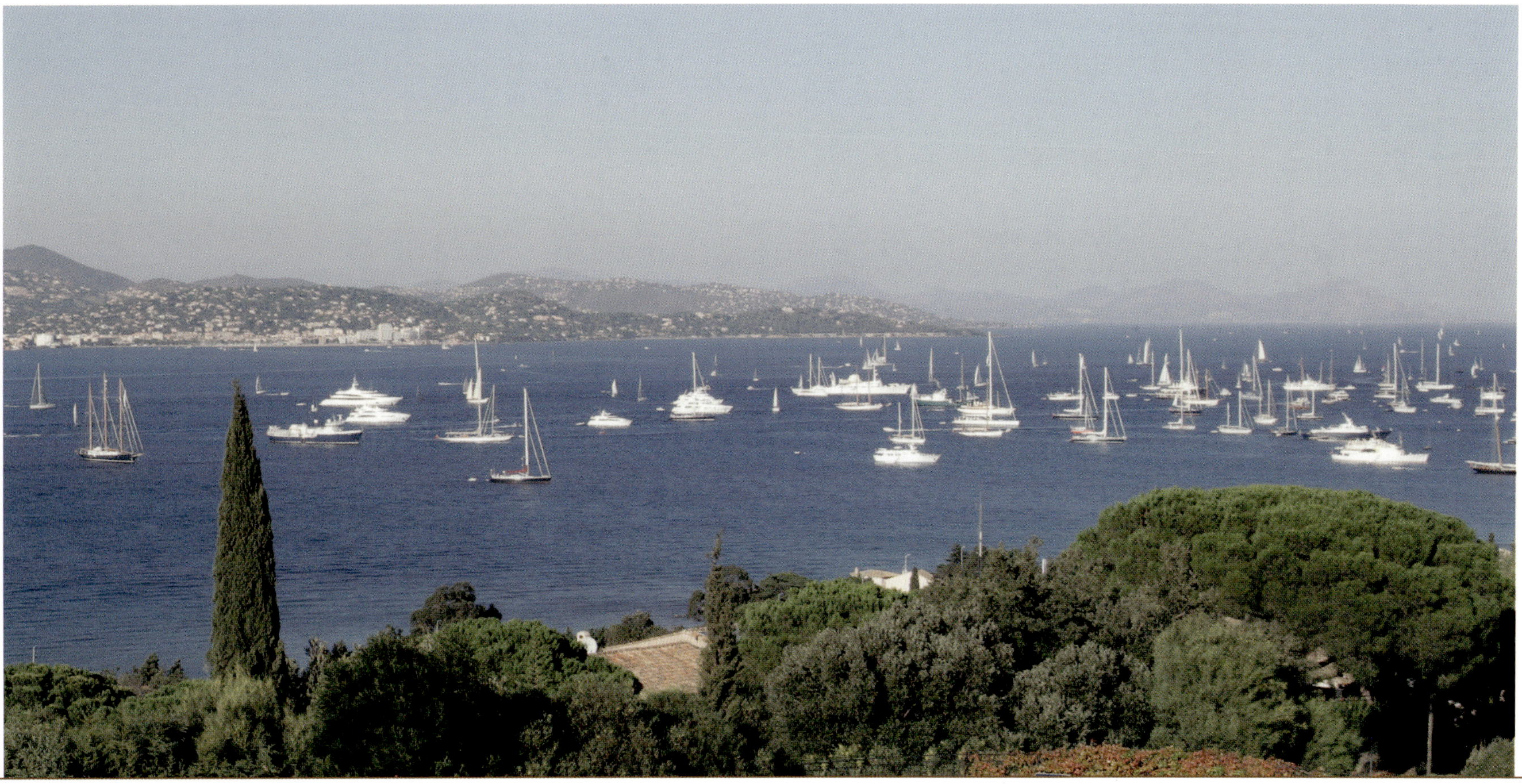

$ 3,500,000

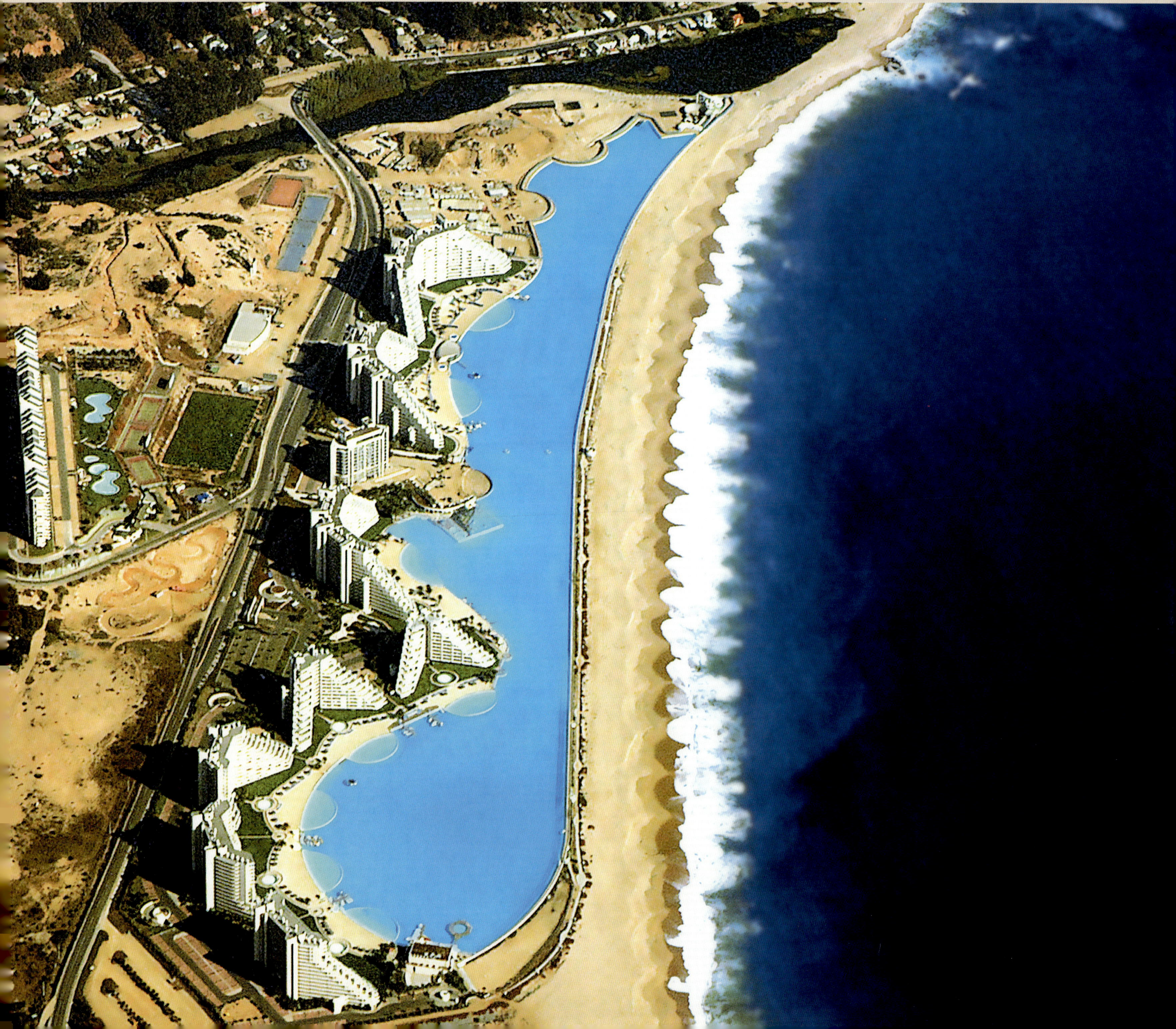

SAN ALFONSO DEL MAR

CHILE

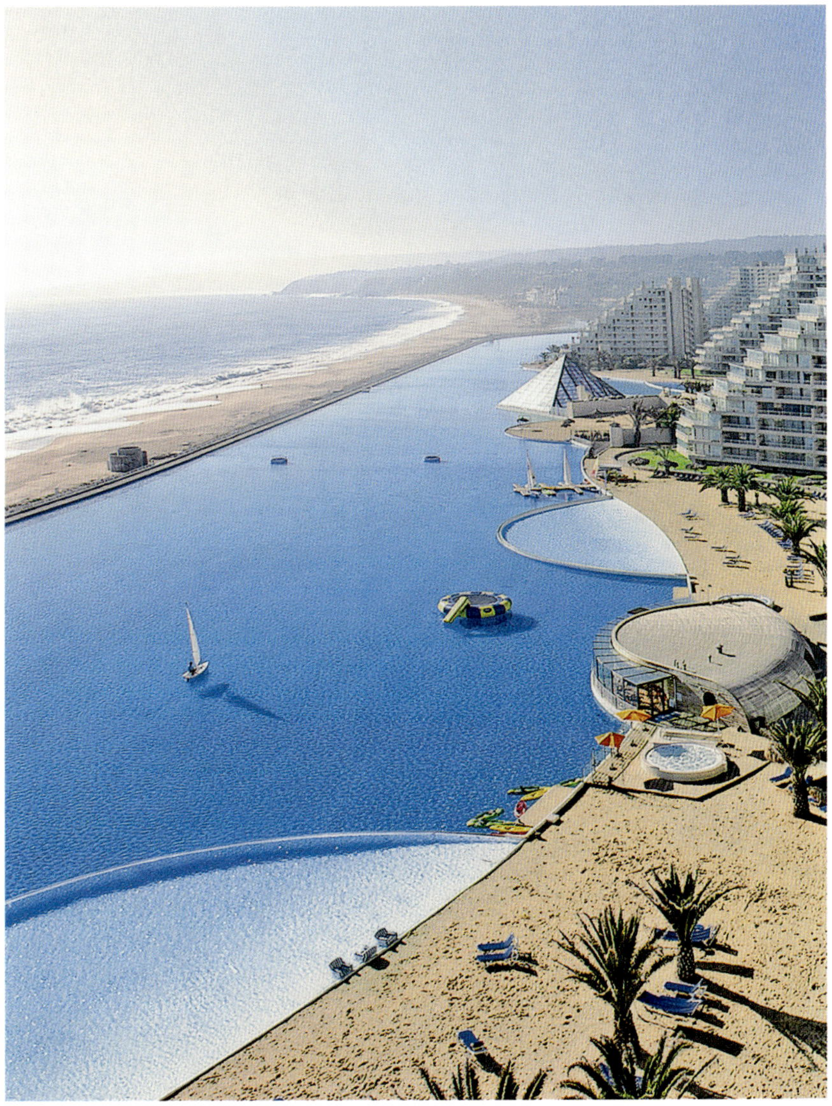

Not surprisingly, the most expensive swimming pool is also the world's largest. At the San Alfonso del Mar resort along the coast of the Chilean sea, lies a beautiful blue lagoon that was five years and $3.5 million in the making. Thanks to Crystal Lagoons patent pending technology the mass of salt water is able to retain its turquoise color and crystal clear transparency all the way to its deepest end at 35 meters. Over 1,000 meters in length, covering 20 acres and holding 66 million gallons water it is truly a sight to behold.

On pouvait s'y attendre : la piscine la plus chère du monde est également la plus grande. Le complexe touristique de *San Alfonso del Mar,* sur le littoral chilien, abrite un merveilleux lagon bleu dont la construction a duré 5 ans et coûté 3,5 millions de dollars. Grâce à une nouvelle technologie mise au point par la société Crystal Lagoons, les masses d'eau saline conservent leur couleur turquoise et leur limpidité jusqu'au fond de la piscine, à 35 m de profondeur. Avec une longueur supérieure à 1 km, une superficie de 8 ha et une densité de 250 millions de litres d'eau, il serait dommage de ne pas prendre le temps d'y déployer quelques brasses.

Het zal geen verbazing wekken dat het duurste zwembad ook het grootste is. Aan hotel San Alfonso del Mar aan de Chileense kust ligt een prachtige, blauwe lagune waaraan vijf jaar lang werd gewerkt en die $ 3,5 miljoen kostte. Dankzij de gepatenteerde technologie van Crystal Lagoon blijft het zeewater turkoois-blauw en kristalhelder, zelfs in het diepste gedeelte dat 35 meter diep is. Het zwembad dat 1.000 meter lang en 8 hectaren groot is en 250 miljoen liter water bevat, is een feest voor het oog.

$ 2,300 / M² / YEAR

HONG KONG

Successful businesses often compete for the best office locations in dynamic, large cities. Because of this competition, office space has become increasingly more expensive around the world. Hong Kong saw office vacancy in its core Central district dip to near-zero levels as banks, hedge funds, and other businesses aimed at capturing China's booming market jostled for space. Because of this trend Hong Kong overtook London for the top spot of priciest lease space at $2,300 per square meter per year.

Les entreprises florissantes sont souvent à l'affût des meilleurs emplacements pour installer leurs bureaux, notamment au sein des métropoles dynamiques. Une concurrence croissante qui a entraîné une hausse du prix locatif dans le monde entier. Hong Kong, notamment, assaillit par les banques, les *hedge funds* et une multitude de groupes souhaitant pénétrer un marché chinois en pleine expansion, ne dispose pratiquement plus de bureaux en centre-ville. C'est ainsi que la ville a supplanté Londres en termes de prix locatifs : 2.300 $ au mètre carré à l'année.

Succesvolle bedrijven beconcurreren elkaar vaak voor de beste kantoorruimten in dynamische grootsteden. Omwille van die concurrentie zijn kantoren over heel de wereld steeds duurder geworden. In Hongkong was er in het belangrijke centrale district nog amper kantoorruimte vrij, omdat banken, hedgefondsen en andere bedrijven die de boomende Chinese markt wilden veroveren, allemaal op zoek waren naar ruimte. Als gevolg van die trend stootte Hongkong Londen van de eerste plaats als duurste stad om iets te huren, met $ 2.300 per vierkante meter per jaar.

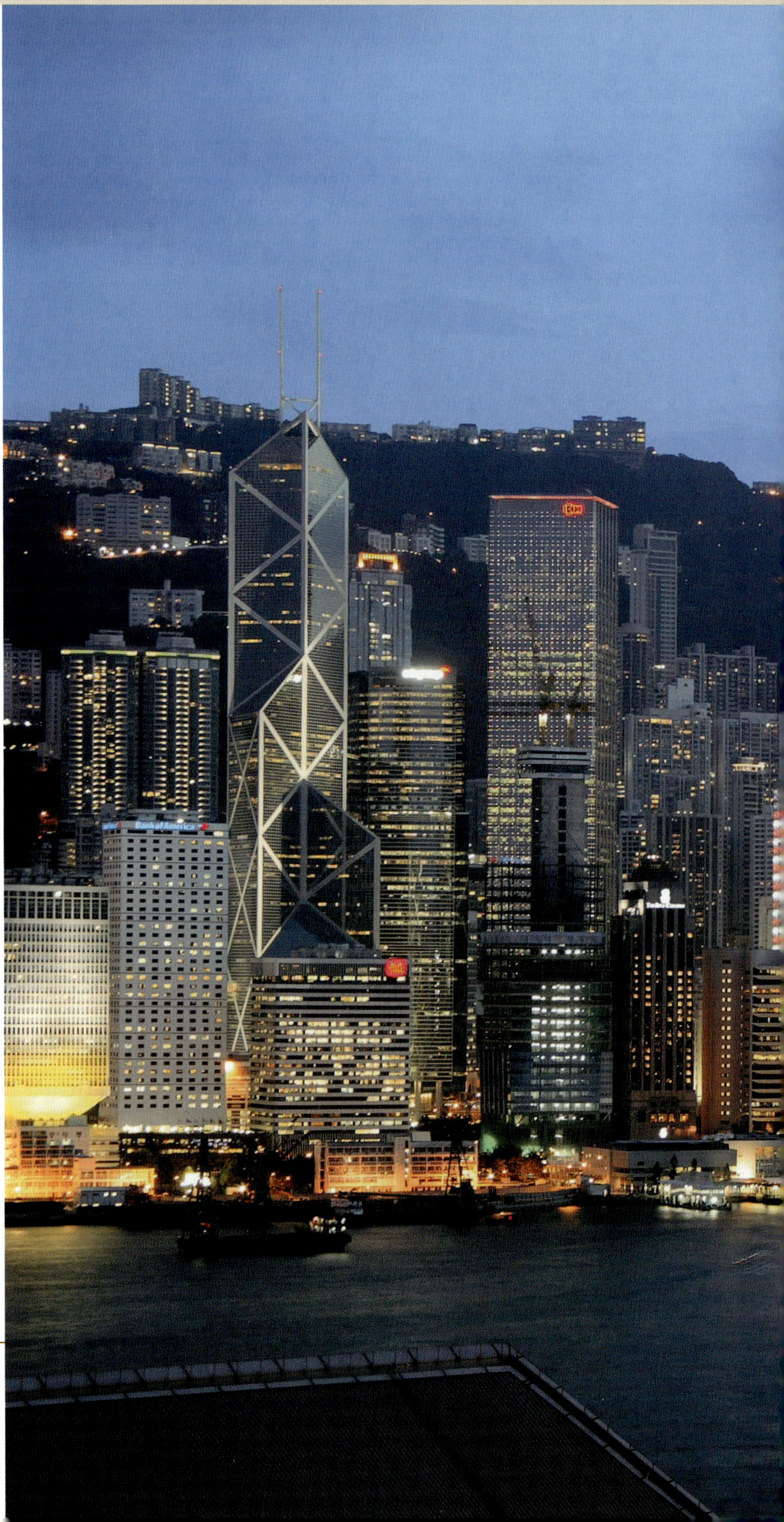

OFFICE SPACE

SURFACE DE BUREAU • KANTOORRUIMTE

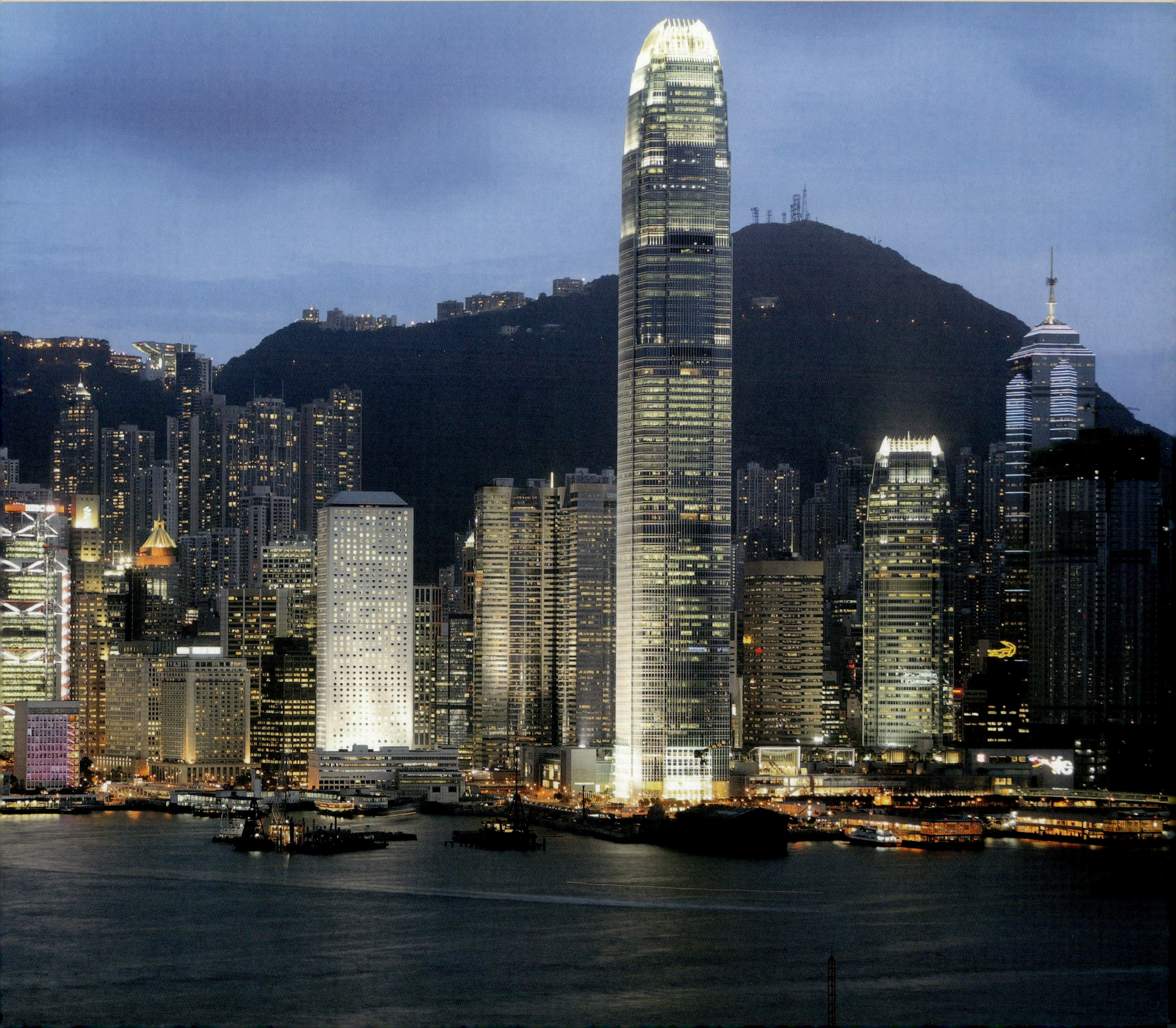

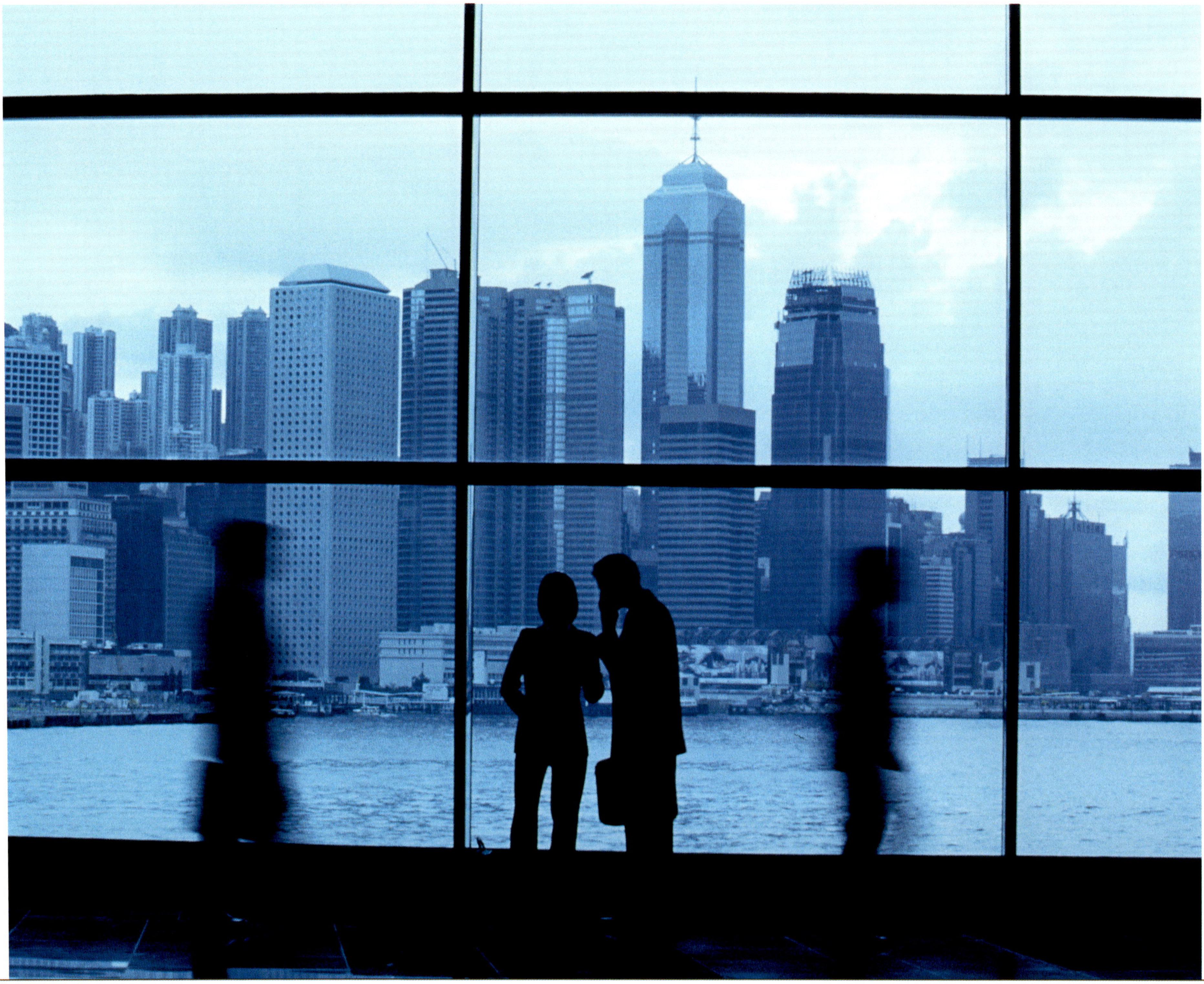

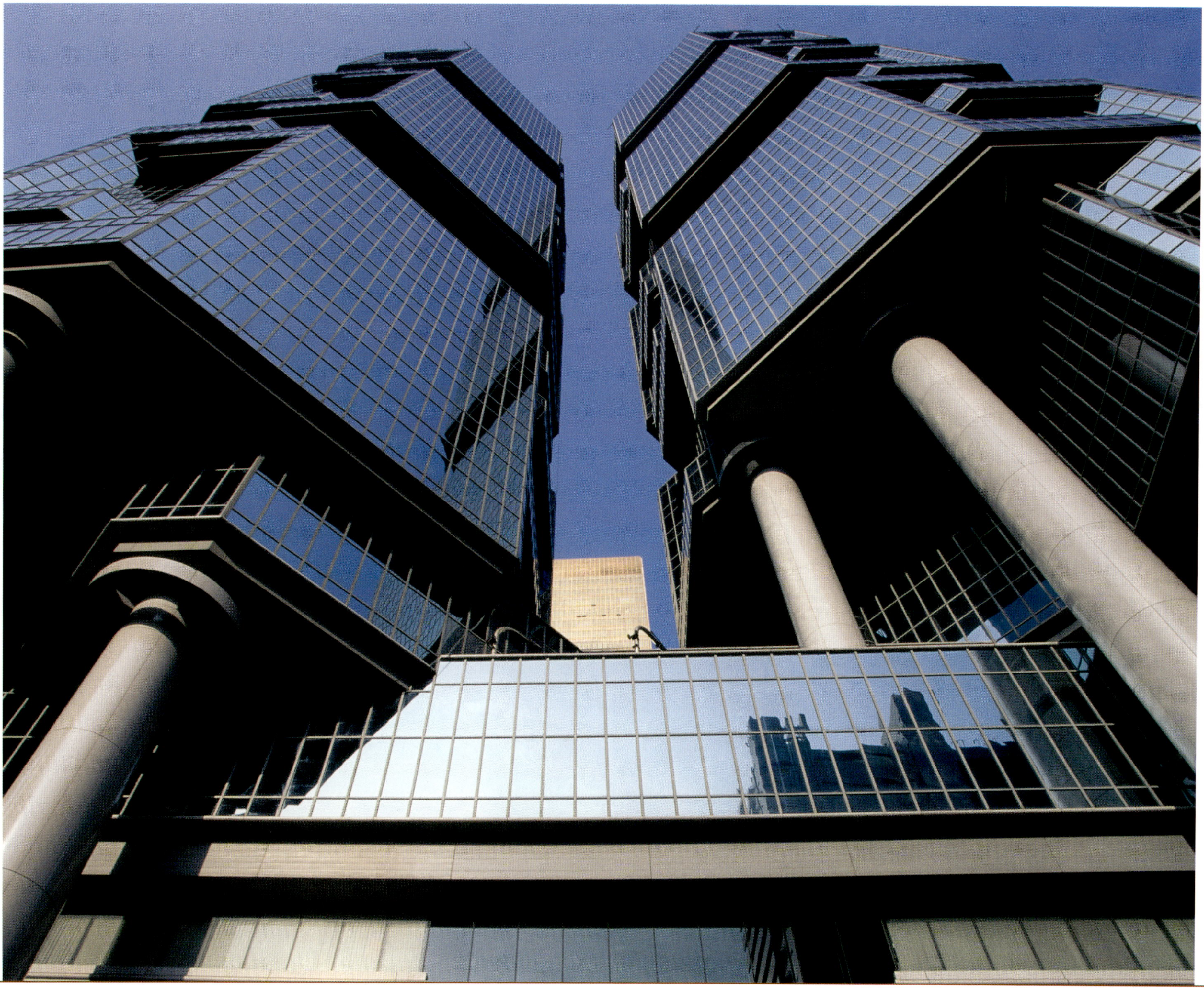

$ 180,000 / M²

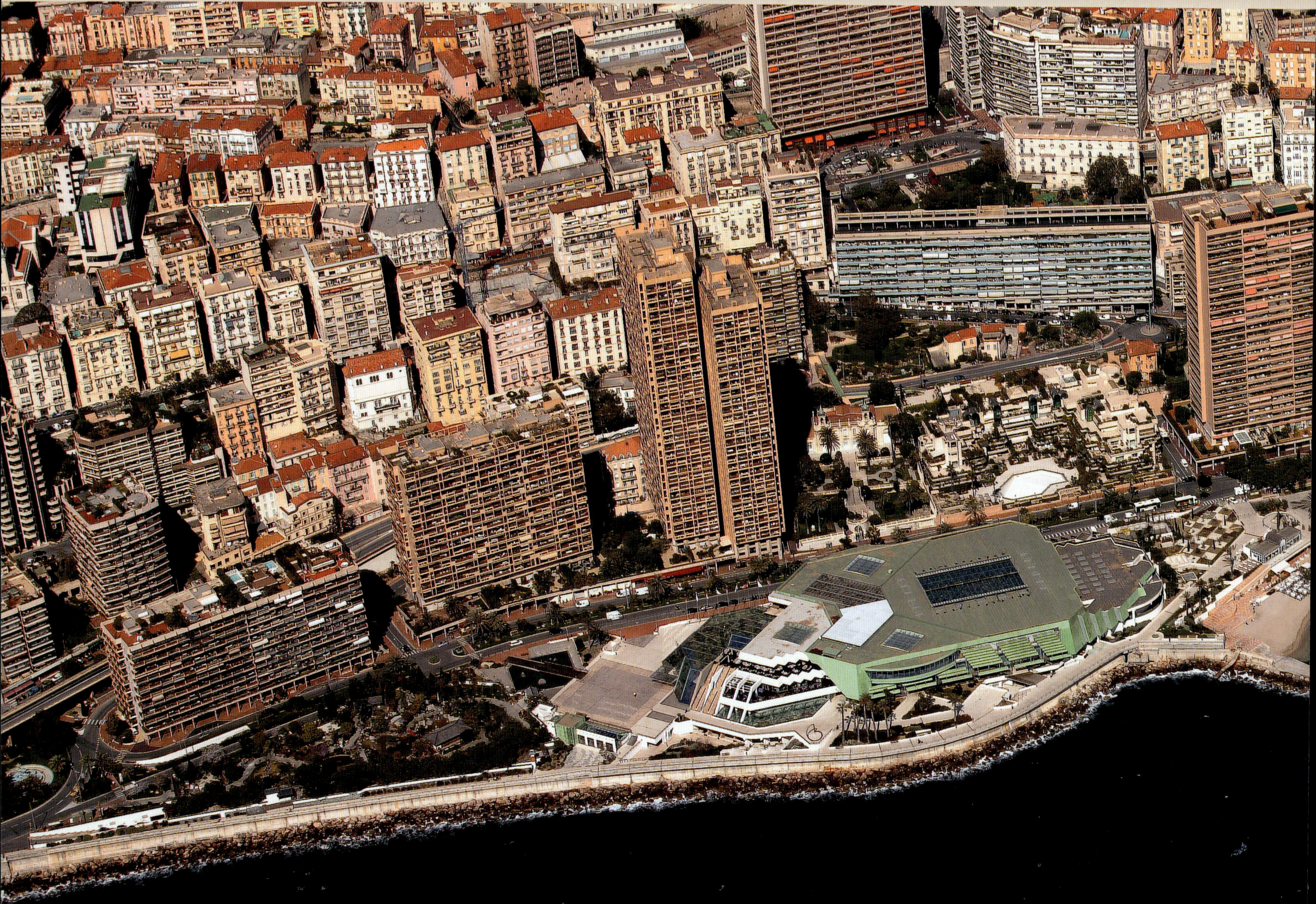

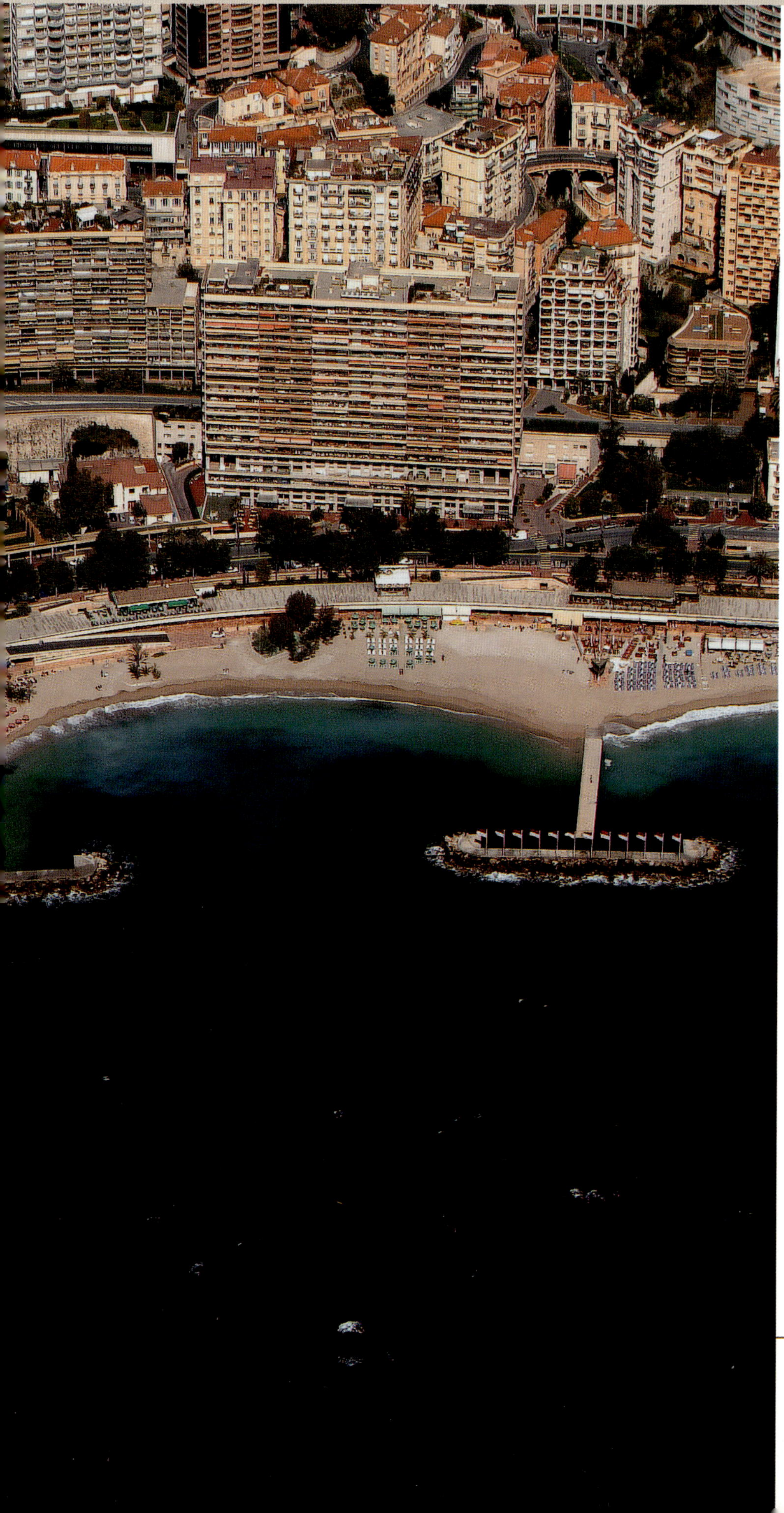

AV. PRINCESSE GRACE

MONACO

Named after iconic Hollywood star Grace Kelly, who married Ranier III Prince of Monaco, Avenue Princess Grace in Monaco is the most expensive and the most exclusive residential street in the world. Real Estate on the palm-lined street facing the Mediterranean Sea averages $177,500 per square meter. If you're lucky enough to be the new kid on the block you will most certainly be rubbing elbows with Middle Eastern oil Sheikhs, Russian oligarchs and of course the glamorous royal family.

Portant le nom de Grace Kelly, icône hollywoodienne et épouse du prince Rainier, l'avenue *Princesse Grace* est la zone résidentielle la plus chère et la plus exclusive au monde. Dans cette allée de Monaco bordée de palmiers et située face à la Méditerranée, le mètre carré atteint les 177.500 $. Si par chance vous veniez à compter parmi ses nouveaux résidents, vous auriez très certainement le plaisir de côtoyer des émirs du Moyen-Orient, des membres de l'oligarchie russe et, bien entendu, la famille royale.

De Avenue Princess Grace in Monaco, genoemd naar de iconische Hollywoodster Grace Kelly, die met Prins Rainier III van Monaco was gehuwd, is de duurste en meest exclusieve woonstraat ter wereld. Voor vastgoed aan de met palmbomen afgeboorde straat die uitkijkt op de Middellandse Zee, wordt gemiddeld $ 177.500 per vierkante meter betaald. Als je het geluk hebt om er te wonen, zal je Midden-Oosterse oliesjeiks, Russische oligarchen en natuurlijk de glamoureuze koninklijke familie als buren hebben.

$ 20,000 / M²

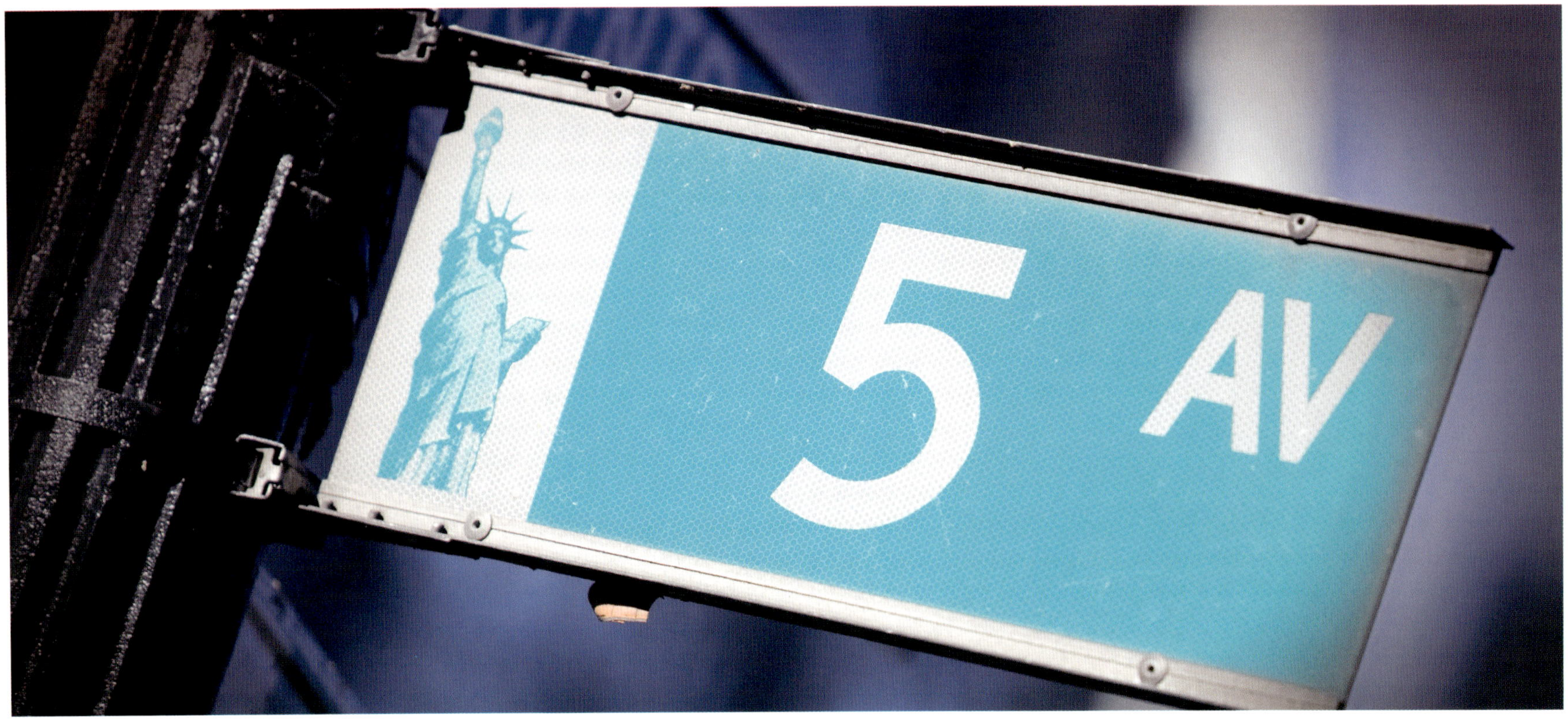

Paradis incontesté du shopping pour une clientèle privilégiée et mondaine, la *Cinquième Avenue* jouit d'un statut privilégié depuis la fin du XIXe siècle. Sur ses trottoirs figurent les boutiques les plus luxueuses : Tiffany & Co., Gucci, Louis Vuitton, Versace, Christian Dior, Escada, Chanel et Prada – pour ne citer qu'elles. Un positionnement stratégique mais coûteux pour les marques les plus prestigieuses : comptez 20.350 $ au mètre carré pour une surface commerciale.

Fifth Avenue, dat zijn hoge status officieel bevestigd zag aan het eind van de 19de eeuw, is uitgegroeid tot een legendarisch winkelwalhalla voor de rijken en beroemdheden van deze wereld. Fifth Avenue is de thuisbasis van ultieme luxe-boetieks zoals Tiffany & Co., Gucci, Louis Vuitton, Versace, Christian Dior, Escada, Chanel en Prada, om er maar enkele te noemen. Aanwezig zijn in de meest prestigieuze straten is van essentieel belang voor hun merkpositionering. Dat geldt ook voor de New Yorkse Fifth Avenue waar winkelruimtes voor meer dan $ 1.850 per vierkante voet worden verhuurd.

5TH AVENUE

NEW YORK

Officially cementing its high status in the late 1800's Fifth Avenue has become a legendary shopping heaven for the rich and famous. Fifth Avenue is the home to the ultimate in luxury retail stores such as Tiffany & Co., Gucci, Louis Vuitton, Versace, Christian Dior, Escada, Chanel, and Prada just to name a few. A presence on the most prestigious streets is essential for brand positioning. Such is the case for New York's Fifth Avenue which leases retail space for upwards of $1,850 per square foot.

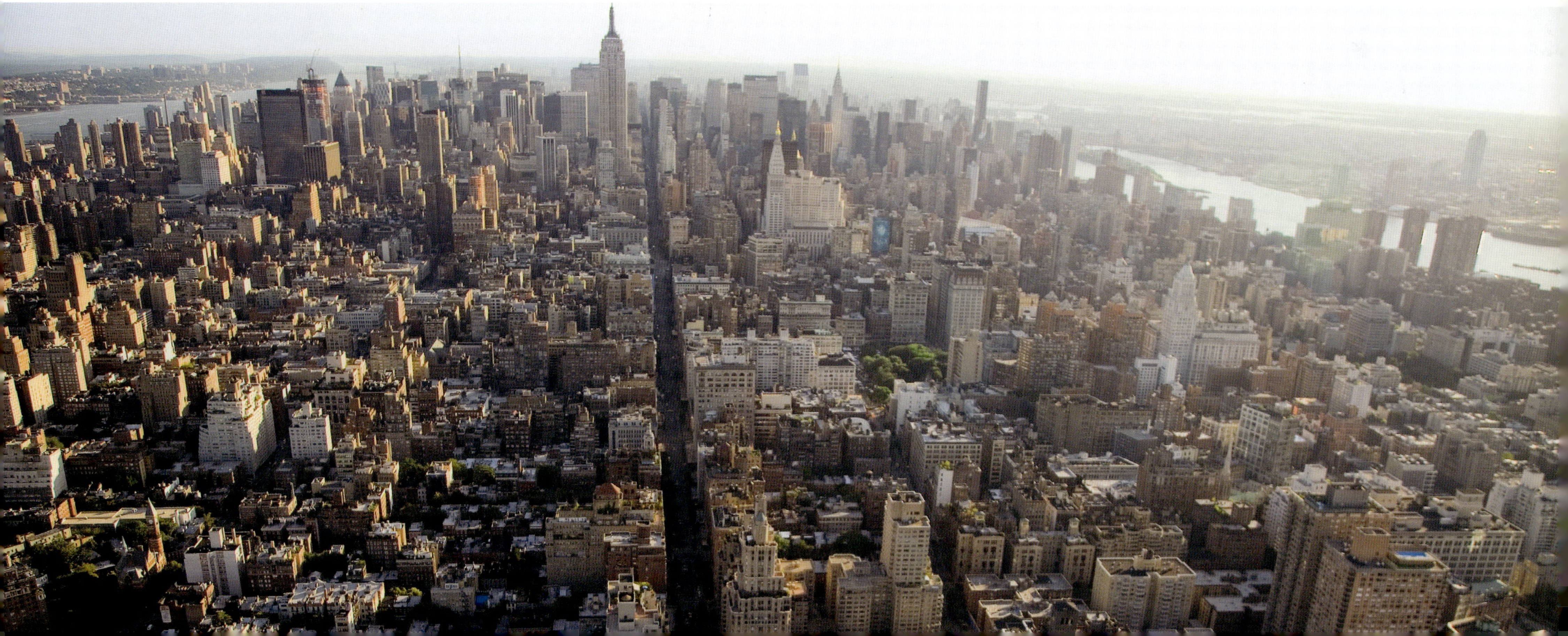

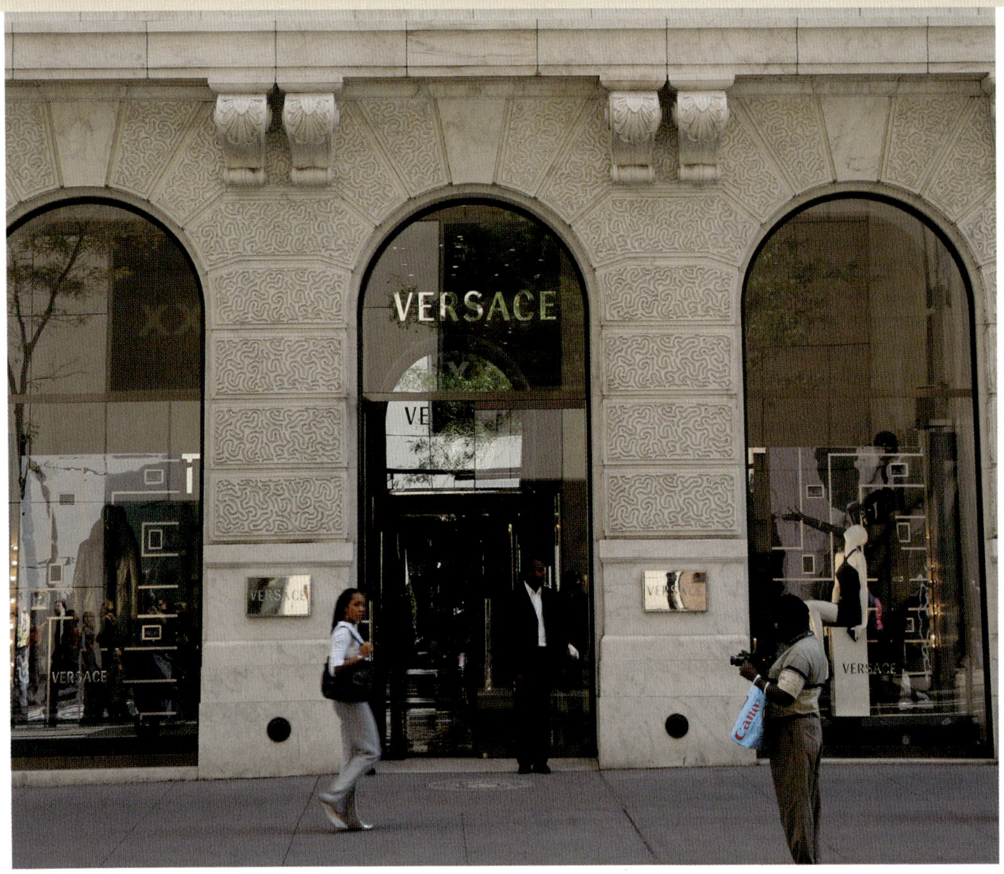
VERSACE

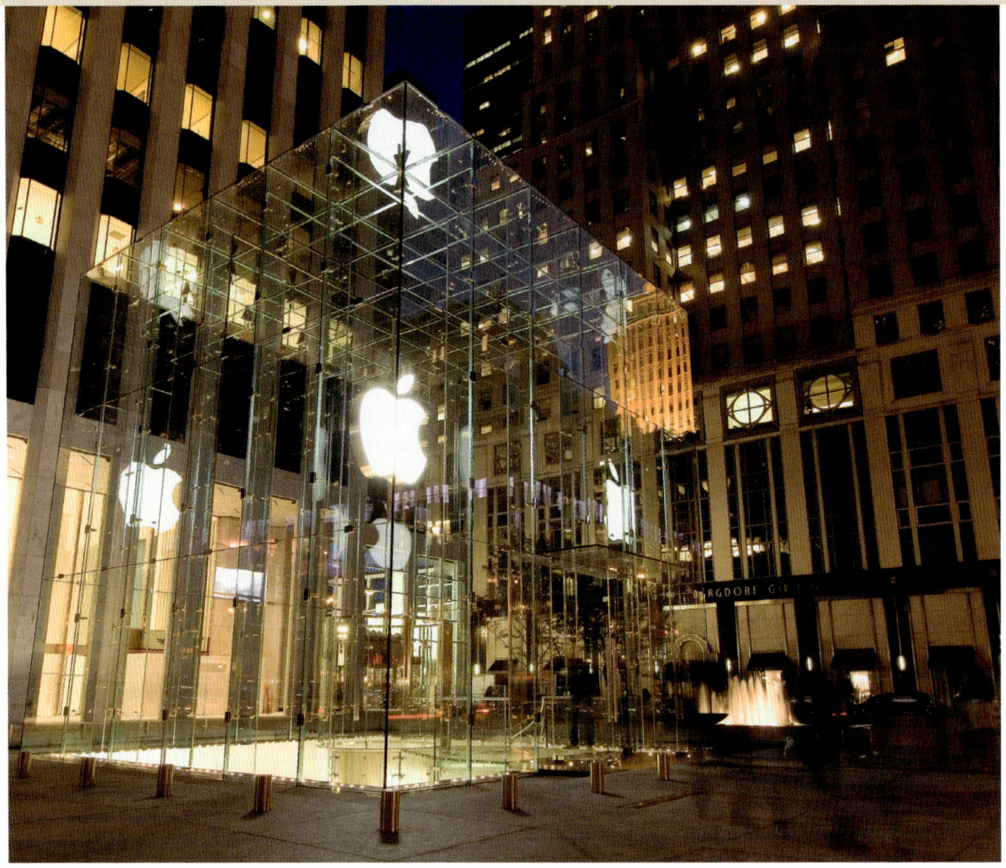

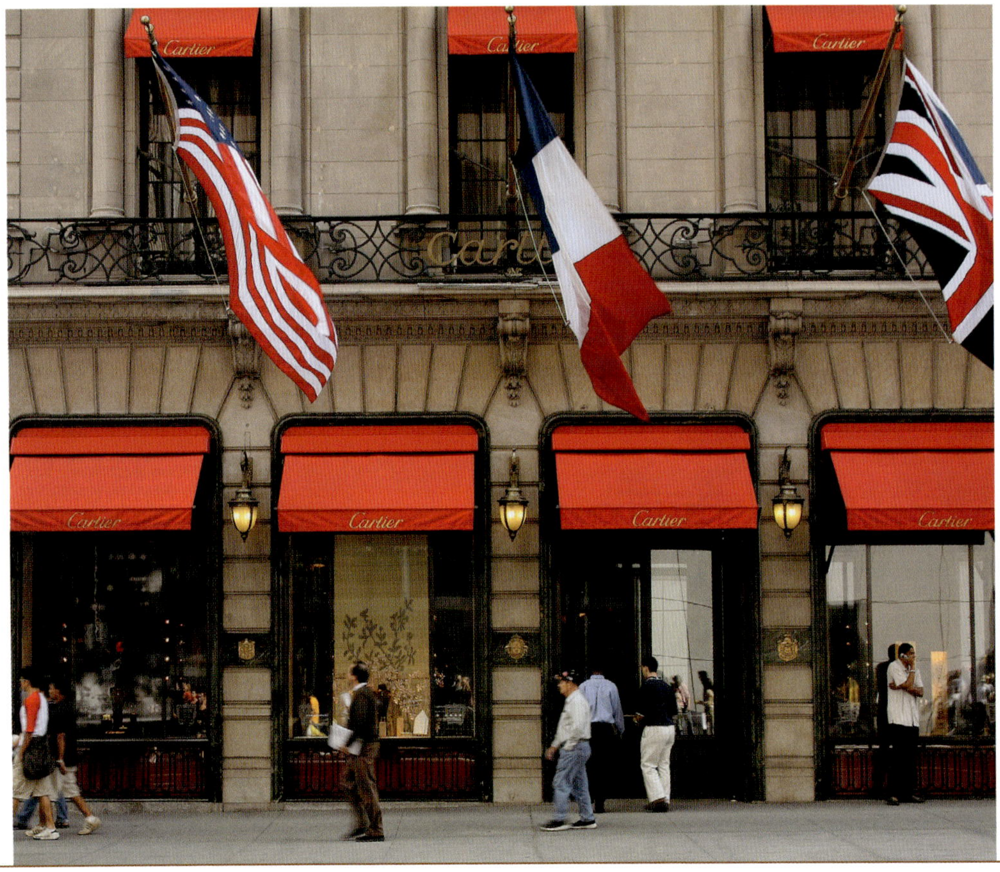
Cartier

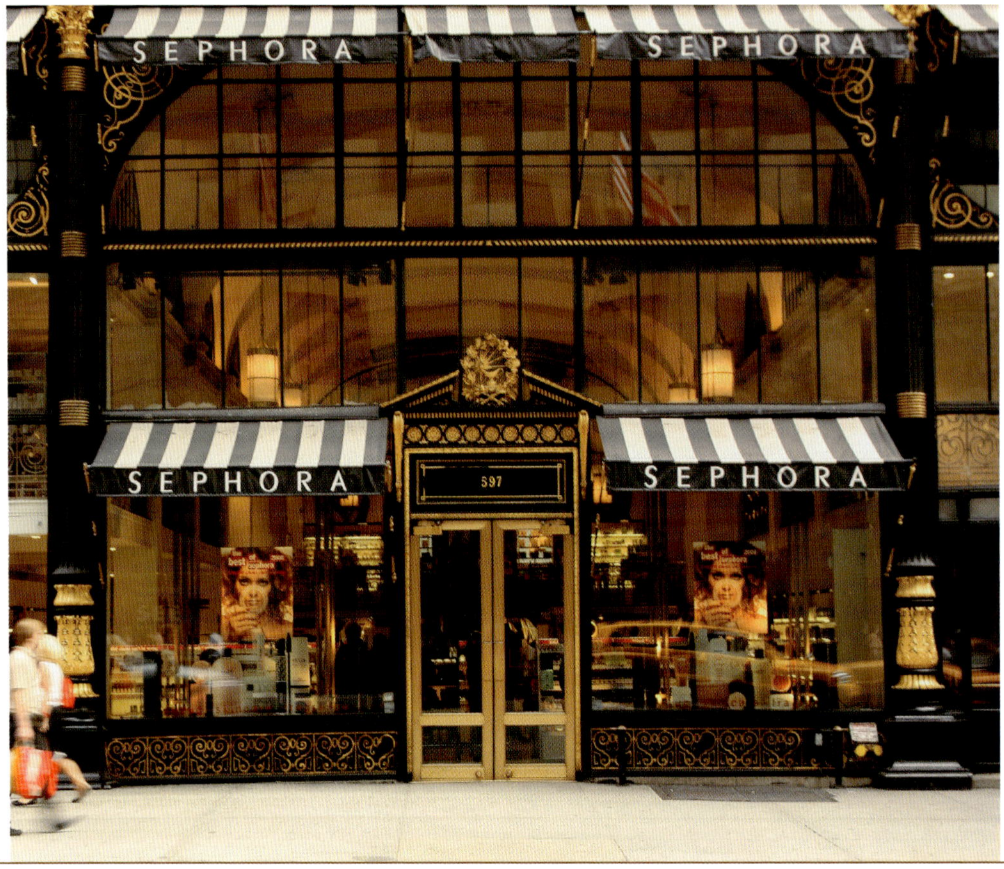
SEPHORA
SEPHORA
SEPHORA
SEPHORA
597

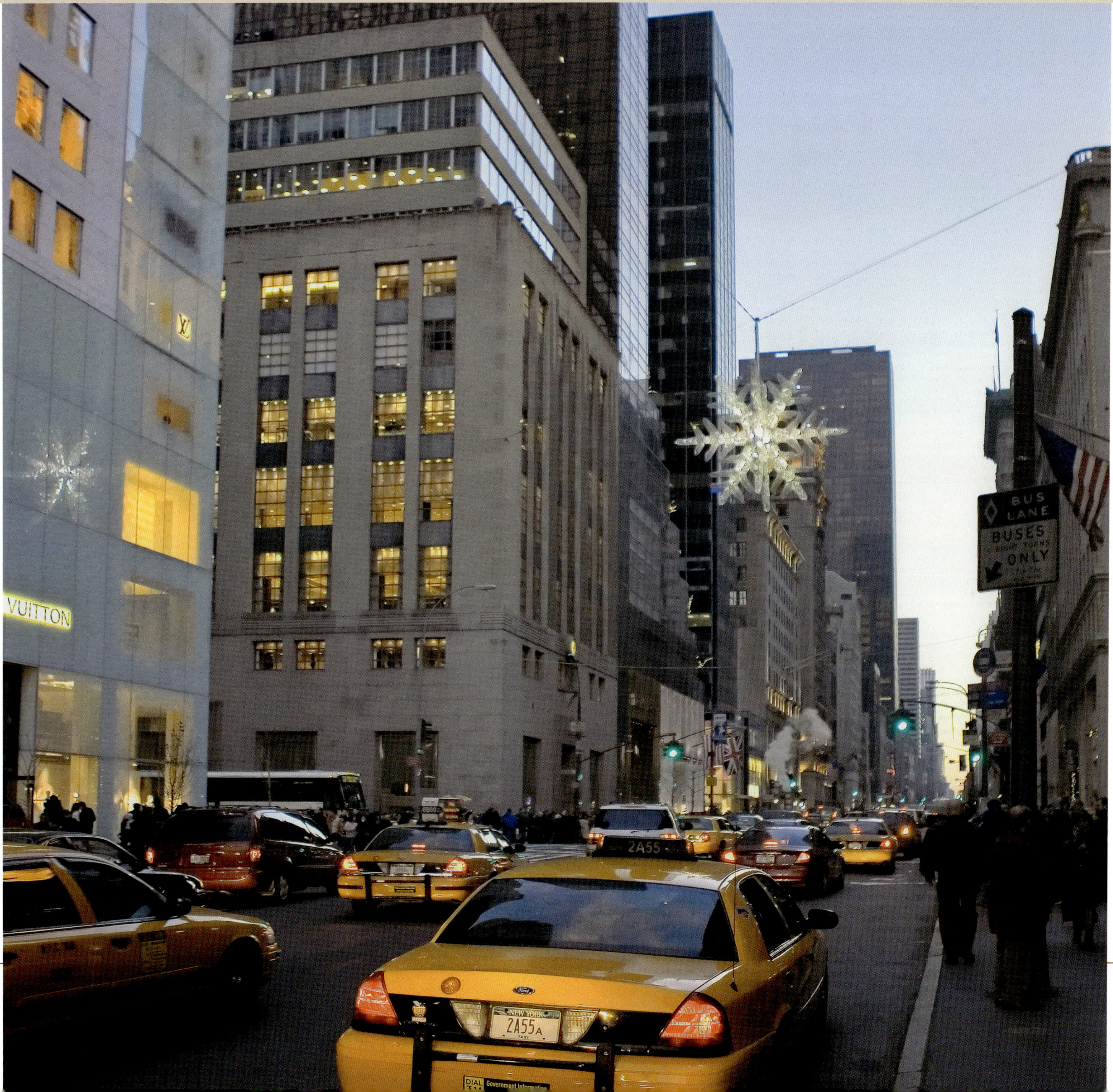

VUITTON
BUS LANE
BUSES
ONLY
2A55
2A55A

$ 1,000,000

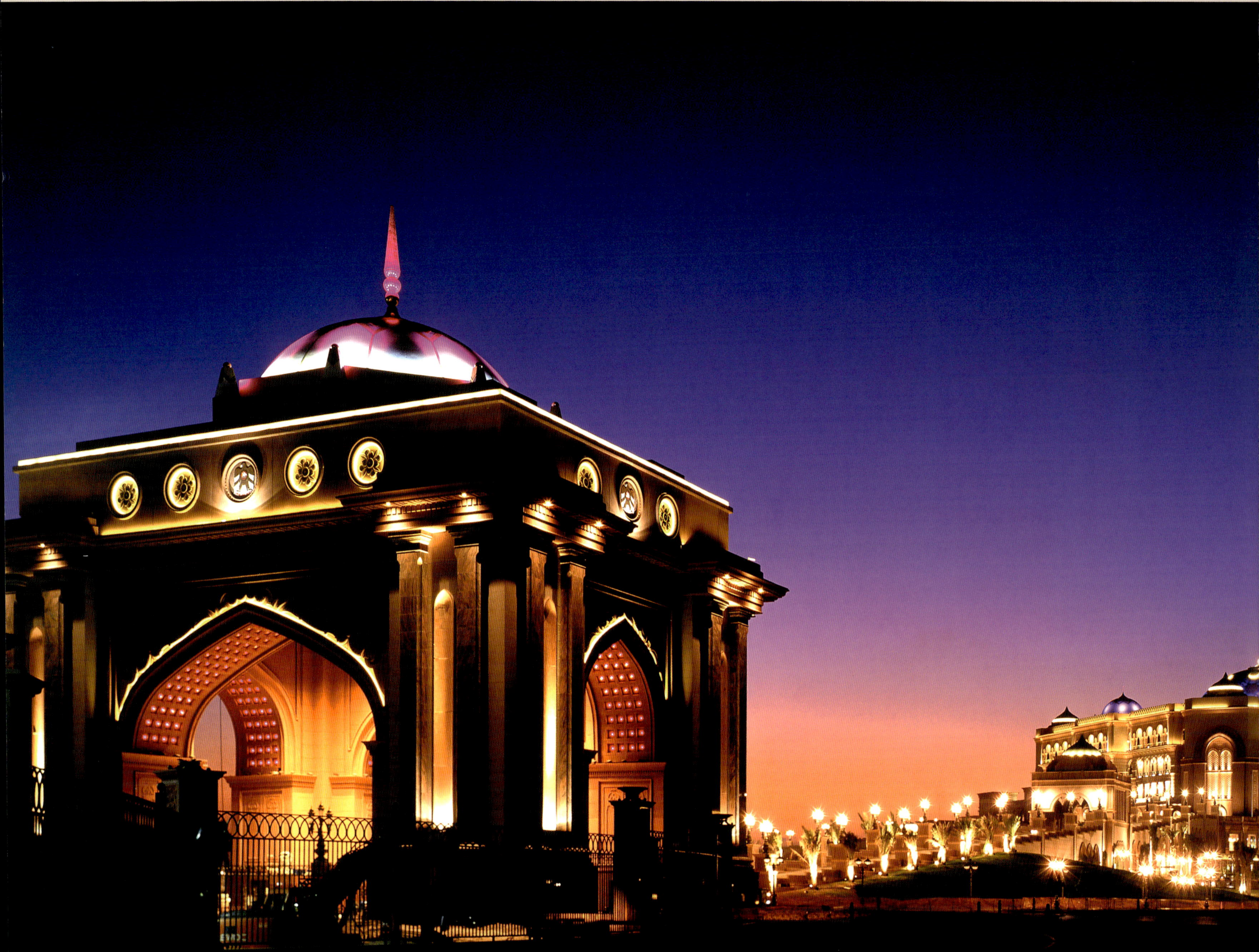

EMIRATES PALACE

ABU DHABI

Looking for more than just another ordinary vacation? How would you like to pick your own pearl right from the ocean, create your own perfume or perhaps design your very own handmade Persian carpet? The Emirates Palace Hotel in Abu Dhabi, offers an amazing twenty-eight day vacation package that includes all that and more. For $1 million you get daily spa treatments, a chauffeur driven Maybach, and a private jet to whisk you off to several locations where you can participate in the creation of your own pièce de résistance!

Que diriez-vous, pour vos prochaines vacances, d'aller ramasser des perles au fond de l'océan ou de tisser vous-même votre prochain tapis persan ? L'*Emirates Palace* d'Abu Dhabi vous propose, dans son sensationnel forfait de 28 jours à 1 million de dollars, de découvrir toutes ces activités et bien d'autres. Pour votre seul plaisir sont prévus des soins bien-être quotidiens, des déplacements avec chauffeur dans une somptueuse Maybach et la mise à disposition d'un jet privé qui vous emmènera en un rien de temps vers de nombreuses destinations.

Op zoek naar meer dan zomaar de volgende vakantie? Zou je graag zelf een parel opduiken van de bodem van de oceaan, je eigen parfum maken of misschien zelf een Perzisch tapijt maken? Het Emirates Palace Hotel in Abu Dhabi biedt een ongelooflijk 28-daags vakantiepakket aan waar dat allemaal en nog veel meer in zit. Voor $ 1 miljoen krijg je een dagelijkse behandeling in het schoonheidssalon, een Maybach met chauffeur en een privéjet om je naar verschillende locaties te brengen waar je mee aan je eigen 'pièce de résistance' kan werken!

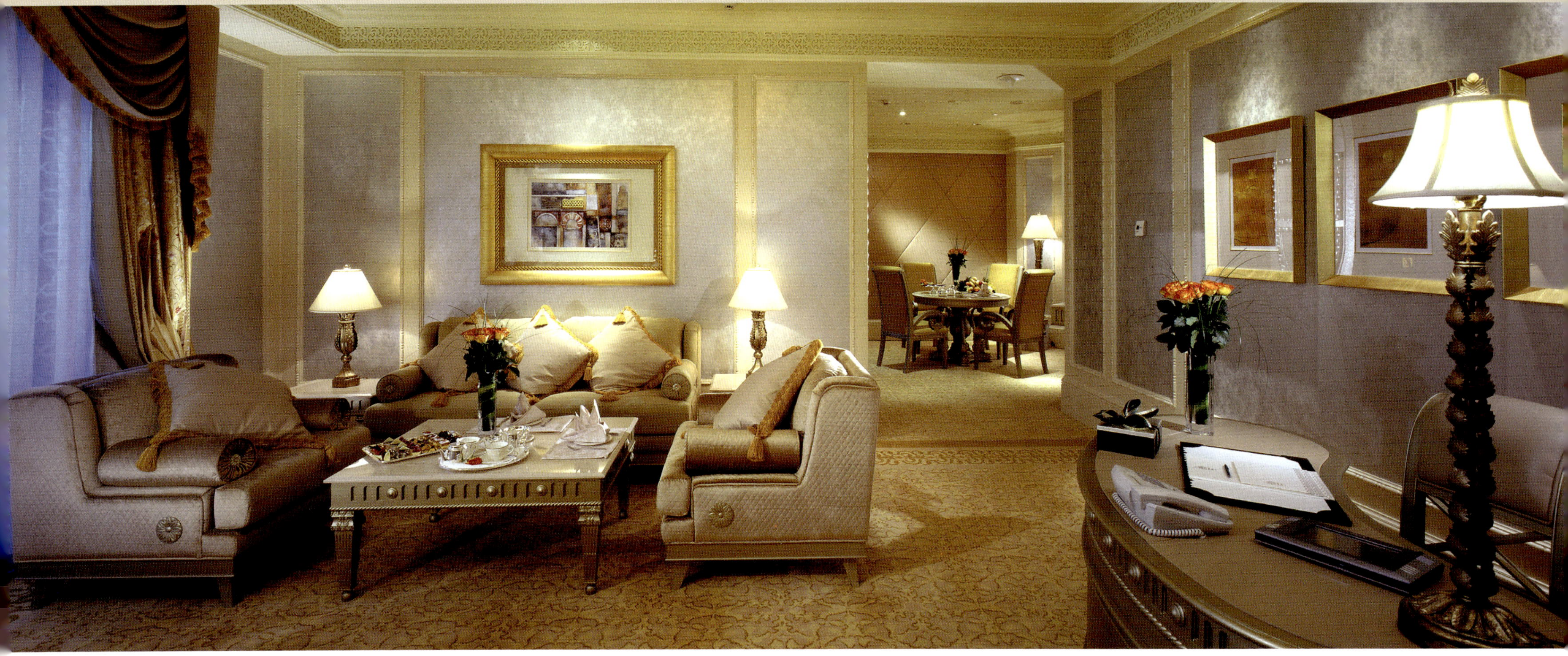

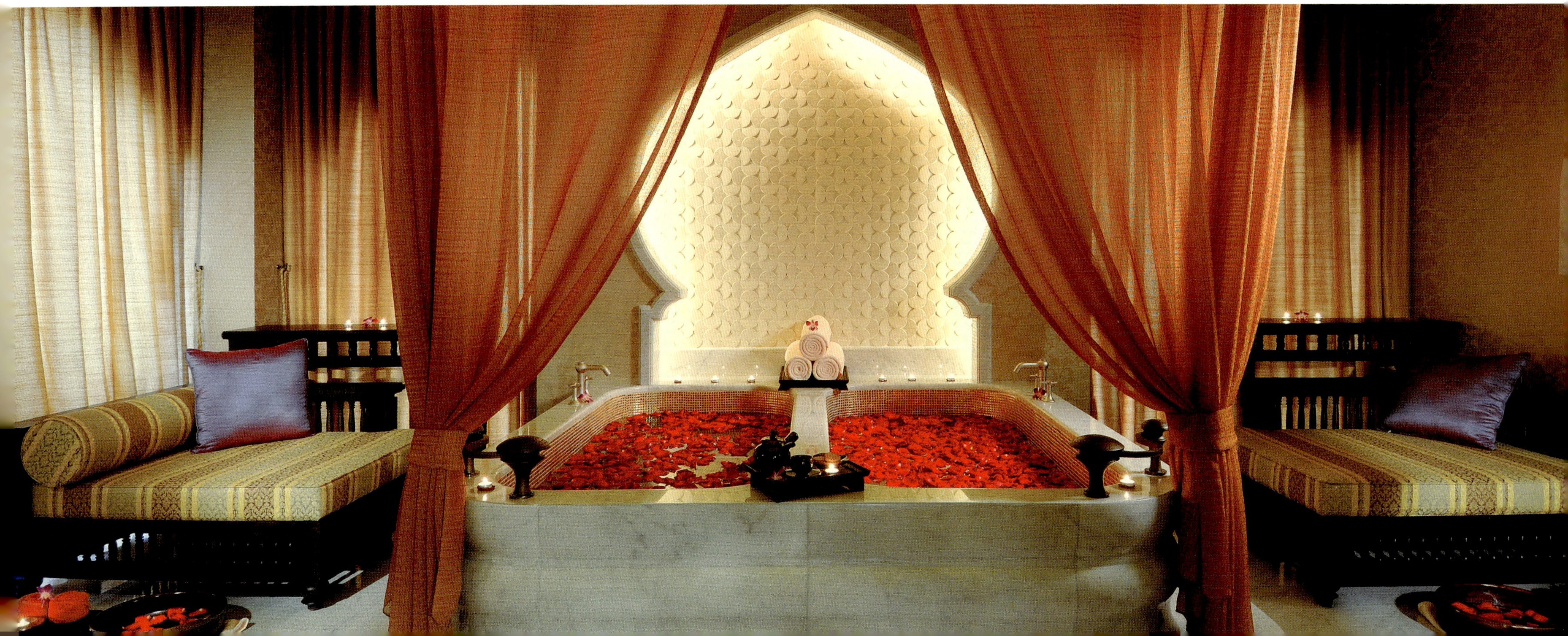

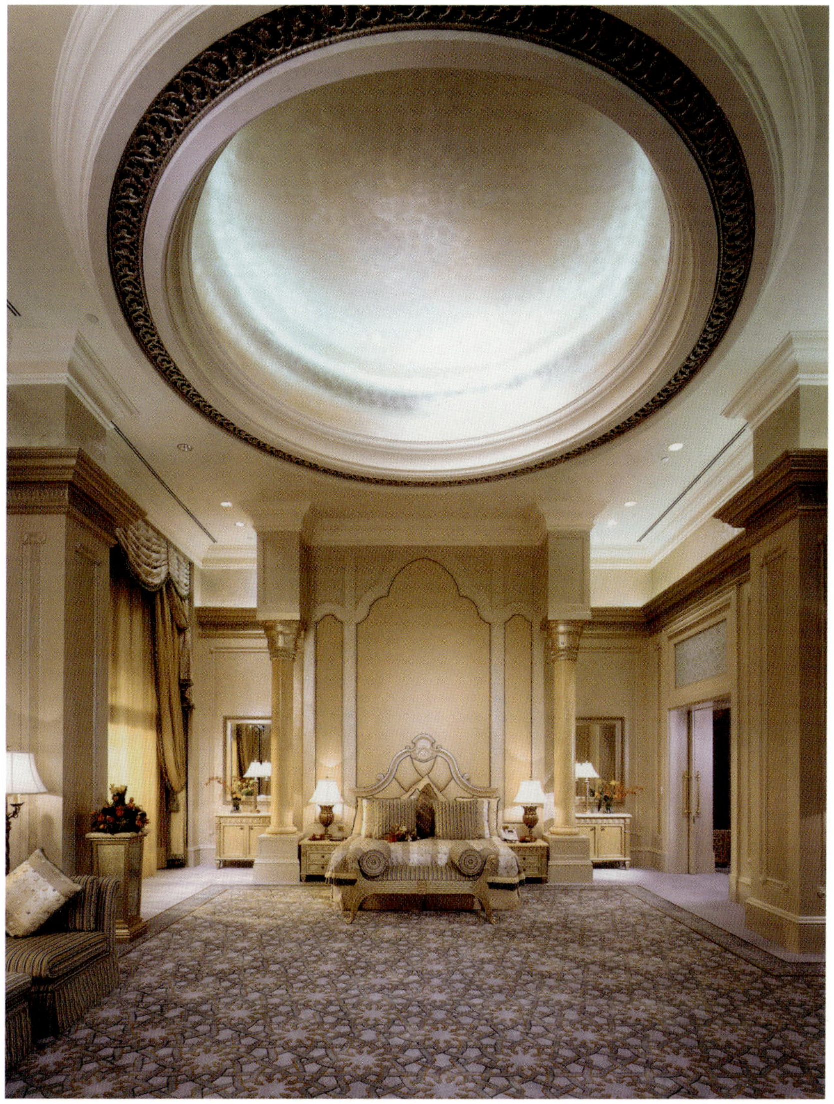

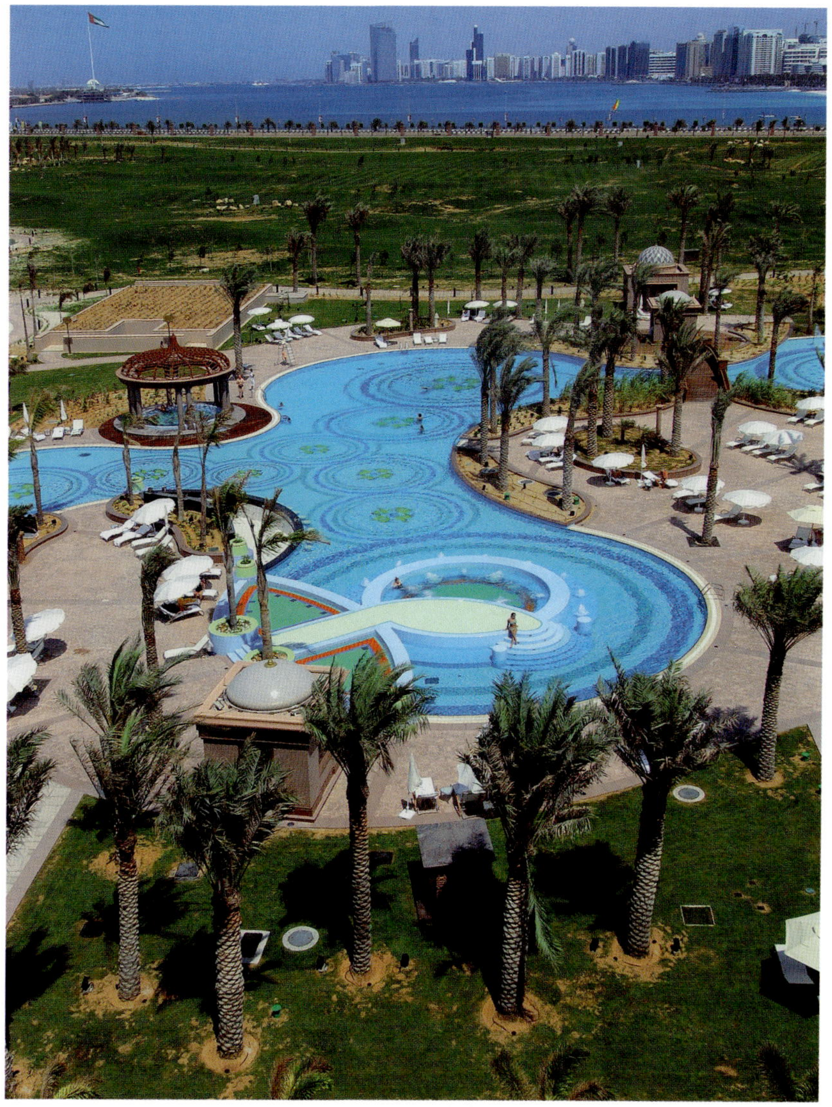

$ 300,000

BLUE FORREST

Company founder Andy Payne was born and brought up in East Africa where he spent most of his time enjoying the beauty and adventure of the great outdoors. Blue Forest is his attempt, and quite a successful one, to bring people closer to the natural world. The team works closely with clients to develop, design and deliver exactly what they need; be it a small children's play area or a lavish functional home, each project is meticulously crafted with the utmost care and detail, ensuring a masterpiece every time.

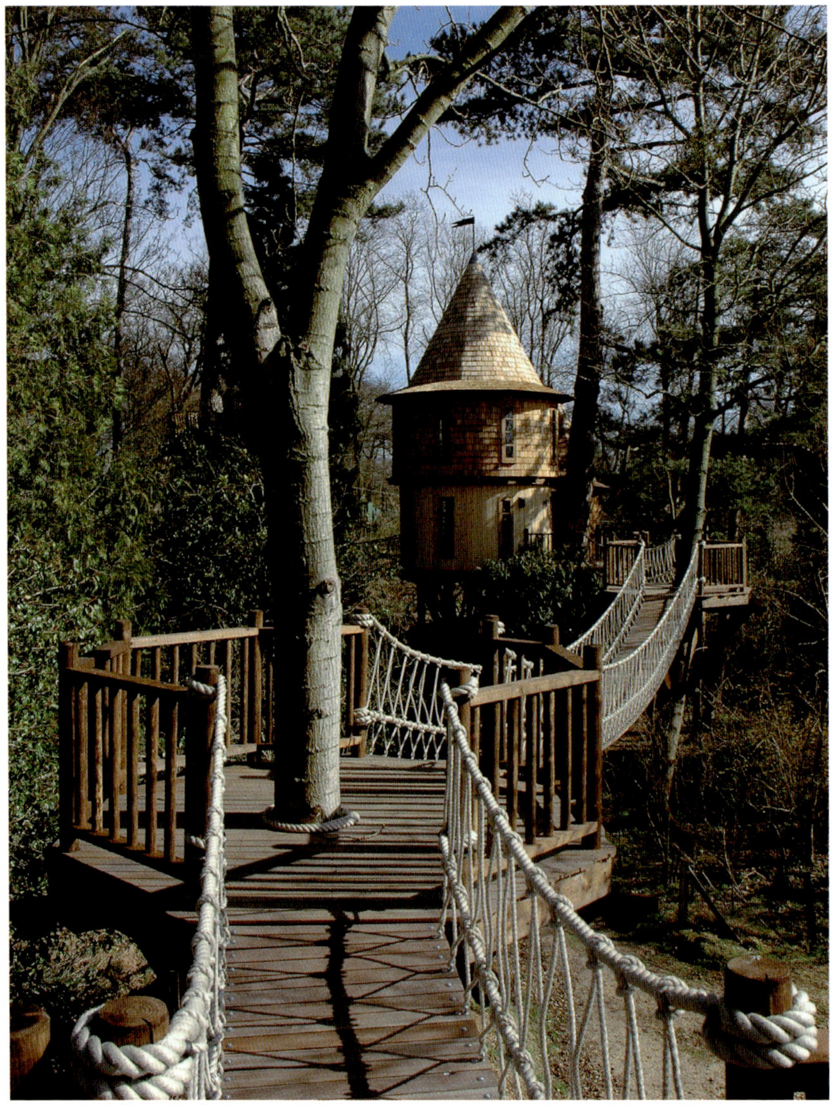

Né en Afrique orientale, Andy Payne a passé le plus clair de son temps à explorer les grands espaces. Fondateur de la société Blue Forest, il a souhaité rapprocher les gens et la nature. Tentative réussie. Son équipe travaille en étroite collaboration avec chaque client pour donner vie à la cabane de ses rêves. Qu'il s'agisse d'une simple aire de jeux pour enfants ou d'une vaste maison fonctionnelle, chaque construction, réalisée avec soin dans les moindres détails, est un chef-d'œuvre.

Andy Payne, de oprichter van het bedrijf, is geboren en getogen in Oost-Afrika waar hij vooral van de schoonheid en het avontuur in de open lucht genoot. Blue Forest is zijn poging – die vrij goed geslaagd is trouwens – om mensen dichter bij de natuur te brengen. Het team werkt nauw samen met de klanten om voor hen precies dat te ontwikkelen, ontwerpen en leveren wat ze nodig hebben.Of het nu om een speeltuin voor kleine kinderen of om een luxueuze, functionele woning gaat, elk project wordt heel nauwkeurig, met de grootste zorg en met oog voor detail gemaakt, en telkens opnieuw wordt er een meesterwerk afgeleverd.

TREE HOUSE
CABANE • BOOMHUT

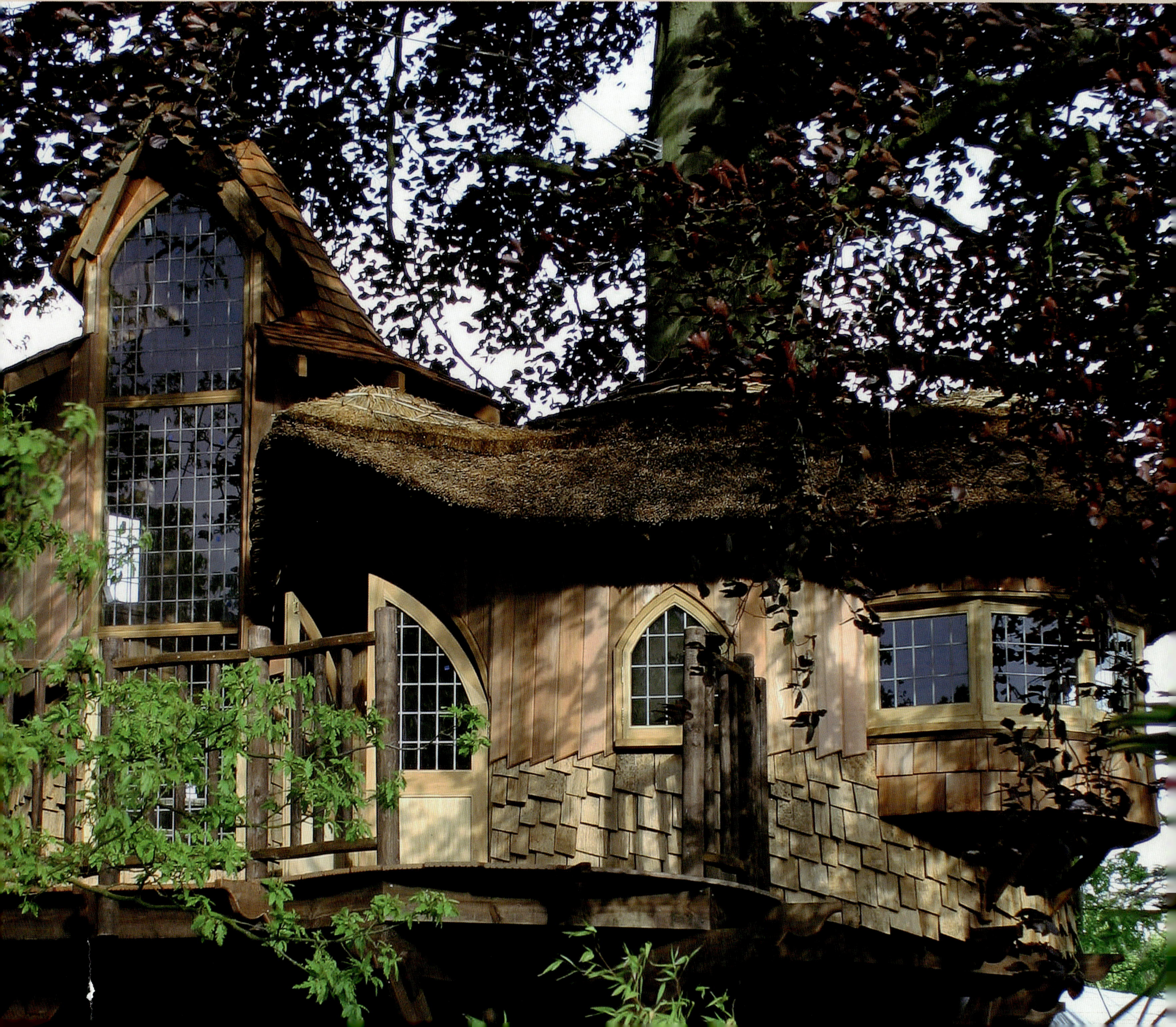

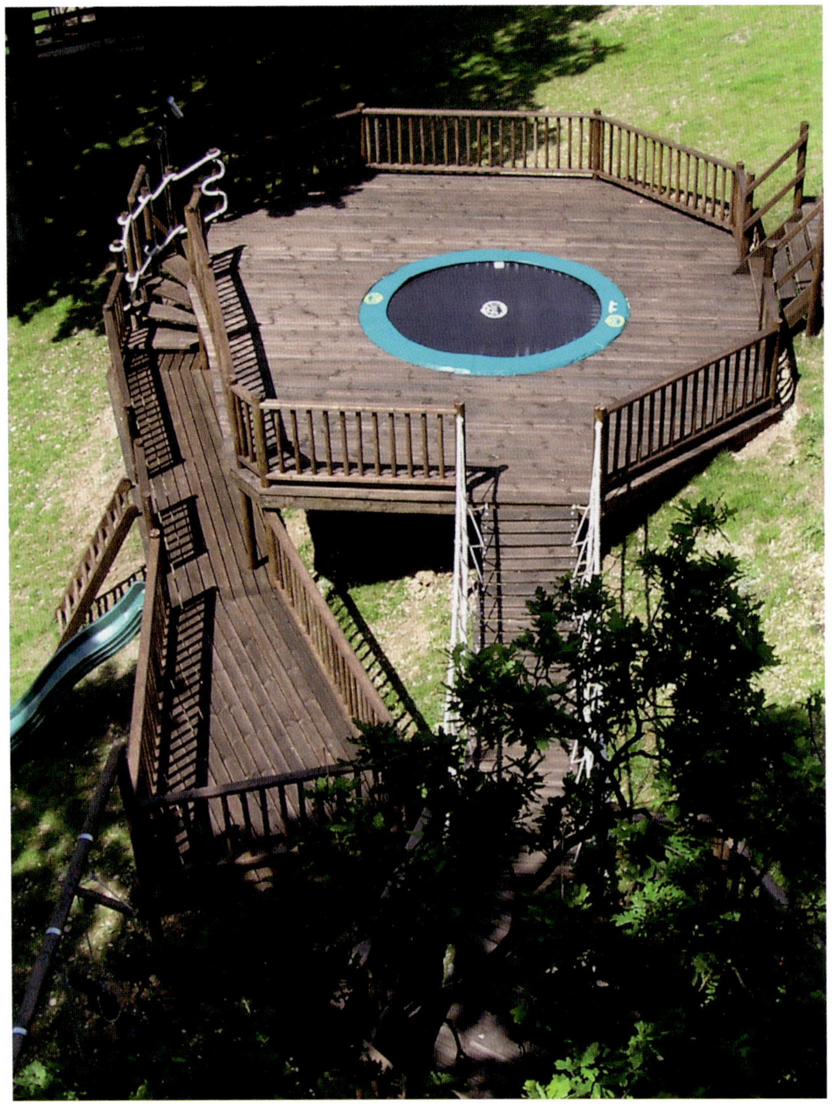

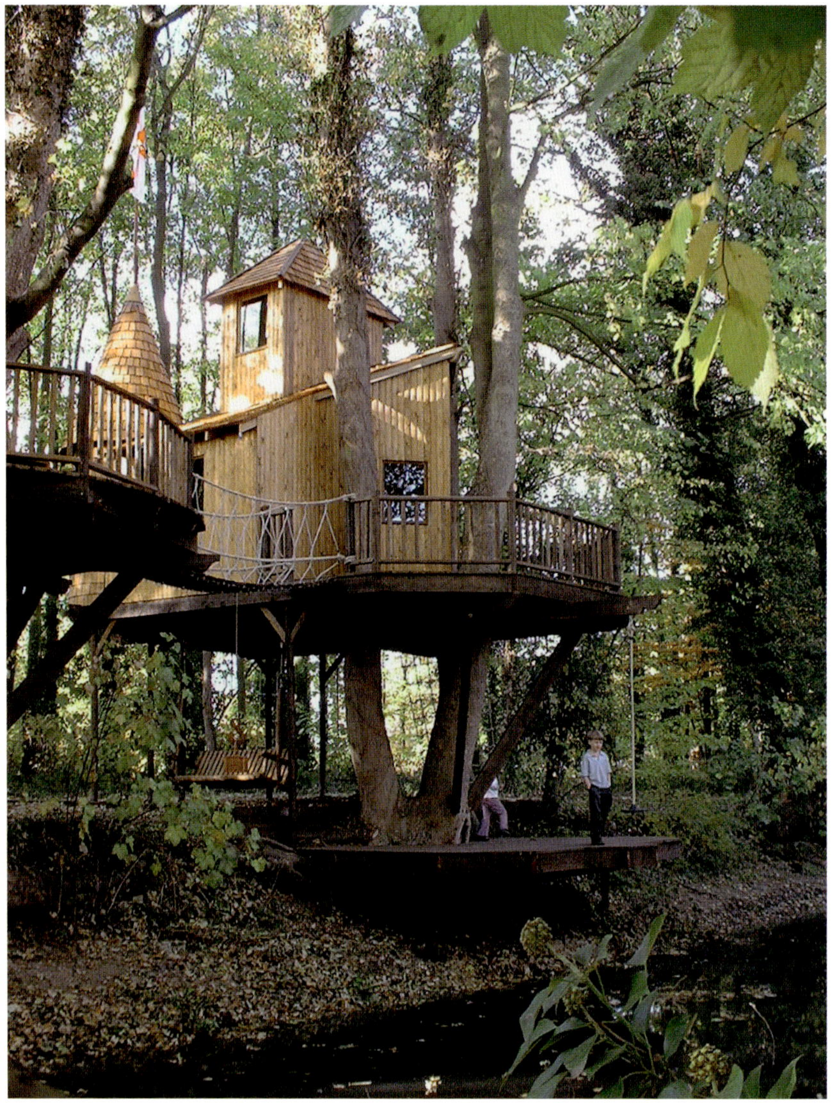

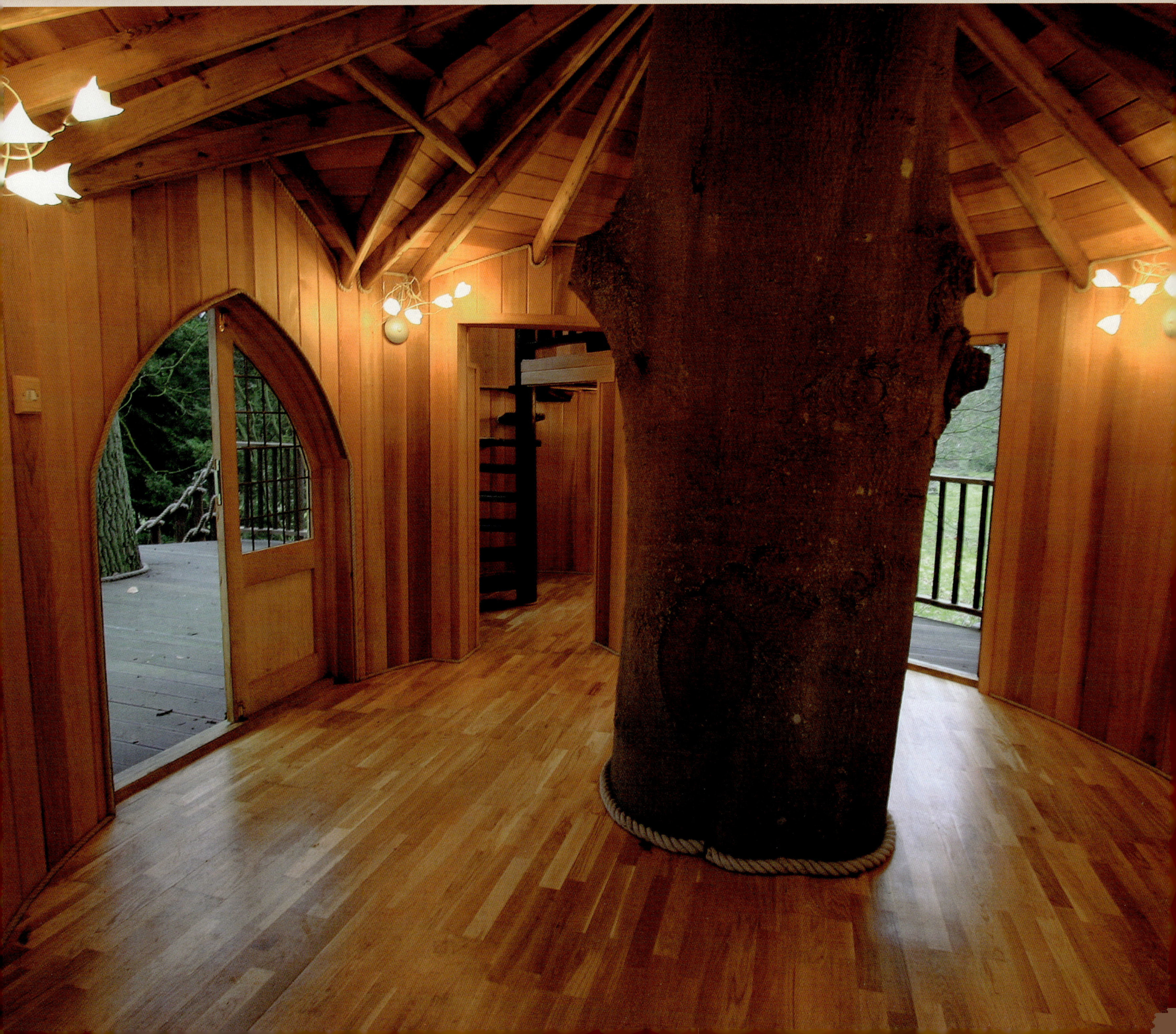

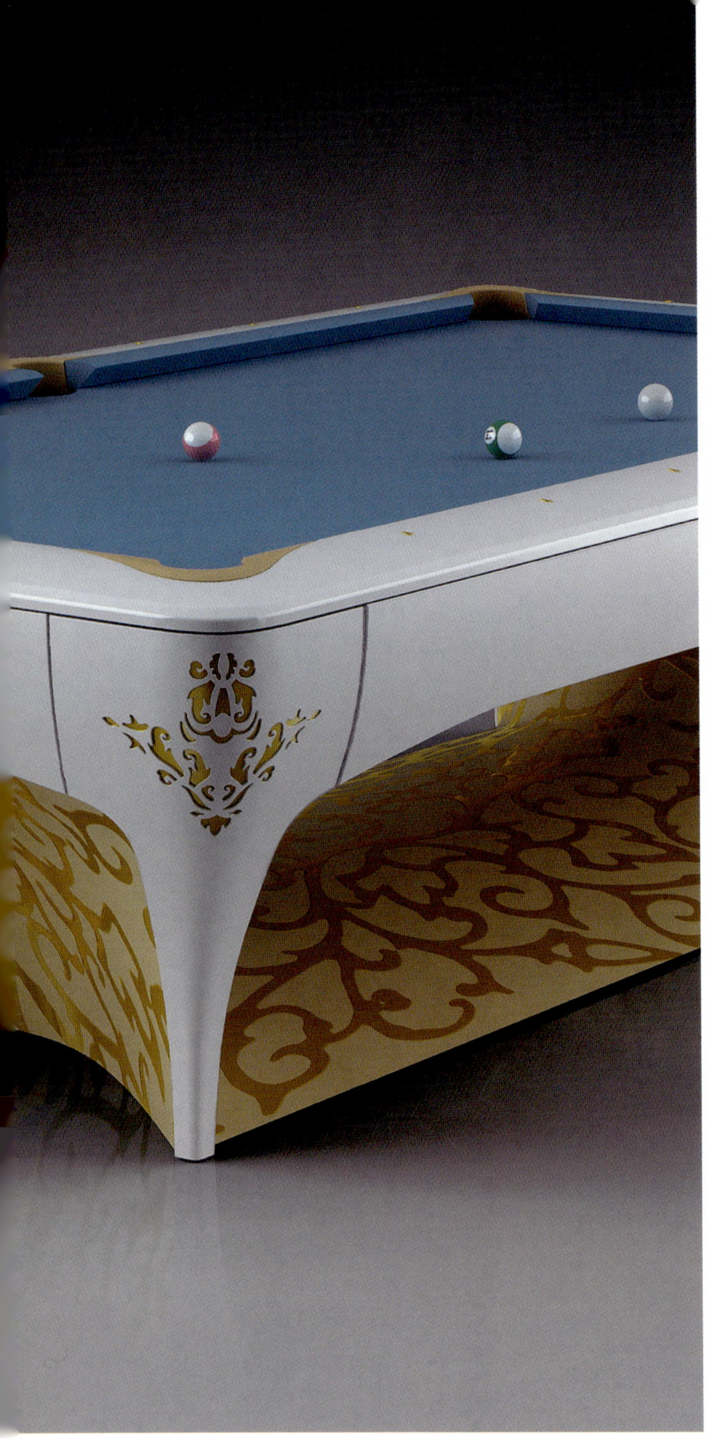

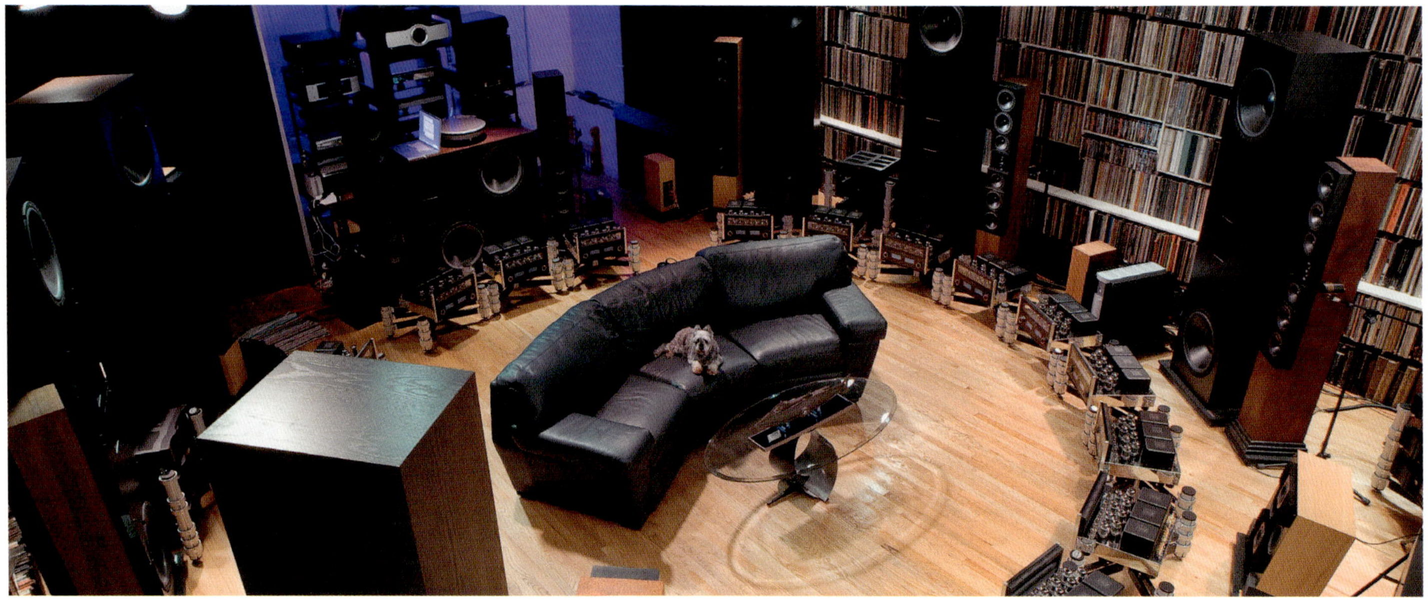

"Those who work hard, play harder," is a phrase familiar to many. But for the wealthy, in addition to playing hard they also play big. From home entertainment to firework displays nothing is too outrageous. Skied on the best slopes? Had the best birthday party? For everything that's been done, there's someone else whose done it 100 times better. Same goes for sports, that next match, that new player will shame those who came before them, taking their place in the spotlight. And for their greatness, their ability to keep us guessing, they are rewarded handsomely.

C'est bien connu : ceux qui travaillent beaucoup ne se refusent rien lorsqu'il s'agit de se divertir. Et pour les nantis, le *bon temps*, c'est de l'argent... beaucoup d'argent ! Du home cinema aux feux d'artifice, rien ne semble trop extravagant. Skier sur les meilleures pistes ? S'offrir la plus belle fête d'anniversaire ? Quoi qu'ils fassent, un autre relèvera prochainement le défi de la démesure. Cette règle s'applique aussi dans le sport : chaque match éclipse le précédent et les nouveaux joueurs surpassent les anciens. Ils prennent leur place sous le feu des projecteurs et sont grassement récompensés pour leur talent et les espoirs qu'ils suscitent.

"Wie het breed heeft, kan het breed laten hangen" is een vaak gehoorde uitdrukking. Eéntje die klopt als een bus, want rijke mensen zien het inderdaad graag groot. Van een thuisbioscoop tot een vuurwerkshow, niets is te gek. Al op de beste pistes geskied? Het grootste verjaardagsfeest gehad? Voor alles wat iemand al eens heeft gedaan, is er iemand die het 100 keer beter deed. Dat geldt ook in de sport; bij iedere volgende wedstrijd zal er een nieuwe speler in de schijnwerpers komen te staan en zijn voorgangers overschaduwen. En voor die grootsheid en omdat ze ons blijven verbazen, worden ze goed beloond.

SPORTS & LEISURE

SPORT & DIVERTISSEMENT · SPORT & VRIJE TIJD

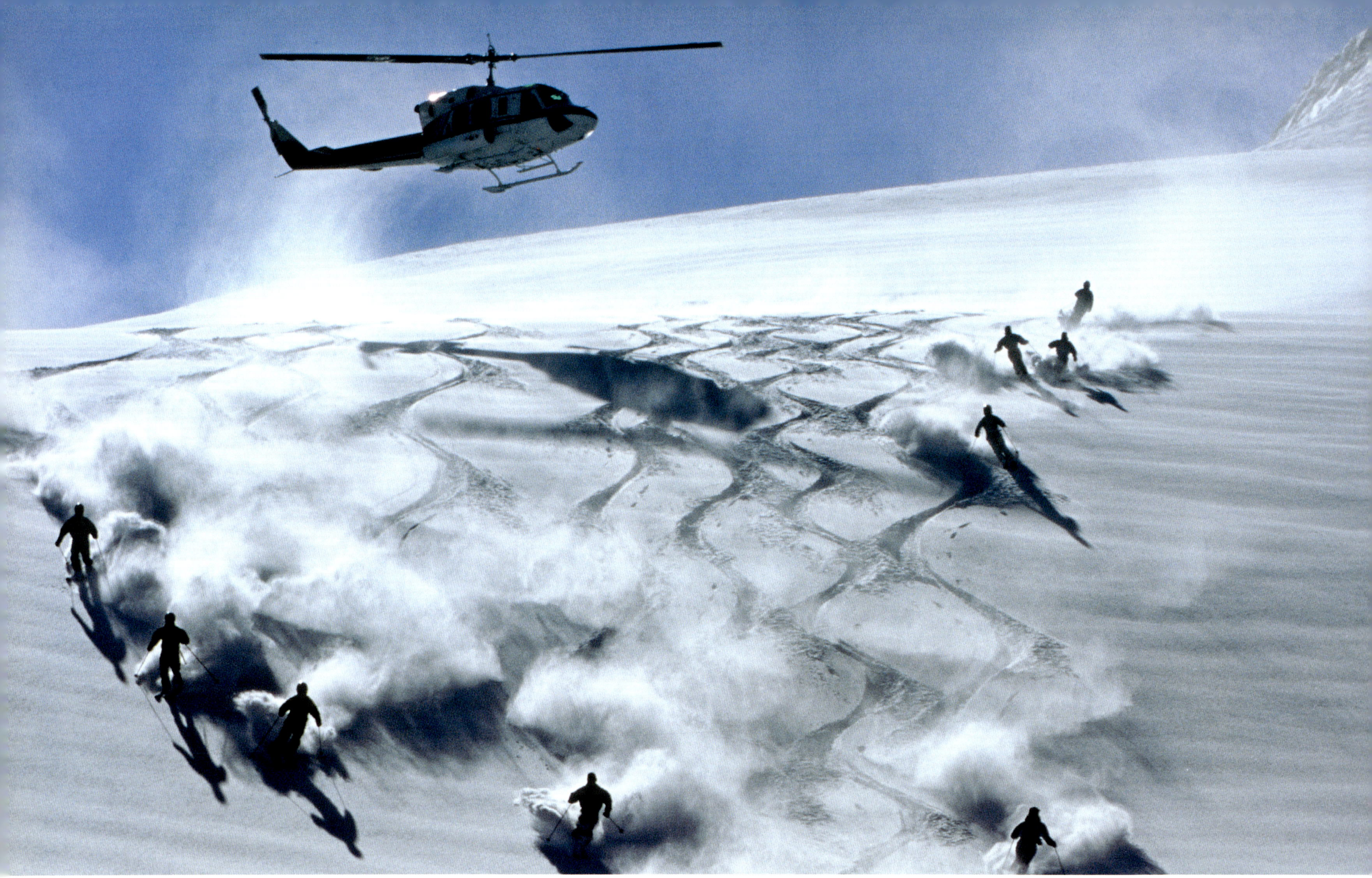

SPORTS & LEISURE

SPORT & DIVERTISSEMENT · SPORT & VRIJE TIJD

$ 1,000,000

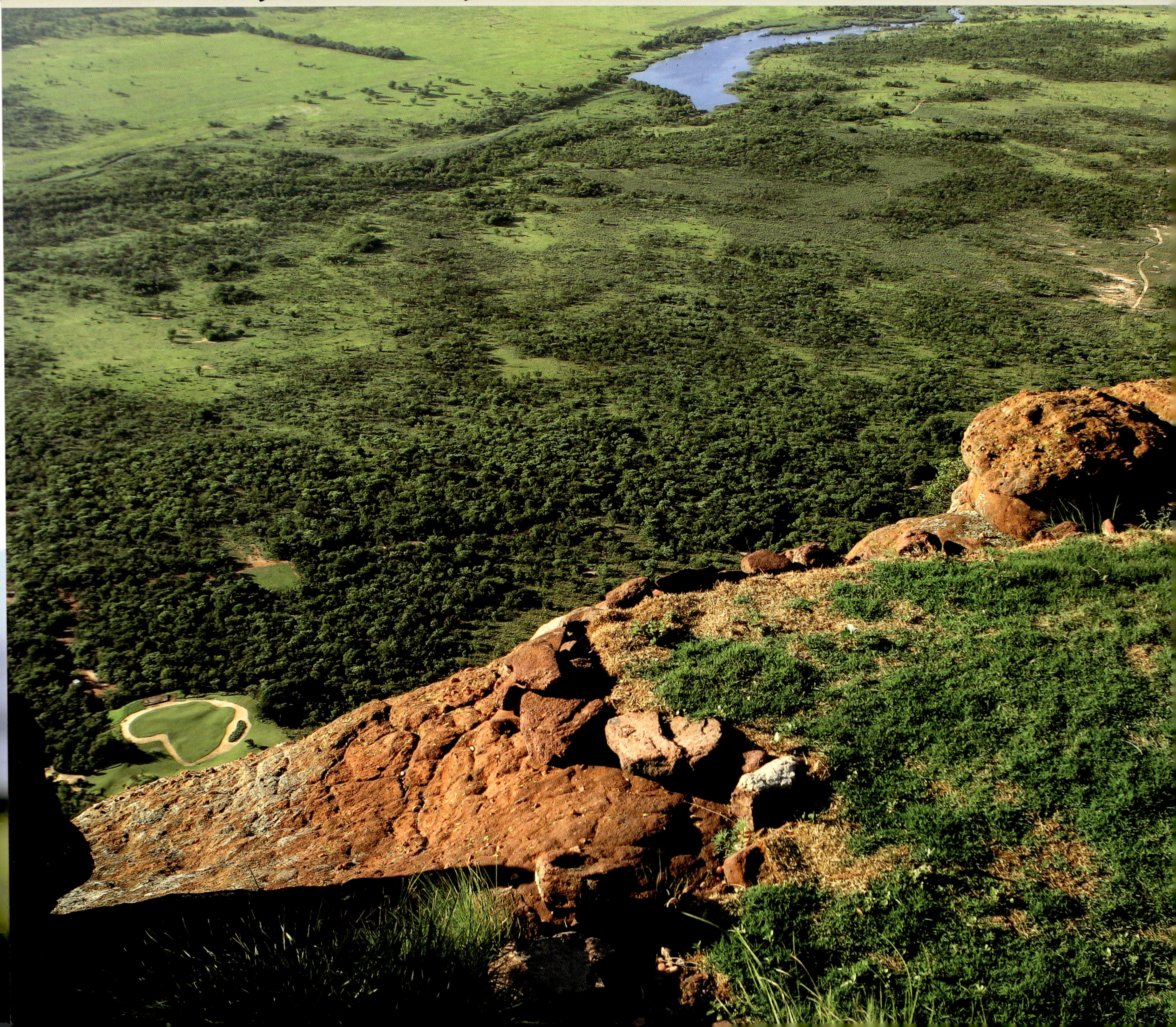

LEGEND GOLF AND SAFARI RESORT

SOUTH AFRICA

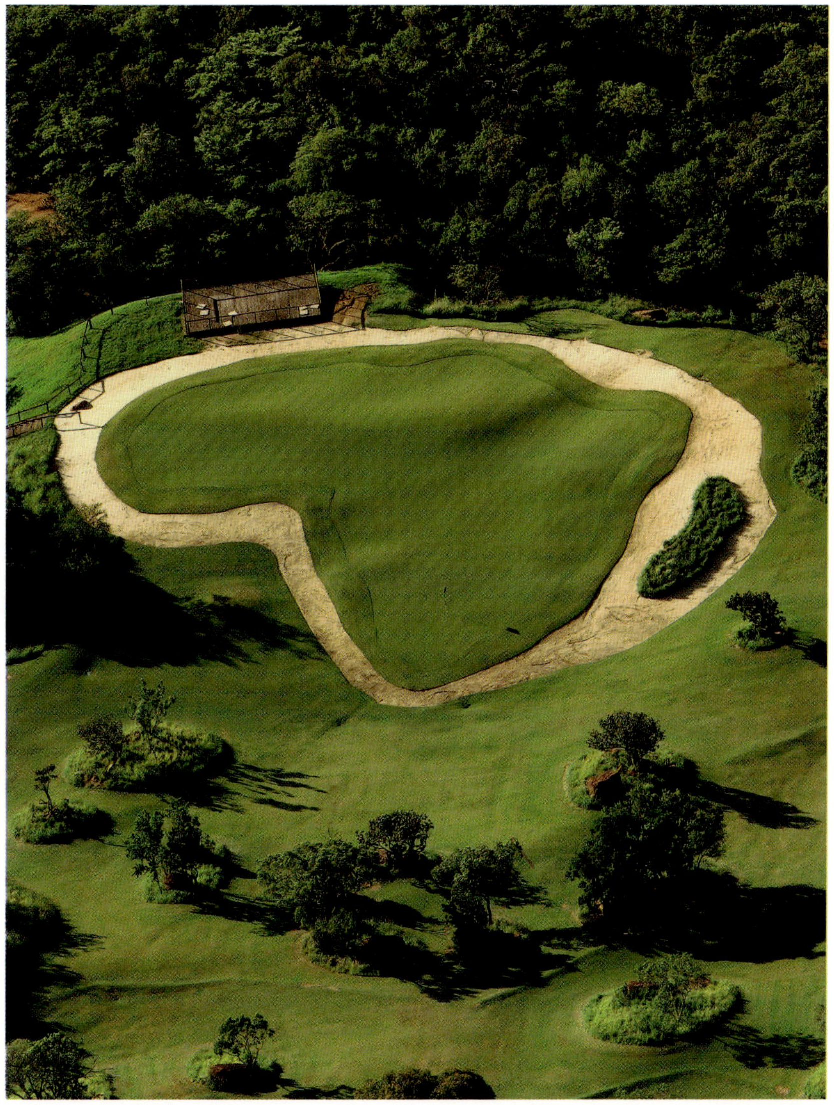

Legend Golf and Safari Resort at Entabeni in the Limpopo province in South Africa is home to the world's longest and highest Par three-the Extreme 19th. Only accessible by helicopter the tee off is from the top of Hanglip Mountain where the ball soars over a lush forest and onto the green shaped like Africa some 400 meters below. It's so high that it takes the ball a full thirty seconds to reach the green. The Extreme 19th costs about $385 to play–but it comes with the promise, however remote, of a $1-million prize for a hole-in-one.

Le *Legend Golf and Safari Resort* d'Entabeni, dans la province sud-africaine du Limpopo, abrite l'extraordinaire *Par three-the Extreme 19th.* Uniquement accessible par hélicoptère, le départ de ce trou se trouve au sommet de la montagne Hanglip. Pour parvenir jusqu'au green dessiné selon les contours du continent africain, la balle survole une forêt luxuriante et parcourt quelque 400 mètres de dénivelé ; une hauteur telle que la balle met trente bonnes secondes à atteindre le green. Tenter l'*Extreme 19th* coûte environ 385 $, mais offre également la chance à quiconque réalisera un "trou en un" de gagner 1 million de dollars.

Het Legend Golf & Safari Resort in Entabeni in de Zuid-Afrikaanse provincie Limpopo is de thuisbasis van 's werelds langste en hoogste par drie hole – de 'Extreme 19th'. De tee-off, die enkel per helikopter te bereiken is, bevindt zich bovenop de Hanglipberg vanwaar de bal over een weelderig bos vliegt en zo'n 400 meter lager op de green in de vorm van Afrika landt. De tee-off ligt zo hoog dat de bal er een volle dertig seconden over doet om op de green te geraken. Op de Extreme 19th spelen kost zo'n $ 385 – maar daar hangt wel $ 1 miljoen prijzengeld aan vast voor wie een hole-in-one slaat, ook al is de kans klein.

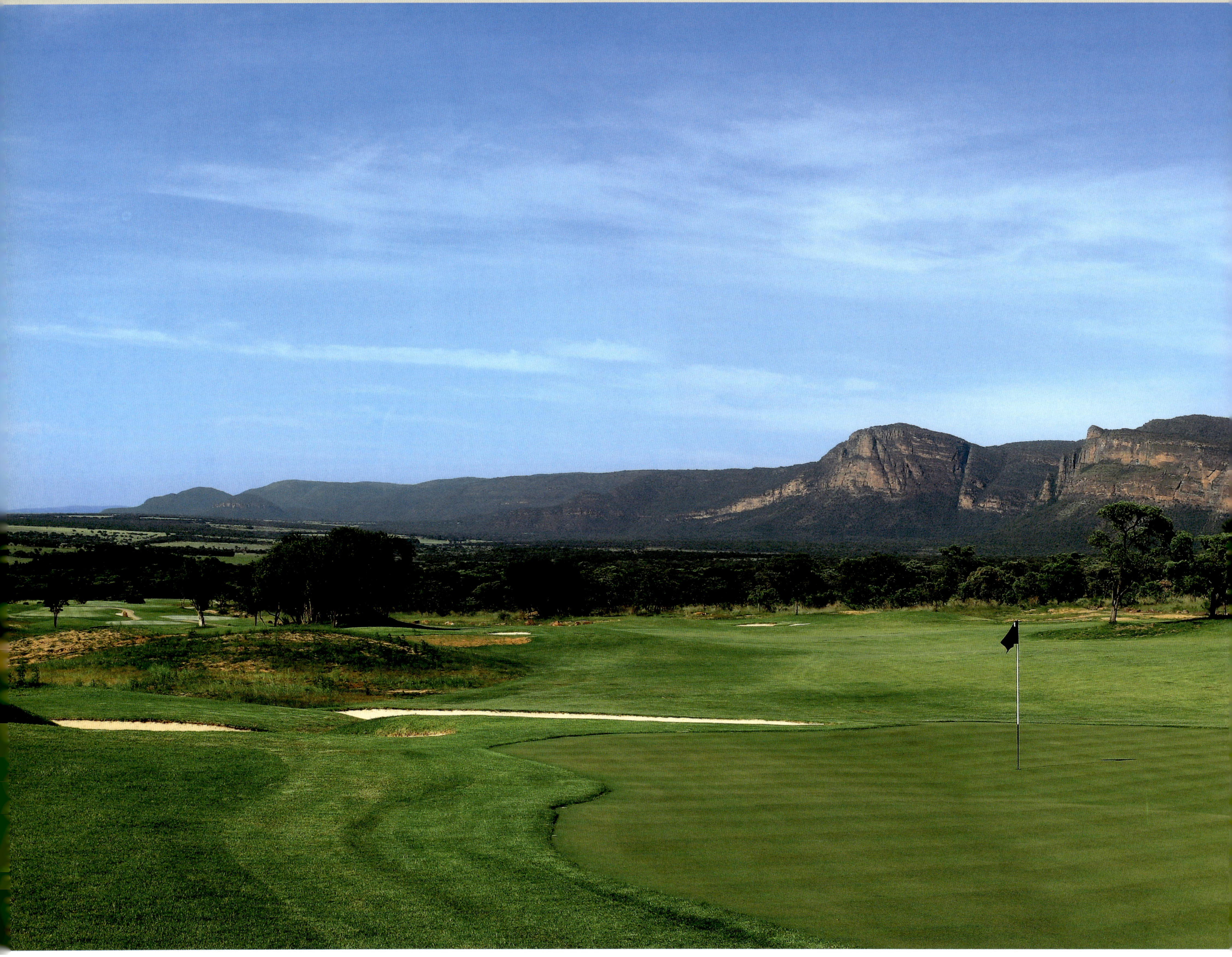

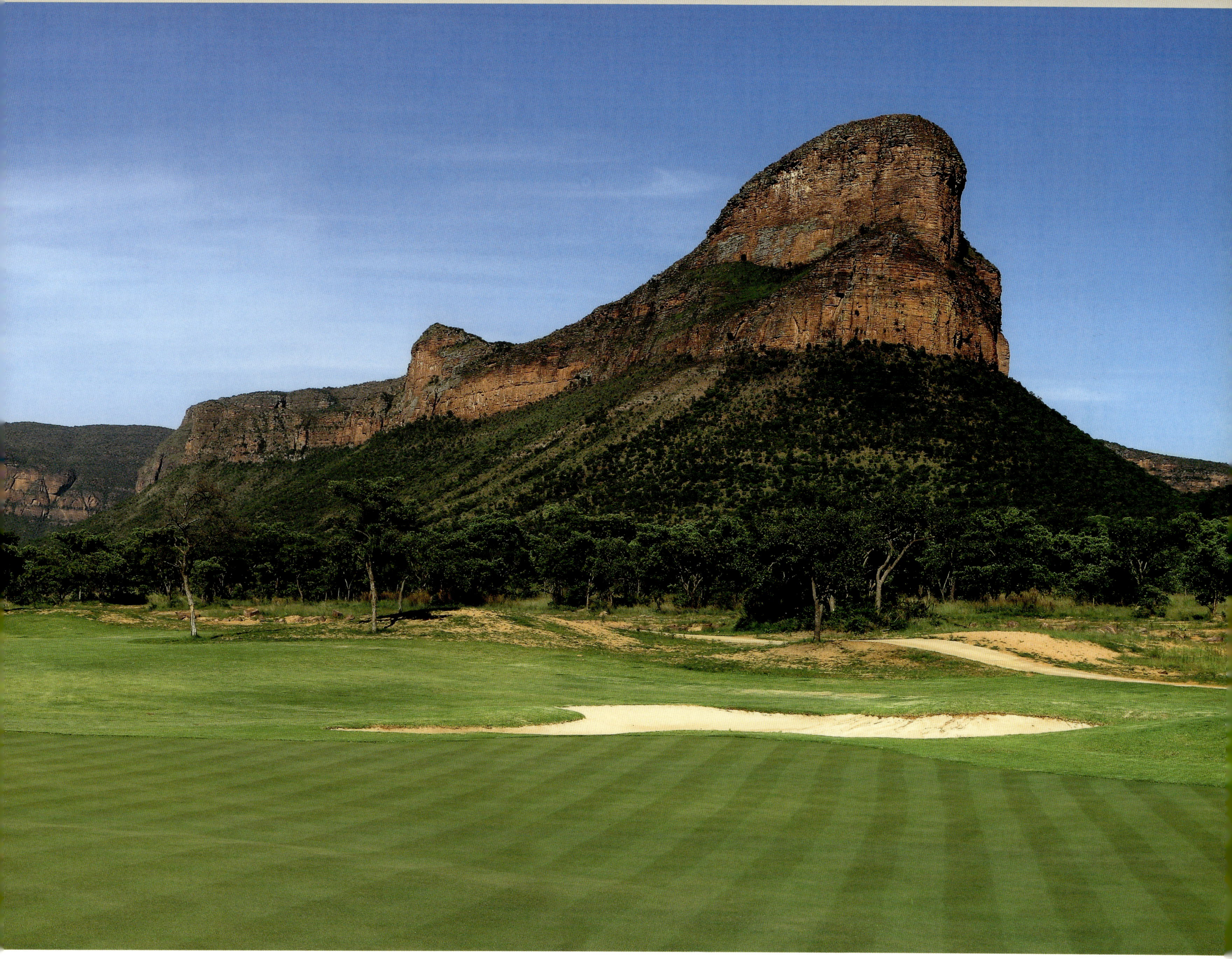

$ 52,000,000

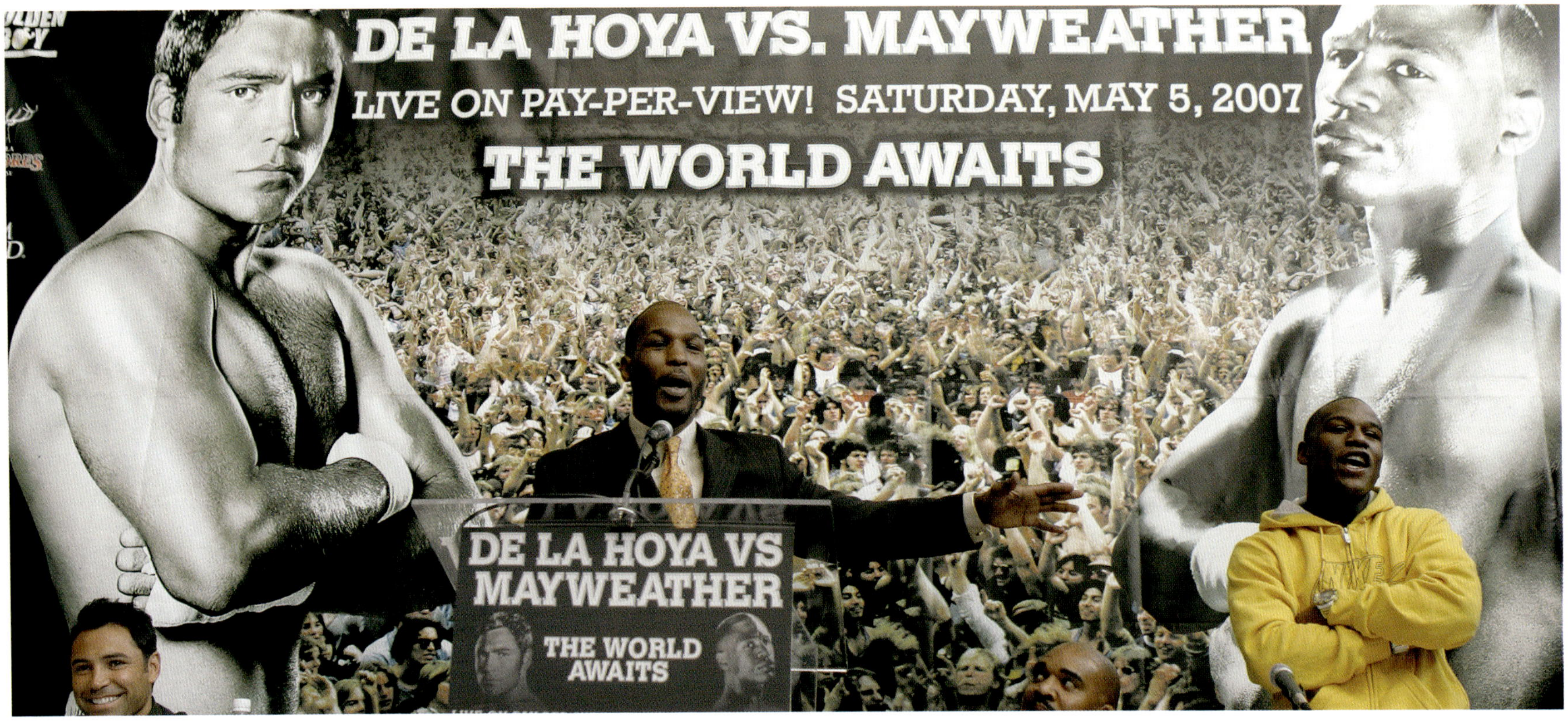

Le match de boxe opposant Oscar De La Hoya (champion du monde dans six catégories de poids) et Floyd Mayweather Jr. (champion invaincu sacré dans quatre catégories) a pulvérisé tous les précédents records en termes de recettes. Les places pour la rencontre organisée au *MGM Grand* de Las Vegas se sont vendues en l'espace de 3 heures. La chaîne HBO a diffusé le combat en *pay per view* à un nombre record de 2,4 millions de foyers, pour une recette inespérée de 120 millions de dollars. Si l'on additionne les gains du vainqueur, Oscar De La Hoya, aux bénéfices de la vente des billets, cette rencontre a rapporté la coquette somme de 52 millions de dollars.

De bokswedstrijd tussen Oscar De La Hoya, wereldkampioen in zes divisies, en Floyd Mayweather Jr., ongeslagen kampioen in vier divisies, brak alle vorige records. De plaatsen voor de wedstrijd, die in het MGM Grand in Las Vegas, Nevada, plaatsvond, waren 3 uur na het begin van de verkoop al uitverkocht. HBO zond het gevecht uit via pay-per-view; er keken maar liefst 2,4 miljoen huishoudens naar, goed voor een onverwachte $ 120 miljoen aan inkomsten. Als je daar nog zijn prijzengeld en een deel van de ticketverkoop bijtelt, ging Oscar De La Hoya naar huis met een coole $ 52 miljoen.

THE WORLD AWAITS

The boxing match between six-division world champion Oscar De La Hoya and the undefeated four-division champion Floyd Mayweather Jr. shattered all previous records. Taking place at the MGM Grand in Las Vegas, Nevada, seats to the match sold out 3 hours after they went on sale. HBO televised the fight via pay-per-view to a record 2.4 million households, generating an unexpected $120 million in revenue. Factoring in his winnings and earnings from ticket sales, Oscar De La Hoya went home with a cool $52 million.

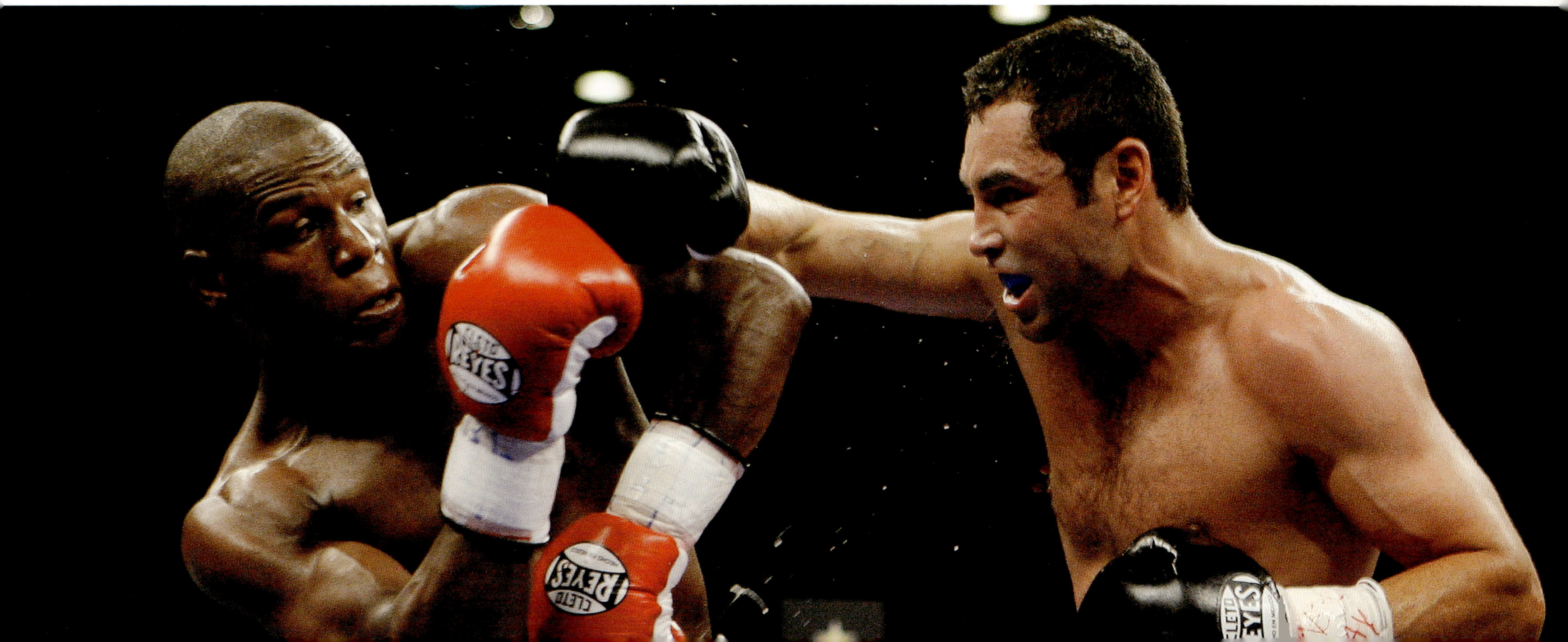

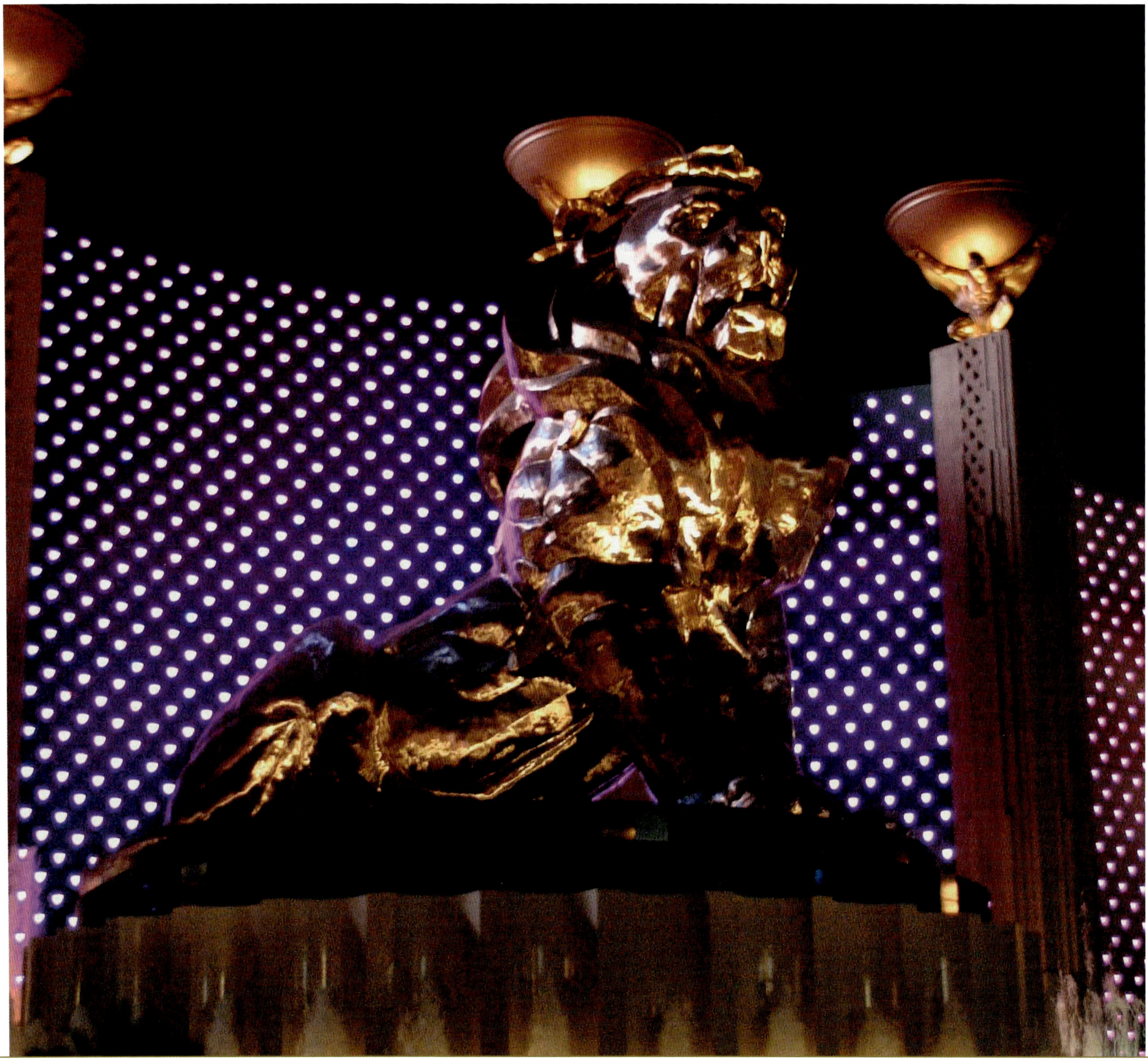

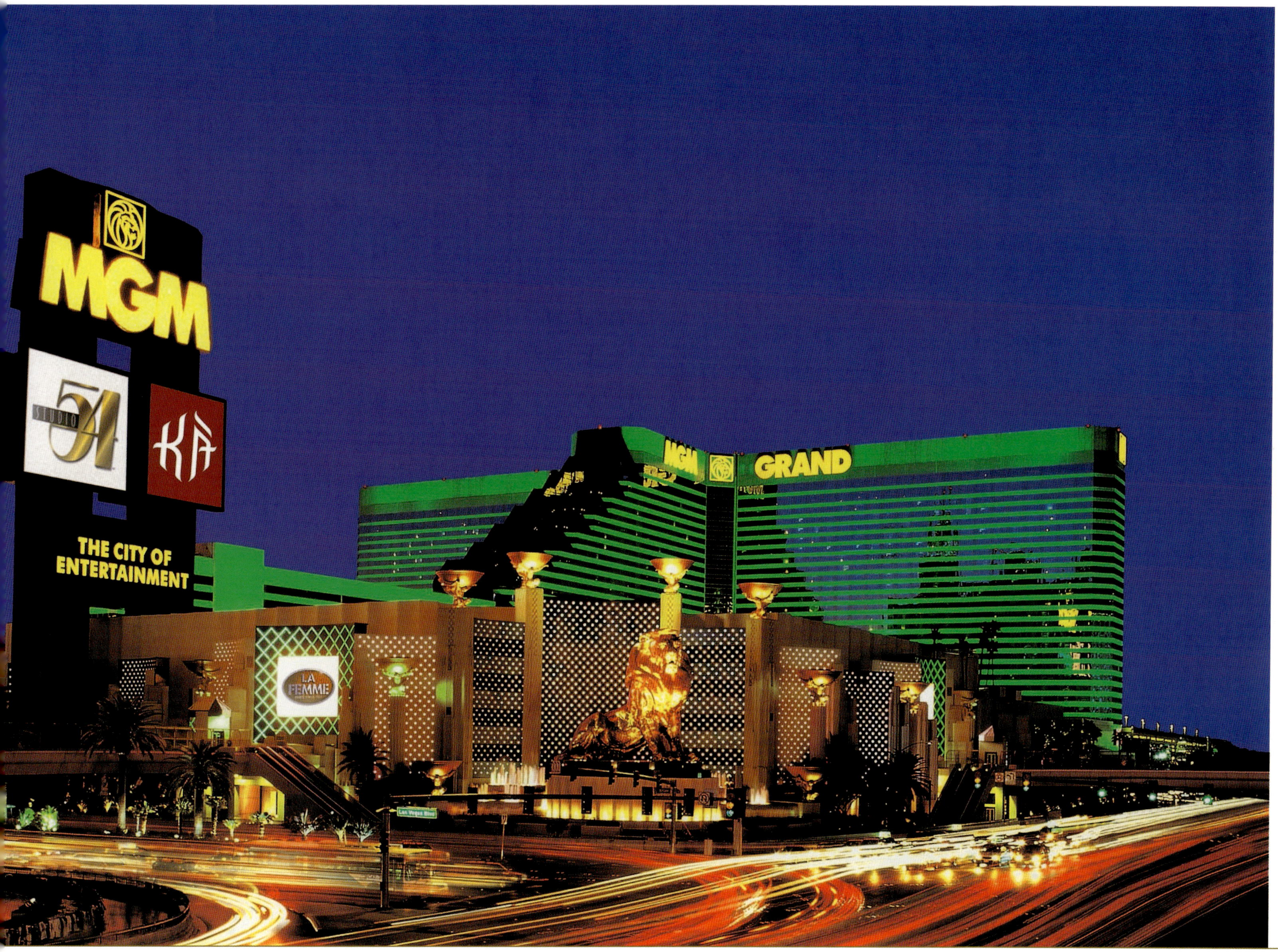
MGM
STUDIO 54
KÀ
THE CITY OF ENTERTAINMENT
MGM GRAND
LA FEMME

$ 6,000,000

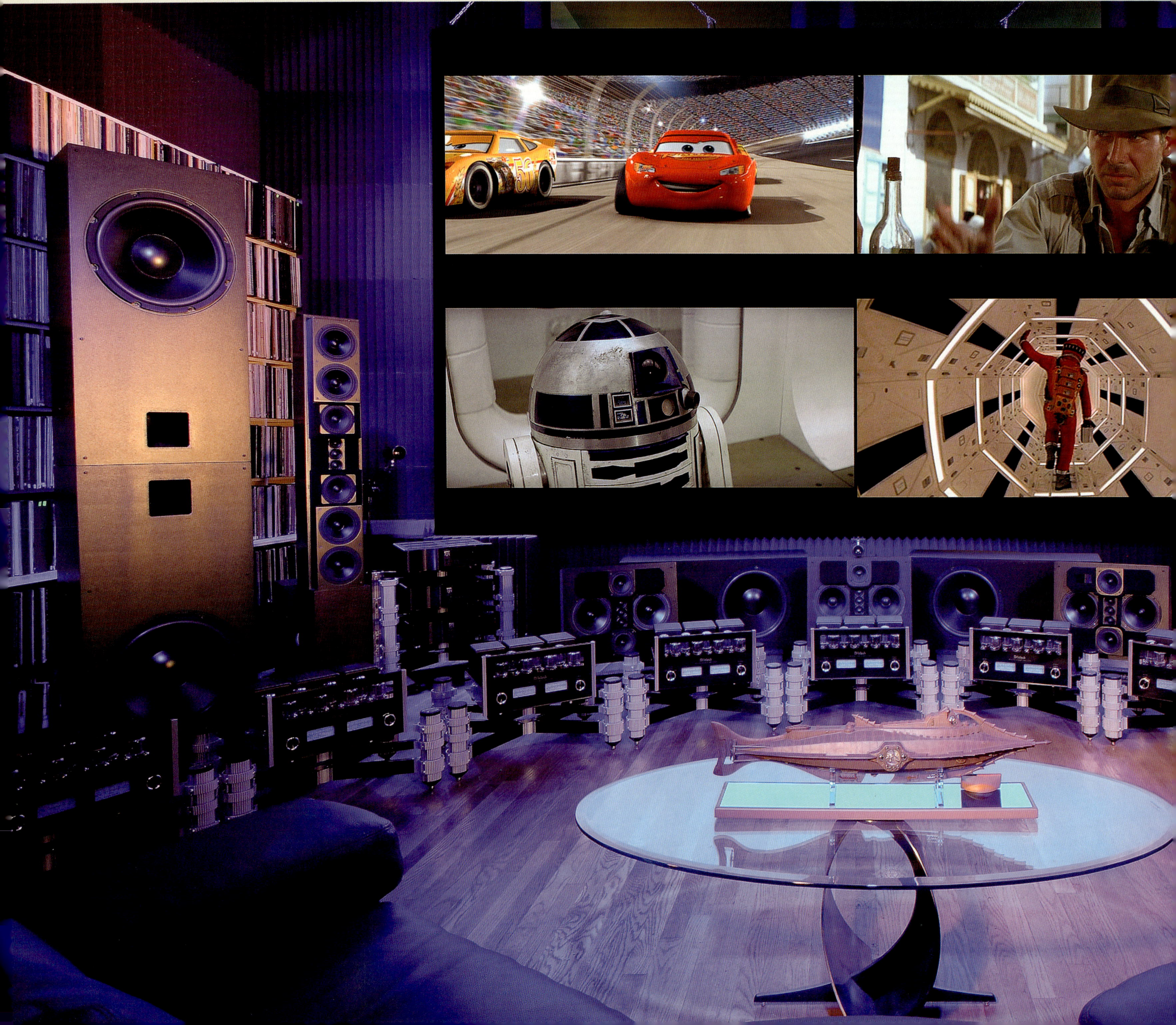

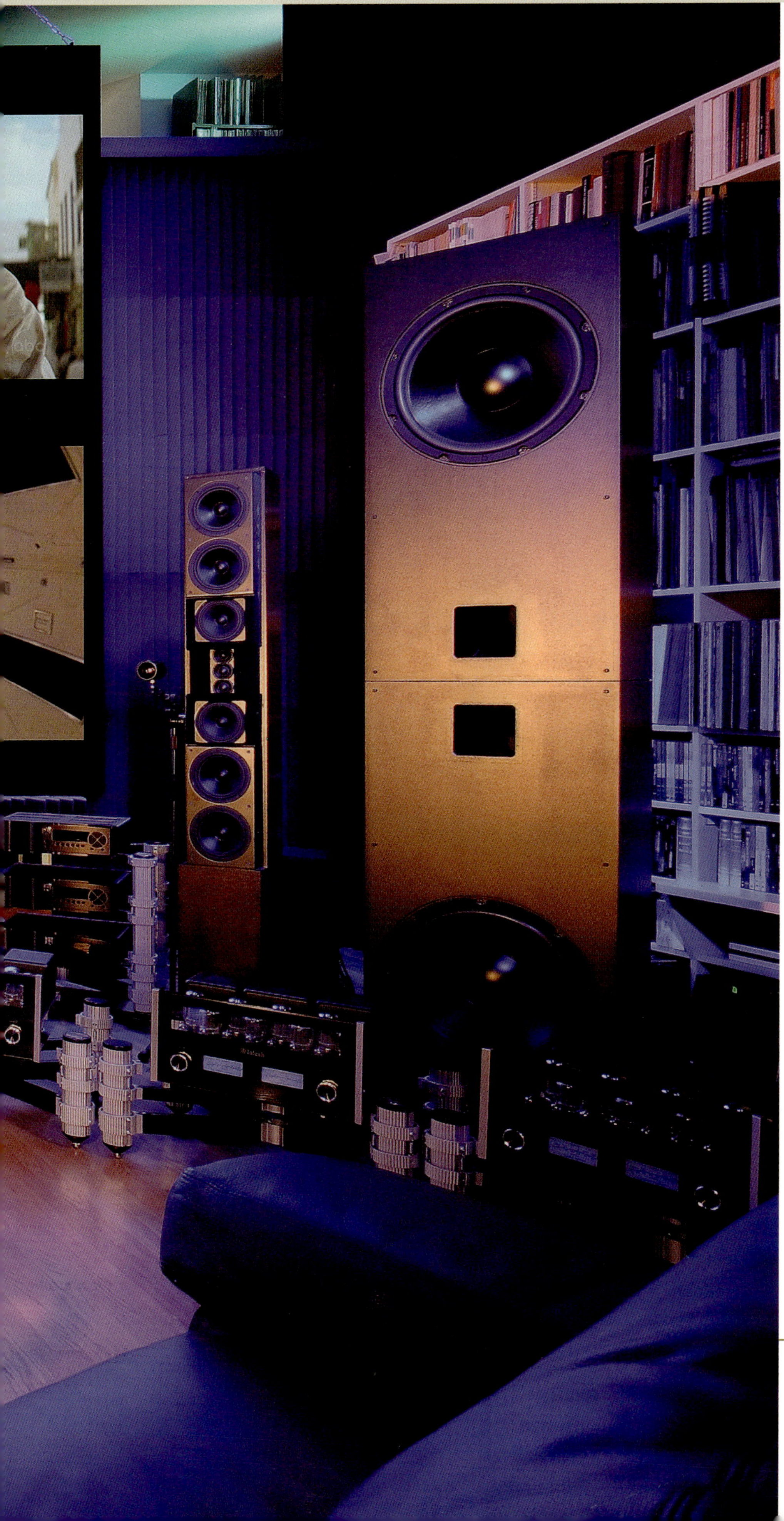

KIPNIS STUDIO

The Kipnis Studio Standard is a design philosophy that defines the cutting edge in picture and sound recreation ensuring complete cinema/screening room solutions. All cinema operations are controlled via a wireless touch screen system allowing for unlimited instant access to all source materials. Kipnis delivers the finest picture and sound quality available anywhere, tastefully created inside individually hand-tailored acoustic spaces whose design is entirely dedicated to accuracy, beauty, and the enjoyment of image and sound reproduction.

Le *Kipnis Studio Standard,* offrant un système de projection complet, est un must en termes de divertissement audiovisuel. L'ensemble des opérations est contrôlé par un écran tactile sans fil. Entièrement axé sur la précision, la beauté et le plaisir audiovisuel, *Kipnis* offre un son et des images de qualité inégalée au sein d'un espace acoustique agencé avec goût et créé sur mesure pour chaque client.

De Kipnis Studio Standard is een designfilosofie voor een hoogtechnologische beeld- en geluidsweergave die totaaloplossingen voor bioscopen/filmzalen mogelijk maakt. Alle bioscoopfuncties worden met een draadloos aanraakscherm bediend zodat u een onbeperkte en onmiddellijke toegang heeft tot alle bronnen. Kipnis biedt de beste beeld- en geluidskwaliteit die je kan vinden, in smaakvol ingerichte en met de hand gemaakte akoestische ruimten die ontworpen zijn met het oog op precisie, schoonheid en het genot van een goede beeld- en geluidsweergave.

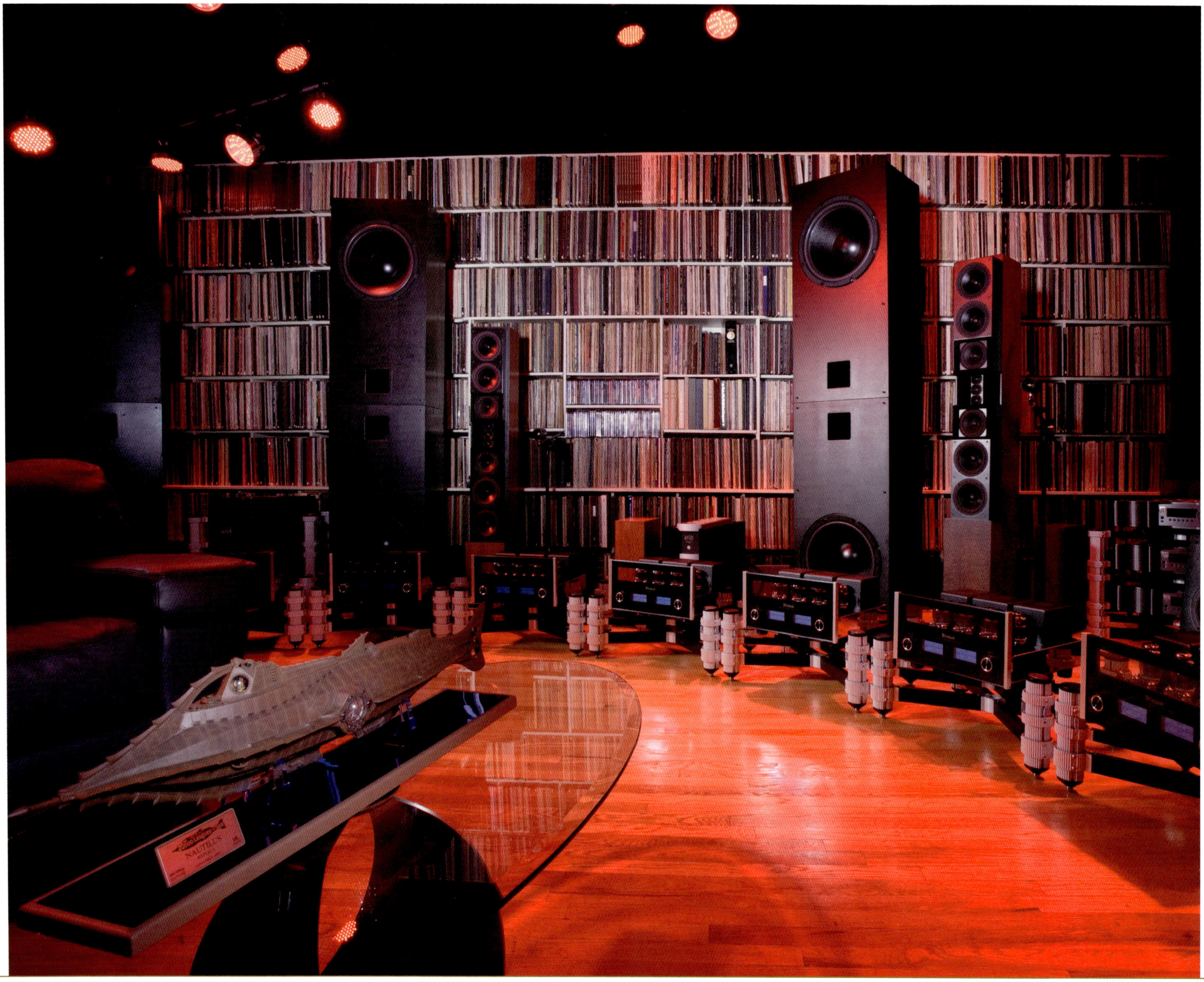

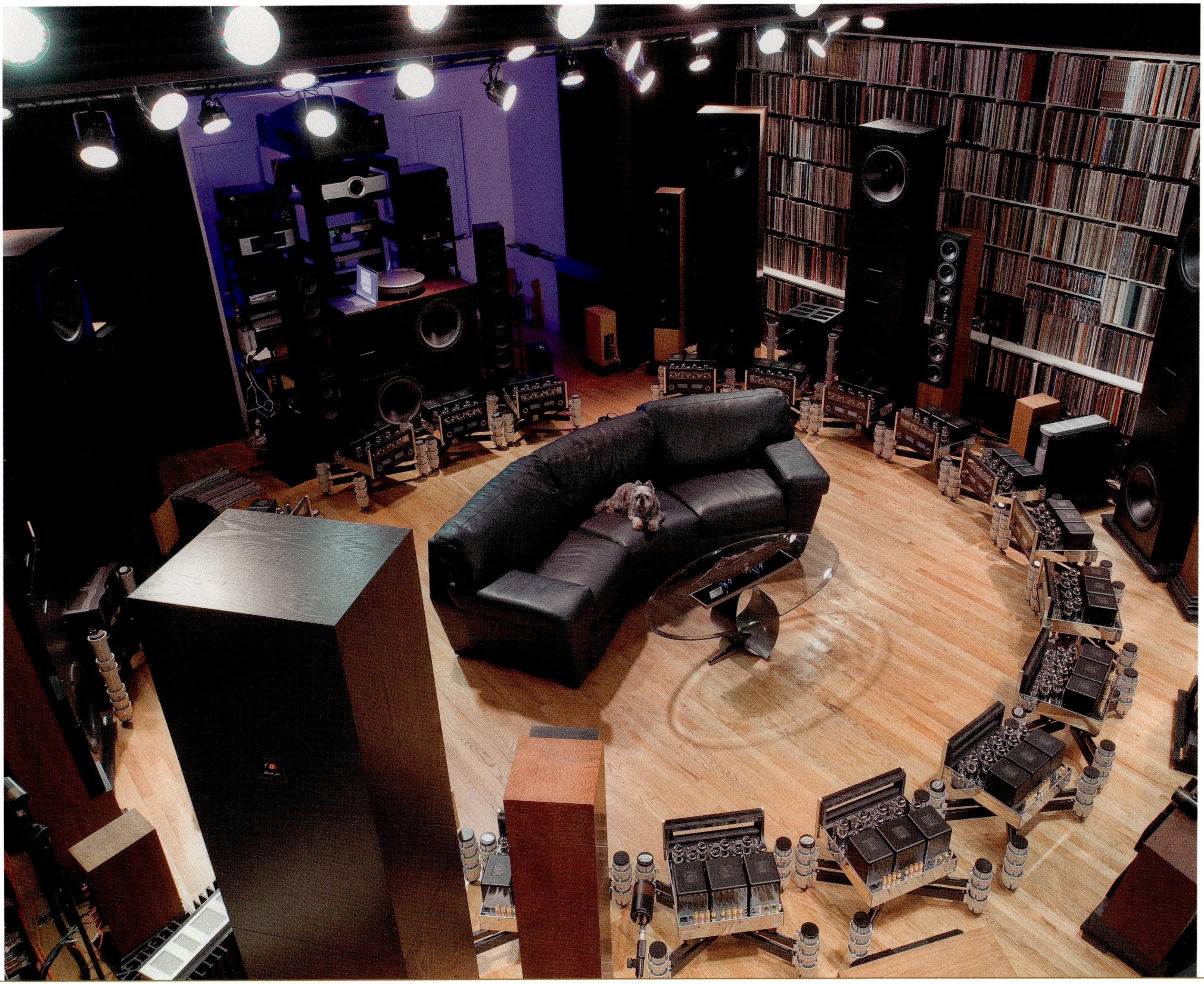

$ 50,000

ELEVEN FORTY

Opus has taken foosball to a whole new level with the use of the latest in computer-aided design technology. Each table is hand crafted in etched glass, stainless steel and a choice of stunning woods including oak, ash, walnut and mahogany. Every table is constructed to order so no two are alike. They also have a unique doppelganger technology that enables them to micro cast 3-D heads from photographs, bringing life like realism to the faces of friends and family you want on your dream teams.

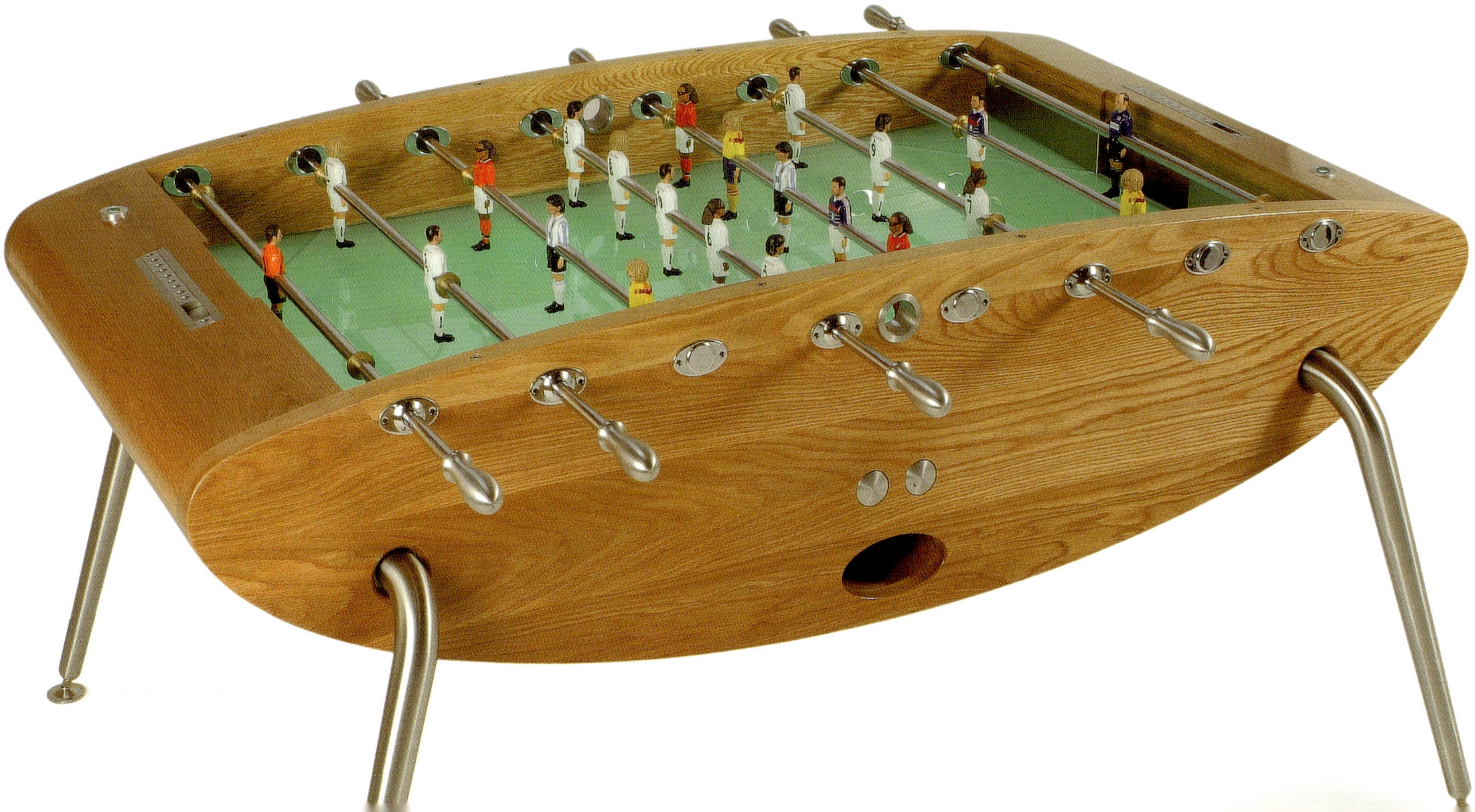

FOOSBALL TABLE

BABY-FOOT • TAFELVOETBAL

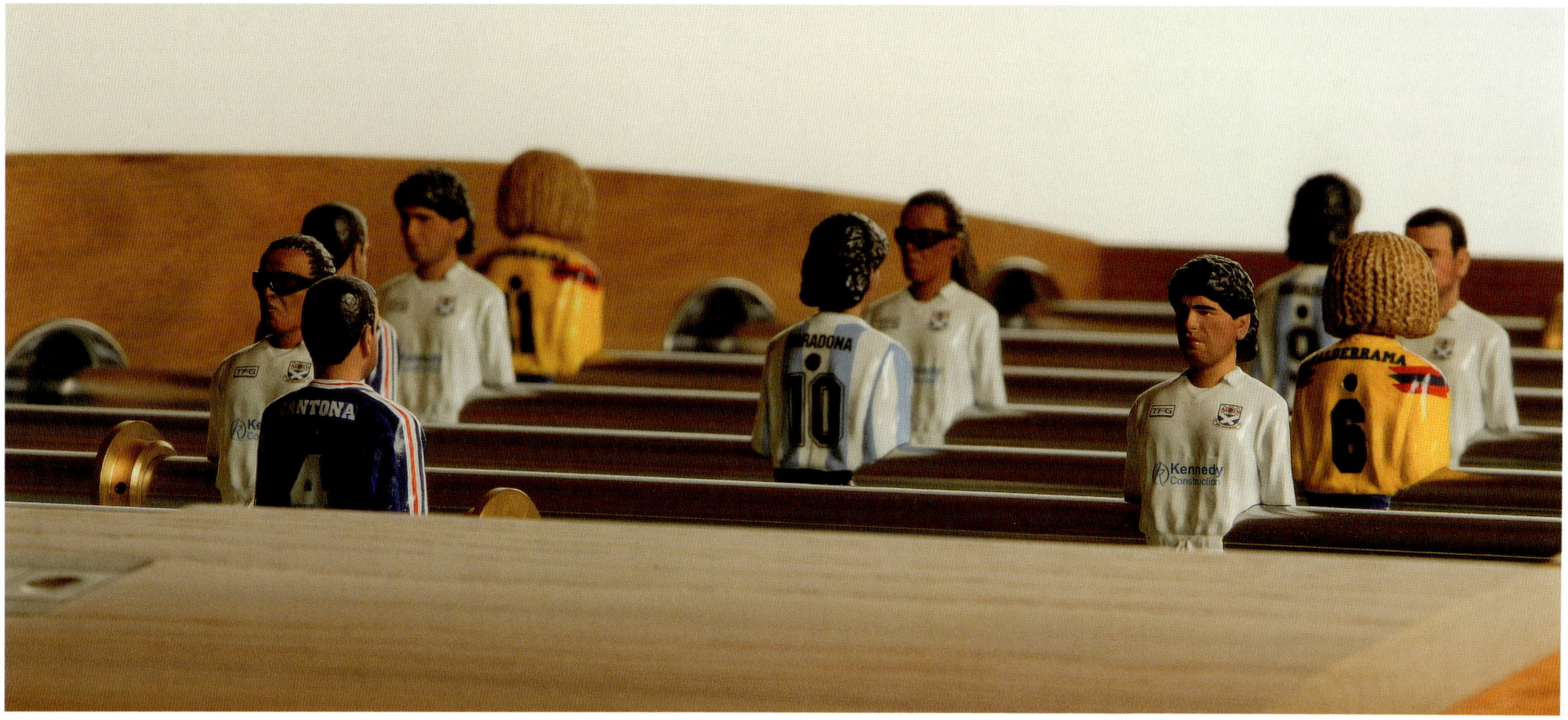

Le baby-foot atteint une toute nouvelle dimension grâce à la table Opus conçue à l'aide d'une technologie CAD (computer-aided design) de pointe. Fabriquée à la main, chaque table est composée de verre traité à l'acide, d'acier inoxydable et d'une sélection de bois magnifiques (chêne, frêne, noyer et acajou). Chaque baby-foot est produit sur commande, de sorte qu'il n'en existe pas deux identiques. Le fabricant recourt également à un procédé de duplication unique qui lui permet de réaliser des moulages de visages à partir de photos. C'est ainsi que vous pourrez obtenir des reproductions plus vraies que nature des visages des membres de votre famille ou de vos amis, afin de composer les équipes de vos rêves.

Opus heeft tafelvoetbal naar een hoger niveau getild dankzij de nieuwste technologie voor computergestuurd design. Elke tafel wordt met de hand gemaakt uit geëtst glas, roestvrij staal en een keuze uit fraaie houtsoorten, zoals eik, es, walnoot en mahonie. Elke tafel wordt op maat gemaakt, zodat er geen twee dezelfde zijn. Opus beschikt ook over een unieke dubbelgangertechnologie waarmee ze aan de hand van foto's hoofden in 3D kunnen maken om zo de gezichten van vrienden en familieleden die u in uw dream team wil hebben, levensecht na te maken.

$ 2,700,000

GRUCCI

The Gruccis of New York designed and produced a world's record fireworks program for Dubai's grand opening of the Palm Jeremiah and the Atlantis Resort, November 20, 2008. The 8-minute show was fired from over 716 firing locations around the palm island including 400 balconies at the resort, using custom-made shells that had been shipped in from across the globe. The light and sound display were expertly coordinated, emanating from different corners of the resort in varied colors. The cost was $ 2.7 million plus the usual rider costs.

La société Grucci a conçu et réalisé le plus grand feu d'artifice au monde lors de l'inauguration du *Palm Jumeirah* et de l'hôtel *Atlantis* de Dubaï, le 20 novembre 2008. Les explosifs, réalisés pour l'occasion, ont été livrés depuis l'autre côté du globe. Le spectacle de 8 minutes a été lancé à partir de 716 points de tirs répartis sur l'île artificielle, dont 400 situés sur le complexe hôtelier. Coordonné de main de maître, le spectacle son et lumière a coûté 2,7 millions de dollars, hors frais annexes.

De New Yorkse Grucci's ontwierpen en produceerden het grootste vuurwerkprogramma ter wereld voor de grote opening van Palm Jumeirah en het Atlantis Resort in Dubai op 20 november 2008. De 8 minuten lange show werd afgeschoten vanaf 716 locaties over heel het palmeiland, waaronder 400 balkons van het resort, met op maat gemaakte projectielen die van over heel de wereld waren aangevoerd. Het klank- en lichtspel werd vakkundig gecoördineerd, in verschillende kleuren, vanuit verschillende hoeken van het resort. De show kostte $ 2,7 miljoen plus de gebruikelijke geleidingskosten.

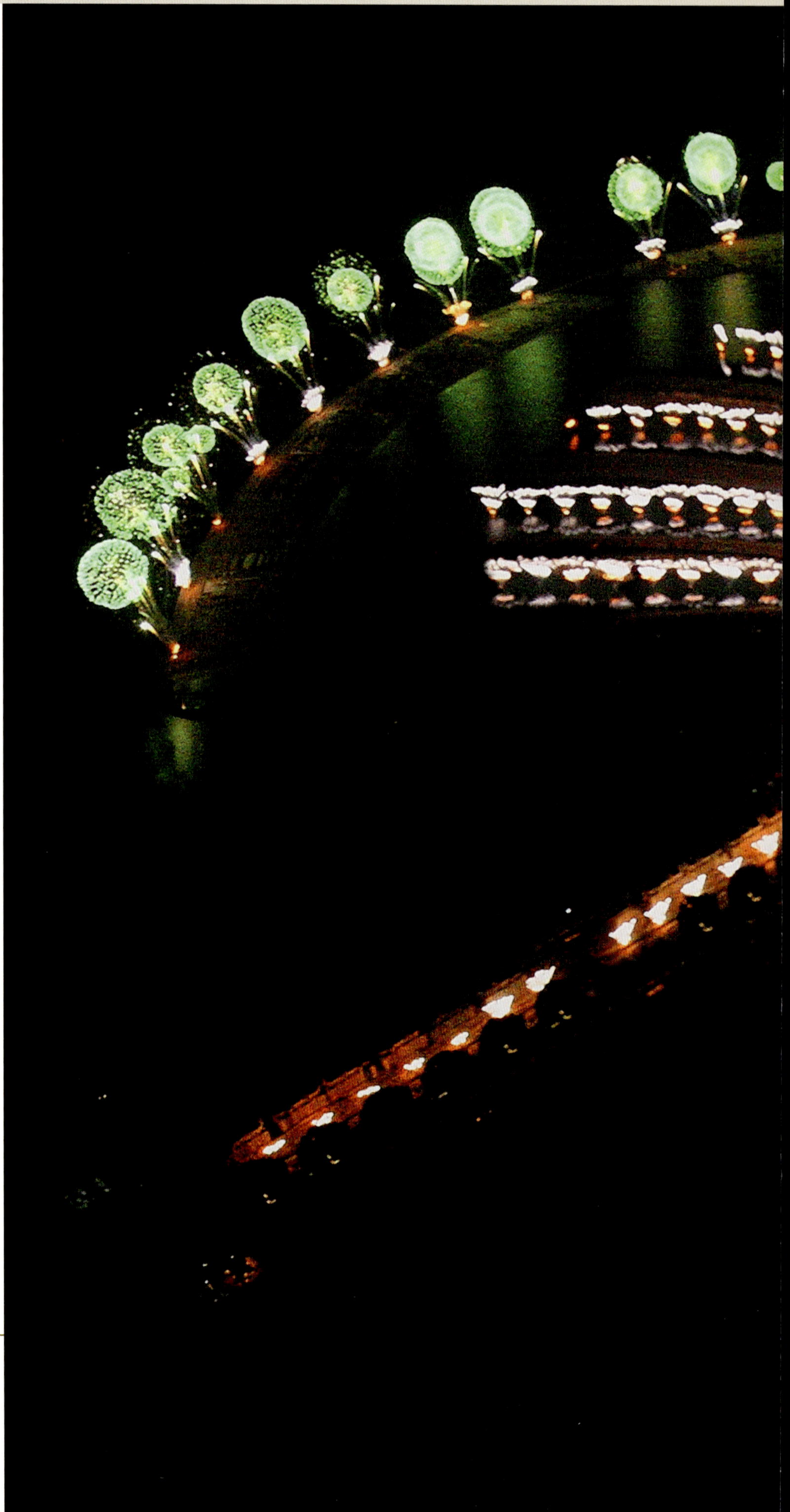

FIREWORKS

FEU D'ARTIFICE • VUURWERK

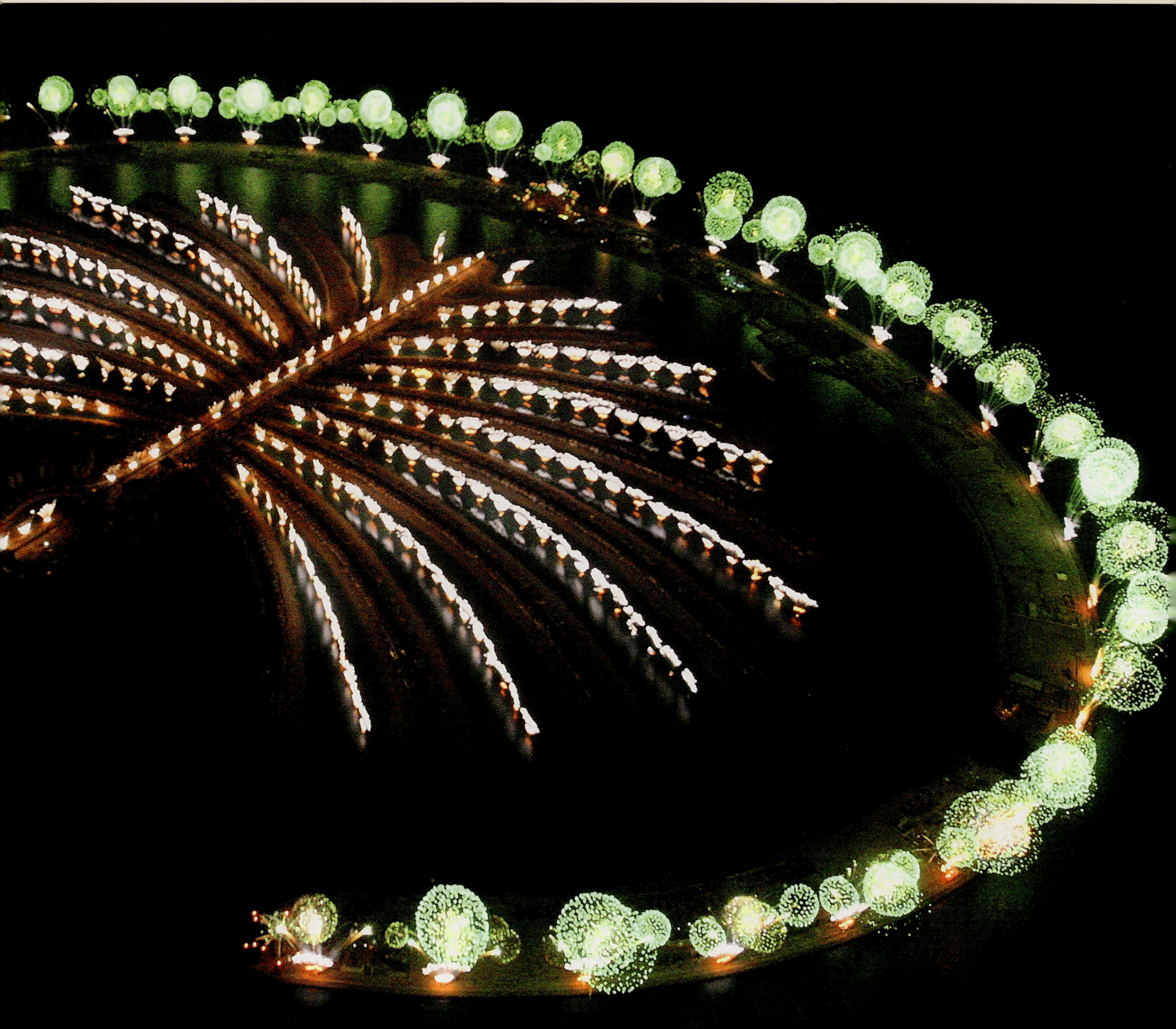

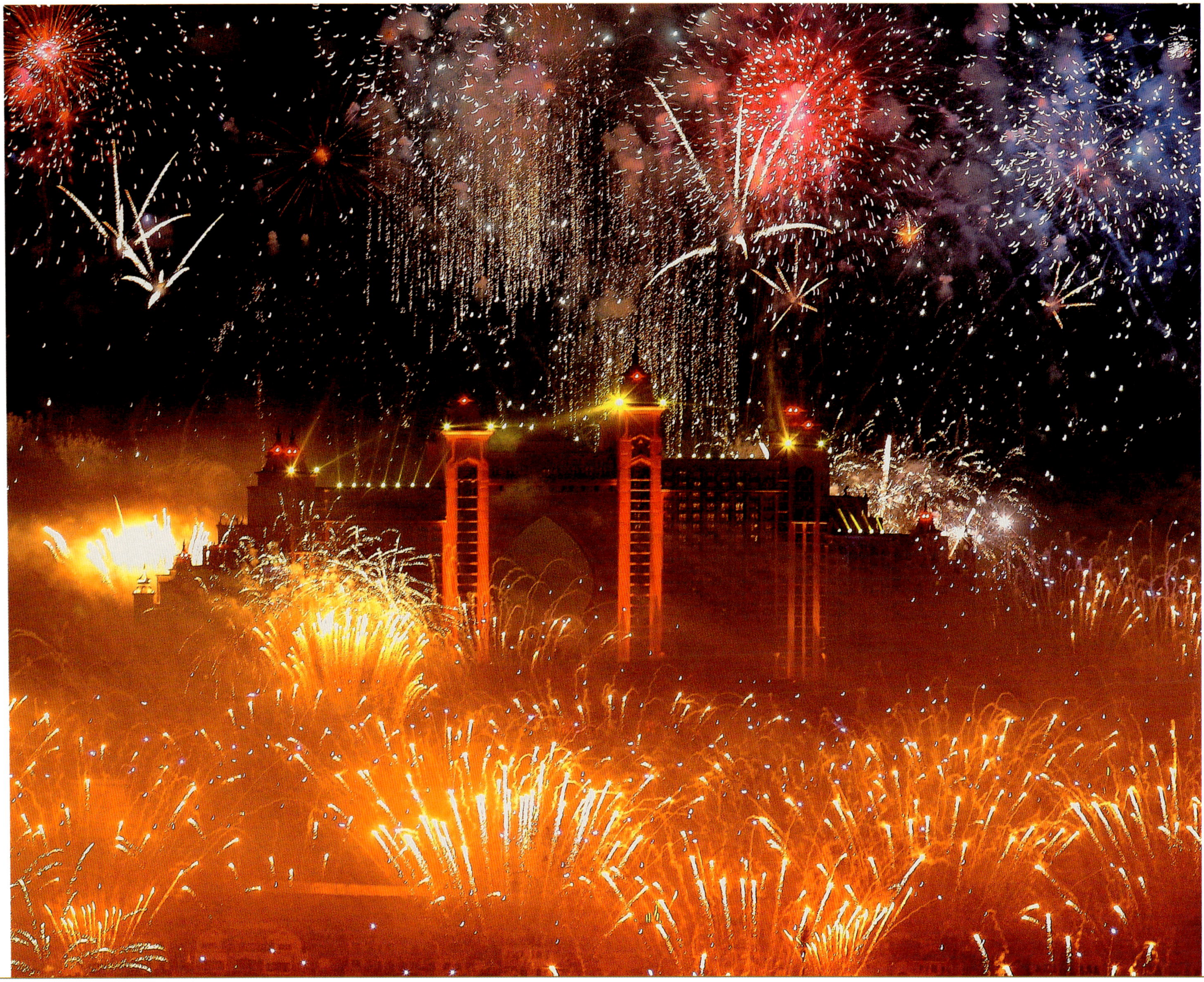

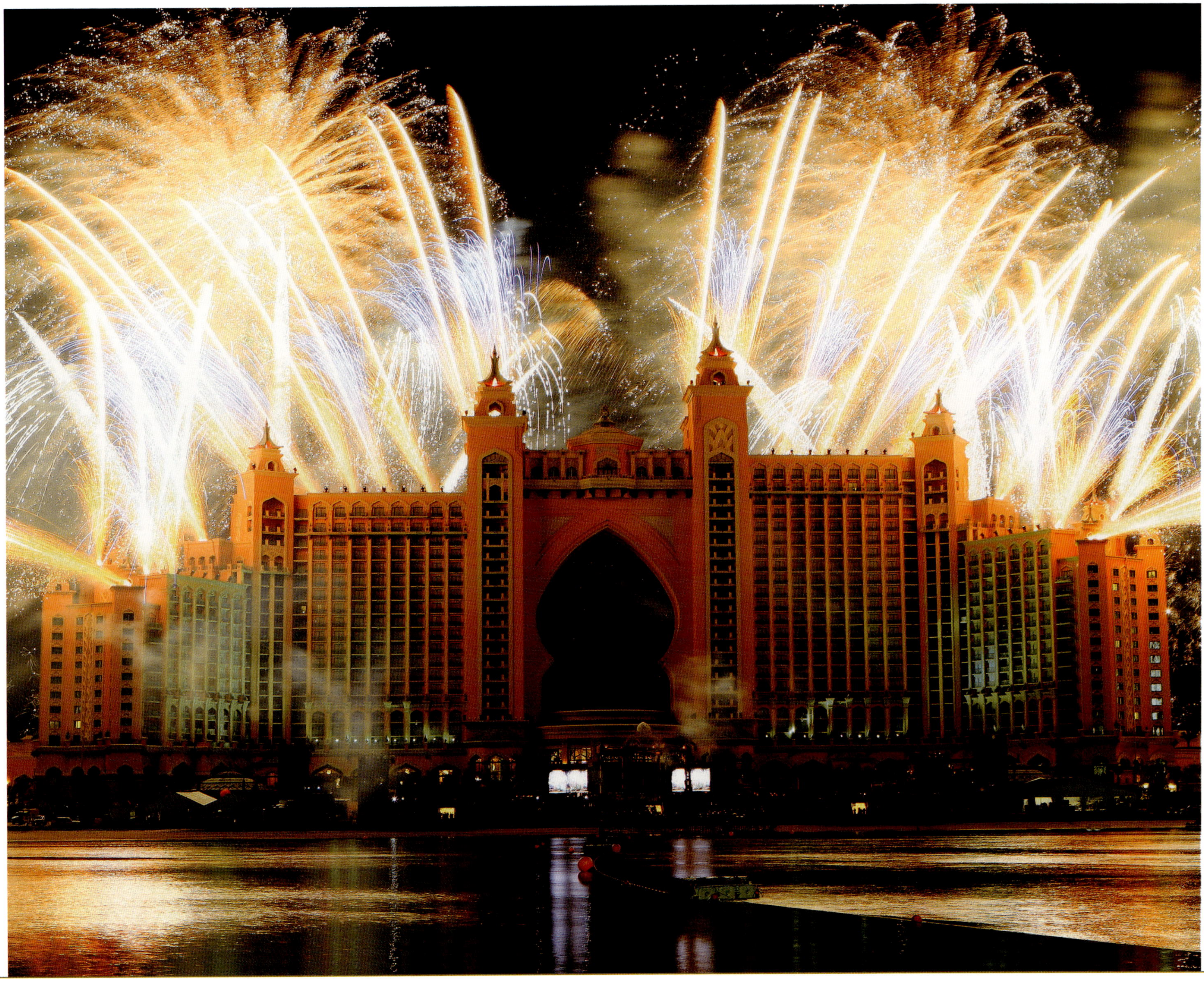

$ 6,000,000 / 1 SONG

THE EAGLES

NEW YORK

"Go big or go home" is the phrase that comes to mind when planning an elaborate social gathering. One such event managed to outdo itself when it had The Eagles set the record, performing just one song, "Hotel California," at a private party in New York for over $6 million; about a million dollars a minute. The Rolling Stones charged Texan investor David Bonderman $7 million to play an hour-long set at his 60th birthday in Las Vegas in 2002. Celine Dion charges around $6.5 million for a private performance.

"Quand on aime on ne compte pas" est certainement la devise des organisateurs de ce type de soirées. En conviant les Eagles à jouer *Hotel California* pour plus de 6 millions de dollars (soit un million de dollars la minute), une soirée privée de New York a battu tous les records. En 2002, l'investisseur texan David Bonderman a offert 7 millions de dollars aux Rolling Stones pour une prestation d'une heure lors de son 60e anniversaire, organisé à Las Vegas. Enfin, prévoyez 6,5 millions de dollars s'il vous prenait l'envie d'assister à un concert privé de Céline Dion.

"Ofwel doe je het groots ofwel doe je helemaal niets" – dat is de uitdrukking waaraan je denkt als je een groot sociaal evenement plant. Zo'n evenement slaagde erin zichzelf te overtreffen: The Eagles vestigden het record toen ze ruim $ 6 miljoen kregen om één lied, 'Hotel California', te zingen op een privéfeest in New York; dat is dus een miljoen dollar per minuut. De Rolling Stones rekenden de Texaanse investeerder David Bonderman $ 7 miljoen aan om in 2002 in Las Vegas een set van een uur te spelen voor zijn 60ste verjaardag. Celine Dion vraagt $ 6,5 miljoen voor een privéoptreden.

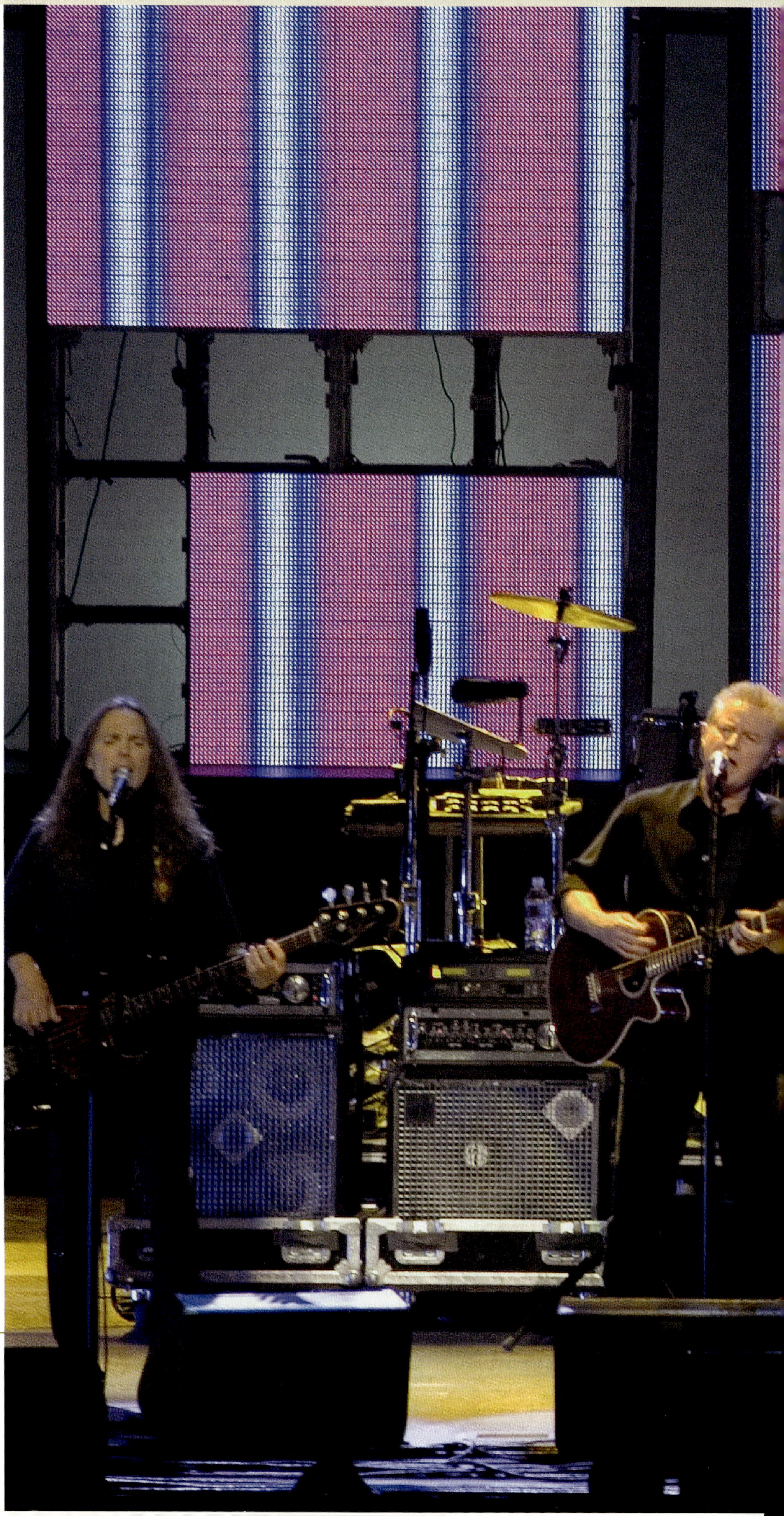

MUSICAL PERFORMANCE

CONCERT PRIVÉ • PRIVÉOPTREDEN

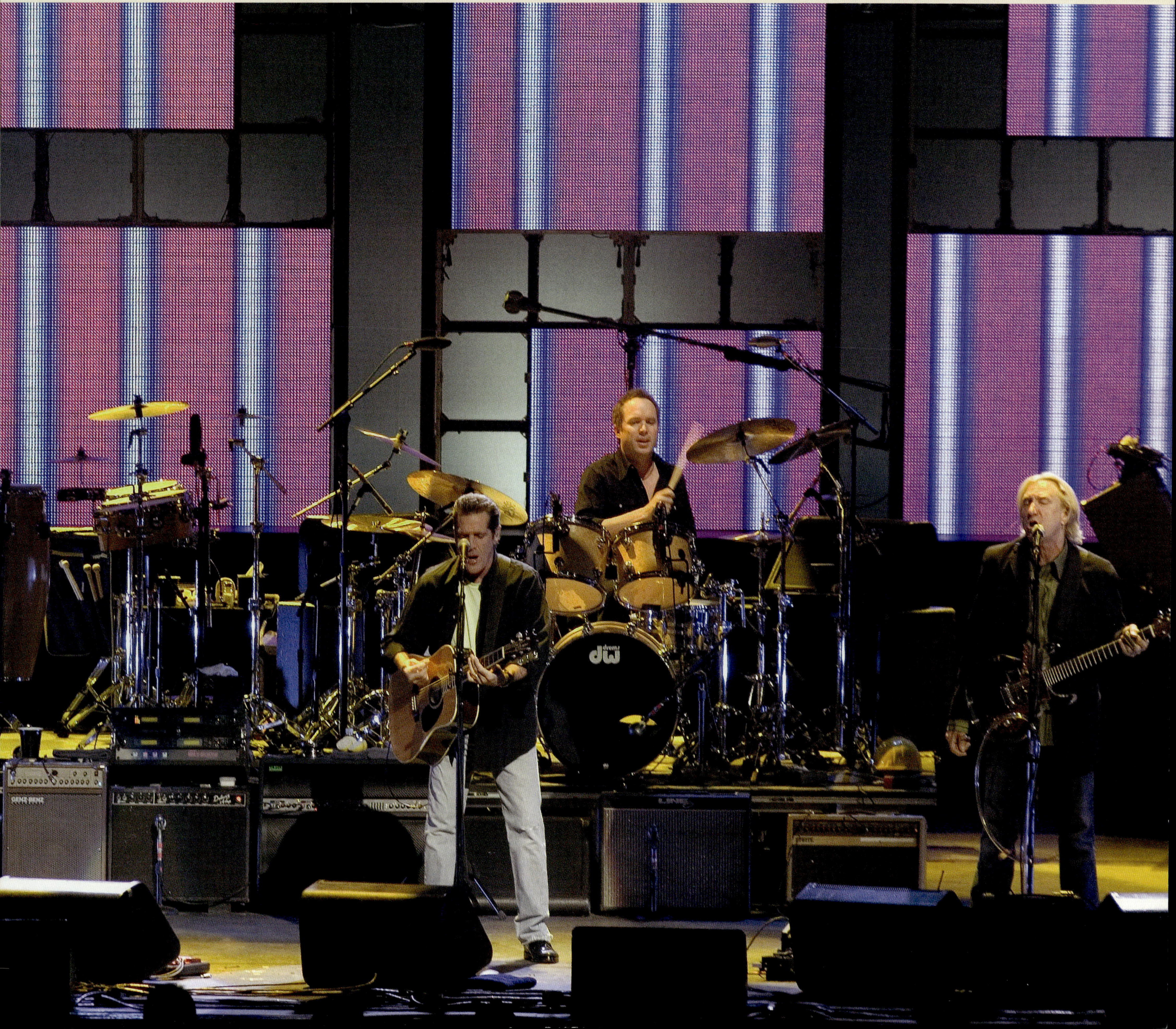

$ 180,000

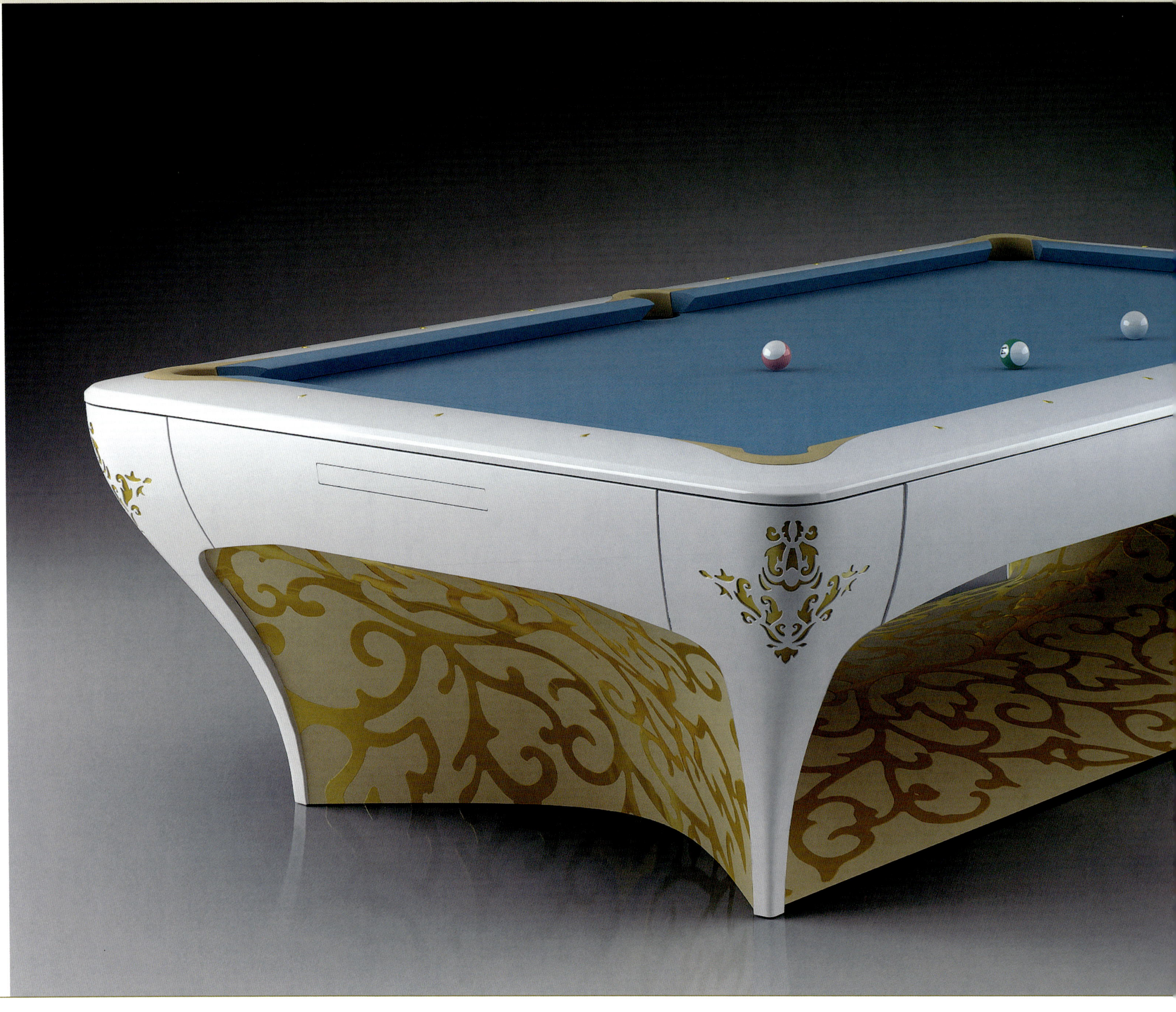

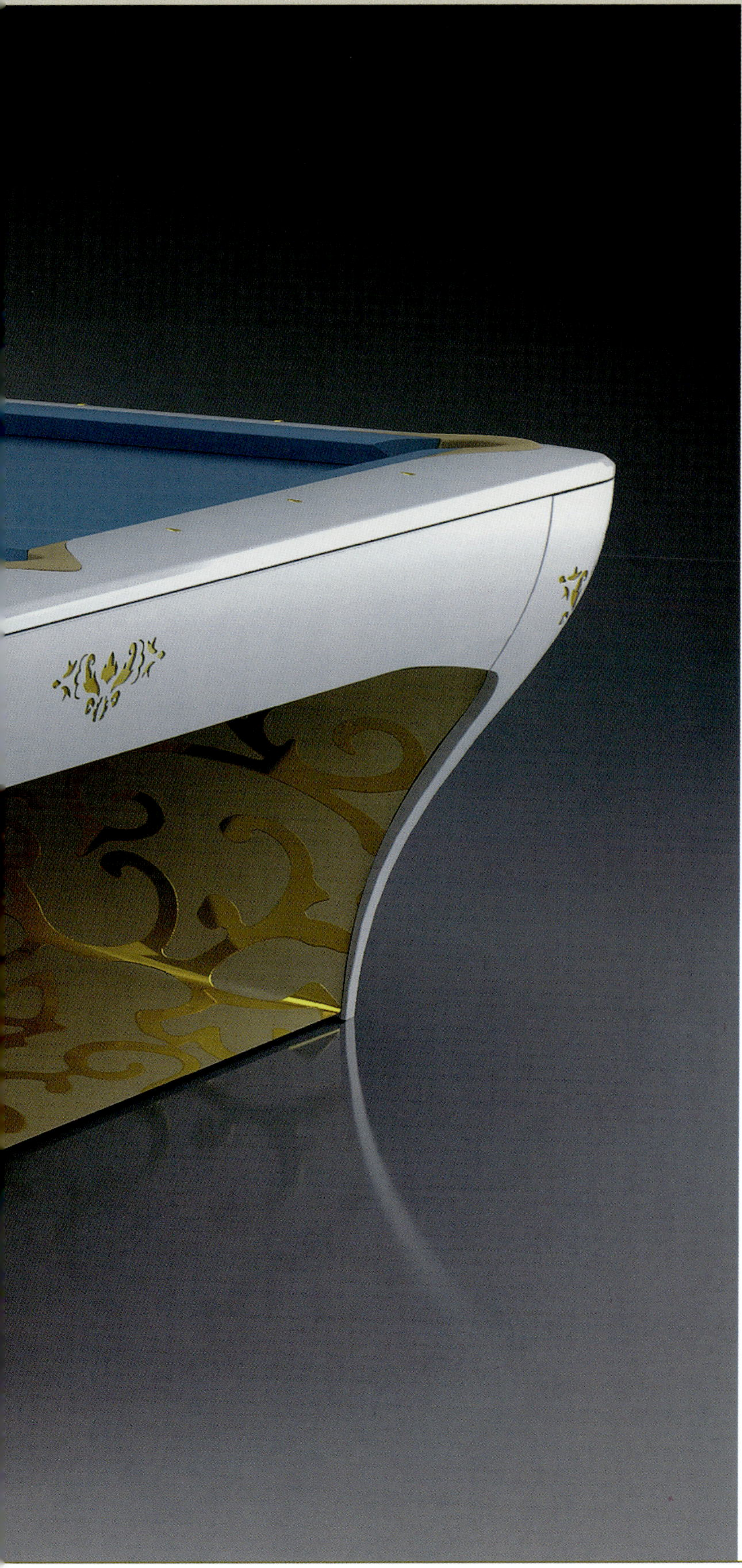

VINCENT FACQUET

When the triple world champion decides to build the perfect pool table, you can expect something truly outstanding. And when that champion is also a lover of good design, it's likely to be a work of art. Which is exactly what Vincent Facquet has created—the world's most expensive and most beautiful pool tables. "This is the Rolls Royce of tables, and it runs like a Ferrari." The table can also be finished to individual taste—gold, precious stones—nothing but the best for this jewel of design.

Lorsque le triple champion du monde de billard décide de construire la table de jeu idéale, on peut s'attendre à quelque chose de vraiment exceptionnel. Lorsque cet individu, en outre, est un amateur de design, il y a de fortes chances pour que ce qu'il réalise soit une œuvre d'art. Et c'est précisément ce que Vincent Facquet a fait : "C'est la Rolls-Royce des tables de billard, aussi performante qu'une Ferrari". Cette table, la plus chère au monde, peut être, selon les goûts du client, habillée d'or ou de pierres précieuses.

Wanneer de drievoudige wereldkampioen besluit om de perfecte biljarttafel te maken, mag je je aan iets verbazingwekkends verwachten. En als die kampioen ook nog van mooi design houdt, is de kans groot dat het een kunstwerk wordt. Dat is precies wat Vincent Facquet heeft gemaakt — de duurste en fraaiste biljarttafels ter wereld. "Het gaat om de Rolls-Royce onder de biljarttafels, met de prestaties van een Ferrari." De tafel kan ook naar ieders eigen smaak worden afgewerkt — met goud, edelstenen — niets dan het beste voor dit designjuweel.

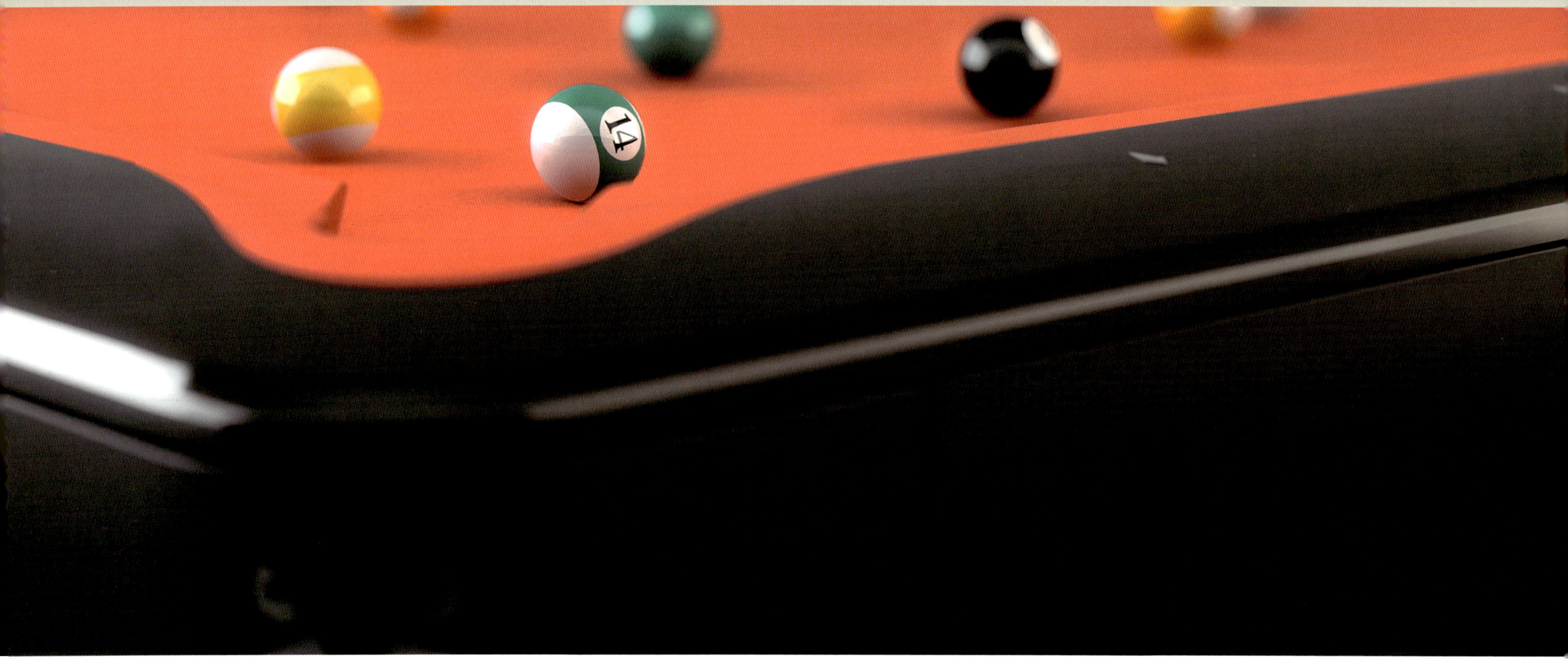

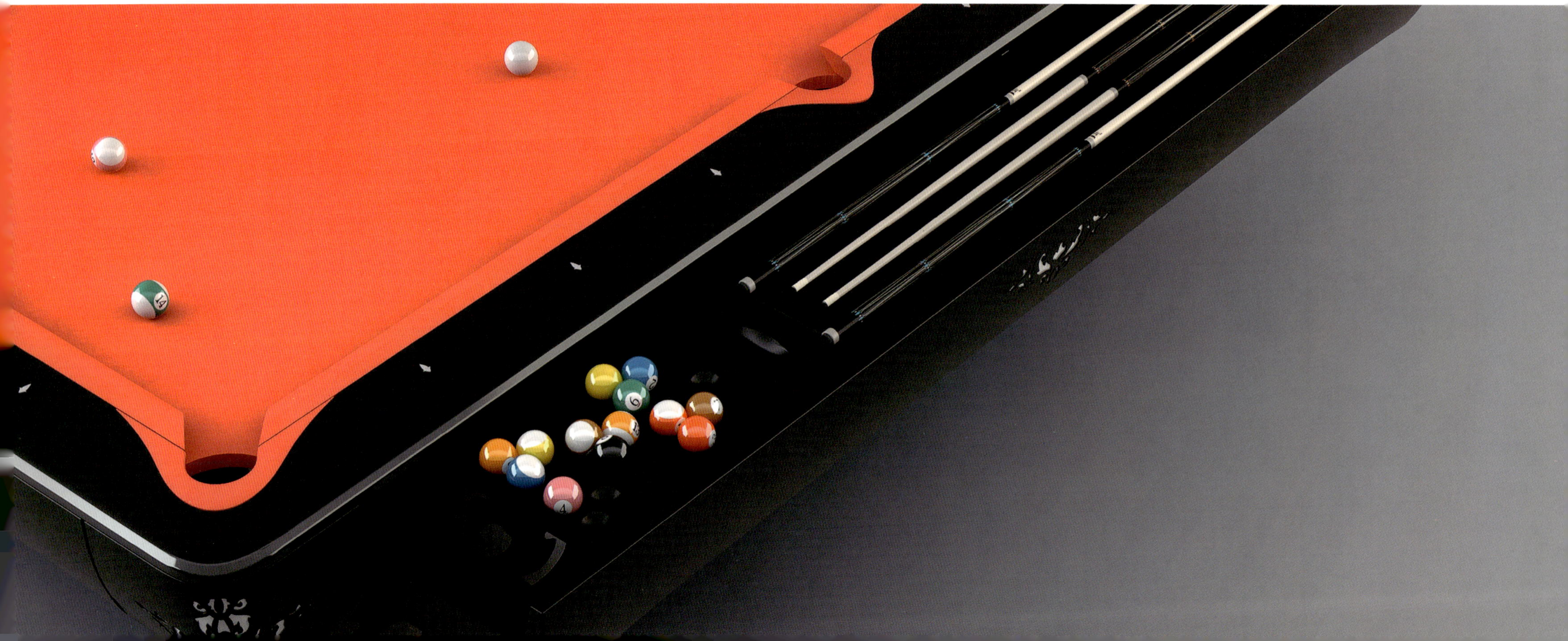

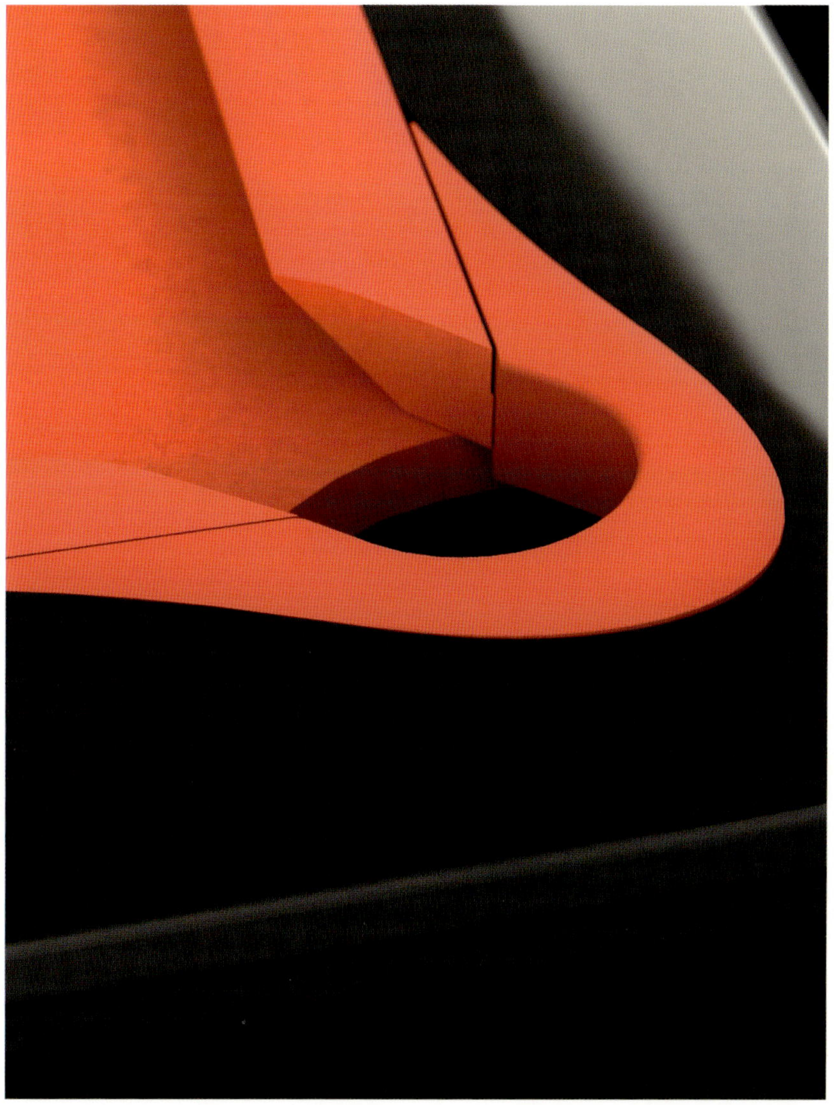

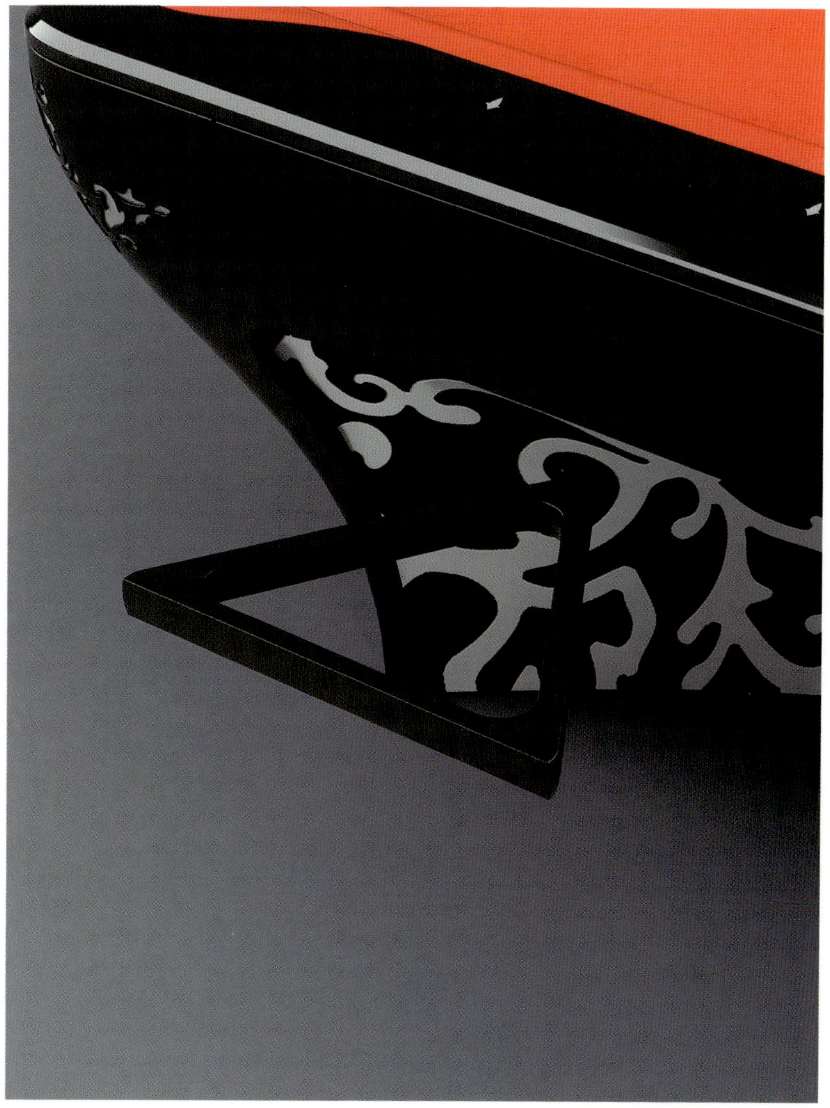

$ 80,000

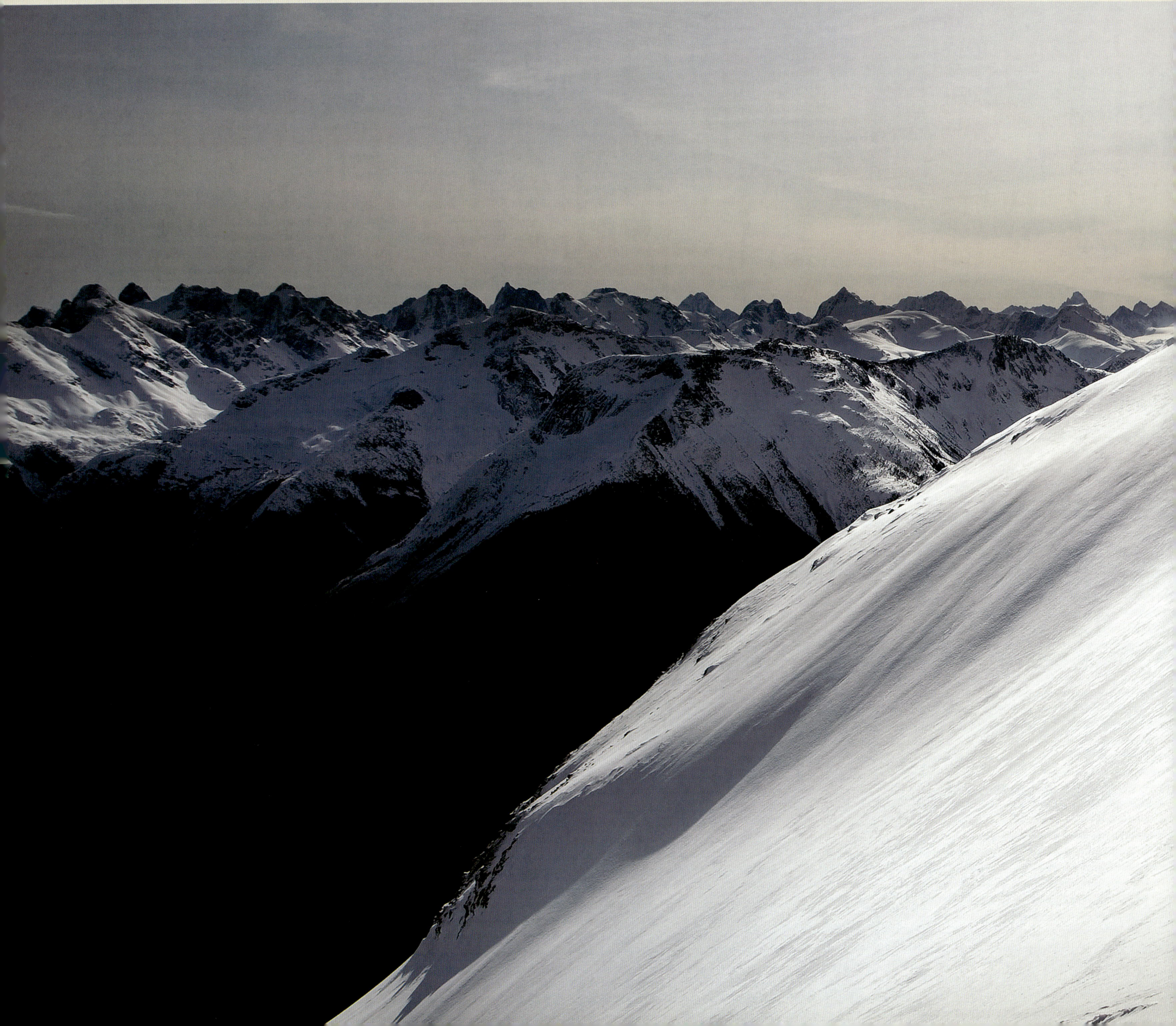

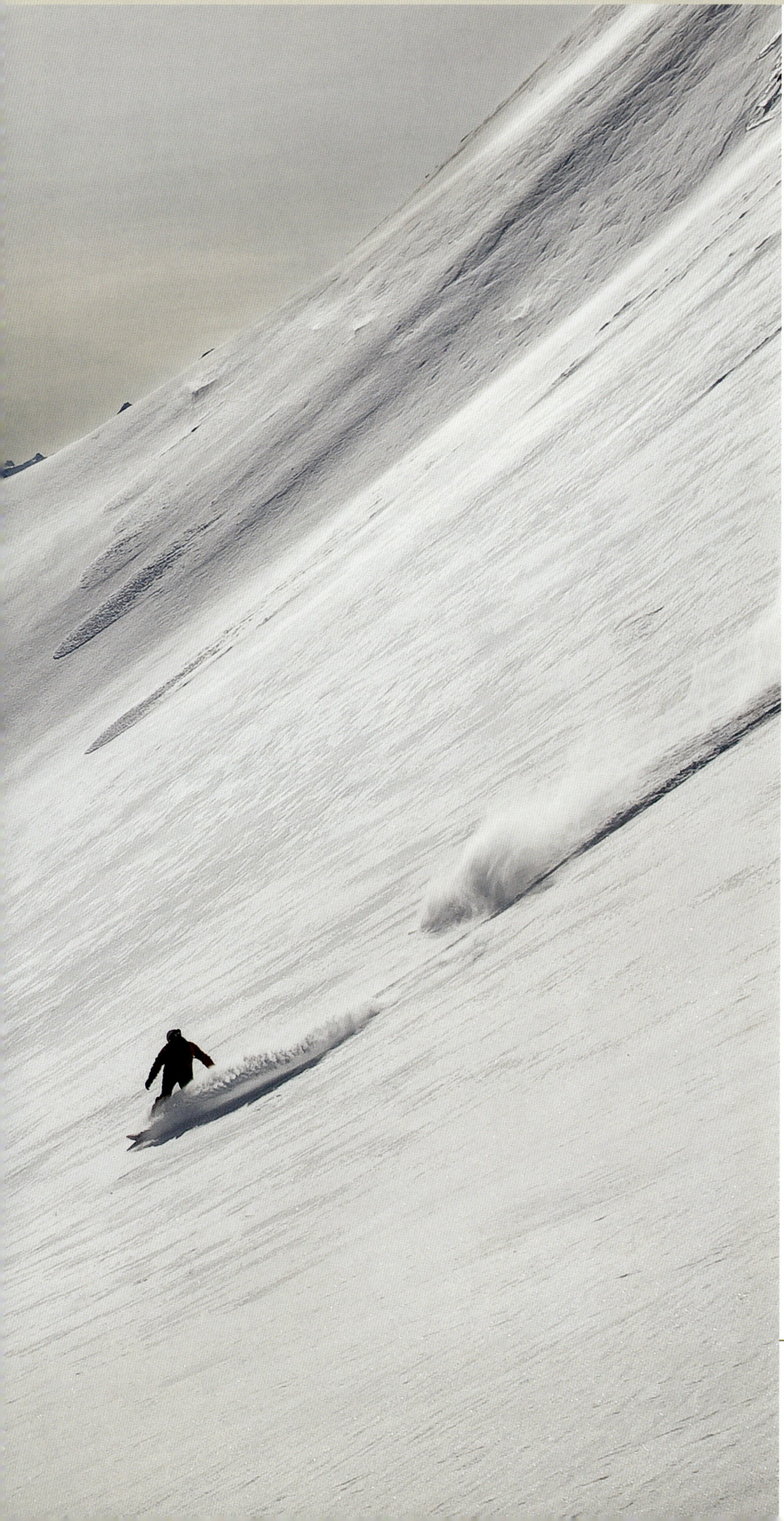

GREAT CANADIAN HELI-SKIING

Great Canadian Heli-Skiing (GCH) offers a Platinum Heli-Skiing Season Pass that provides unlimited vertical access to the world's best deep powder skiing, in the heart of British Columbia's Purcell and Selkirk mountain ranges. Pass holders are guaranteed a seat on the A-Star B2 helicopters every single day of the season, a room at Heather Mountain Lodge, front of the line privileges, and a personal concierge to keep them up to date on conditions and forecasts, ensuring the ultimate heli-skiing experience.

La société Great Canadian Heli-Skiing (GCH) propose son *Platinum Heli-Skiing Season Pass,* qui offre un accès illimité à la poudreuse la plus épaisse du monde au cœur des chaînes de montagnes Selkirk et Purcell en Colombie-Britannique. Les détenteurs de ce pass sont assurés d'obtenir chaque jour de la saison une place à bord d'un hélicoptère A-Star B2 pour accéder aux pistes, ainsi qu'une chambre au *Heather Mountain Lodge,* un traitement V.I.P. et un concierge personnel qui les informera jour après jour des conditions météo.

Great Canadian Heli-Skiing (GCH) biedt een Platinum Heli-Skiing seizoenspas voor een onbeperkte verticale toegang tot 's werelds beste poederskipistes, in het hart van de Purcell en Selkirkgebergten van British Columbia. Pashouders hebben elke dag van het seizoen een gegarandeerde plaats aan boord van de A-Star B2 helikopters en een kamer in de Heather Mountain Lodge, ze hoeven nergens in de rij te staan en hebben een persoonlijke conciërge die hen op de hoogte houdt van de weerstoestand en -voorspellingen, voor de ultieme heli-ski-ervaring.

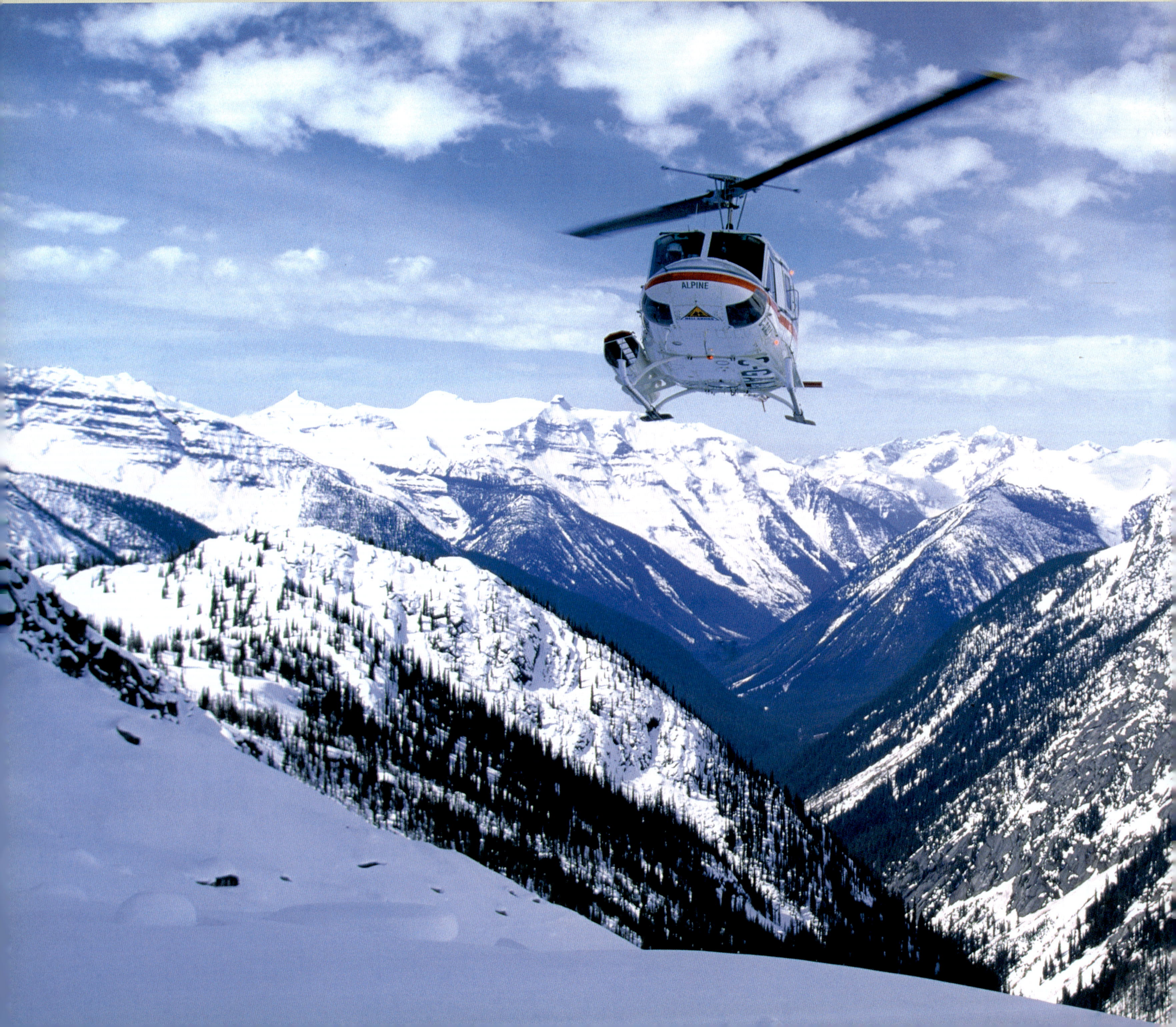
ALPINE

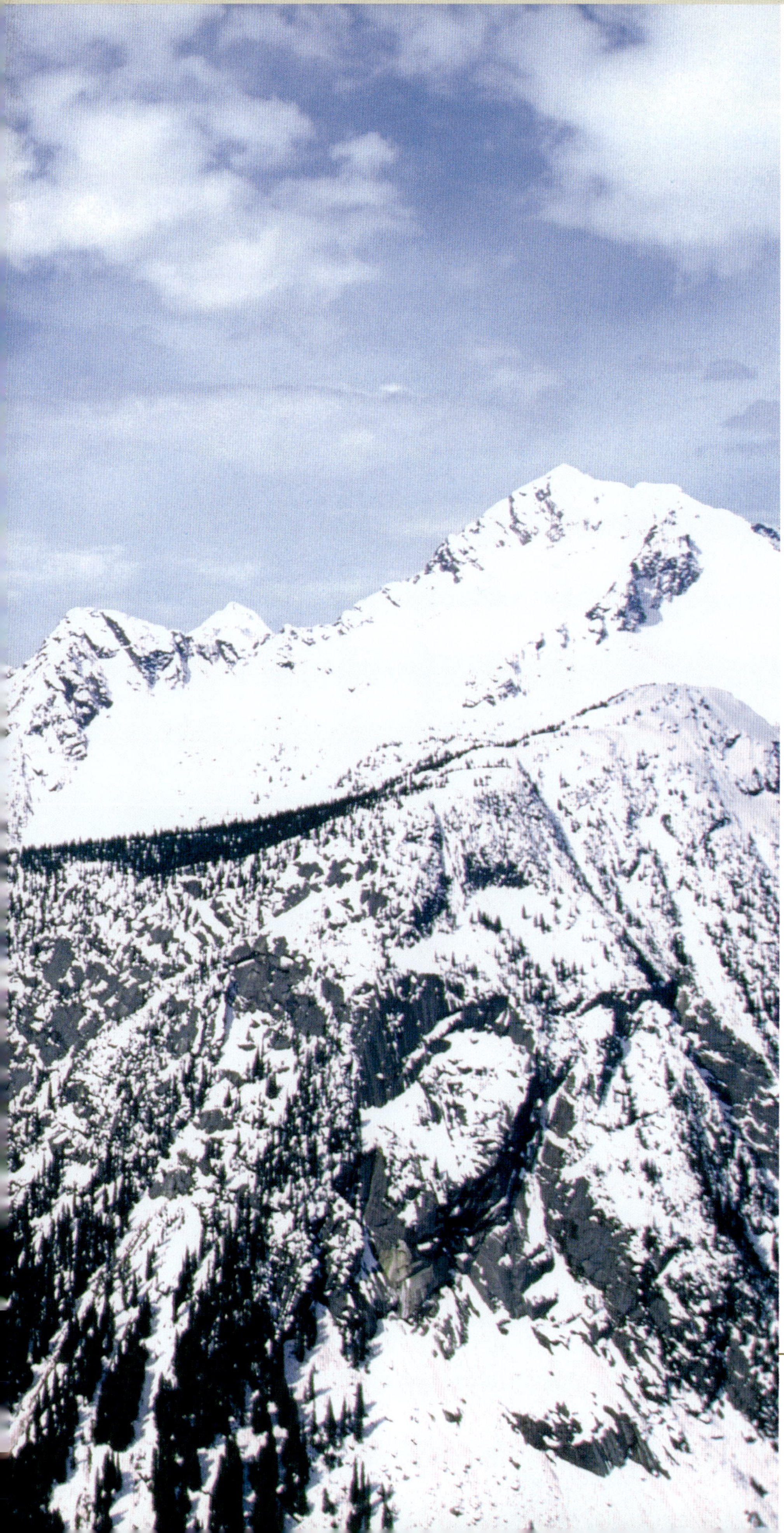

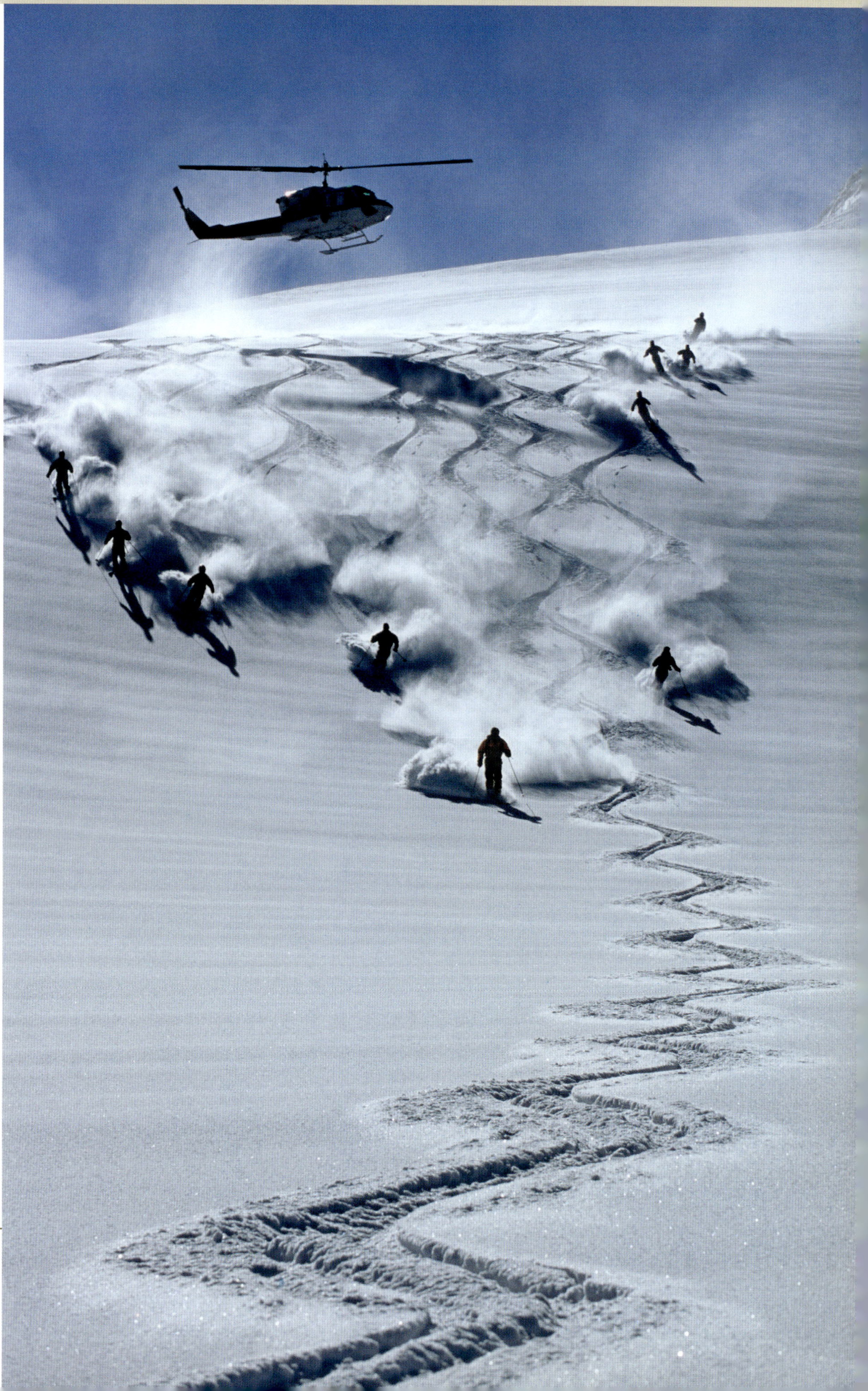

$ 200,000

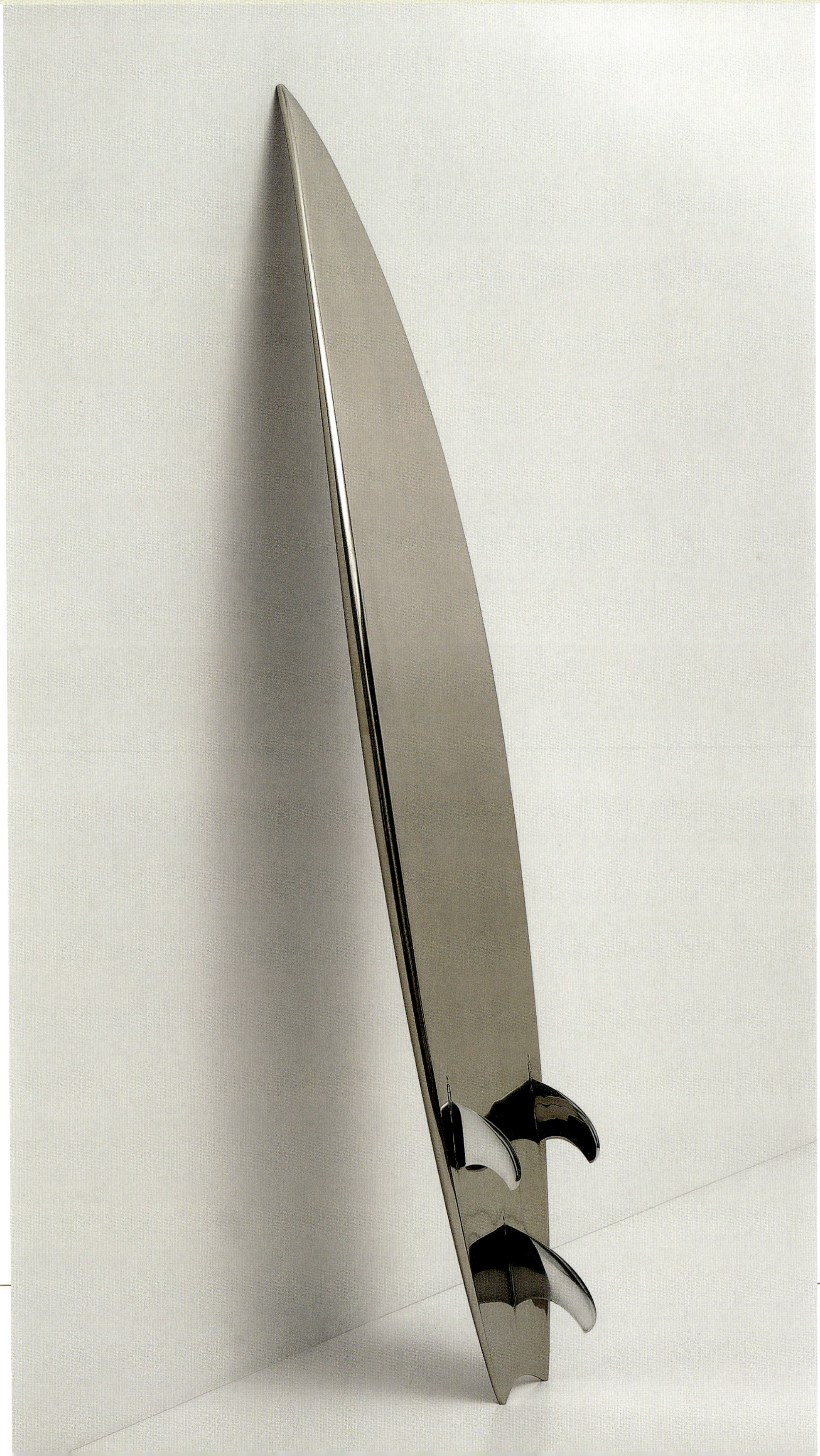

MARC NEWSON

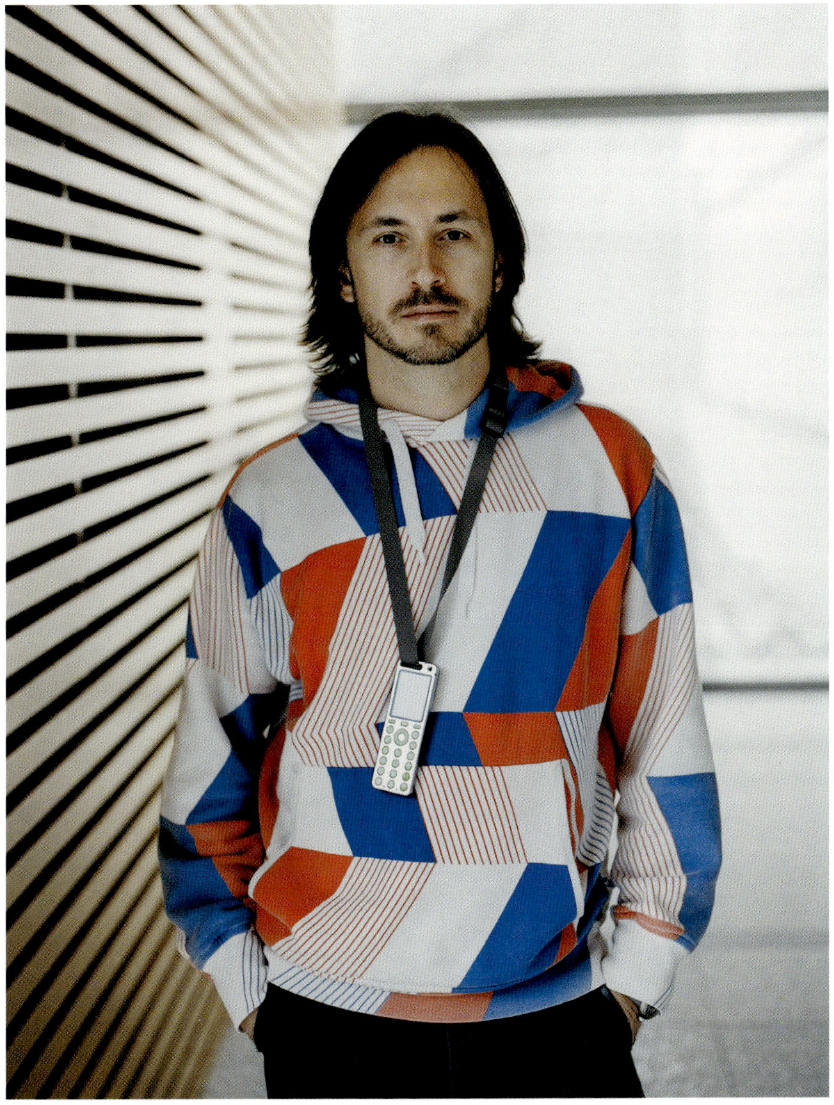

Marc Newson's surfboard started off as a project for a client who was looking for a new kind of heavy and sturdy board which would resist the force of powerful waves almost impossible to catch with normal fiberglass boards. After experimenting with new materials using the process of electroforming, the result was a highly polished 10 kg hollow surfboard with three razor sharp fins, made from the same metal used in helicopter rotor blades. Only ten boards exist with one selling recently at a Sotheby's auction in NYC for $200,000.

À l'origine, Marc Newson destinait sa création à des clients cherchant une planche de surf lourde et solide, résistante à la violence de vagues puissantes difficilement praticables avec une planche ordinaire en fibre de verre. Les tests effectués sur de nouveaux matériaux à l'aide de l'électroformage ont conduit à cette planche creuse de 10 kg finement polie et dotée de trois ailerons tranchants comme des rasoirs, faits du même matériau que celui utilisé pour les pales d'hélicoptères. Seules dix planches ont été réalisées, et l'une d'entre elles s'est récemment vendue 200.000 $ chez Sotheby's à New York.

De surfplank van Marc Newson begon als een project voor een klant die op zoek was naar een nieuw soort stevige plank. Die moest tegen zware golven bestand zijn die nagenoeg onmogelijk met normale surfplanken uit glasvezel te bedwingen zijn. Na enkele experimenten met nieuwe materialen op basis van galvanoplastiek, was het resultaat een hooggepolijste, holle surfplank van 10 kg met drie messcherpe vinnen, uit hetzelfde metaal dat ook voor de schroefbladen van helikopters wordt gebruikt. Er bestaan slechts 10 exemplaren van; één daarvan werd onlangs voor $ 200.000 verkocht op een veiling van Sotheby's in NYC.

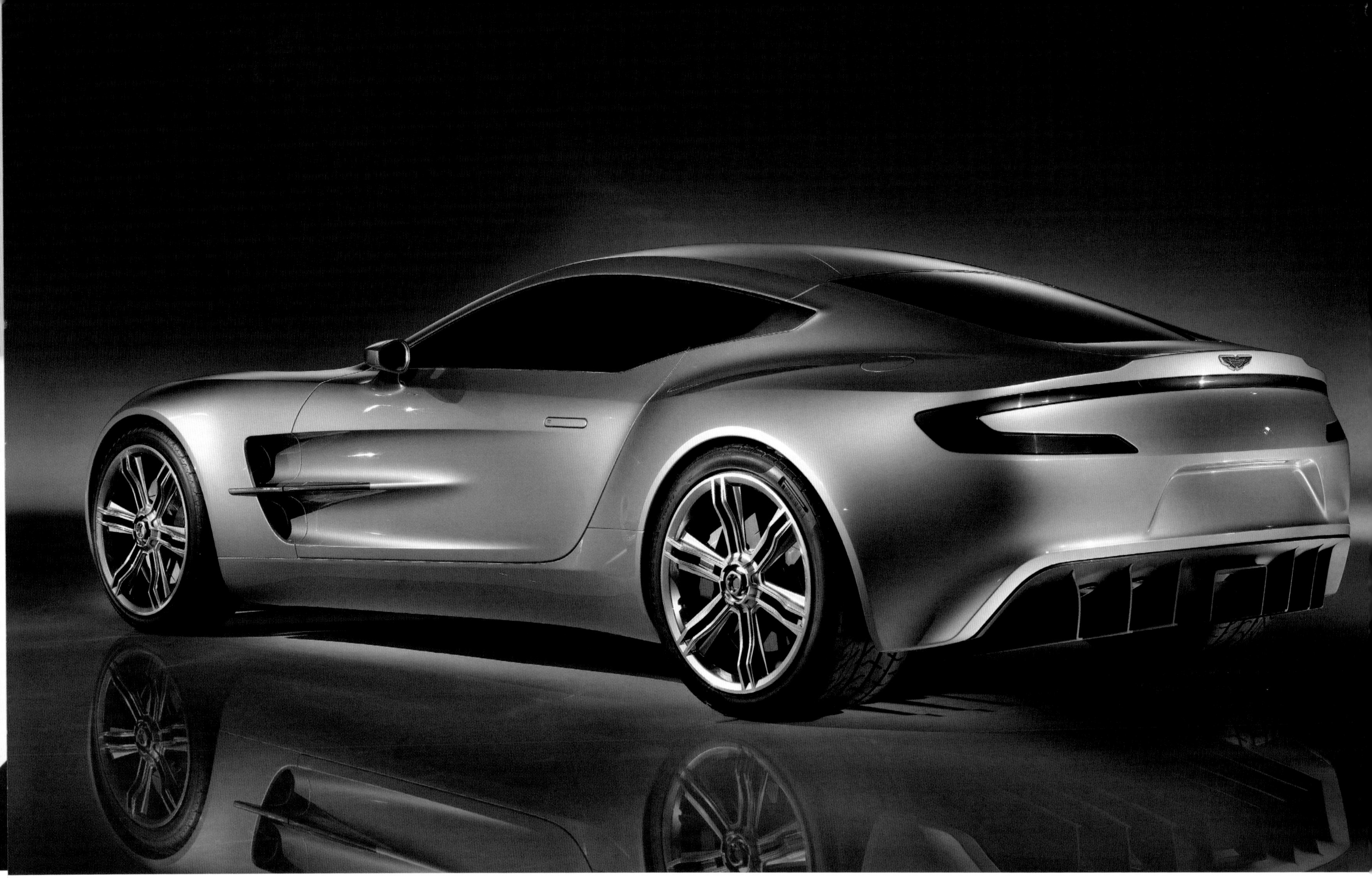

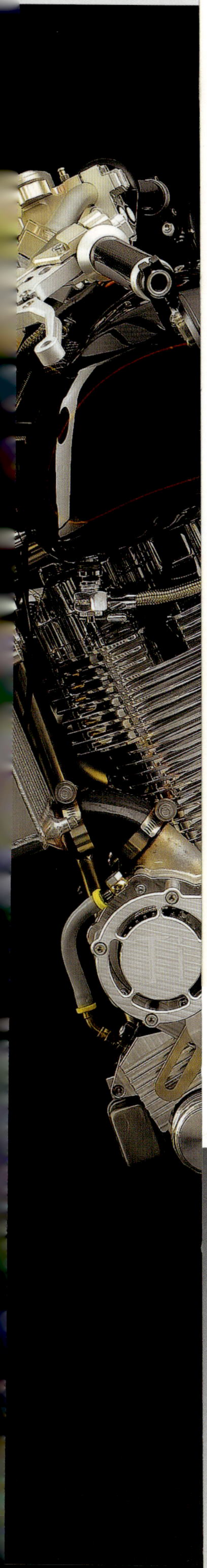

MOBILITY

DÉPLACEMENTS · MOBILITEIT

E

EC
tin
Th
wi
jec
the
for

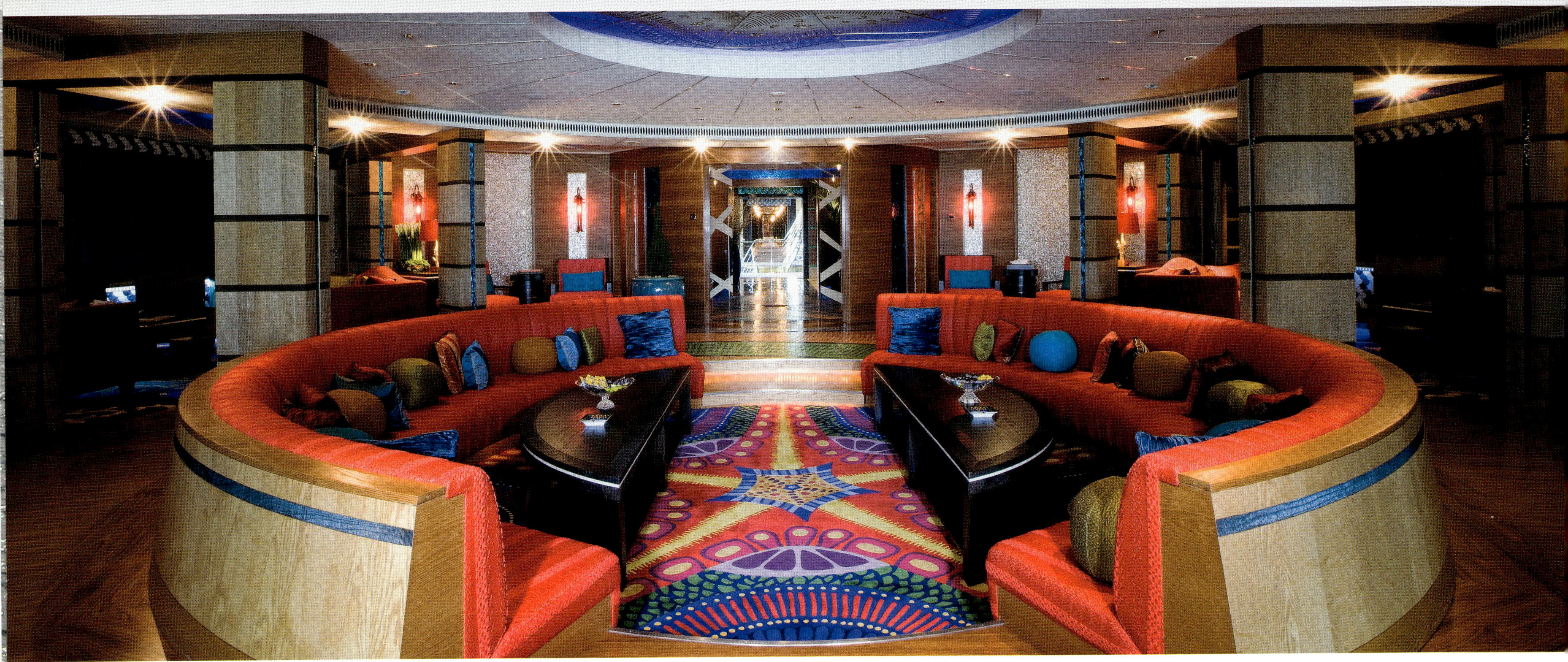

EC
gra
sér
tita
mir
cha
mat
rare

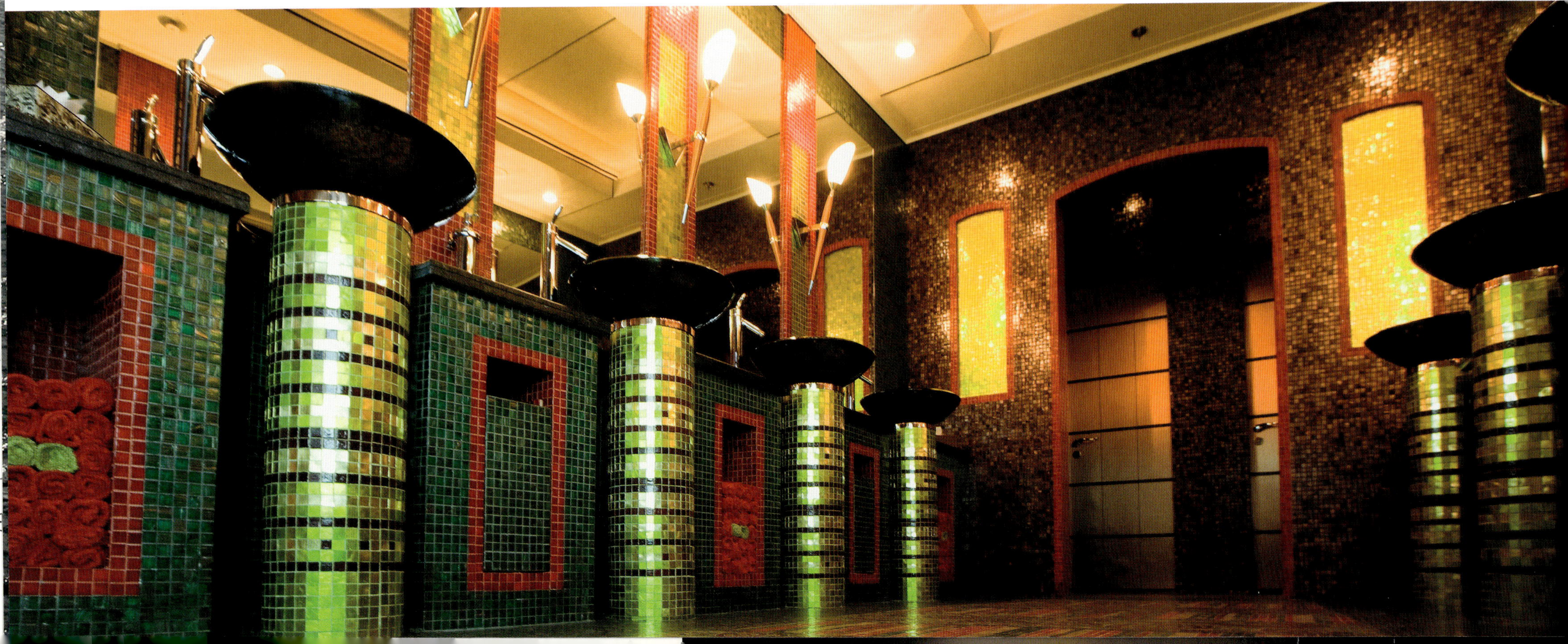

ECC
mer
gem
eers
supe
hand
exo
maa

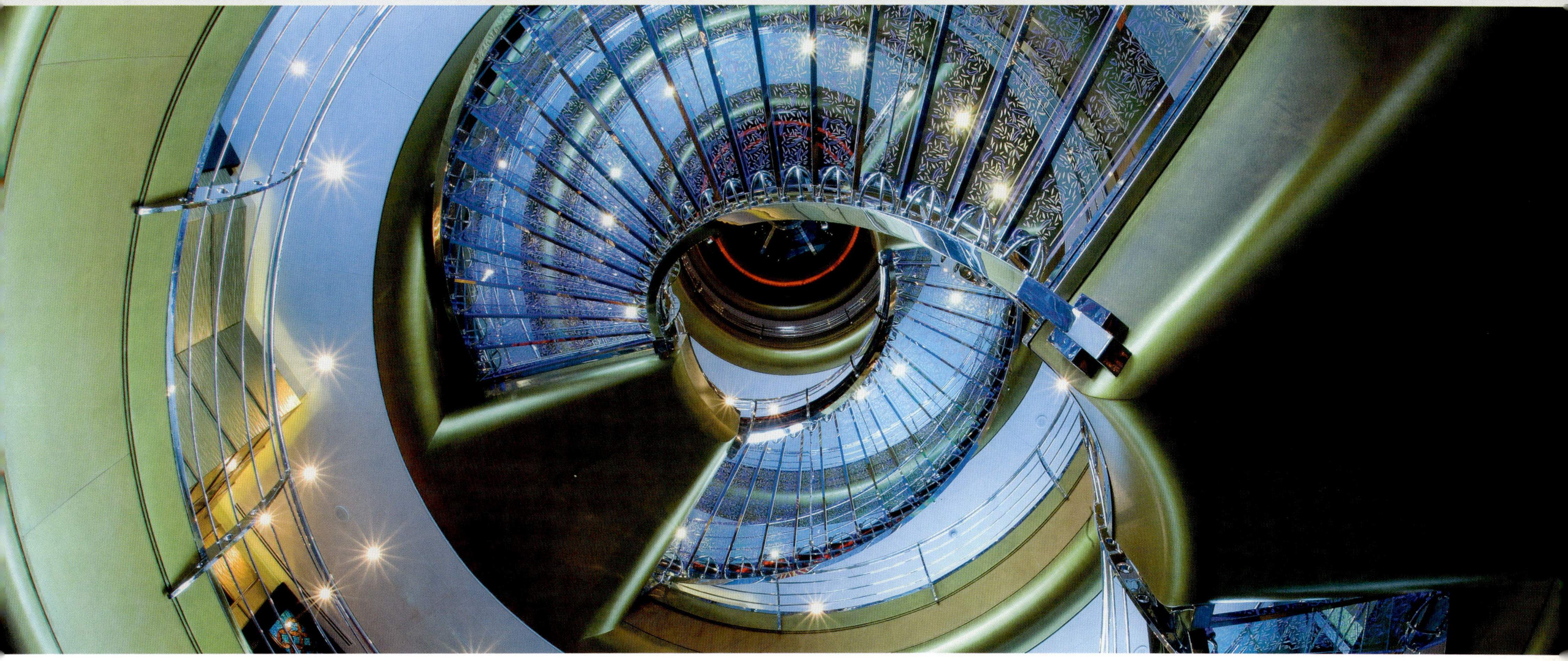
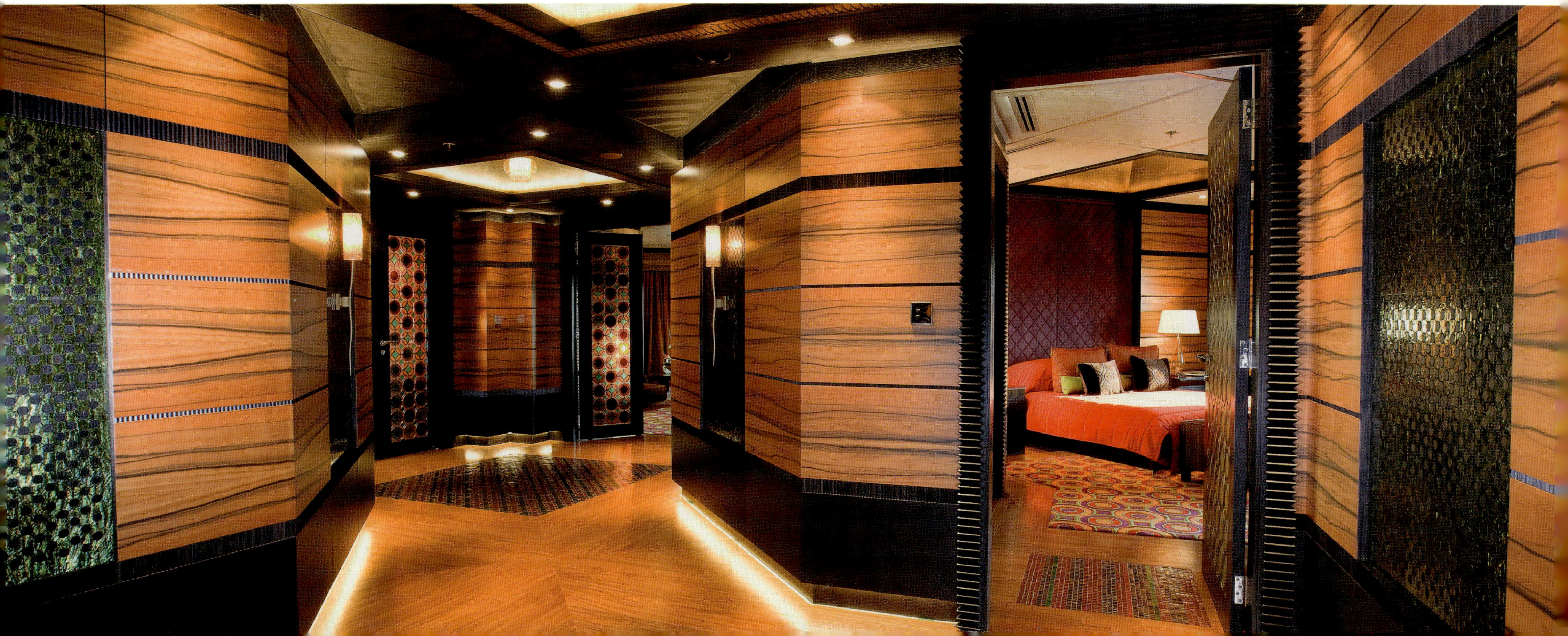

$ 50,000,000

GULFSTREAM G550

The Gulfstream G550 is the largest most capable, long-range, safest private jet available. Its PlaneView cockpit system displays critical flight information on 14-inch LCDs and infrared EVS enhanced vision systems allows pilots to see through darkness, fog and any other poor landing conditions. The fuel efficient Rolls-Royce BR710 engine results in a tanks-full range of 6,750 nm. It features different 12 floor plan configurations with up to four distinct living areas and seating for as many as 18 passengers.

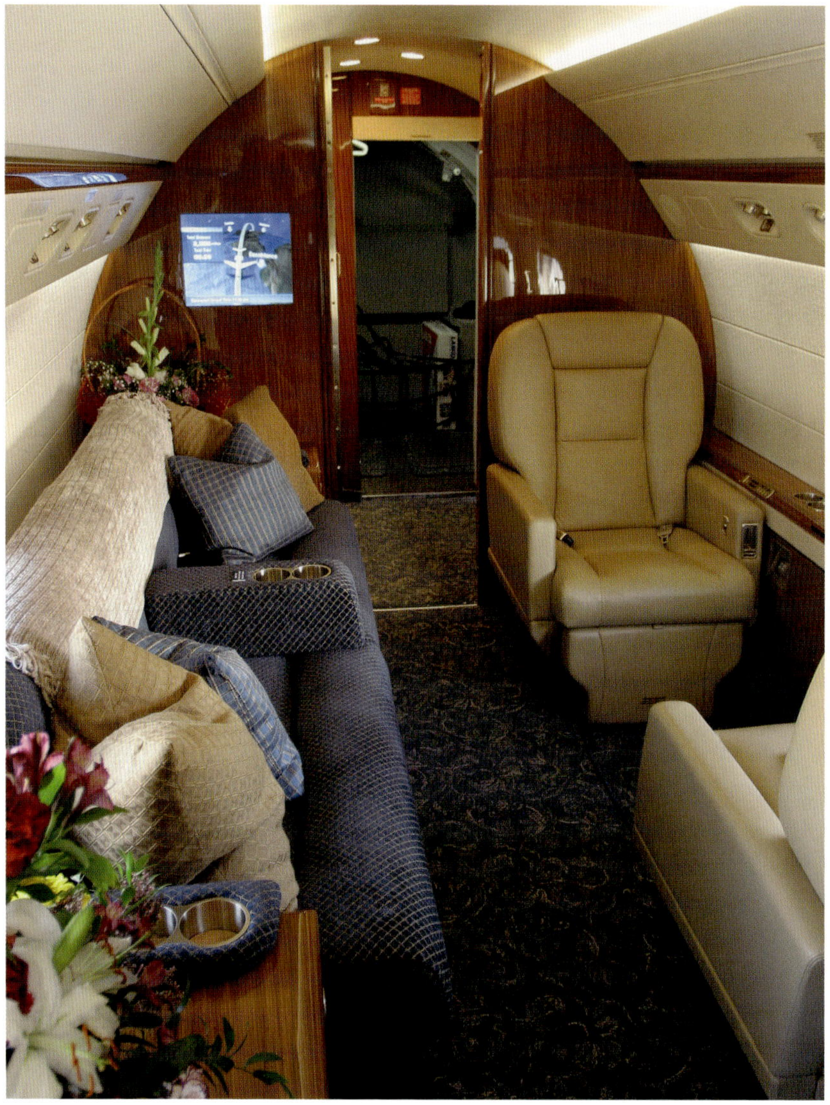

Le Gulfstream G550 est le plus grand, le plus performant et le plus sûr des jets privés long courrier actuellement en production. Son cockpit *PlaneView* affiche les informations de vol critiques sur des écrans LCD de 14 pouces. Il est équipé d'un système de vision amélioré EVS à capteur infrarouge permettant aux pilotes de voir dans l'obscurité, le brouillard, et les pires conditions d'atterrissage. Il dispose d'une autonomie de 12.501 km grâce à son moteur économique Rolls-Royce BR710. Son espace intérieur, enfin, se décline en douze configurations différentes, comportant jusqu'à quatre zones de séjour distinctes et 18 places passagers.

De Gulfstream G550 is de grootste, meest capabele en veiligste langeafstandsjet die je kan vinden. Zijn PlaneView cockpitsysteem toont cruciale vlieginformatie op LCD-schermen van 14 inch en dankzij de infrarode EVS-nachtzichtsystemen kunnen de piloten in het donker, in de mist en in alle andere slechte landingsomstandigheden zien. De zuinige Rolls-Royce BR710-motor laat een bereik tot 6.750 zeemijlen toe. Er zijn twaalf verschillende indelingen mogelijk, met tot vier aparte leef- en zitruimtes voor in het totaal 18 passagiers.

PRIVATE JET

JET PRIVÉ • JET

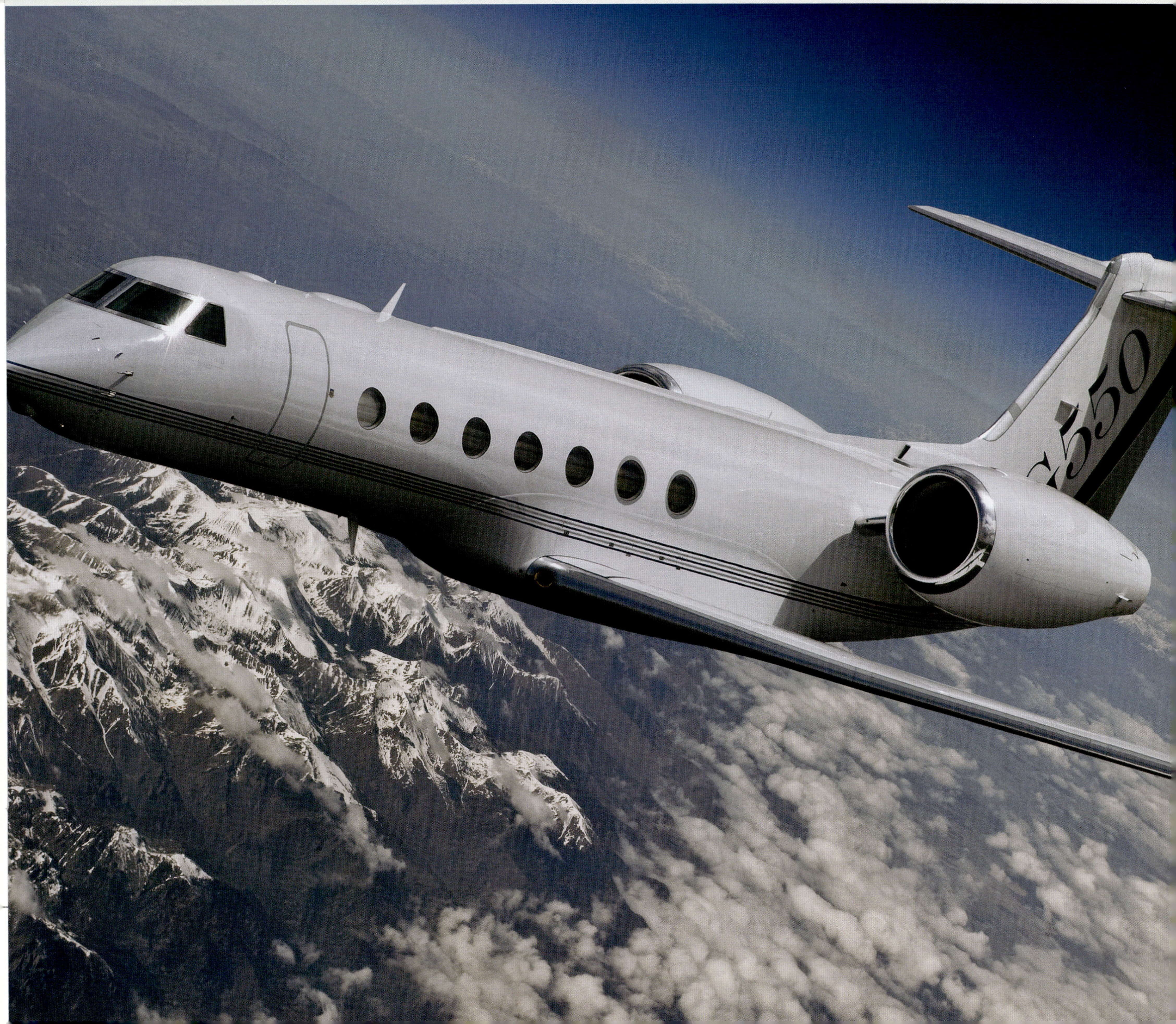

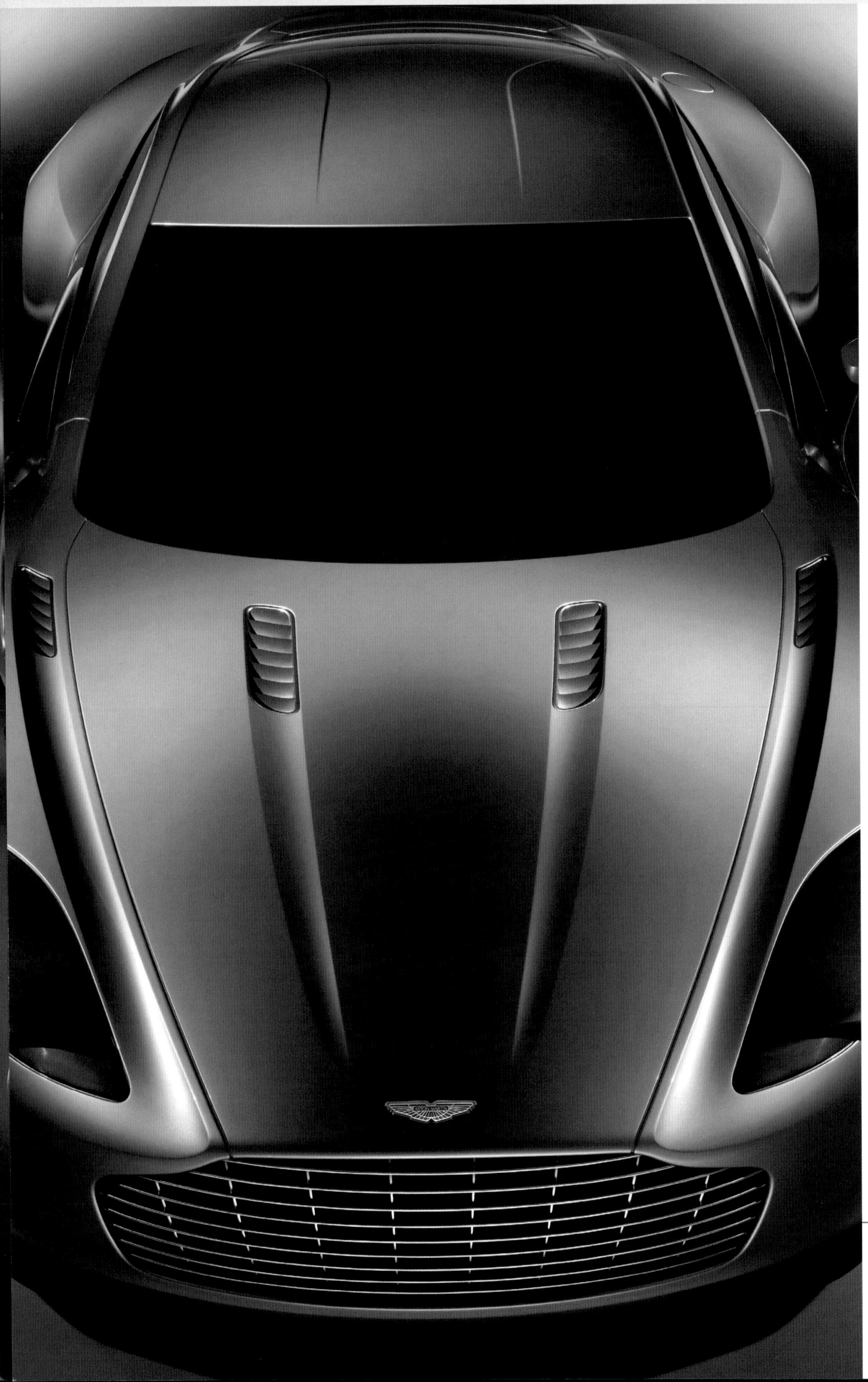
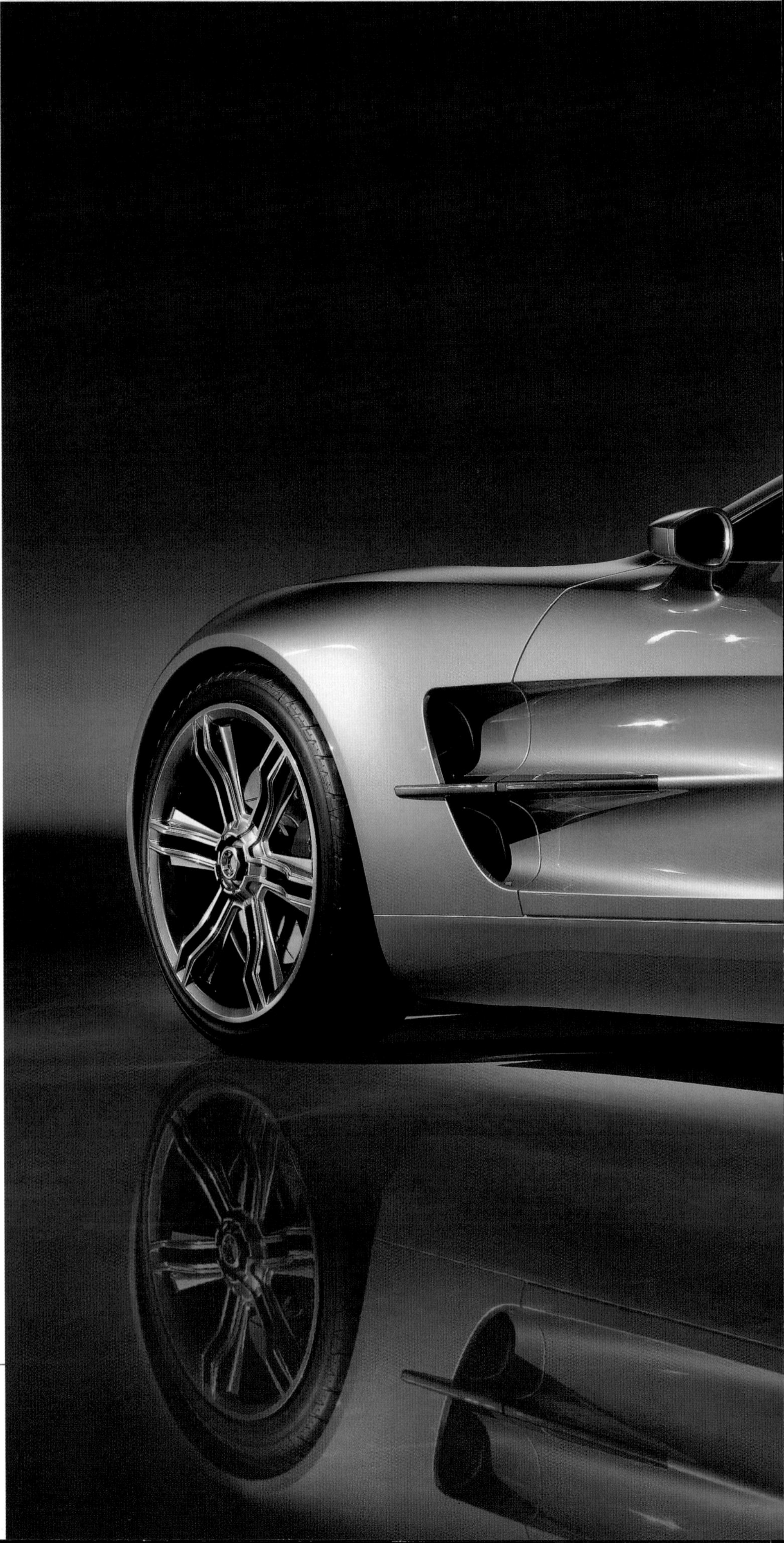

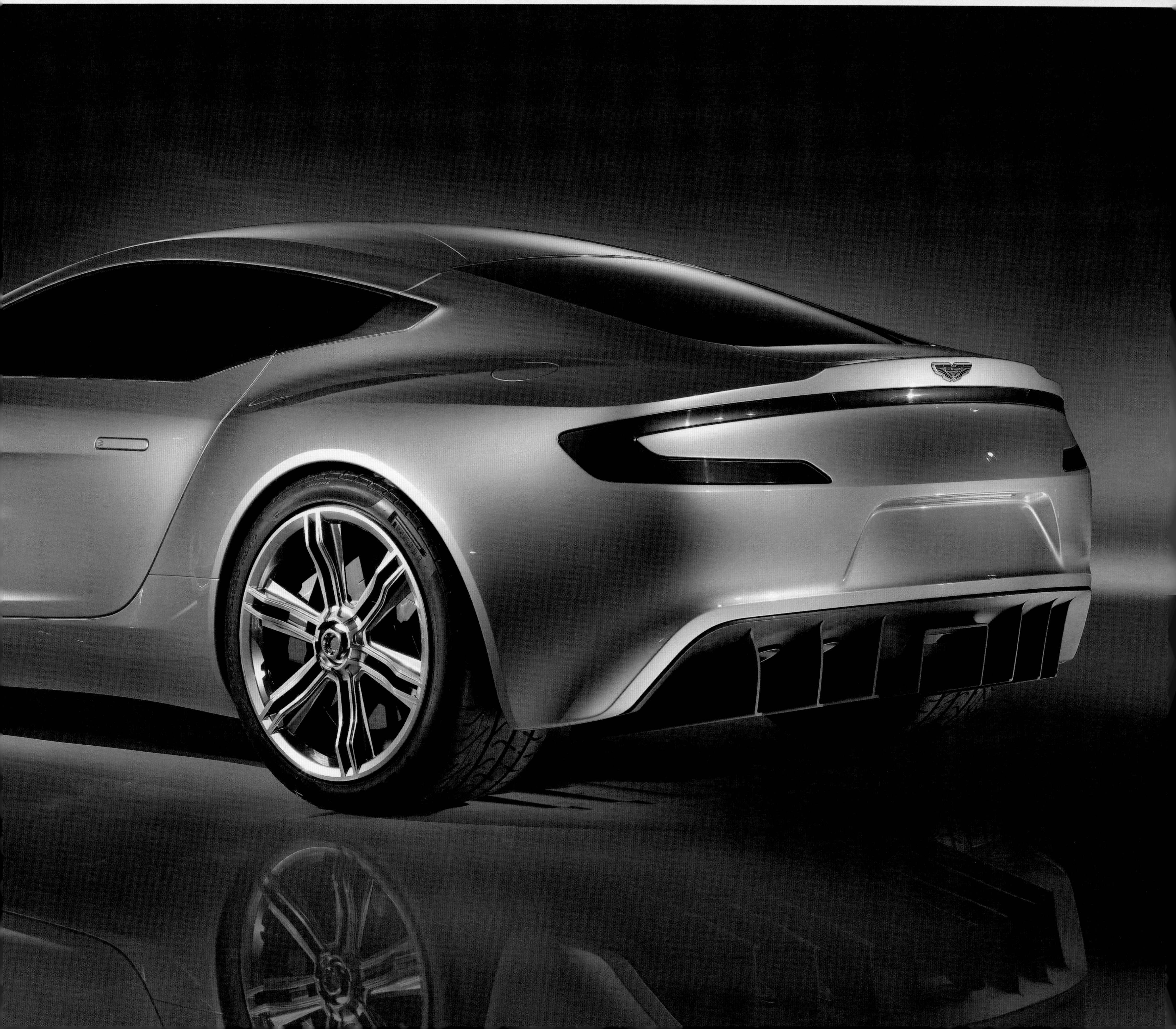

$ 15,000,000

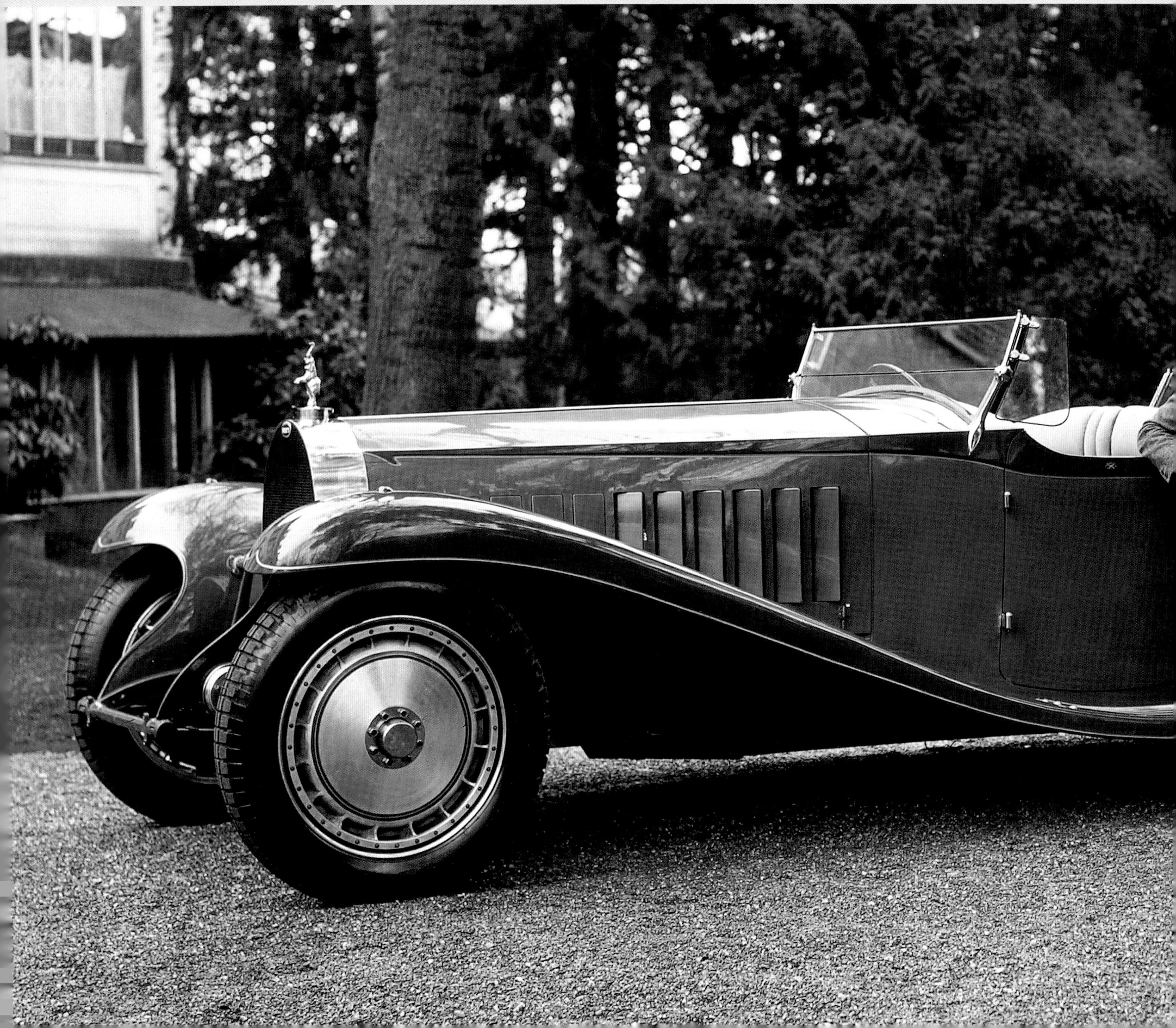

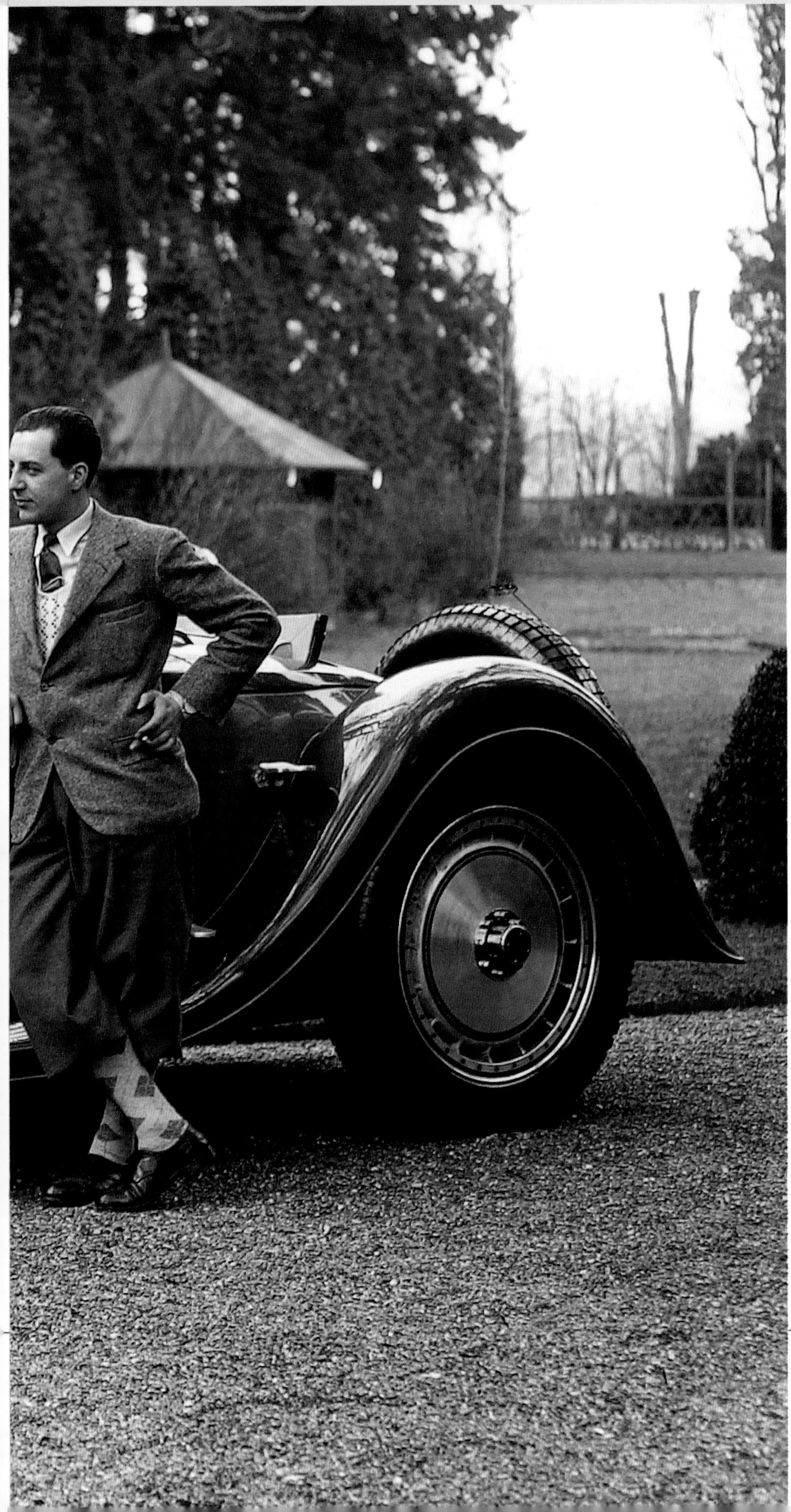

BUGATTI ROYALE 41

The Bugatti Type 41, better known as "the Royale", was the ultimate luxury car of its time. Intended for kings and royalty it had a massive presence of almost 6 meters long (with a 4.30 m wheelbase), an 8-cylinder engine with a 12.7 liter piston capacity, and 300 HP delivering a speed of 200 km/h. The launch of the Royale was ill-timed at the start of the Great depression and consequently only six were built between 1929 and 1933 with just 3 being sold to external customers, the rest were kept inside the" company.

Plus connue sous le nom de "La Royale", la Bugatti Type 41 était en son temps le nec plus ultra des voitures de luxe. Conçue pour les têtes couronnées, elle possédait une structure massive et mesurait presque 6 mètres de long (avec un empattement de 4,30 mètres). Son moteur 8 cylindres de 12,7 litres développait une puissance de 300 chevaux pour une vitesse de 200 km/h. Son lancement au début de la Grande Dépression fut pour le moins inopportun, de sorte que six exemplaires seulement furent construits entre 1929 et 1933. Trois furent vendus, les autres demeurant propriété de la firme.

De Bugatti Type 41, beter bekend als *de Royale,* was de ultieme luxeauto van zijn tijd. Hij was bedoeld voor koningen en leden van koninklijke huizen en had een enorme lengte van bijna 6 meter (met een wielbasis van 4,30 m); dankzij de 8-cilindermotor met een cilinderinhoud van 12,7 liter en 300 pk haalde hij een topsnelheid van 200 km/u. De lancering van de Royale was slecht getimed: omdat hij bij het begin van de Grote Depressie werd gelanceerd, werden er tussen 1929 en 1933 amper zes van gebouwd, waarvan er maar 3 aan externe klanten werden verkocht. De rest bleef bij de constructeur.

$ 1,000,000

ASANTI

Asanti, manufacturers of the most luxurious forged wheels on the market, are, nevertheless, always looking to step up their game. In this case they've done it with the creation of the world's first diamond encrusted rims. The 1,100 carat set has over 12,000 diamonds and 800 gemstones. They can be ordered with sapphires, rubies, or any other gem requested. And just to show how much they appreciate your business, they throw in a Bentley Continental GT with every purchase, free of charge.

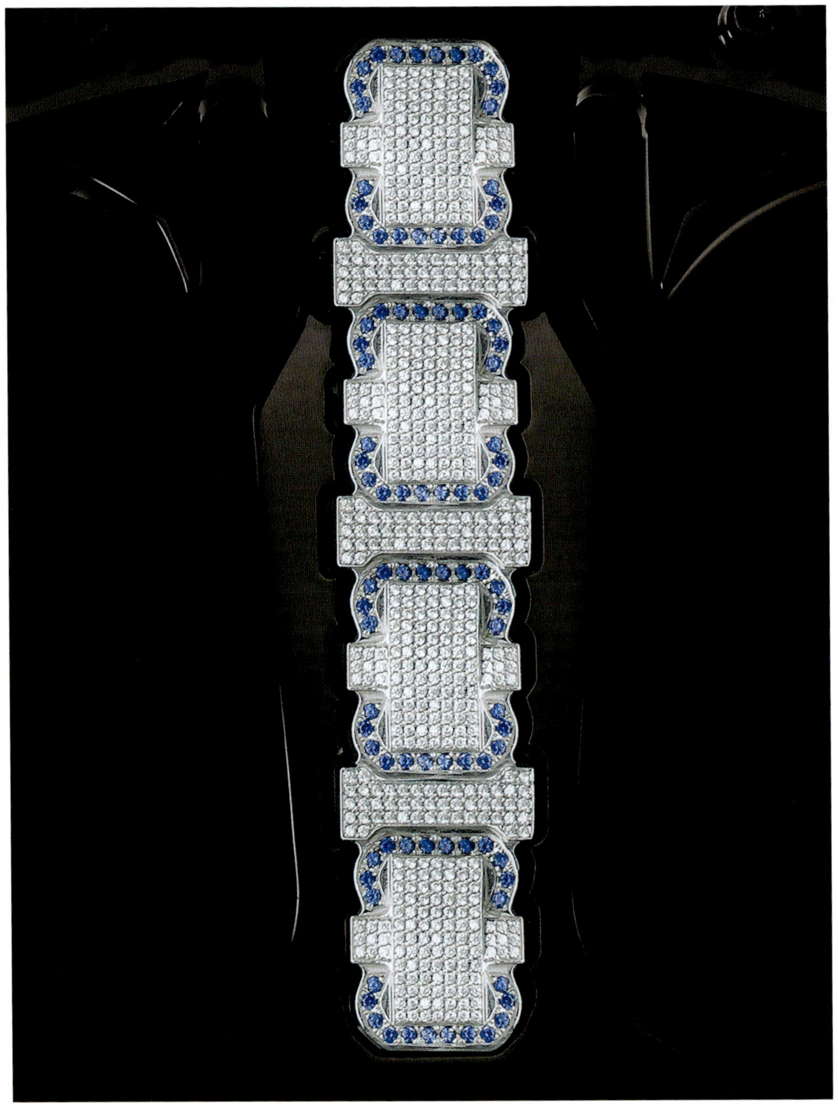

Fabricant des jantes forgées les plus luxueuses du marché, Asanti n'a de cesse de se surpasser. Il y est de nouveau parvenu en créant les premières jantes incrustées de pierres précieuses – plus de 12.000 diamants et 800 gemmes pour un total de 1.100 carats. Disponibles sur demande, agrémentées de saphirs, de rubis ou de toute autre pierre précieuse, ces jantes sont l'apanage d'une firme qui choie sa clientèle. Pour preuve : pour chaque commande ferme, Asanti vous offre une Bentley Continental GT.

Asanti, dat de meest luxueuze velgen op de markt maakt, wil niettemin de lat altijd maar hoger leggen. Dit keer door 's werelds eerste met diamanten bezette velgen te maken. De set telt meer dan 12.000 diamanten en 800 edelstenen, goed voor 1.100 karaat. De velgen kunnen met saffieren, robijnen of elke andere gewenste edelsteen worden besteld. En om hun waardering voor hun klanten te laten blijken, geven ze gratis een Bentley Continental GT bij elke aankoop.

RIMS

JANTES • VELGEN

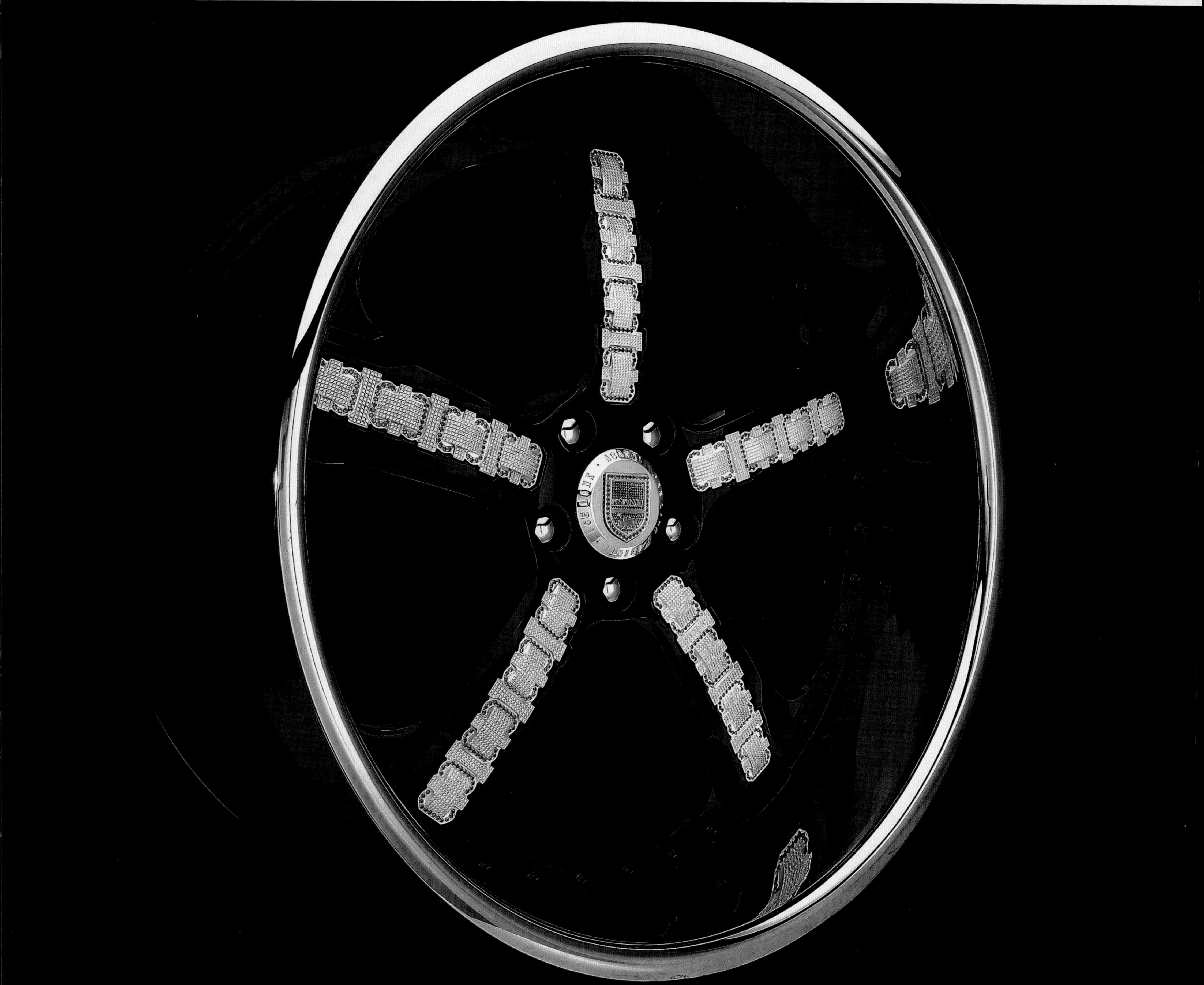

$ 100,000

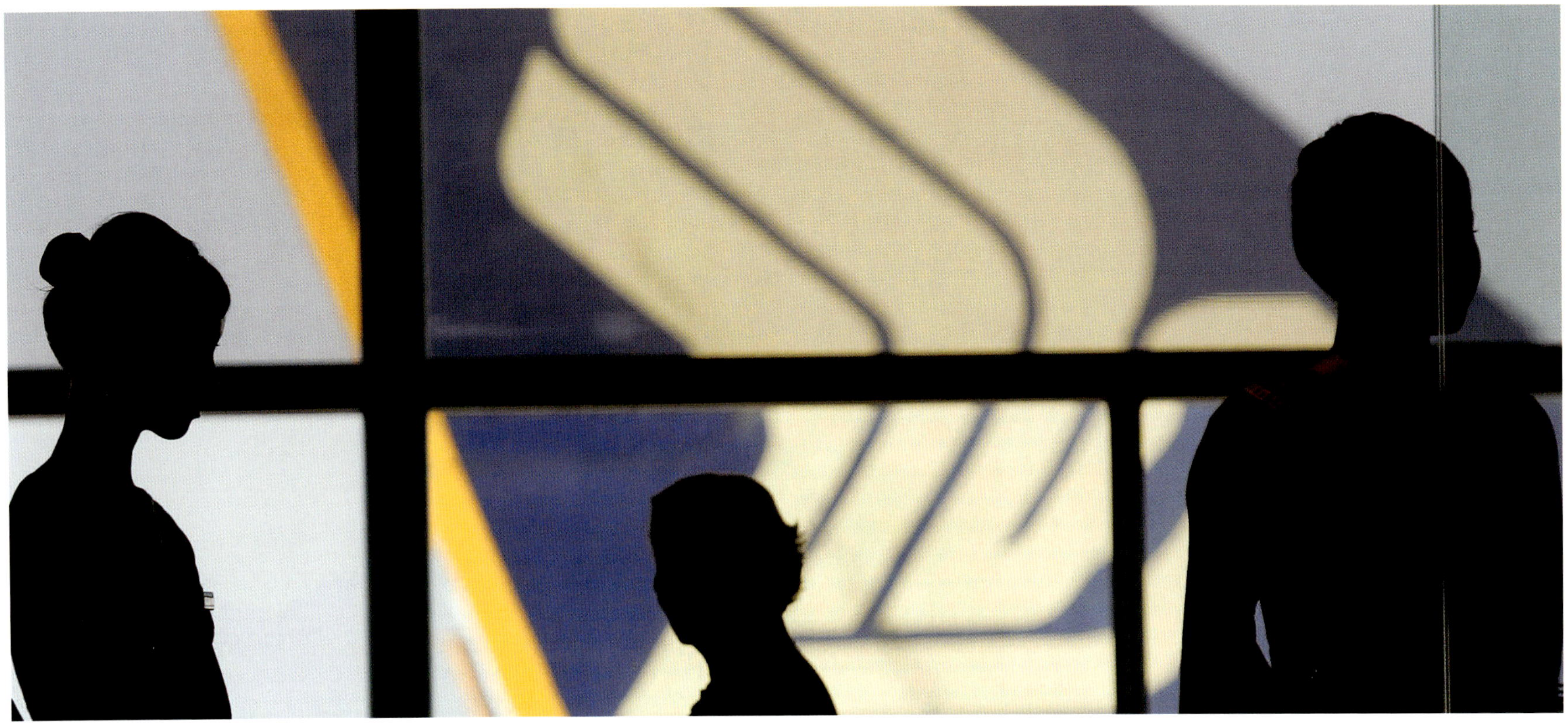

Bien des gens rêvaient de participer, le 25 octobre 2007, au vol de lancement de l'Airbus A380, le plus gros avion du monde qui, affrété par Singapore Airlines, ralliait ce jour-là Singapour à Sidney. La plupart des billets de ce vol commercial inaugural ont été vendus aux enchères sur eBay – les deux premiers pour 100.380 $. Le montant total des recettes a été distribué à des organisations caritatives, telles que Médecins sans Frontières ou l'hôpital pour enfants de Sydney.

De dubbeldekker Airbus A380, het grootste vliegtuig ter wereld, wordt als de recentste topprestatie in de luchtvaart beschouwd. Velen waren dan ook opgewonden over de eerste, historische vlucht ervan. Op 25 oktober 2007 vertrok de eerste vlucht van Singapore naar Sydney; de terugvlucht was de volgende dag, ook met Singapore Airlines. De meeste tickets voor de eerste commerciële reis werden op eBay geveild. De allereerste werden voor $ 100.380 verkocht. De opbrengst van de veiling ging naar goede doelen, zoals Artsen zonder Grenzen en het Kinderziekenhuis van Sydney.

SINGAPORE AIRLINES

A380

As the world's largest aircraft, the double-decker Airbus A380 was viewed as the latest aeronautical feat and many were excited to be a part of its historical flight. On October 25, 2007, the first flight went from Singapore to Sydney and returned the next day via Singapore Airlines. The majority of the tickets for the maiden commercial voyage were auctioned on eBay, with the first two selling for $100,380. All proceeds from the auction went to charities such as Doctors without Borders and Sydney's Children's Hospital.

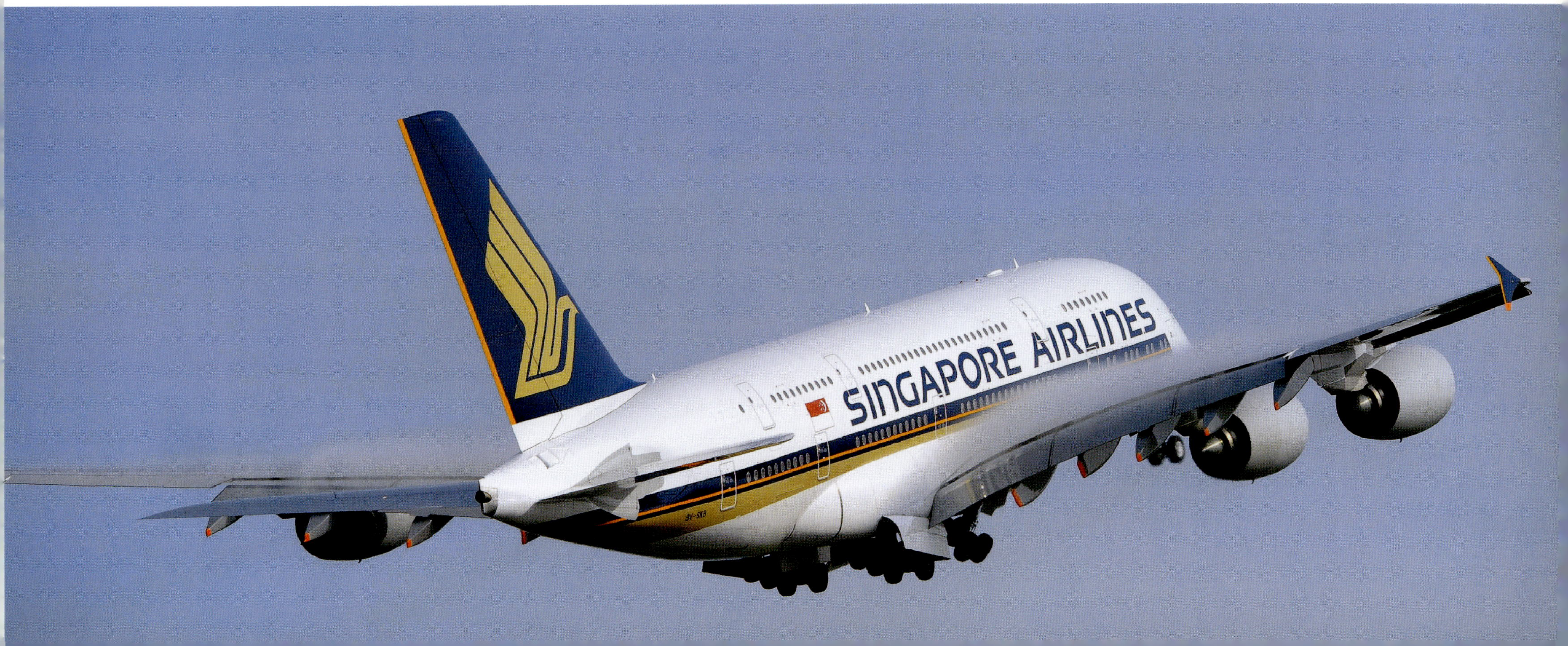

$ 200,000

AUDI UNION TYPE C

The "Audi Auto Union Type C" pedal car is limited to just 999 releases and is a 1:2 scale replica of the 1936 racer. The aluminum sheet body was made exclusively at the Audi tool making division where they thought of everything; detachable oakwood dashboard, leather wrapped seats and steering wheel, 7-speed transmission with a back pedal brake, hand brake lever with a locking function and hydraulic double disc brakes. No other car manufacturer offers a pedal car built so elaborately and to such a high standard.

L'audi *Auto Union Type C* à pédales, produite à seulement 999 exemplaires, est la réplique à l'échelle 1/2 de la fameuse voiture de course de 1936. Sa carrosserie en aluminium est le fruit du travail exclusif du département outillage d'Audi – et rien n'a été laissé au hasard : tableau de bord amovible en chêne, sièges et volant habillés de cuir, boîte à 7 rapports avec freinage à rétropédalage, levier de frein à main avec fonction de verrouillage et freins à double disques hydrauliques. Aucun doute : nul autre fabricant automobile ne propose de voitures à pédales aussi sophistiquées.

De *Audi Auto Union Type C* trapauto is beperkt tot exact 999 stuks en is een replica op schaal 1:2 van de racewagen uit 1936. Het koetswerk uit aluminiumplaten werd exclusief door de gereedschapsmakerij van Audi gemaakt, waar ze aan alles hebben gedacht: een afneembaar eiken dashboard, met leder beklede stoelen en stuur, een 7-trapsversnellingsbak met terugtraprem, een handrem met vergrendelfunctie en hydraulische dubbele schijfremmen. Geen enkele andere autoconstructeur verkoopt een pedaalauto die zo gedetailleerd en volgens een zo hoge standaard is gemaakt.

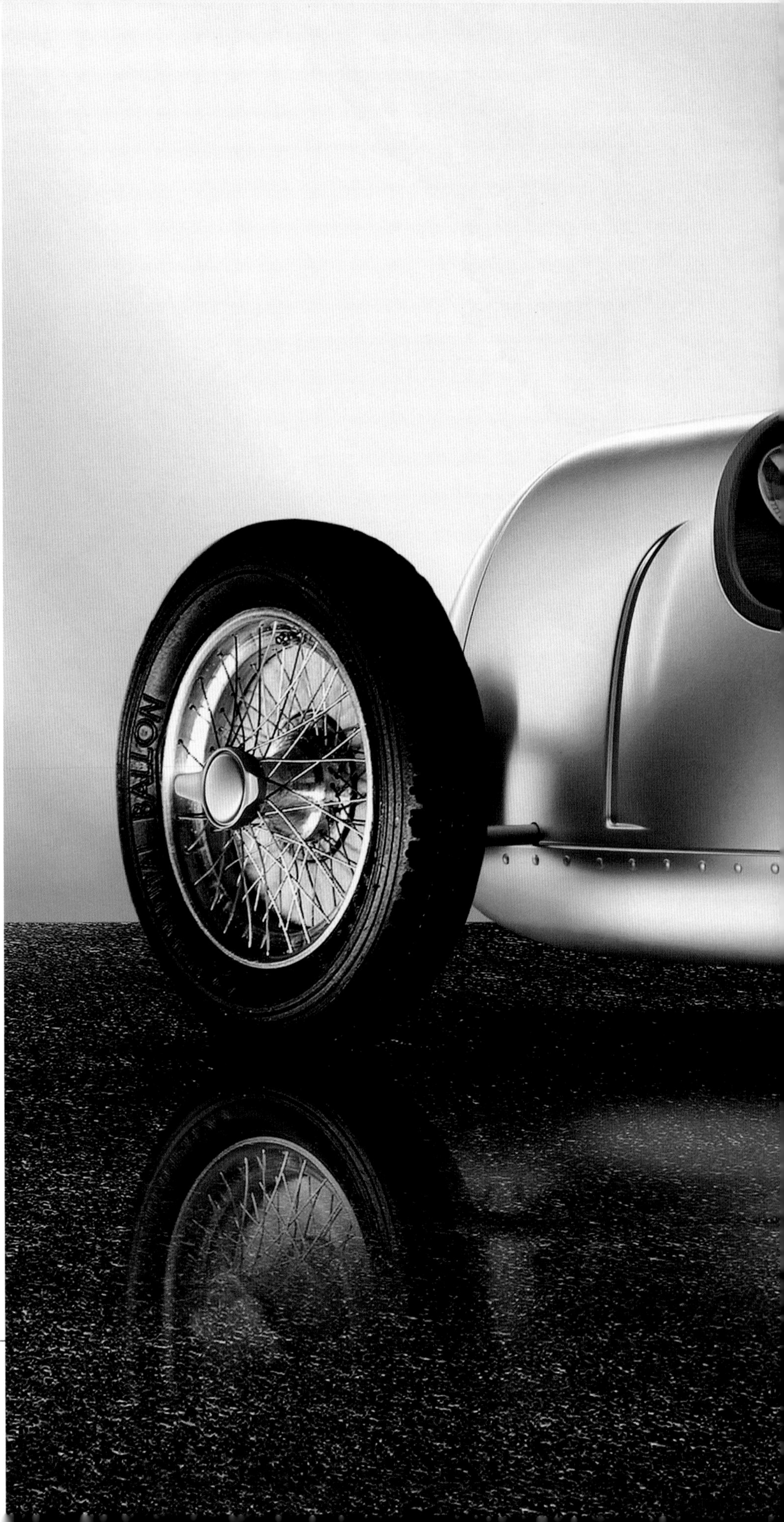

PEDAL CAR

VOITURE À PÉDALES • TRAPAUTO

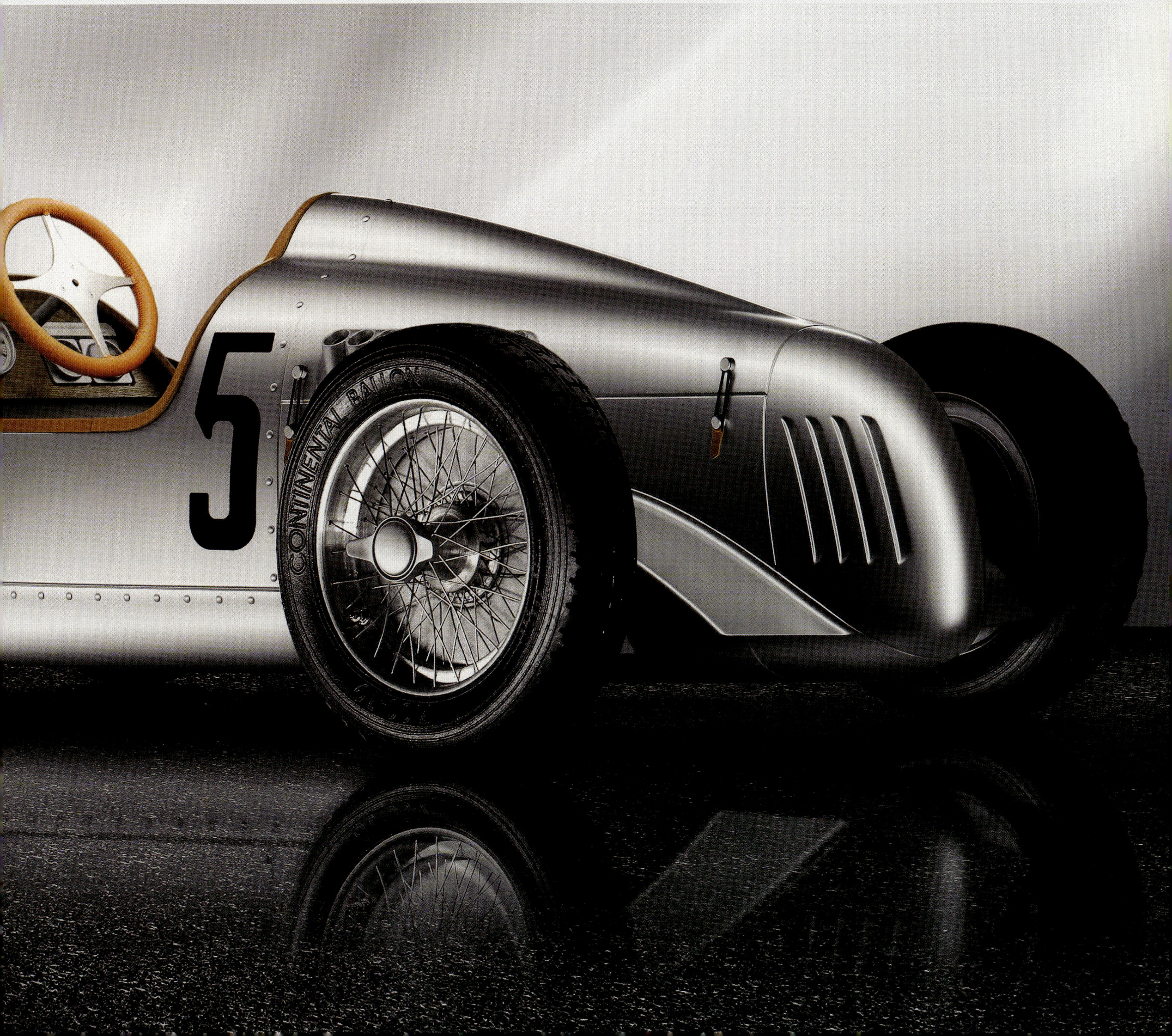

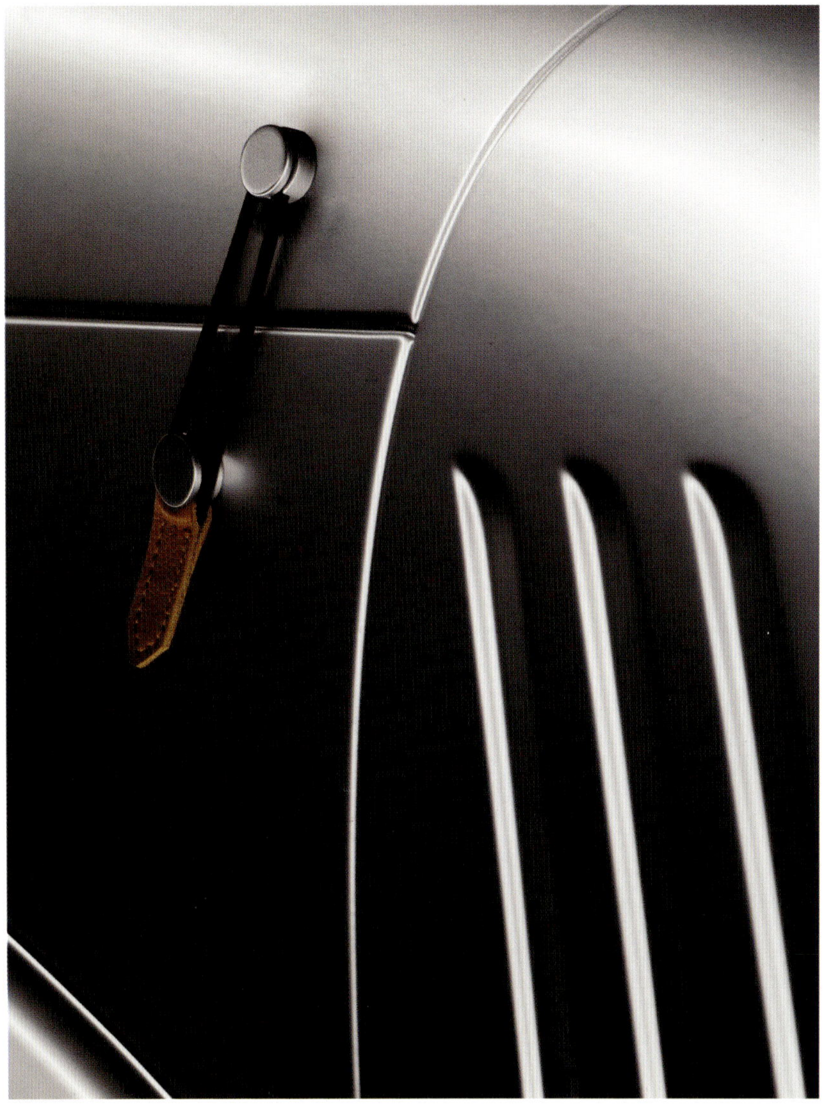

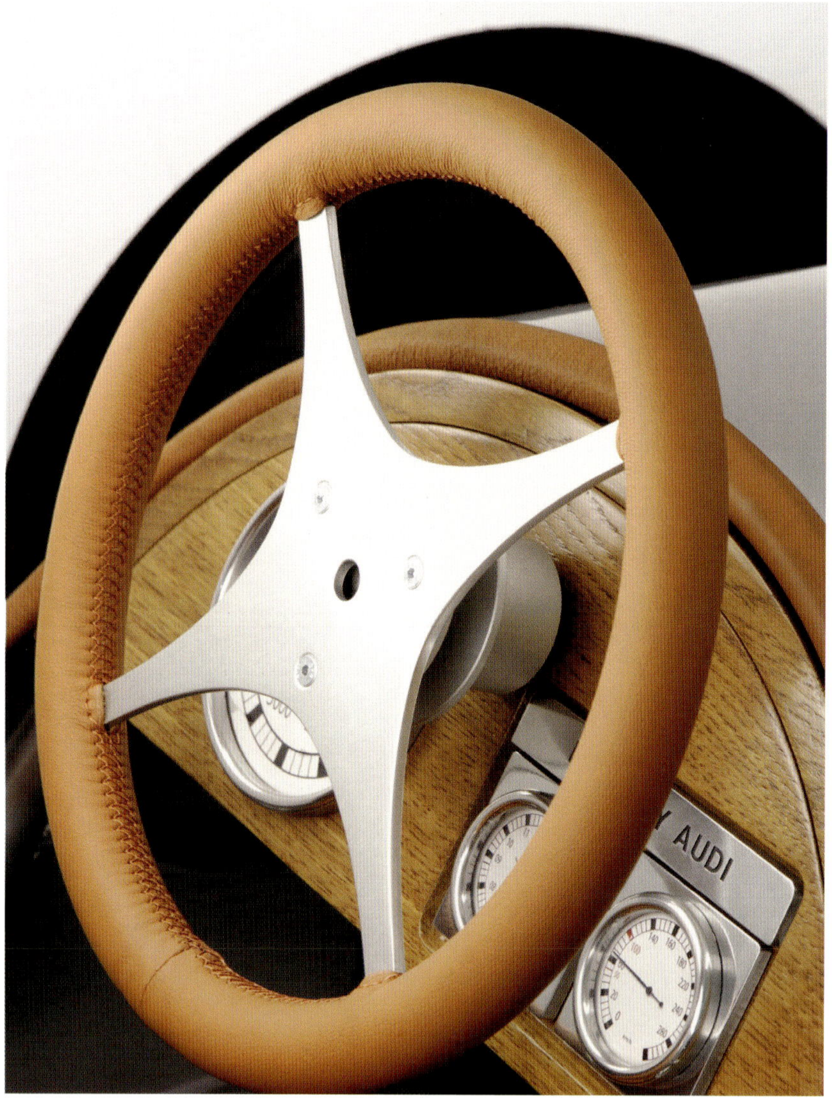
AUDI

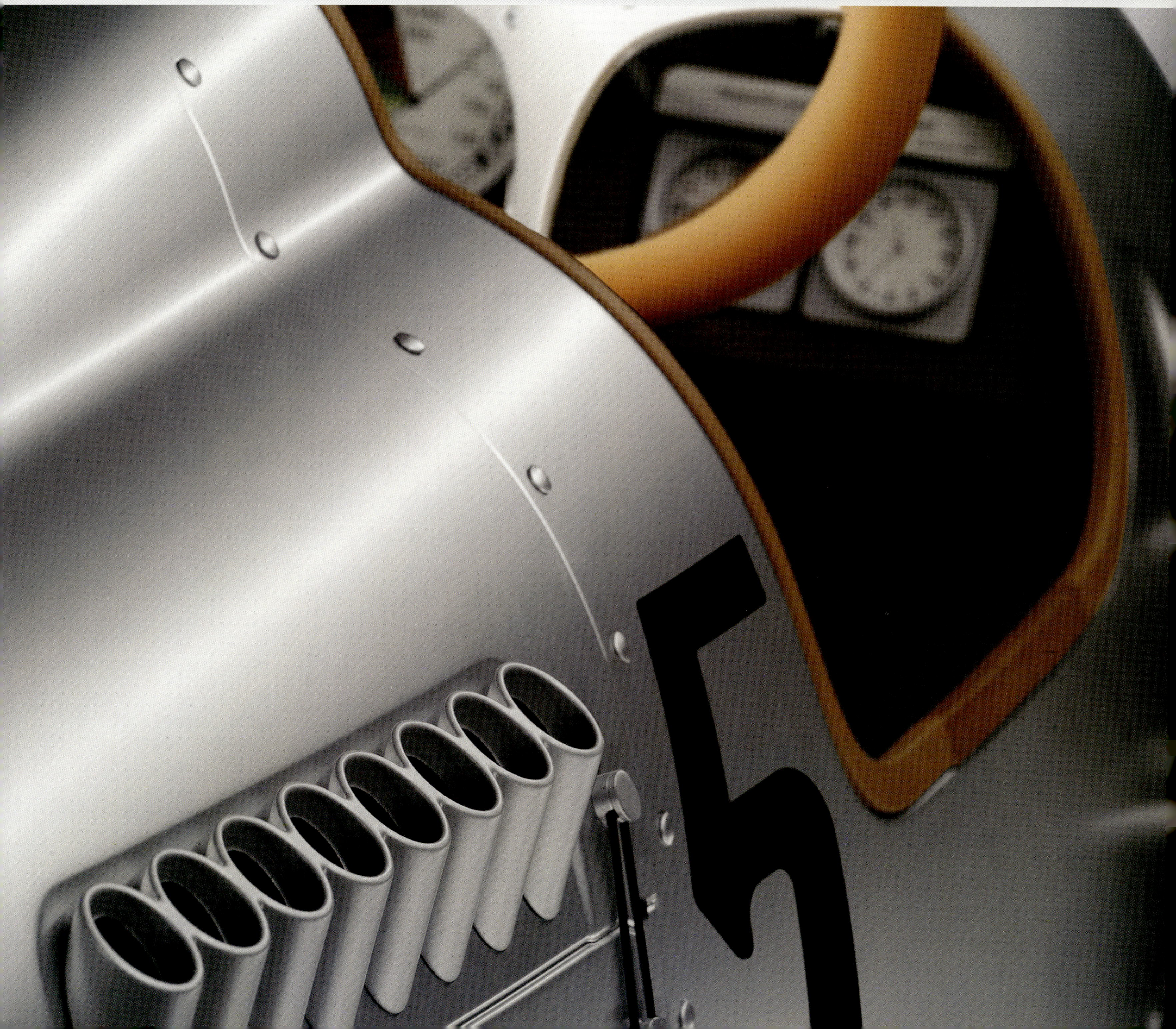
5

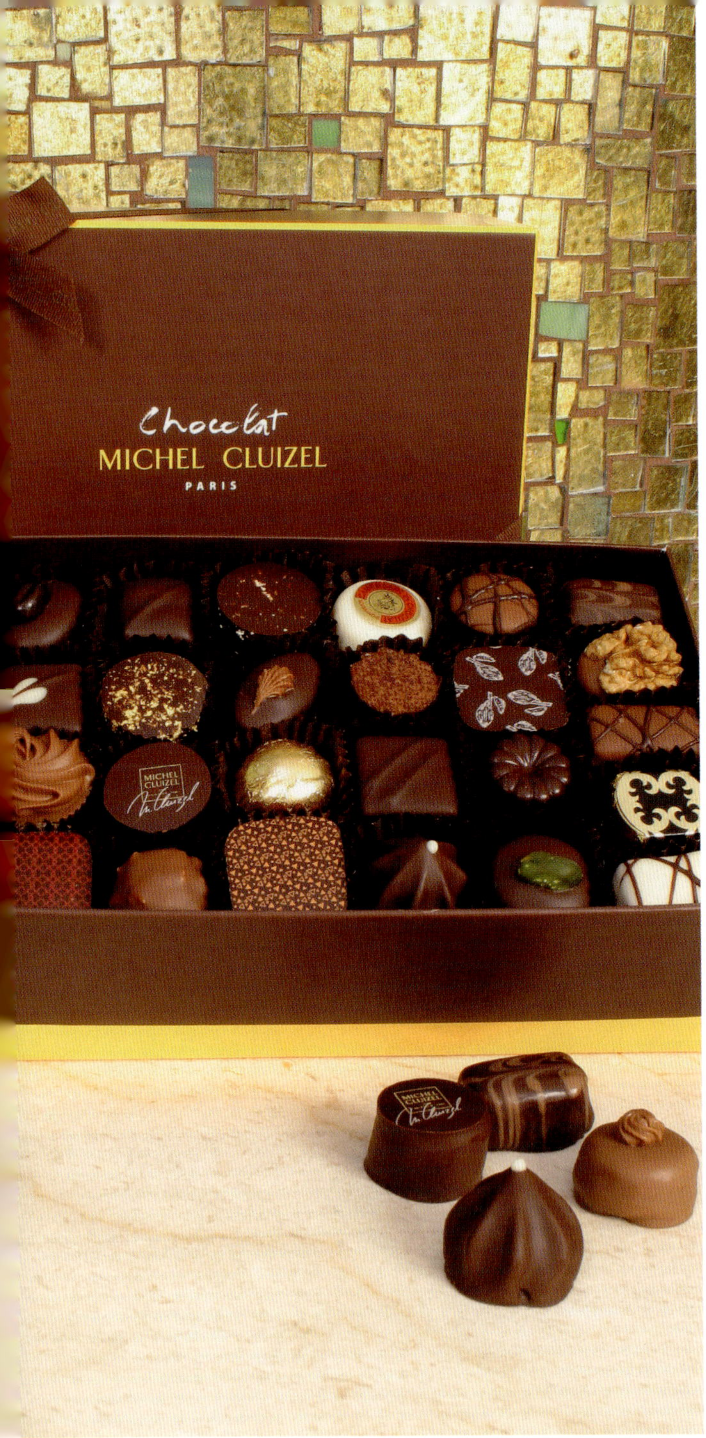
Chocolat
MICHEL CLUIZEL
PARIS

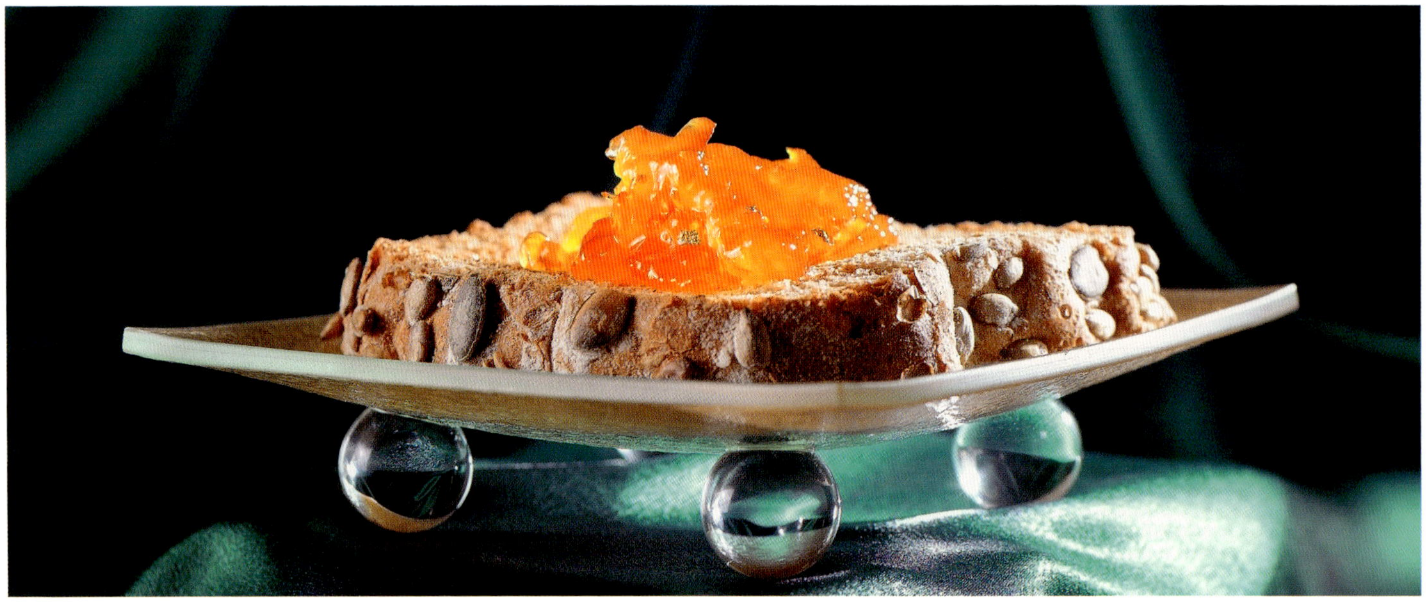

As a dynamic art form, cooking and food preparation requires the use of all fives senses, and takes many shapes and forms before reaching its final state. All in pursuit of the ultimate taste or flavor. Years, generations, centuries of knowledge and information have gone into creating the things we unthinkingly consume on a daily basis; wine, chocolates, jams, teas, fruits. The following delicacies are by those who continue to strive for culinary excellence creating combinations of the best the earth has to offer, in ways most have never seen before.

Art en perpétuelle évolution, la cuisine fait appel aux cinq sens. Expérimentant de nombreux stades avant de parvenir à son état définitif, elle n'est orientée que vers un seul but : obtenir la saveur parfaite. Les aliments que nous consommons chaque jour sans y prêter attention (vin, chocolats, confitures, thés, fruits) ont nécessité des années, des générations, des siècles de connaissances et de savoir faire. Les mets présentés dans ce chapitre, combinaison de produits de qualité et de l'imagination fertile de créateurs talentueux, sont les fruits du travail de ceux qui, jour après jour, s'efforcent d'atteindre l'excellence et d'enrichir notre patrimoine gastronomique.

Bij het koken en klaarmaken van eten, als dynamische kunstvorm, komen onze vijf zintuigen goed van pas. Alvorens het eindresultaat tot stand komt, passeren tal van vormen de revue. En dat allemaal in ons streven naar de ultieme smaak of het ultieme aroma. Jaren, generaties, eeuwen van kennis en informatie zitten in de dingen die we, zonder daarbij stil te staan, dagelijks eten of drinken: wijn, chocolade, jam, thee, fruit. De volgende delicatessen zijn van de hand van mensen die voortdurend naar culinaire uitmuntendheid streven en daarbij combinaties maken van het beste wat de aarde te bieden heeft, op nooit eerder geziene manieren.

DELICATESSEN

ARTS DE LA TABLE · DELICATESSEN

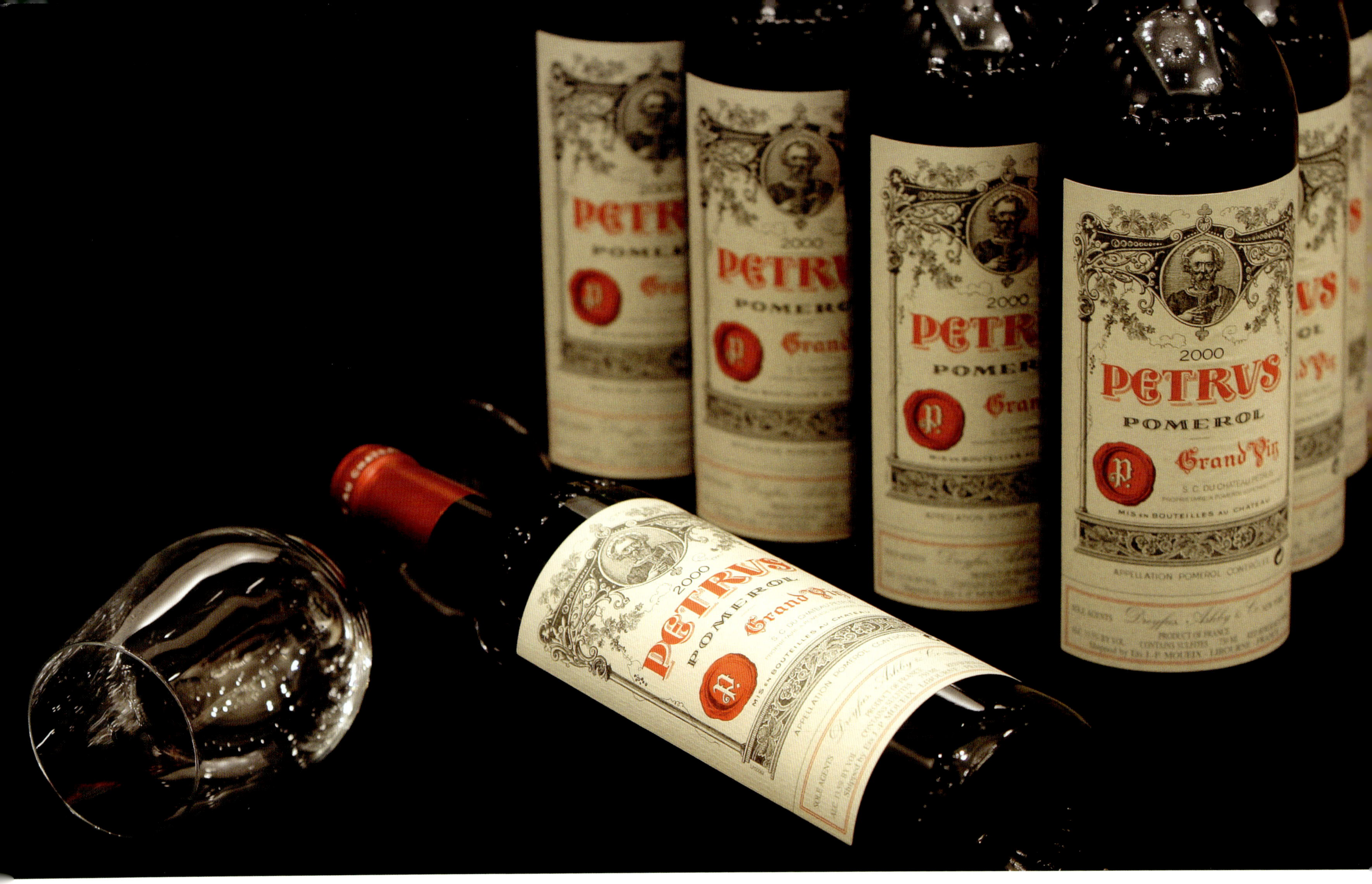
2000
PETRUS
POMEROL
MIS EN BOUTEILLES AU CHATEAU
APPELLATION POMEROL CONTROLEE

DELICATESSEN

ARTS DE LA TABLE · DELICATESSEN

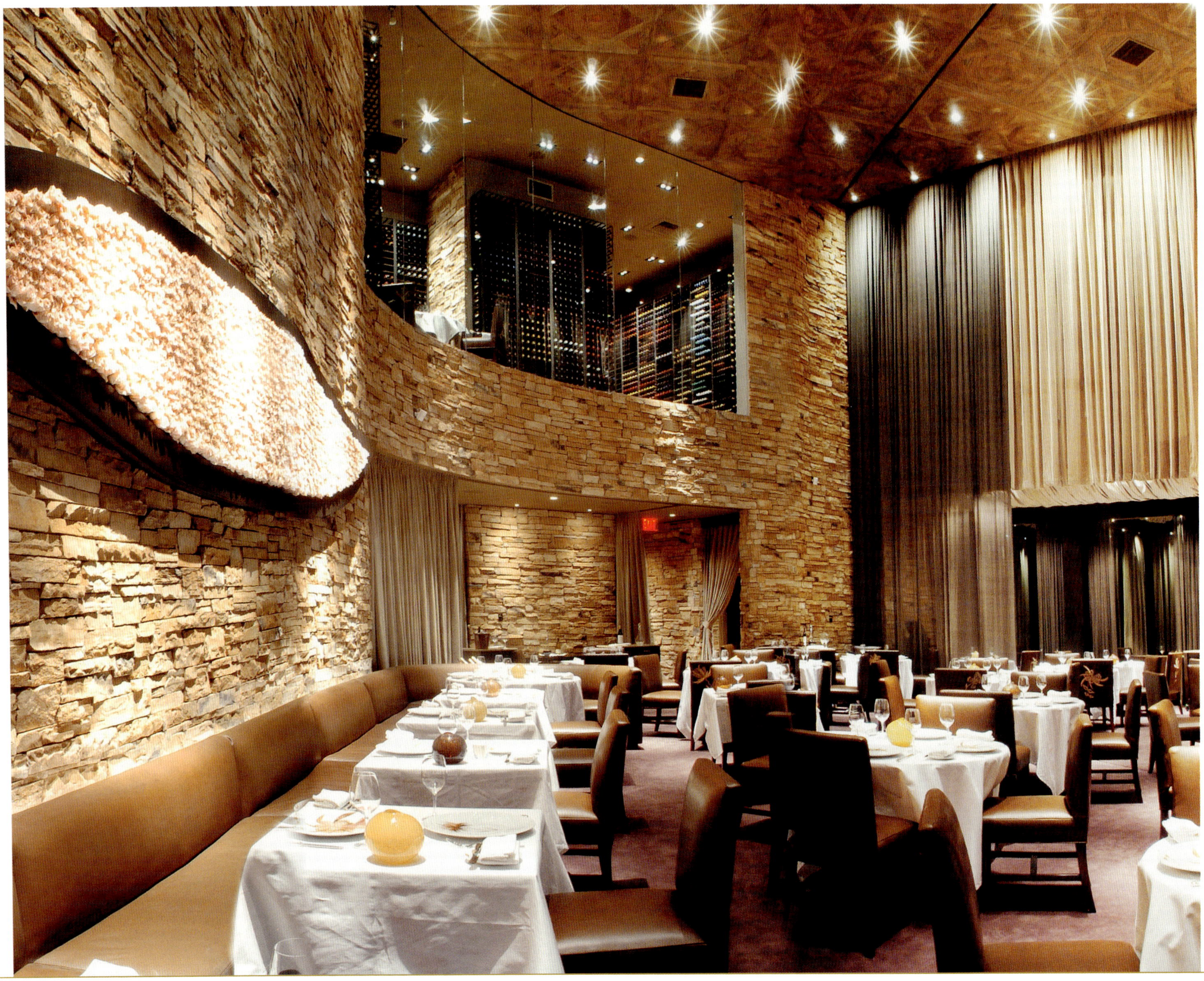

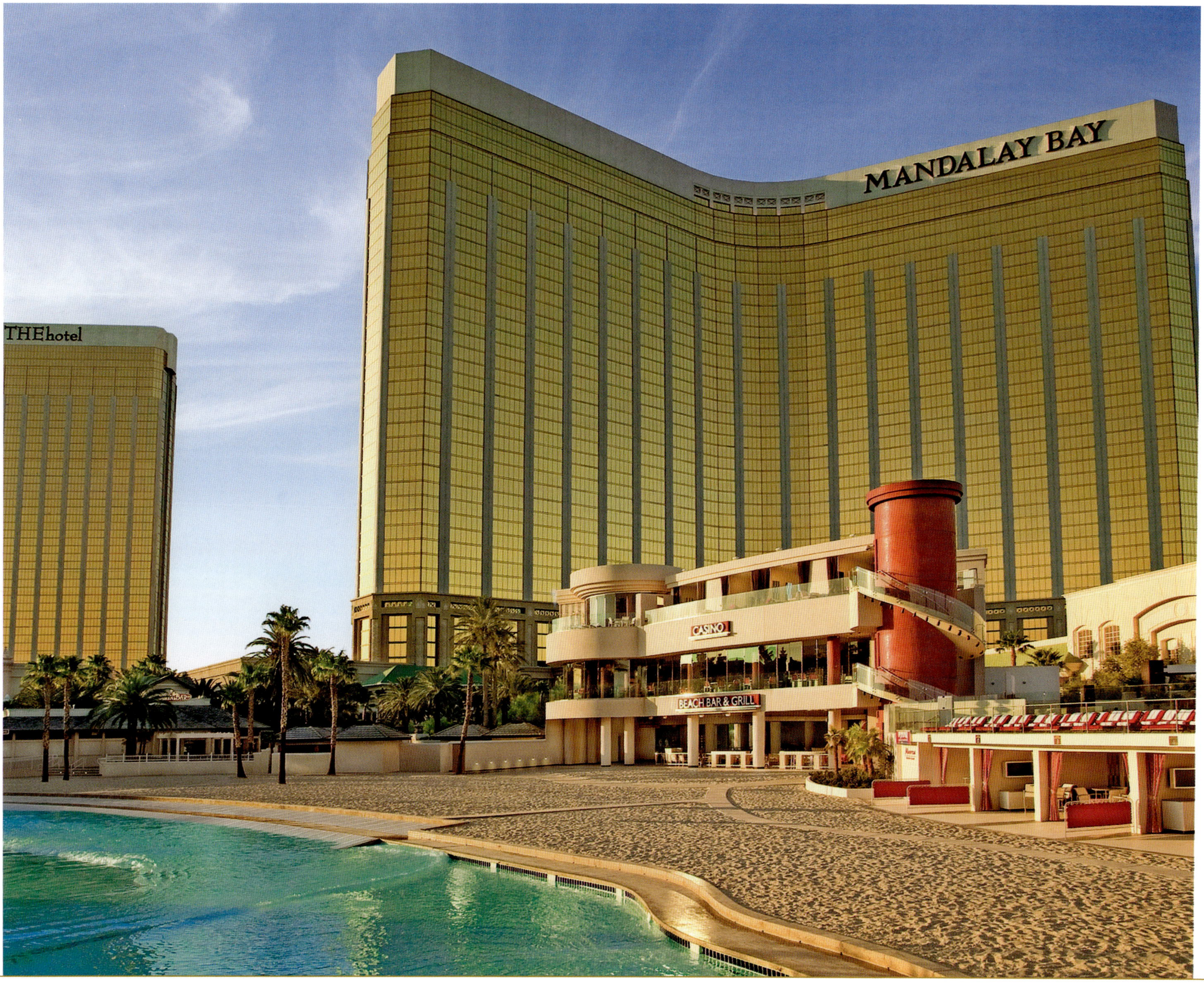
THEhotel
MANDALAY BAY
CASINO
BEACH BAR & GRILL

WALDO'S

The "von Essen Platinum Club Sandwich" is the world's most expensive sandwich, but with an exquisite combination of some of the very finest ingredients, it is surely worth every penny. It is made with Iberico ham, poulet de Bresse, quail eggs, semi-dried Italian tomatoes and 24-hour fermented sour dough bread. Air-cured for 30 months, the Iberico ham comes from the prized black-footed pig. The ultimate delight for the taste-buds are 10 grams of white truffles that normally price for about $3,600 per kilogram.

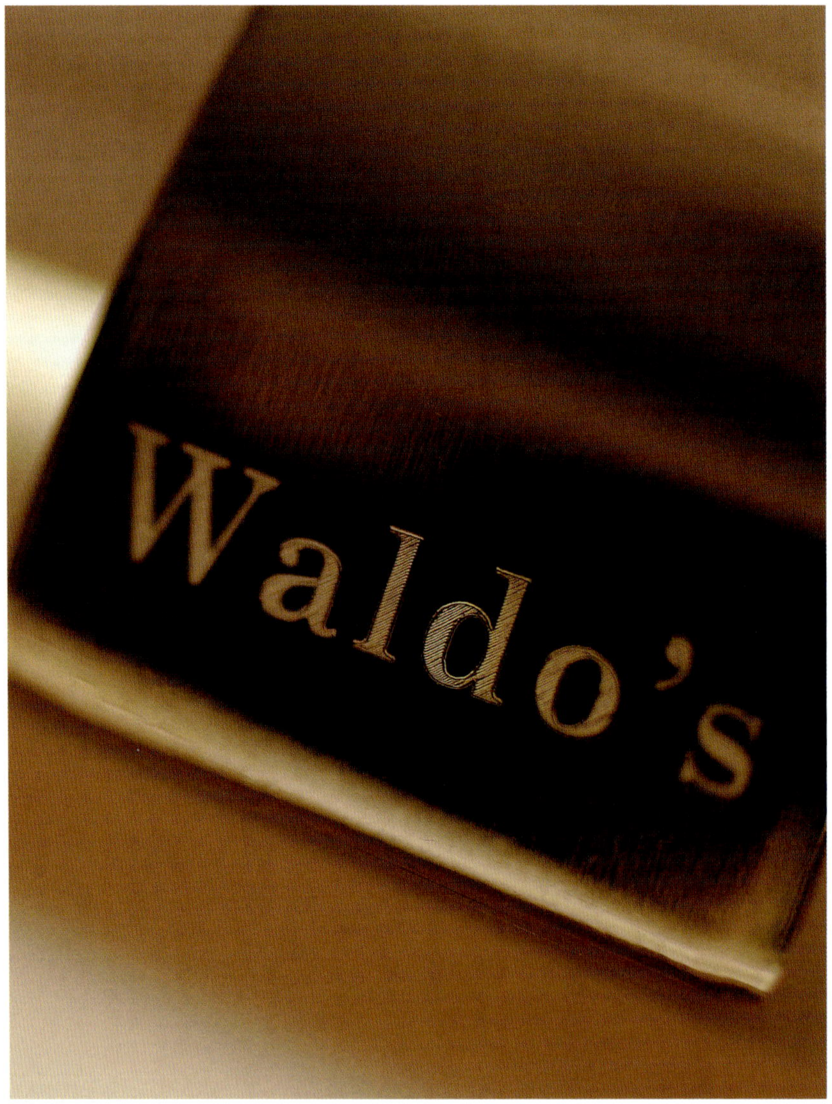

Le *von Essen Platinum Club Sandwich* est le sandwich le plus cher au monde. Son prix est justifié par l'exquise combinaison d'ingrédients raffinés qui le composent : jambon ibérique, poulet de Bresse, œufs de caille, tomates italiennes à demi séchées et pain au levain fermenté durant 24 heures. Séché à l'air libre durant 30 mois, le jambon est issu d'une race de porcs à pattes noires très prisée. Plaisir ultime pour égayer vos papilles : 10 grammes de truffes blanches, dont le kilo avoisine les 3.600 $.

De *von Essen Platinum Club Sandwich* is 's werelds duurste broodje, maar dan wel één met een overheerlijke combinatie van de allerbeste ingrediënten. Eentje dat elke cent waard is. Het broodje is belegd met Ibericoham, Bressekip, kwarteleieren, halfgedroogde Italiaanse tomaten en zuurdesembrood dat men 24 uur laat gisten. De Ibericoham, die 30 maanden lang in de lucht wordt gedroogd, komt van de alom geprezen varkens met de zwarte poten. Het ultieme genot voor de smaakpapillen zijn 10 gram witte truffels die normaal zo'n $ 3.600 per kilo kosten.

SANDWICH
SANDWICH • SANDWICH

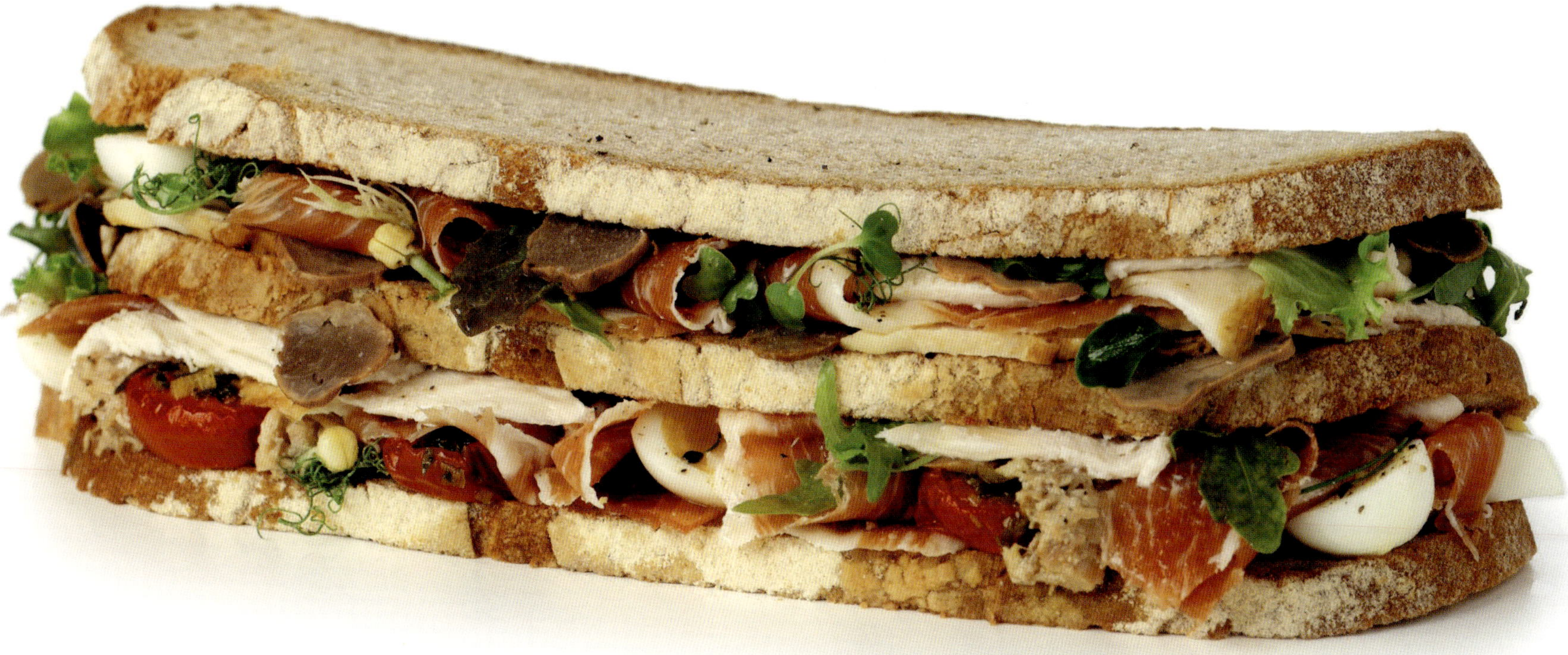

$ 9,300

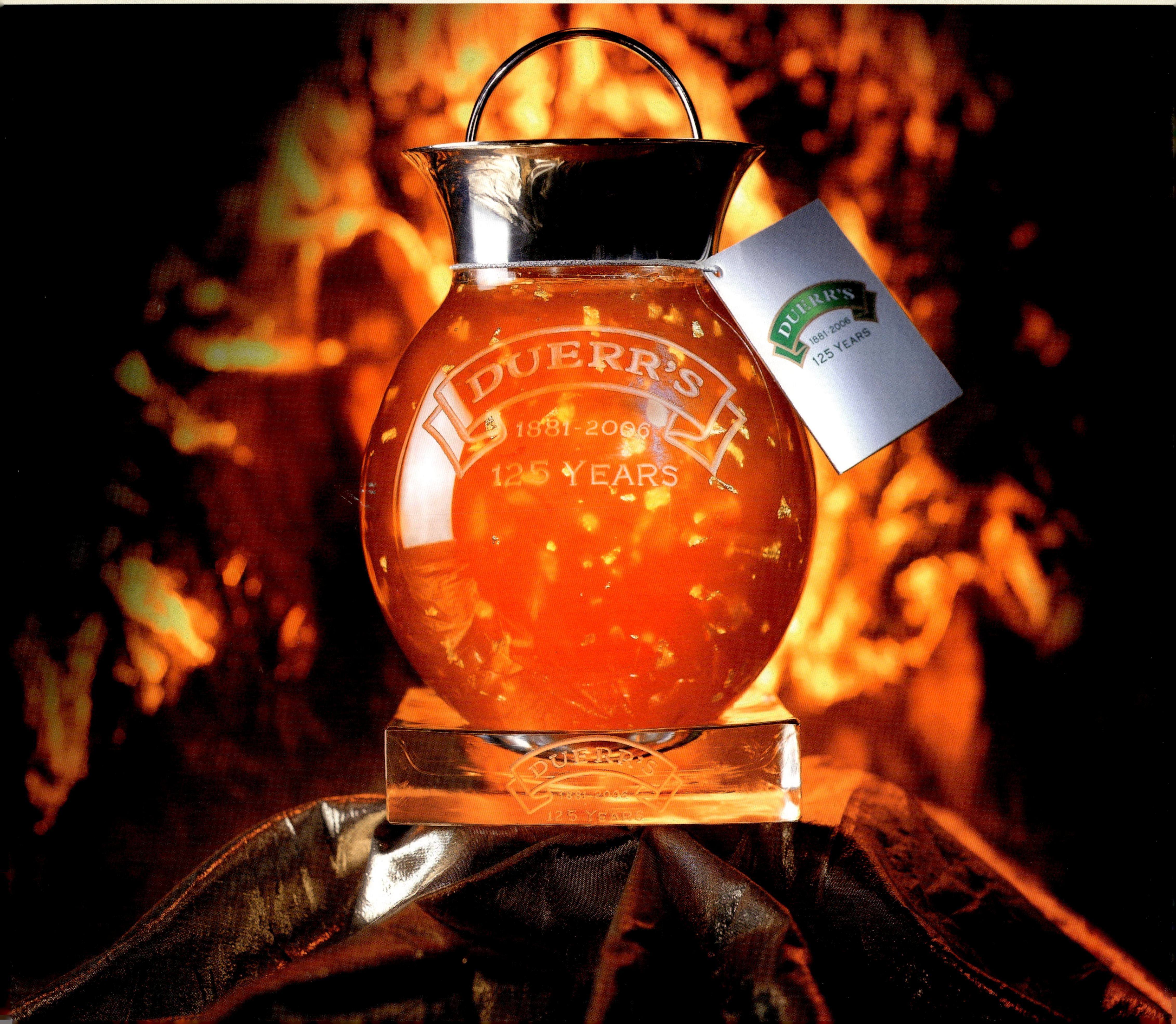

DUERR'S

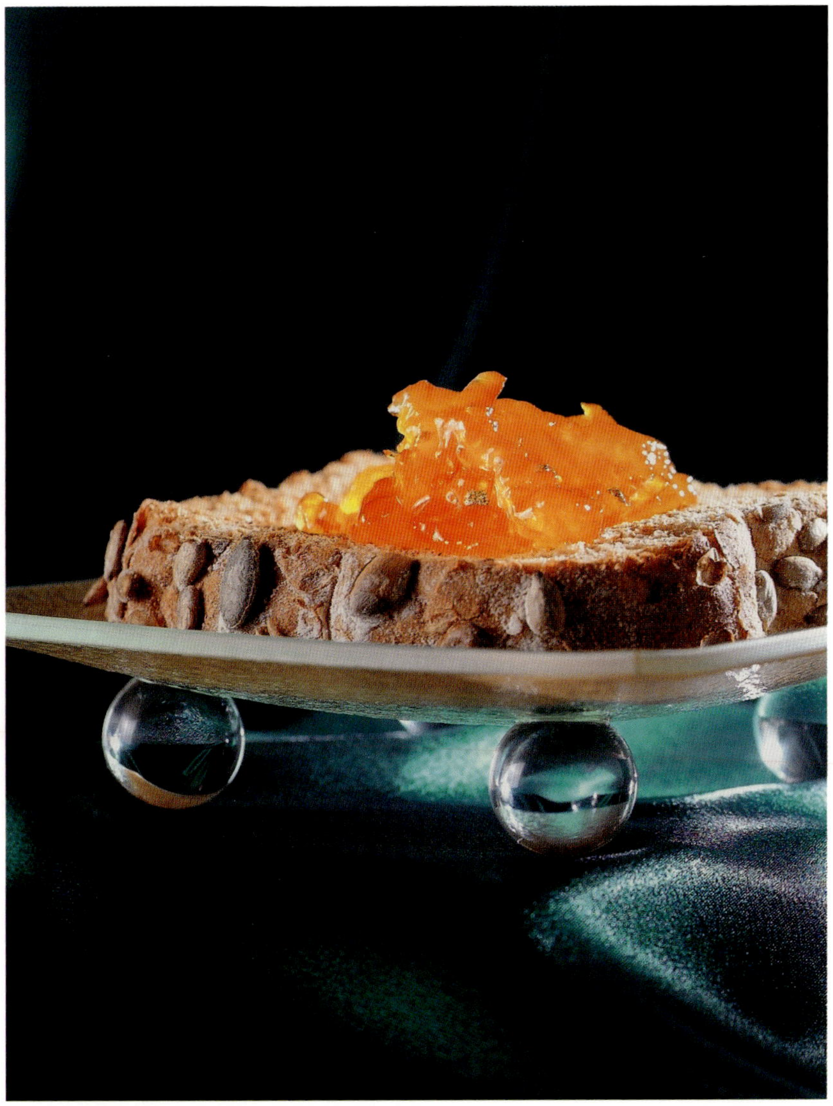

To celebrate their 125th anniversary, Duerr's wanted to do something extra special. The commemorative 1kg jar of Seville orange marmalade contains $5,000 worth of Dalmore 62 whisky, $510 worth of Pol Roger Cuvée Sir Winston Churchill 1996 vintage champagne, and $175 of 24-carat edible gold leaf all encased in a specially designed, hand-crafted crystal glass decanter, valued at $1,600. At an estimated $16 per mouthful and $111 per slice of toast, it is a marmalade of which even Paddington Bear would approve.

Pour célébrer son 125e anniversaire, Duerr a créé un produit vraiment unique avec sa marmelade aux oranges de Séville. Un kilo de ce mélange prestigieux contient l'équivalent de 5.000 $ de whisky Dalmore, 62.510 $ de champagne Pol Roger Cuvée Sir Winston Churchill 1996 et 175 $ de feuilles d'or comestibles 24 carats. Le tout présenté dans un pot en cristal valant 1.600 $, réalisé à la main et conçu pour l'occasion. Une seule bouchée de cette riche mixture est évaluée à 16 $, un simple toast à 111 $. Un concentré de plaisir que l'ours Paddington lui-même ne pourrait qu'approuver.

Om zijn 125ste verjaardag te vieren, wilde Duerr's iets heel bijzonders doen. De herdenkingspot met 1 kg marmelade van sinaasappelen uit Sevilla bevat voor $ 5.000 'Dalmore 62' whisky, voor $ 510 'Pol Roger Cuvée Sir Winston Churchill 1996' vintagechampagne en voor $ 175 24-karaats eetbaar goudblad, dit alles in een speciaal ontworpen, handvervaardigde karaf in kristalglas met een geschatte waarde van $ 1.600. Met naar schatting $ 16 per mondvol en $ 111 per sneetje toast is dit een marmelade die zelfs Beertje Paddington wel zou goedkeuren.

$ 214

BUDDHA JUMPS OVER THE WALL

KAI MAYFAIR, LONDON

The award winning Kai Mayfair restaurant in London serves the imperial delicacy known as "Buddha Jumps Over the Wall". The dish earned its title in 1616 when a group of Buddhist monks scaled their monastery walls in search of the aroma emanating from a nearby picnic set up by a group of scholars, the monks cast aside their vegetarian beliefs and joined the feast. The £108 soup consists of Abalone, shark's fin, dried scallops, sea cucumber, ginseng, corn-fed chicken, Chinese mushrooms and Gold in a broth "fit for an Emperor."

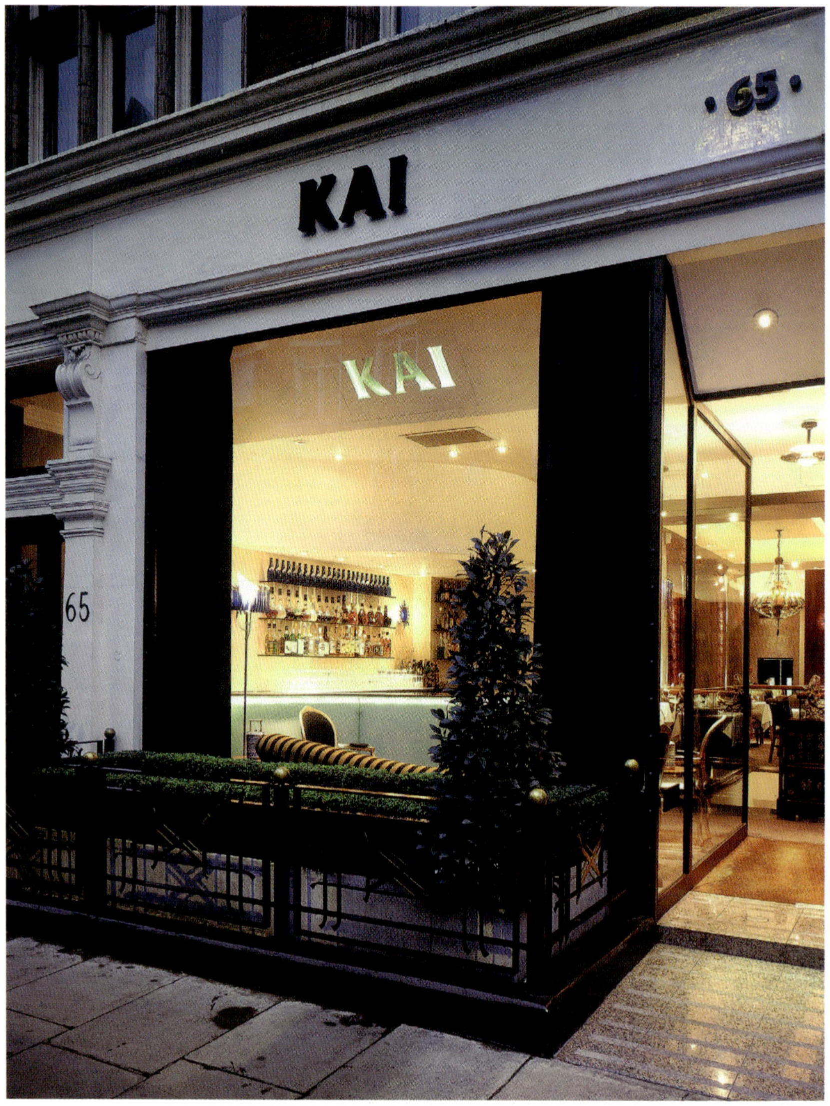

Le Kai Mayfair, un restaurant coté de Londres, sert un mets délicat connu sous le nom de "*Buddha Jumps Over the Wall*" ("Bouddha saute par-dessus le mur"). Le nom est tiré d'une légende selon laquelle, en 1616, des moines bouddhistes escaladèrent les murs de leur monastère pour découvrir l'origine d'une senteur provenant d'un groupe d'érudits pique-niquant à proximité. Mettant de côté leurs croyances végétariennes, ils se seraient alors conviés au festin. On peut désormais nous aussi déguster ce potage à Londres, pour la modique somme de £108 ; une recette raffinée servie dans un bouillon "digne d'un empereur", composé d'abalones, d'ailerons de requin, de coquilles Saint-Jacques séchées, de concombre de mer, de ginseng, de poulet et de champignons chinois.

In het bekroonde Kai Mayfairrestaurant in Londen wordt de keizerlijke delicatesse 'Buddha Jumps Over a Wall' (Boeddha springt over een muur) geserveerd. Dit gerecht dankt zijn naam aan het feit dat een groep Boeddhistische monniken in 1616 over de muren van hun klooster klommen op zoek naar het aroma van een nabijgelegen picknick van een groep geleerden. De monniken lieten hun vegetarische overtuiging varen en feestten gezellig mee. De soep van £108 bevat abalone, haaienvin, gedroogde sint-jakobsschelpen, zeekomkommer, ginseng, met maïs gevoede kip, Chinese champignons en goudbouillon die 'perfect voor een keizer' is.

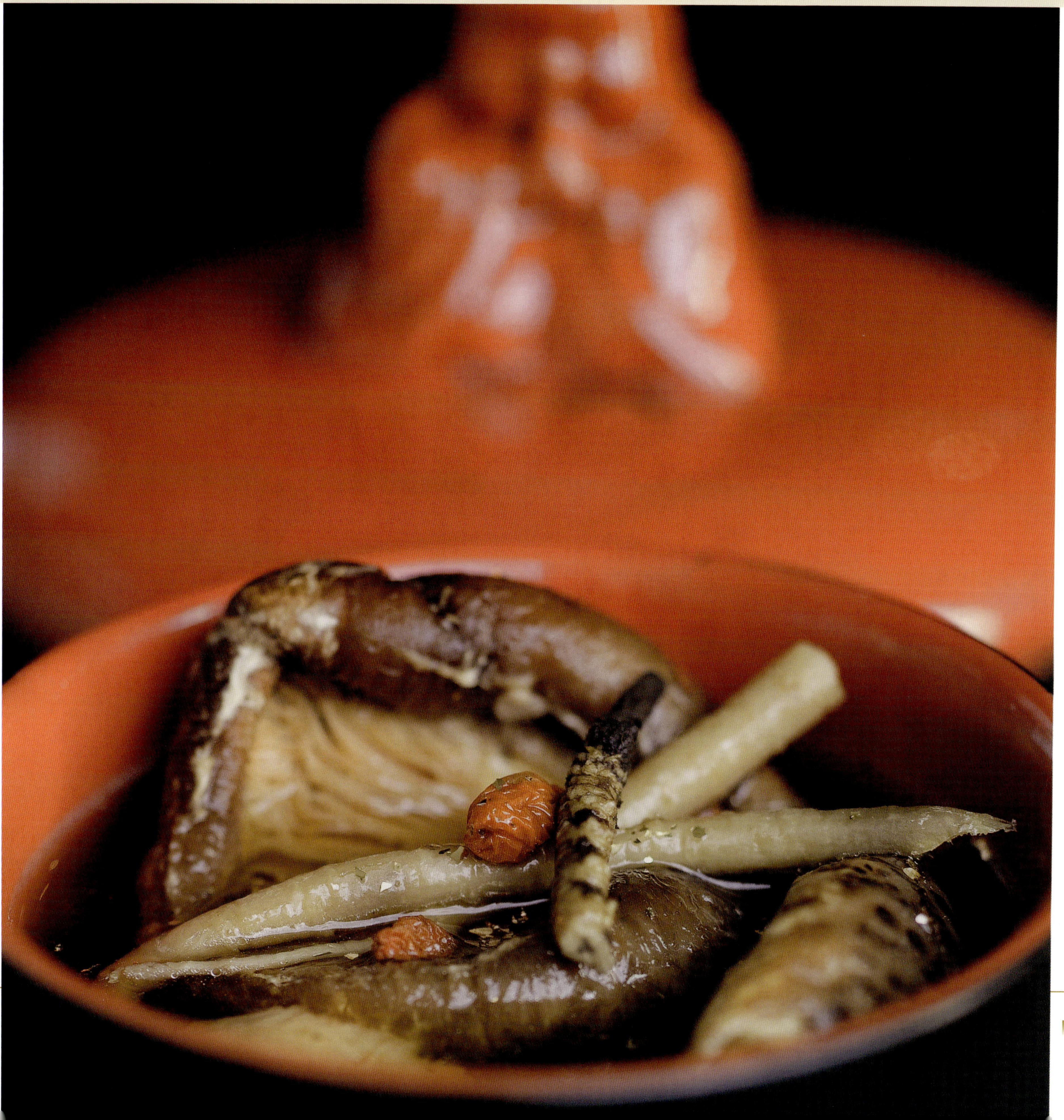

$ 1,500 / 500 G

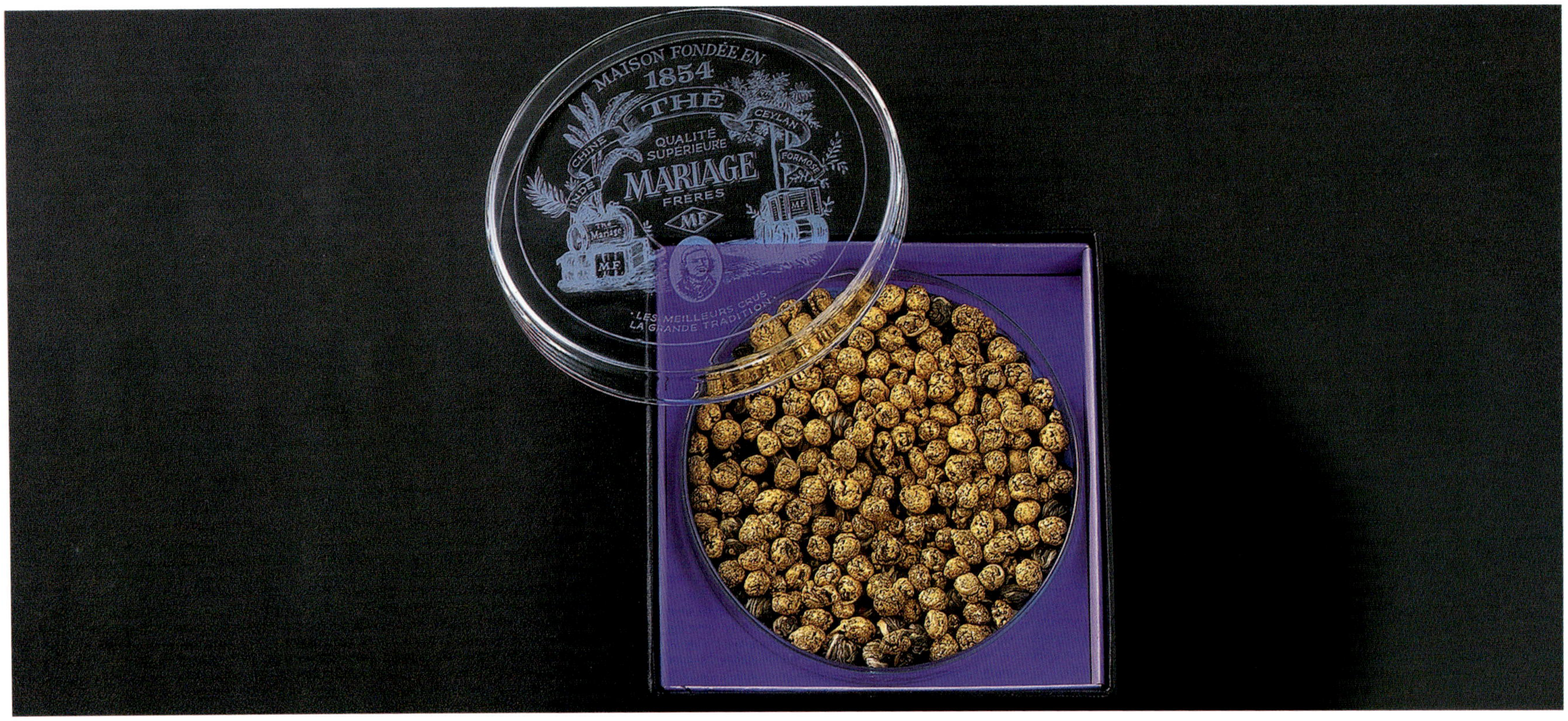

La maison Mariage Frères est le plus important distributeur français de thé. Fournisseur des essences les plus fines depuis 1854, elle a récemment créé *Perles d'Or,* le premier mélange composé de minuscules perles de feuilles de thé vert précieux, délicatement enrobées d'or fin. Après infusion, les perles exhalent leur délicat parfum de jasmin, et distillent les vertus anti-inflammatoires et aphrodisiaques bien connues du thé et de l'or.

Mariage Frères, het grootste theehuis van Frankrijk en leveranciers van de fijnste thee ter wereld sinds 1854, hebben *Perles d'Or* gemaakt, de eerste infusie van thee en goud. Van een dure, groene thee worden eerst kleine parels gemaakt, die dan stuk voor stuk voorzichtig met goud worden bedekt. Als de parels in een kopje thee worden ondergedompeld, geven ze tijdens de infusie een delicaat aroma van jasmijn af. Net als aan thee werden in de oudheid tal van gezondheidsvoordelen toegeschreven aan goud, van ontstekingsremmende tot zinnenprikkelende eigenschappen.

MARIAGE FRÈRES

Mariage Frères, the biggest tea house in France and purveyors of the world's finest teas since 1854 have created "Perles d'Or," the first infusion of tea and gold. Tiny pearls have been sculpted from a costly green tea and then gently covered, one by one, in fine gold. After being steeped in a teacup the pearls give off a delicate aroma of jasmine during infusion. Like tea, in ancient times gold was said to contain a myriad of health benefits ranging from anti-inflammatory and aphrodisiac properties.

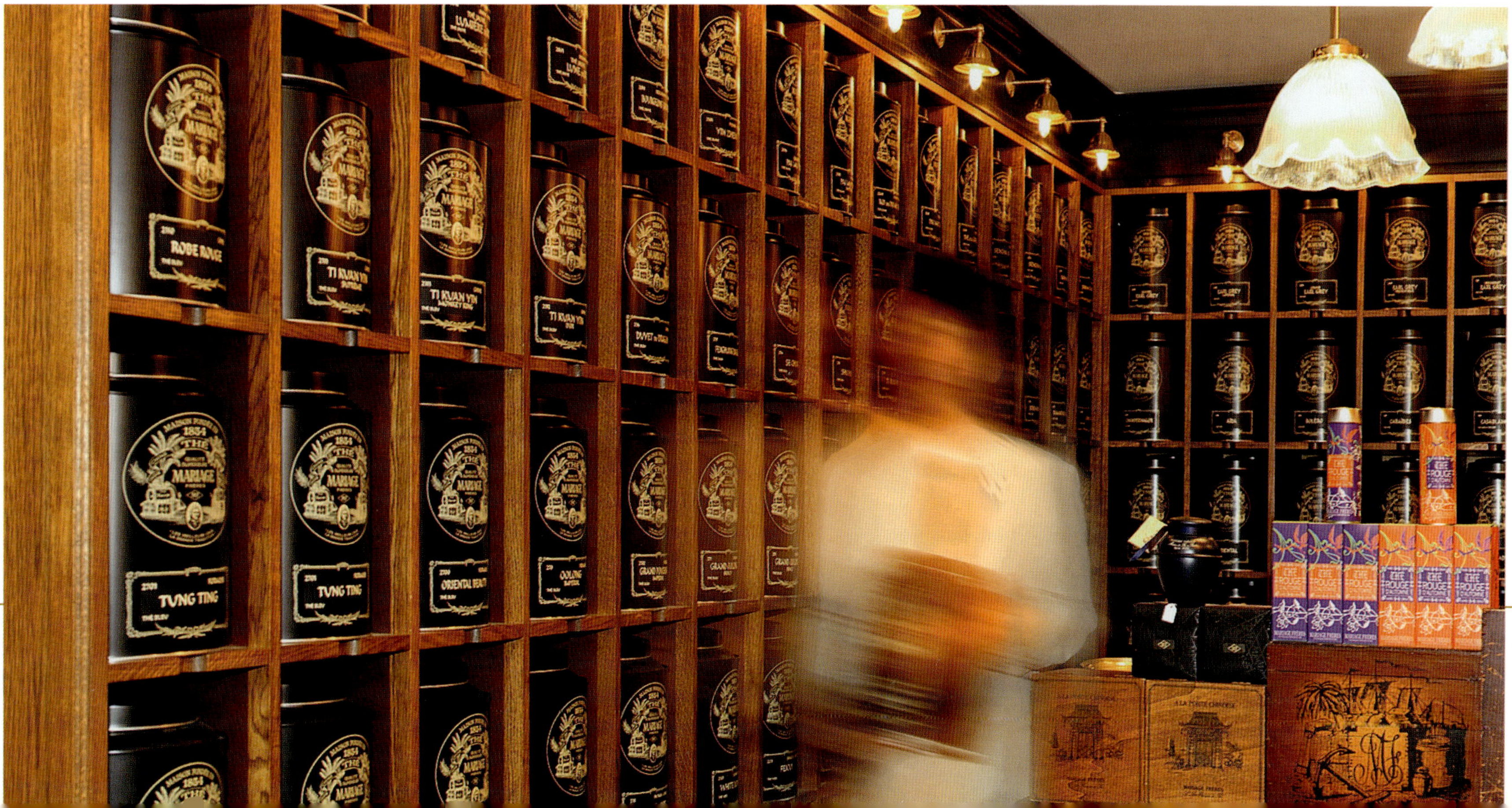

$ 10,000

PETRUS

The 28-acre vineyard of Petrus is located in the eastern portion of Pomerol, a region of Bordeaux, France. Planted with grape varieties of 95% Merlot and 5% Cabernet Franc, Pomerol's gravel-clay soil, which is rich in iron content, seems to bring out an unusual complexity in Merlot and routinely yields lush, profound, and amazingly decadent wines. Critics praise Petrus' full-bodied, fruity flavor and describe taste-testing sessions as "unquestionably one of the supreme wine experiences of [their] life."

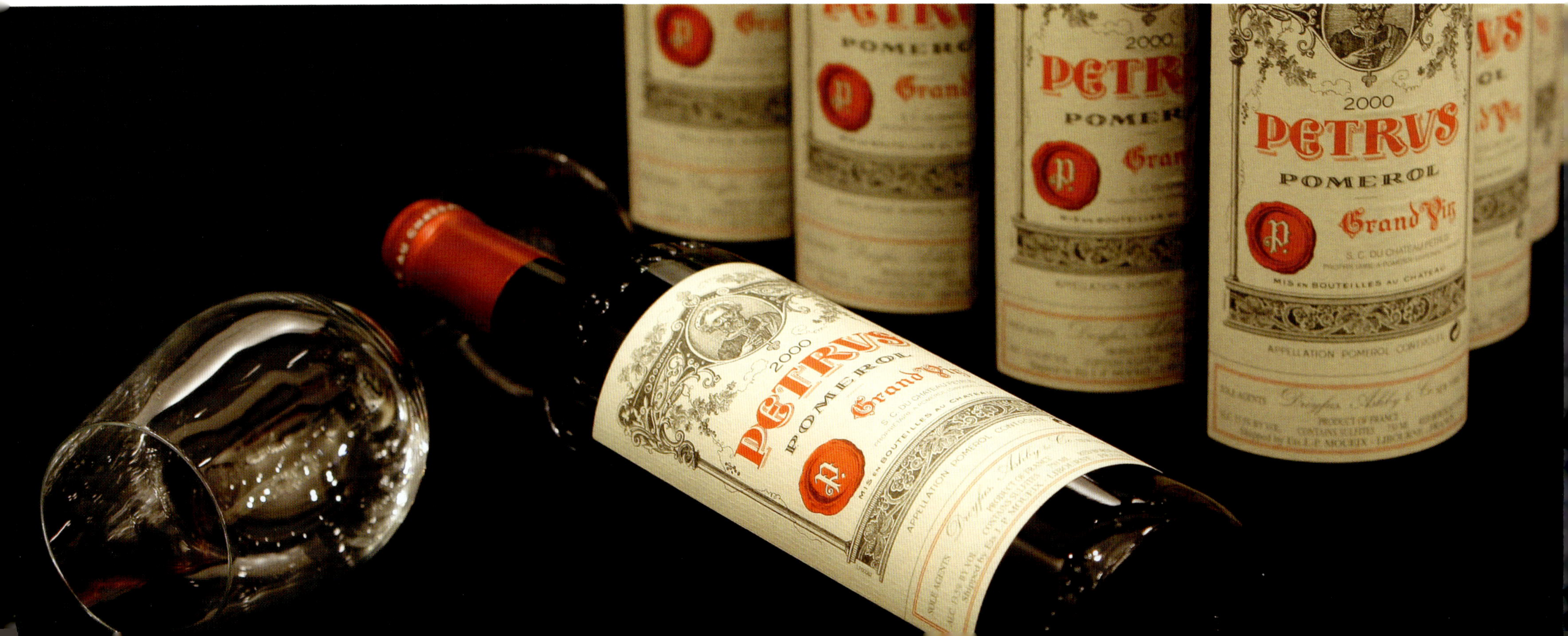

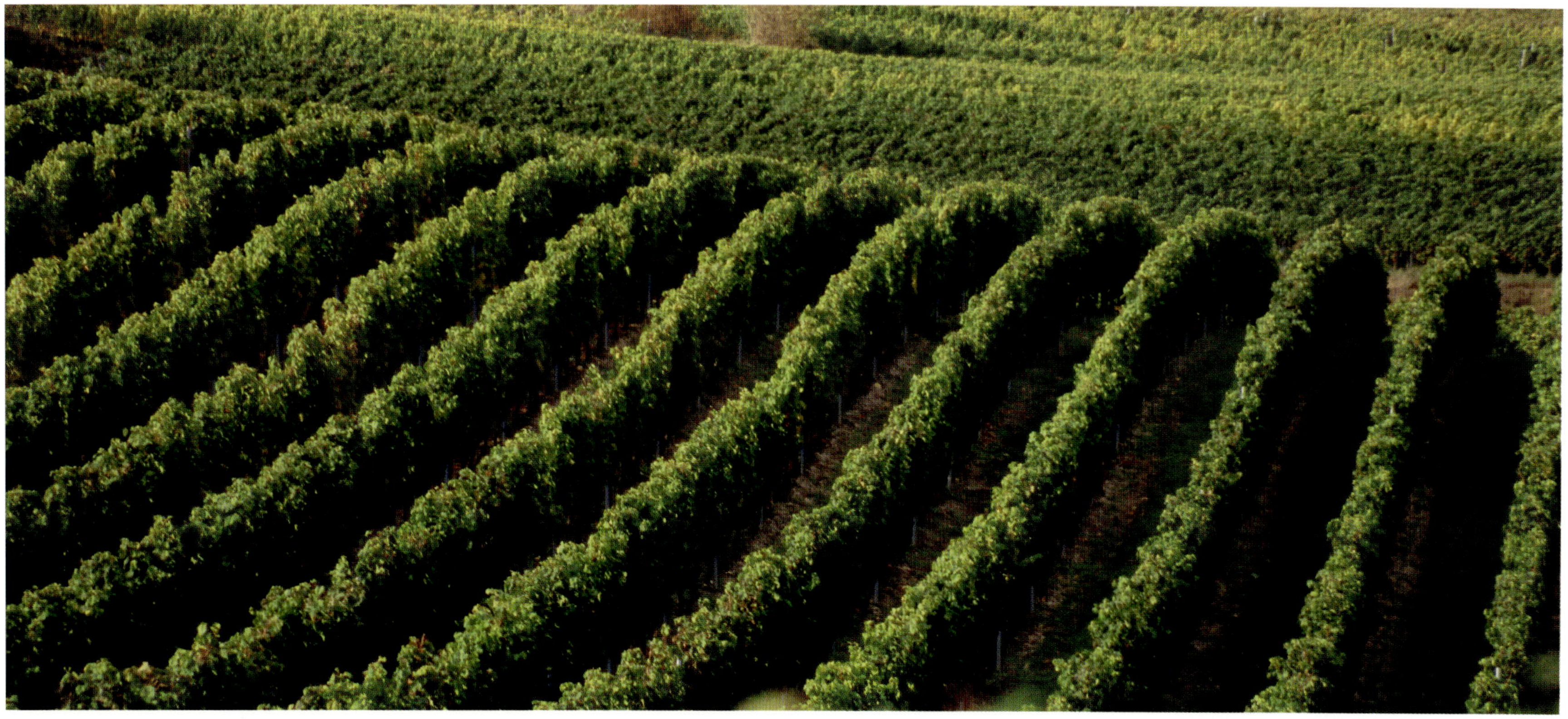

Situé dans la région de Bordeaux, du côté est du domaine de Pomerol, le vignoble de Pétrus s'étend sur quelque 11 hectares. Son encépagement se compose de merlot (95%) et de cabernet (5%). Pomerol possède un sol argilo-graveleux riche en fer qui semble offrir une complexité inhabituelle au merlot ; il en ressort régulièrement des vins riches, profonds et incroyablement décadents. Les critiques ne tarissent pas d'éloges sur la saveur pleine et fruitée du Pétrus, et décrivent bien souvent sa dégustation comme étant "indiscutablement l'une des meilleures expériences œnologiques de leur vie".

De 11 hectaren grote wijngaard van Petrus bevindt zich in het oostelijke deel van Pomerol, een streek rond het Franse Bordeaux. De grind-kleigrond van Pomerol, die rijk is aan ijzer en met druivenvariëteiten van 95% Merlot en 5% Cabernet Franc is beplant, zorgt blijkbaar voor een Merlot met een ongewone complexiteit en levert doorgaans volle, diepe en verbazend decadente wijnen op. Kenners loven de volle, fruitige smaak van de Petrus en omschrijven degustaties ervan als 'zonder twijfel één van de mooiste wijnervaringen van hun leven.'

$ 3,000,000

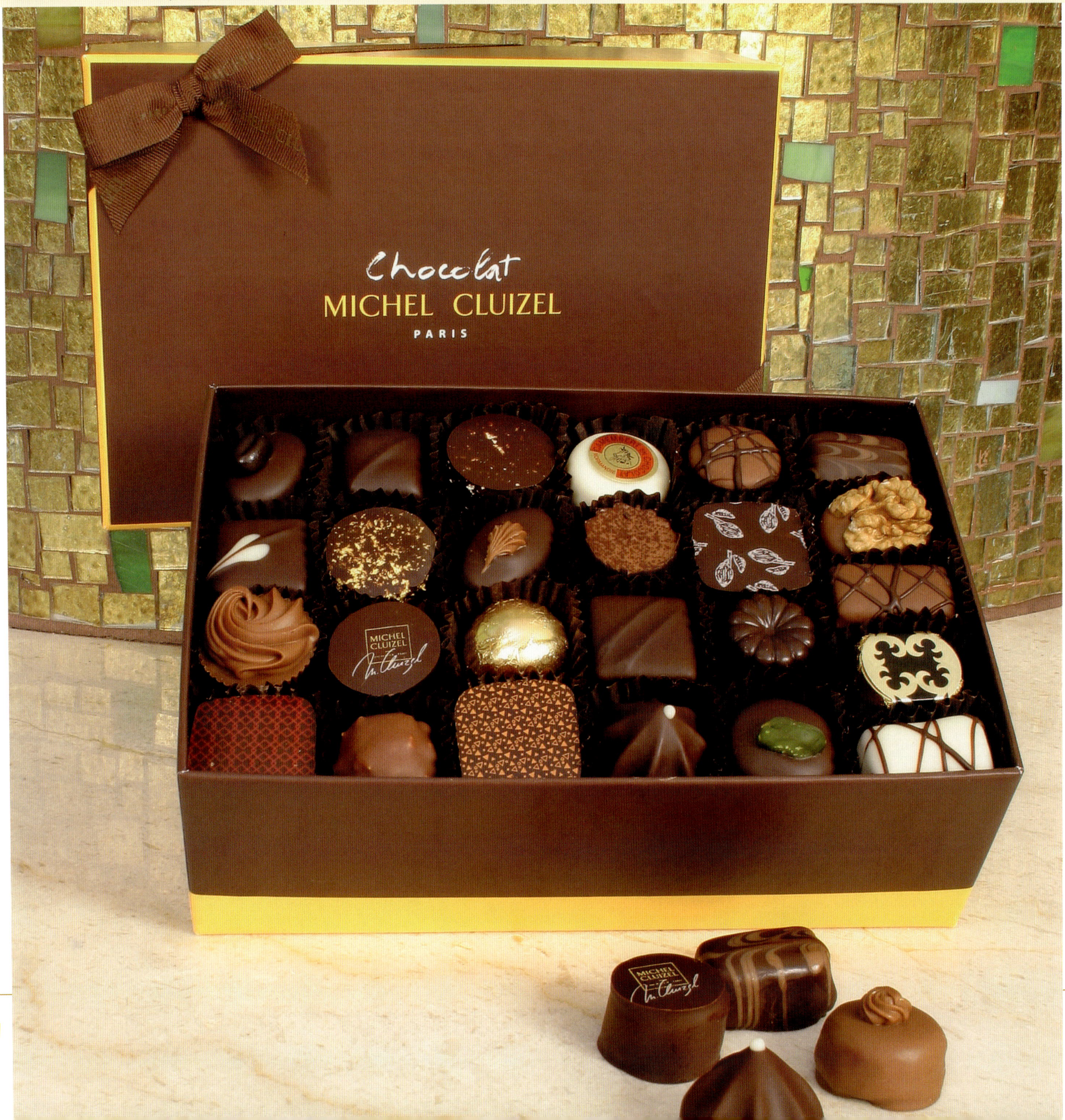

MICHEL CLUIZEL

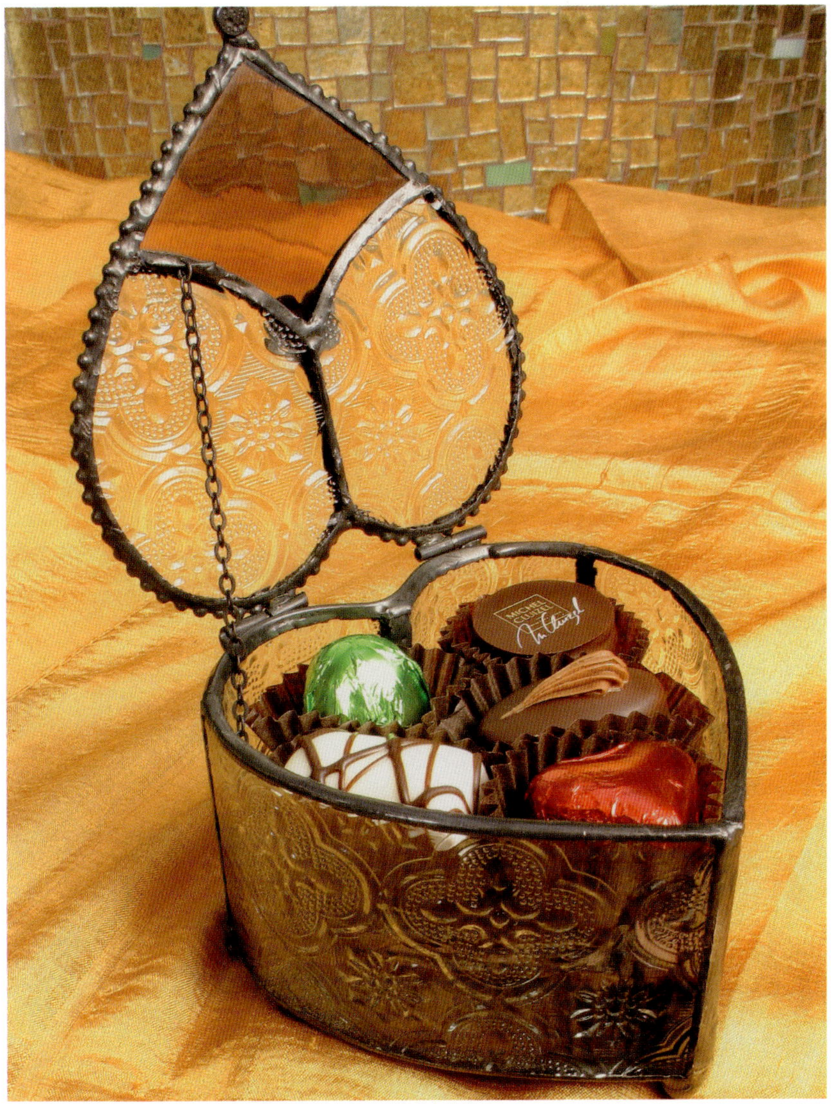

Chocolatier Michel Cluizel created a brilliant gift package that includes a private tour of his factory in Damville, France (with Cluizel as the guide) and four original chocolate desserts created exclusively for patrons and sent to their homes. CEO Robert Perl will also design a chocolate room for the patron's home and provide a tutorial in chocolate appreciation. Lastly, the coup de grâce, chocolate for life. Your choice of the finest, purest, most decadent assortment of chocolates delivered to your door, every week, forever.

Le chocolatier Michel Cluizel a conçu un forfait cadeau très original, qui comprend une visite privée de sa chocolaterie à Damville (France), conduite par son prestigieux hôte, quatre desserts originaux créés tout spécialement pour ses clients et livrés à leur domicile. Robert Perl, CEO de la branche américaine, propose en outre d'aménager chez ses clients une pièce réservée au chocolat, pour y organiser des dégustations. Le must de cette offre s'intitule "chocolats à vie" : il prévoit une livraison hebdomadaire à votre domicile d'un assortiment de chocolats parmi les plus fins, les plus purs et les plus délicieux, et ce jusqu'à la fin de votre vie.

Chocolatier Michel Cluizel maakte een schitterend geschenkpakket met onder andere een privé rondleiding in zijn fabriek in het Franse Damville (met Cluizel als gids) en vier originele chocoladedesserts die exclusief voor vaste klanten worden gemaakt en naar hen thuis worden verstuurd. CEO Robert Perl zal ook een chocoladekamer voor het huis van vaste klanten ontwerpen en hen chocolade leren waarderen. En tot slot, als kers op de taart, chocolade voor de rest van je leven. Je keuze uit het fijnste, puurste en meest decadente chocolade-assortiment wordt elke week, voor de rest van je leven, bij je thuis bezorgd.

$ 6,100

DENSUKE

Commonly given as gifts, melons are considered luxury items in Japan. The rare black Densuke watermelon, prized for its unusual black skin, crisp hard flesh and unparalleled taste, is an exotic specialty grown only on the northern Japanese island of Hokkaido. Buyers are often willing to pay top prices at auction for the prestige of owning the very first ones of the year. As part of the seasons initial harvest this 17 pound melon was sold to a winning bid of $6,100 by a marine products dealer looking to support local agriculture.

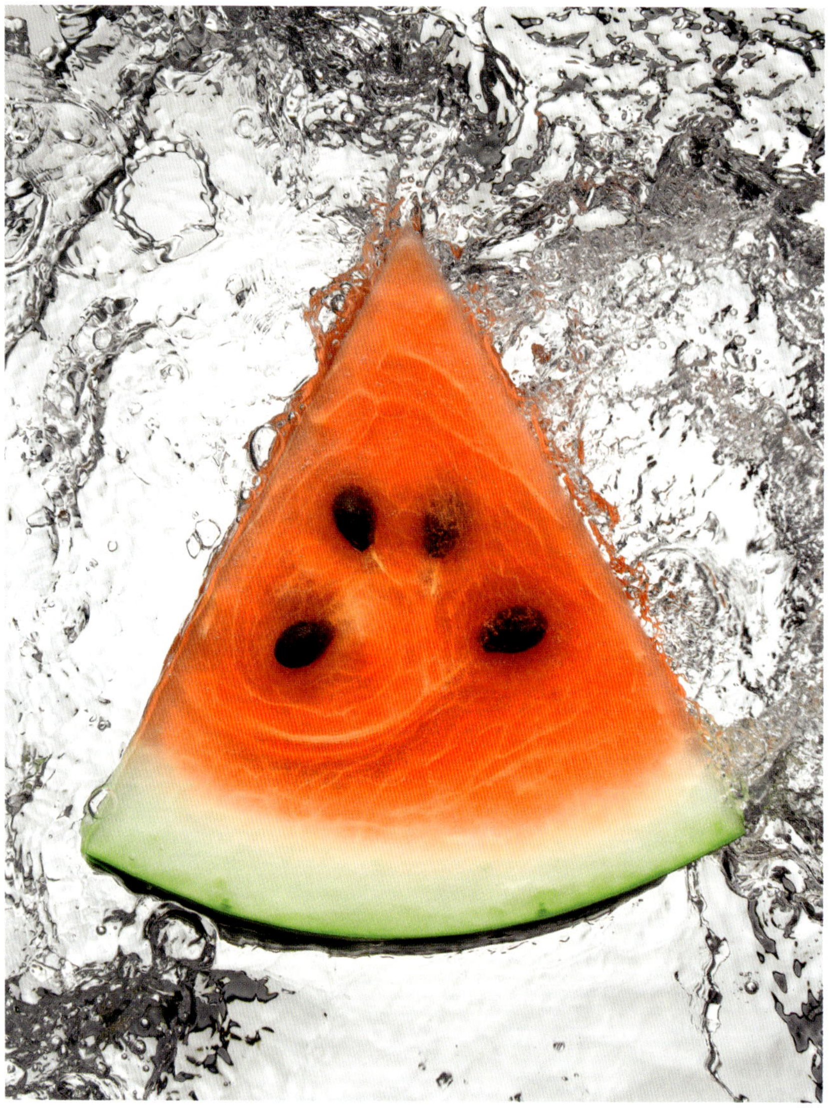

Considérée comme un article de luxe au Japon, la pastèque y est un présent très fréquent. Appréciée pour son étonnante peau noire, sa chair ferme et son goût unique, la *Densuke* est une espèce exotique rare cultivée exclusivement sur l'île d'Hokkaido. Aux enchères, les acheteurs sont souvent prêts à payer le prix fort pour s'octroyer les premières pastèques de l'année. Ainsi, ce spécimen de presque 8 kg issu de la première récolte de la saison a été vendu pour 6.100 $ à un négociant en produits de la mer désireux de soutenir l'agriculture locale.

Meloenen, die vaak als geschenk worden gegeven, worden in Japan als luxe-artikelen beschouwd. De zeldzame, zwarte Densuke watermeloen, die wordt geprezen voor zijn ongewone zwarte schil, knapperig hard vruchtvlees en ongeëvenaarde smaak, is een exotische specialiteit die enkel op het noordelijke Japanse eiland Hokkaido wordt gekweekt. Kopers betalen vaak topprijzen op een veiling, gewoon voor het prestige om de allereerste meloenen van het jaar te hebben. Ter gelegenheid van de eerste oogst van het seizoen werd deze meloen van 7,7 kilo voor het winnende bod van $ 6.100 verkocht aan een handelaar in zeeproducten die de plaatselijke landbouw wou steunen.

WATERMELON

PASTÈQUE • WATERMELOEN

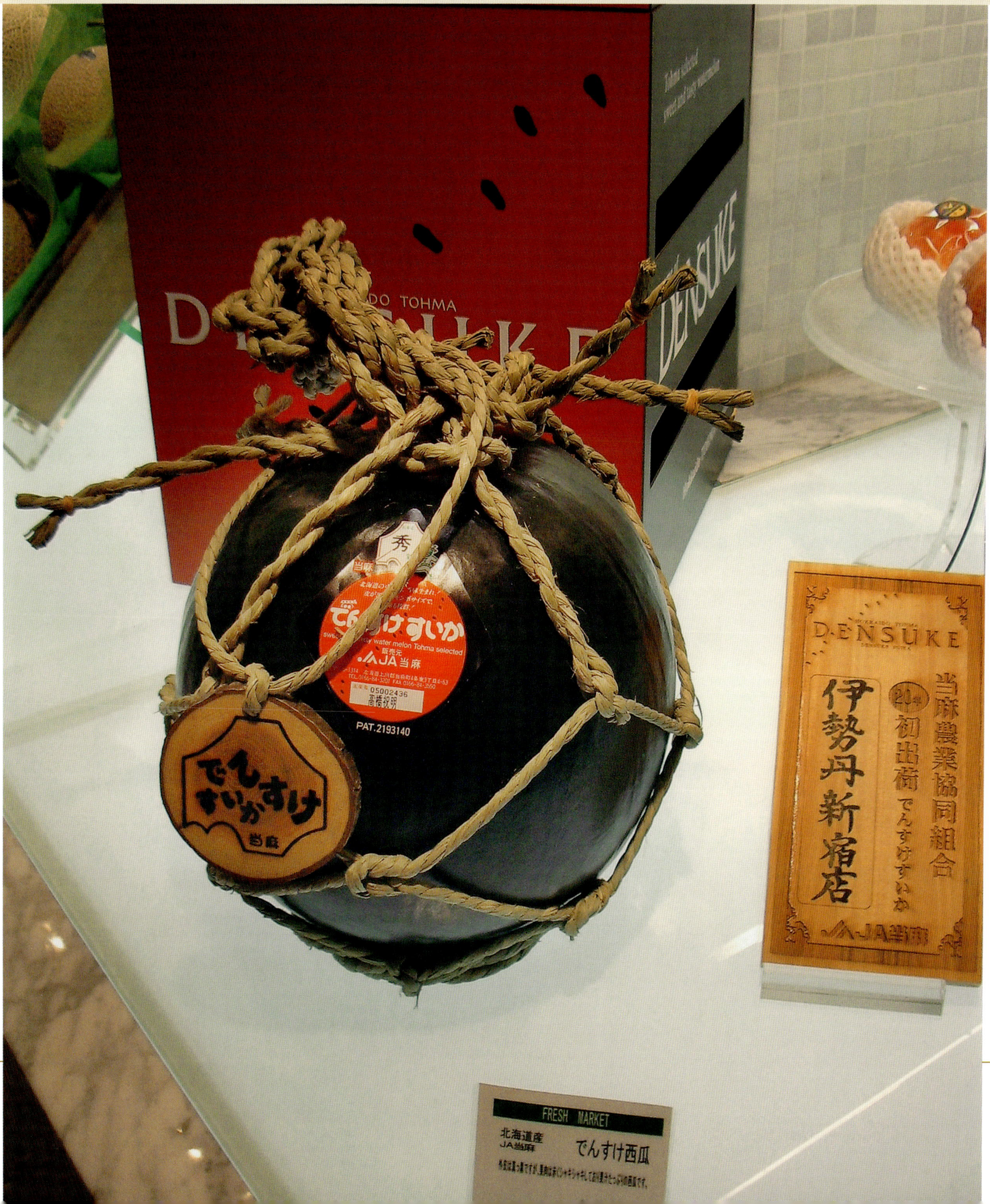

PHOTO CREDITS

RARITIES

p. 16:	AP Images
p. 17:	Getty Images
p. 18-19:	Getty Images
p. 21:	Aro Dynasty, www.arodynasty.com
p. 22:	Courtesy of the American numismatic Society, www.numismatics.org
p. 23:	AP Images
p.24-25:	Stamp Collection AG, www.treskillingyellow.com
p. 26:	Getty Images
p. 28-29:	Getty Images
p. 30-31:	AP Images, www.jeffkoons.com
p. 32-35:	AP Images
p. 37:	AP Images
p. 38-39:	Getty Images
p. 40-41:	AP Images
p. 42-43:	Getty Images
p. 44:	AP Images
p. 45-55:	Getty Images
p. 56-57:	AP Images

LIFESTYLE

p. 64-65:	J. H. Cutler
p. 62-63:	Getty Images
p. 66:	Xten
p. 67:	Pininfarina, www.pininfarina.com
p. 68-69:	Goldvish SA
p. 70:	Halcyon Jets, www.halcyonjets.com
p. 71:	Getty Images
p. 72:	Chopard, www.chopard.com
p. 74-75:	Courtesy of B&W Group Ltd., www.bowers-wilkins.com
p. 76-77:	APO
p. 78-81:	Courtesy Clive Christian, www.clive.com
p. 82-83:	Susan Rosen Inc, susanroseninc.com
p. 84-86:	Stuart Phillips, www.stuartphillips.co.uk
p. 87-89:	Getty Images
p. 90-93:	Courtesy Amosu Luxury Ltd., www.amosu.co.uk
p. 94-95:	Zilli, www.zilli.fr
p. 96-97:	Courtesy of H. Stern Jewelers/H. Stern Archives, www.hstern.net
p. 98-99:	laurence GRAFF, www.graffdiamonds.com
p. 100-101:	Canon
p. 102-103:	Trekstor TM, www.trekstor.de

LIFESTYLE

p. 104-105:	Getty Images
p. 106-107:	Gurkha, www.gurkhacigars.com
p. 108-109:	Louis Mariette
p. 110-111:	Courtesy Golden Store, www.goldenstore.de

LOCATIONS

p. 116-119: Four Seasons Hotel New York, www.fourseasons.com

p. 120-121: DPA Imgs Agency

p. 122-123: Crystal Lagoons, www.sanalfonso.cl

p. 124-125: AP Images

p. 126-127: Martin N. Kunz

p. 128-129: Getty Images

p. 130-131: Courtesy Michel Verdure (last, bright), www. Visitmonaco.com

p. 132-133, 135: Getty Images

p. 134: Matrin N. Kunz

p. 136-139: Emirates Palace, www.emiratespalace.com

p. 140-141: Blue Forrest, www.blueforest.com

SPORTS & LEISURE

p. 148-149: AP Images

p. 150-153: Getty Images

p. 154-155: MGM Mirage, www.mgmgrand.com

p. 156: Eric Grolimund

p. 158-161: Robert Wright Photography / Courtesy Kipnis Studios, www.kipnis-studios.com

p. 162-163: Eleven Forty, www.elevenforty.com

p. 164-167: Grucci, www.grucci.com

p. 168-169: Charles Hollander, www.charleshollandercollection.com

p. 170-171: Getty Images

p. 172-173: Getty Images

p. 174-177: Vincent Facquet, www.luxury-brillards.com

p. 178-181: Getty Images

p. 182-183: Lamay Photo

MOBILITY

p. 188-189: ECOSSE Moto Works, www.ecossemoto.com

p. 190-191: Iced Out Emz, www.icedoutemz.com

p. 192-195: Courtesy Platinum, www.platinumyachts.ae

p. 196-197: Getty Images

p. 198-201: Aston Martin, www.astonmartin.com

p. 202-203: Bugatti, www.bugatti.com

p. 204-205: Aurumania's Gold Bike, www.aurumania.com

p. 206-207: Asanti, www.asantiwheels.com

p. 208-209: Getty Images

p. 210-211: AP Images

p. 212-215: Audi Car